Verfassungsrechtlicher Schutz
der Finanzautonomie der Kommunen

# 自治体財政の
# 憲法的保障

上代庸平
Youhei Jodai

慶應義塾大学出版会

本書は公益財団法人末延財団の助成を得て刊行された。

Verfassungsrechtlicher Schutz der Finanzautonomie der Kommunen:
Verwirklichung der kommunalen Selbstverwaltung durch kommunalen Finanzausgleich
Copyright ©2019 Youhei Jodai

KEIO UNIVERSITY PRESS INC.
2-19-30 Mita, Minato-ku, Tokyo 108-8346 Japan
ISBN 978-4-7664-2593-2
Printed in Japan

# はしがき

「『国庫』を構成する法行為の国家機関による定立は、法秩序によって原則として予定され、諸機関がそのような行為の定立を授権されていなければならない……。『国家』がすべてこれをなし得るかということ、及び、殊に、どのようにそれをなし得るかということは、決して自ずから明らかになるのではない。」

——Hans Kelsen, Allgemeine Staatslehre. 1925.

　本書は、慶應義塾大学大学院法学研究科に提出した博士学位論文「自治体財政の憲法的保障——自治体財政調整による地方自治の実現」に加筆修正を加えたものである。
　この研究に取りかかった 2000 年代当初には、90 年代の景気低迷による地方自治体の税収の落ち込みやそれに伴う自治体財政の地方交付税・地方債への依存構造の問題性が次第に顕在化するようになっていた。2006 年には北海道夕張市が財政破綻によって財政再建団体へ転落したのを筆頭に、多くの地方自治体における財政運営の脆弱性が大きな問題とされるに至った。「地方自治の危機」「地方財政の危機」という文言が巷に溢れたが、度重なる地方制度改革・税制改革の中で、地方分権はたゆまず進展したことになっていたのではないのか。地方の財源は拡充され自主性は尊重されることになっていたのではないのか。なぜこのようなことになったのか——。
　研究の中でその答えを探し、時には地方自治の現場を訪問して現状を見つめる中で、そこに存在する「地方自治の保障」や「地方財政の健全化」という題目がマジックワード化しているのではないかと気がついた。地方分権によって権限が地方自治体に移ったとしても、それを実現するためにどのような手段が確保され、その手段がどのようになされ得るかは、国と地方の綱引きの中で具体的な議論の詰めは先送りされ、題目が一人歩きしていた。これらの題目の理解に関する国と地方との間での同床異夢の状況は続き、現実との乖離がさらに大きくなろうとしていた。自治体財政の危機が明らかになる中で、いくつかの地方公共団体が国に対して声を上げるようにはなったものの、地方自治の保障を規定している憲法やその理論を分析する憲法学がその文脈に登場することはほとんどなかった。「地方自治」や「地方財政」の題目は憲法とは断絶し、規範力を喪失していたのである。

このような認識の中で、同じように苦しい状況にあるはずであるドイツの旧産炭地・過疎地域の地方自治体の財政状況を眺めているとき、ドイツでは、地方自治体による憲法規範に基づく主張に対して、憲法学・財政学からの応答がなされているという事実が目にとまった。財政学と憲法学を架橋した財政憲法（Finanzverfassungsrecht）の理論的展開の中で、「自治体財政の保障」の観念を具体化する試みが続けられていた。この財政憲法は、自らを「従たる憲法（Folgeverfassung）」と規定し、憲法による権限配分や権限の行使を具体的に実現するために「どのようにするか」「どの程度にするか」という問題領域に特化して議論を深めていた。

　この財政憲法の「従たる憲法」としての位置付けは、2つの局面に現れている。その第一は、権限配分に追従するところである。財政憲法は、権限の配分については中立的であり、それを具体的に現実化するために機能する。それゆえ、国や地域、あるいや歴史的に異なる権限配分がなされていたとしても、それぞれの実体規範に対応した権限配分具体化機能を普遍的に有することができる。第二は、権限配分規定に対する追従性である。権限配分が実体憲法規定の上で規律されているならば、それは実務において機能しなければならないはずである。権限が行使されるときに必ず財源が必要であるならば、何らかの形で権限を配分する憲法規定及び憲法附属法規定の背後には、必ず財政憲法的規律が存在していなければならない。それゆえ、財政憲法規範は権限配分の規定形式に関わりなく常に存在することになる。そうであれば、この財政憲法は、日本国憲法の解釈論としても成立するはずである。

　本書は、この財政憲法の見地から、ドイツの基本法・各ラント憲法における地方自治・自治体財政の保障の具体化に機能する憲法理論の進展の状況を分析する。「従たる憲法」とは言え、財政憲法はれっきとした憲法規範である。この財政憲法の規範力による国家の財政行為の拘束から財政憲法原則が導出される過程に焦点を合わせ、自治体財政保障のための具体的な解決策を示す。その上で、ドイツ財政憲法理論がわが国の憲法学に与えられる示唆を得たいと考える。

　　2018年師走

　　　　　　　　　　　　　　　　　　　　　　　　　　　上代　庸平

# 目　次

はしがき　i

## 序　章──問題提起 …………………………………………………………… 1
### 1. 本書の目的 ……………………………………………………………… 2
### 2. 地方自治の法理と自治体財政の制度 ………………………………… 4
(1) 法理──地方自治に対する制度的保障　4
(2) 制度──自治体財政調整による供与能力の確保　5
### 3. 問題提起──法理と制度の両面から ………………………………… 6
(1) 地方自治の制度的保障と自治体財政　7
(2) 制度的保障のもとでの自治体財政調整制度の形成　7
(3) 自治体財政調整制度の運用に関する立法者の判断の限界　8
(4) 自治体財政調整制度における地方自治体の地位　8
### 4. 本書の構成 ……………………………………………………………… 9

## 第一編　憲法問題としての自治体財政調整

## 第Ⅰ章　ドイツにおける地方自治制度 ……………………………… 15
──日独比較研究の意味と前提
### 1. 比較対象──連邦国家における地方自治の位置付け ………… 15
### 2. 比較の可能性──地方自治と kommunale Selbstverwaltung … 17
(1) 基本法による地方自治の憲法的保障　17
(2) 制度内容における異同──地方自治の主体と範囲　19
(3) 地方自治の法的性質論における異同──制度的保障としての地方自治　22
(4) 地方自治に対する制度的保障の日独比較　23
### 3. 小括 ……………………………………………………………………… 27

## 第Ⅱ章　制度的保障の発展と地方自治体の財政高権　29

### 1. 制度的保障と自治権侵害　29
(1) 連邦憲法裁判所による地方自治の制度的保障法理の受容と発展　29
(2) 制度的保障の内実と自治権侵害の多様化——シュテルンの整理　32
(3) 制度的保障の本来的要素としての自治体任務領域　34

### 2. 制度的保障から見た財政問題　35
(1) 自治体財政を制度的に保障することの意味　35
(2) 財政問題の特殊性　40
(3) 財政問題に対する各ラント憲法裁判所の消極的態度　41
(4) 自治体財政侵害への法的視角　42

### 3. 自治体財政問題の基礎としての事務区分　42
(1) 自治体に対する優先的事務権限配分——補完性原理　42
(2) 権限配分と財源配分　44
(3) 事務区分に準拠した自治体財政問題の領域区分　48

### 4. 小括　49

## 第Ⅲ章　公法と財政の架橋　51
——憲法上の制度としての自治体財政調整

### 1. 財政調整の概念と自治体財政調整　51

### 2. 財政の特質と自治体財政調整の特殊性　53

### 3. 自治体財政調整の機能——権限配分とそれを裏付ける財政保障　54

### 4. 自治体財政調整の具体化　55
(1) ラント憲法に見る地方自治と地方財政　56
(2) バイエルン州憲法裁判所96年・97年判決　61
(3) バイエルン州憲法裁判所98年判決　66

### 5. 小括　72

## 第二編　自治体財政調整制度の二層保護機能

### 第Ⅳ章　判例に見る自治体財政保障の法的構造 …………… 77
1. 争点化する自治体財政調整 …………… 78
2. 自治体財政の二本柱——媒介としての自治体財政調整制度 …………… 79
    (1) 最少供与保障に作用する財政上の憲法原則　80
    (2) 適正供与保障に作用する財政上の憲法原理　81
3. 自治体財政調整制度の普遍性と財政上の憲法原則の妥当範囲 …………… 83
4. 小括 …………… 83

### 第Ⅴ章　事務権限配分規定から見る自治体財政調整の法的機能 …………… 85
1. 自治体財政調整の規定整備 …………… 85
    (1) 自治体財政調整制度のハイブリッド性　86
    (2) 自治体財政調整制度の規定上の整備と地域特性　86
    (3) 自治体財政調整規定の整備に関する問題の諸相　87
    (4) 本章における考察の対象　89
2. 事務区分と自治体財政調整制度の憲法上の具体化 …………… 90
    (1) 自治体事務と自治体財政保障の関係——自治体財政保障の二本柱　90
    (2) ラント法上の自治体事務・自治体財政保障の対応関係の類型　92
    (3) 本質的要請としての財政調整規定の整備　96
3. 小括 …………… 96

### 補　論　連邦財政制度における財政規定と財政原則 …………… 99
1. 連邦財政原則の基本発想 …………… 100
    (1) 因果性と原因者負担　100
    (2) 執行因果性と法律因果性　103

## 2. 連邦財政原則としての牽連性 …… 107
- (1) 原因者負担原理との関係　110
- (2) 連邦国家主義・民主主義との関係　112

## 3. 財政憲法規定の自治体財政への準用可能性 …… 113
- (1) 連邦財政規定の基本構造と地方自治体の位置　113
- (2) 連邦財政原則の地方自治体への適用　121

## 4. 個別の連邦財政原則と地方自治体 …… 122
- (1) 地方自治体の財源基盤保障（第28条2項3文）　122
- (2) 地方自治体に対する連邦委託行政の禁止（第84条1項6文、第85条1項2文）　123
- (3) 連邦による財政援助（第104b条）　124
- (4) 地方自治体に対する共同税配分（第106条）　125

# 第Ⅵ章　牽連性原理による適正供与保障 …… 127

## 1. ニーダーザクセン州の地方自治制度 …… 128
- (1) ニーダーザクセン州憲法による地方自治の保障　128
- (2) ニーダーザクセン州国事裁判所の地方自治保障に対する解釈　129

## 2. 自治体財政保障の構造──ビュッケブルクⅠ決定 …… 131
- (1) 従前の憲法判例に見る自治体財政調整　131
- (2) ニーダーザクセン州国事裁判所ビュッケブルクⅠ決定の概要　131
- (3) 検討──自治体財政の保障構造　136
- (4) ビュッケブルクⅠ決定の位置付け　139

## 3. 牽連性原理の具体化──ビュッケブルクⅡ判決 …… 140
- (1) ニーダーザクセン州国事裁判所ビュッケブルクⅡ判決の概要　140
- (2) 検討──憲法原理としての牽連性原理の位置付け　143
- (3) ビュッケブルクⅡ判決の位置付け　146

## 4. 立法者の判断の余地と牽連性原理の限界──ビュッケブルクⅢ判決 …… 147
- (1) ニーダーザクセン州国事裁判所ビュッケブルクⅢ判決の概要　147
- (2) 検討──憲法上の牽連性原理の限界としての算定方法　150
- (3) ビュッケブルクⅢ判決の位置付け　153

## 5. 小括 …… 154

## 第Ⅶ章　財政憲法原理としての牽連性の確立 ……………………… 155
### 1. 憲法規定形式における厳格化 ……………………………………… 156
(1) 従来の規定形式の分類　156
(2) 厳格な牽連性原理と相対的牽連性原理との相違　157
(3) バイエルン州旧憲法と牽連性原理の普遍性　158
(4) 牽連性の規定形式における厳格化とその評価　160
### 2. 解釈における厳格化 ……………………………………………… 160
(1) 牽連性原理の内容解釈に関する厳格化の方向性　160
(2) 牽連性原理の構成要件的前提　161
(3) 牽連性原理の法的効果　165
(4) 牽連性の解釈における厳格化とその評価　172
### 3. 憲法附属法による形成と具体化 …………………………………… 173
(1) ラント憲法裁判所の消極的態度　174
(2) ノルトライン・ヴェストファーレン州牽連性実施法による原理の具体化　176
(3) 牽連性の立法的形成とその評価　181
### 4. 小括 ……………………………………………………………… 181

## 第Ⅷ章　自治体財政に対する最少供与保障 …………………………… 183
### 1. 自治体財政に対する最少供与保障の概念 ………………………… 184
(1) 「最少供与保障」の意味をめぐる混迷　184
(2) 憲法問題としての「最少供与保障」　184
(3) 「最少供与保障」の特質　194
(4) 最少供与保障の概念の確立とその評価　198
### 2. 自治体財政に対する最少供与保障の構造と限界 ………………… 199
(1) 最少供与保障の形式　199
(2) 最少供与保障の内容と限界　200
(3) 評価　210
### 3. 小括 ……………………………………………………………… 210

## 第三編　財政憲法原理による自治体財政保障

## 第Ⅸ章　自治体財政権侵害の審査基準 …………………… 215
  1. 自治体財政に対する介入に関する審査基準の考え方 ……… 215
  2. 地方自治における比例原則の妥当性 ……………………… 216
    (1) 黎明期　217
    (2) 展開期　218
    (3) 転換期　223
    (4) 判例の流れと審査基準の変遷　232
  3. 自治体財政権と比例原則 ……………………………………… 232
    (1) 財政高権の特質と審査基準　232
    (2) 具体的保障型自治体財政権への介入に対する審査基準　233
    (3) 一般的保障型自治体財政権への介入に対する審査基準　236
    (4) 自治体財政の二本柱と審査基準　242
  4. 小括 ……………………………………………………………… 242

## 第Ⅹ章　手続面における牽連性原理の再構成 ……………… 245
  1. 財政憲法原理の具体化・形成の必要性 ……………………… 247
  2. 「協議手続としての牽連性」………………………………… 248
    (1) 強化された牽連性原理　248
    (2) バーデン・ヴュルテンベルク州国事裁判所99年判決　249
    (3) バーデン・ヴュルテンベルク99年判決の意義と評価　254
  3. 協議手続の規律形式 …………………………………………… 255
    (1) 憲法規定と協議手続の規律形式　255
    (2) 規律形式のバリエーション　258
    (3) 形式による協議手続具体化の違い──法律と協定の内容面の比較　263
  4. 小括──協議手続を形式化することの意義 ………………… 265

## 第 XI 章　自治体財政制度の日独比較 ……………………………… 267

### 1. 日本国憲法における「財政憲法」の可能性 …………………… 268
  (1) 日本の自治体財政権　268
  (2) 財政憲法原理による権限配分の実体化と自治体財政　269
  (3) 財政憲法原理を憲法問題とするために　270

### 2. 普遍的な財政憲法枠組みとしての適正供与保障 ……………… 271
  (1) 牽連性原理の普遍性　271
  (2) 牽連性原理の具体化要求　271
  (3) 裁判・協議手続を通じた牽連性原理の実現　272

### 3. 牽連性原理の規範力 ………………………………………………… 273
  (1) 裁判を通じた実現——摂津訴訟　274
  (2) 協議を通じた実現——「国と地方の協議の場」をめぐって　278
  (3) 非公式な協議——直轄事業負担金問題　284
  (4) 評価　292

### 4. 自己責任の枠組みとしての最少供与保障 ……………………… 293
  (1) 裁判において争われる最少供与保障——大牟田電気税訴訟　293
  (2) 評価　297

### 5. 小括 …………………………………………………………………… 297

## 終　章 …………………………………………………………………… 301


あとがき　309
関連条文集（抄）　313
参照文献一覧　328
判例索引　335
事項索引　339

序　章——問題提起

## 1. 本書の目的

　本書の目的は、ドイツにおける自治体財政に対する憲法的保障の発展状況及びそれを可能にした憲法学上の地方自治法理の理論的展開について検討することを通じて、日独両国の制度面・運用面・理論面に見られる異同を視野に入れつつ、日本国憲法下の地方自治法理における自治体財政保障理論の構築の可能性を探ることである。

　およそ国家の活動には多大の財源が必要であり、財源のないところにあっては、いかなる活動も権限も実行に移すことは不可能である[1]。国家の統治機構の一部として地方住民に最も身近な行政を行う地方自治体にとって、この現実は常にジレンマをもたらすものである。すなわち、処理すべき権限を与えられなければ、国から委譲される事務を国の財政負担に頼って処理していれば済むが、それでは自治は画餅に帰する。反対に、自ら実行に移すべき権限が増えれば増えるほど、自治体はそれに充てる財源の確保に苦慮することになり、自治の財政的基盤が掘り崩される恐れが生まれる。その意味で、地方自治の下での自治体の権限の保障と財源の保障は表裏一体の関係にあり、それゆえに自治体は、憲法による地方自治の保障に即して、権限と同時に財源の保障を求めることになる。

　しかしながら、権限に関してはともかく、財源に対する保障については、憲法上の議論は一般に低調である。自治体に対する財源保障は、現実の財政制度の運用や地域の経済状況及び国の財政政策に大きな影響を受けるため、この判断に関する技術的・政策的余地が極めて大きく、したがって法的規律になじみ難いものであるとの見方が一般的であったからである[2]。財政のこのような性

---

1) ドイツの憲法制定会議である議会評議会の一員であったメンツェルは、「国家生活における権力は、財あるところに存在する」と述べ、ドイツ連邦国家の基層部分であるラント及び自治体の財政に対して憲法的保護を与えることの意義を強調している。Vgl. Klaus Vogel, Die bundesstaatliche Finanzverfassung des GG (Artikel104a bis 108 GG). JA. 1980, S.577f.
2) 我が国における財政の法理論的な研究体系の構築を目指して創設された日本財政法学会の発起人の一人である小林直樹は、財政の法的統制を難しくしている要素として、財政の官僚による独占・財政決定過程の政治性・財政分野自体の技術性の3つの要素を挙げている。小林直樹「財政法学の課題」日本財政法学会編・小林直樹＝北野弘久『現代財政法の基本問題』（岩波書店、1987年）2頁以下。

質に鑑みれば、これが法的観察に適しにくいものであることを否定し去ることはできない。ただ、現実の財政運営上の判断余地の如何と、その判断余地の限界を画すための制度論の如何とは、別個の問題であるはずである。財政問題の特殊性を考慮しながら地方自治体に財源を確保させるための憲法的保障の構造と、その理論的背景としての地方自治制度の枠を示すことができれば、この点に関する憲法上の議論を多少なりとも活性化するきっかけとなると思われる。

　もっとも、地方自治の制度は、本来的には各国における地域の歴史や地方事情の違いを考慮して、個別的かつ具体的に設定されなければならないという特性がある[3]。それゆえに、地方制度はその国のその時の事情に最適化されたある固有の意義を有する形で存在するであろうし、それを支える地方自治法理が前提とする価値観も区々に変化し得るであろう。したがって、日独いずれの地方自治・財政制度がより発展した段階にあり、又は優れているかという観点からの比較それ自体には意味がない。本書が自治体財政制度を検討の対象とするものである以上、その政策的・財政的効果も当然その要素には含まれるが、その効果に関する政策上の評価は本書の目的ではない。主眼はあくまで地方自治の法理と制度に存在する特殊ドイツ的な事情に基礎づけられた要素と、そうでない要素の切り分けにある。

　こうして、本書における検討範囲は、ドイツにおける地方自治像の変容を反映した地方自治法理の変遷及びそれを反映して具体的に形成される自治体財政制度、そしてそれを比較対象とする日本国憲法解釈のあり方に限定される。それゆえ、租税法や租税政策によって規律される地方税財源や配分財源の個別的な確保の問題は、本書の検討対象ではない。

---

3) 成田頼明「地方自治の保障」同『地方自治の保障《著作集》』（第一法規、2011年）所収133頁（初出は宮沢俊義還暦記念『日本国憲法体系第五巻　統治の機構（Ⅱ）』（有斐閣、1964年））。なお戦後ドイツにおける地方制度の発展の状況については、同『西ドイツの地方制度改革』（良書普及会、1974年）28頁以下。

## 2. 地方自治の法理と自治体財政の制度

### (1) 法理——地方自治に対する制度的保障

　従来、我が国における地方自治は典型的な制度的保障であると理解されてきた。制度的保障とは「一定の制度に対して立法によってもその核心ないし本質的内容を侵害することができない特定の保護を与え、制度それ自体を客観的に保障すること」を言うが[4]、典型的であるとされている地方自治についてさえ、ここに言う「本質的内容」に何が含められ、それがどのような効果を持つのか、あるいは「本質的内容」に含まれない要素は憲法上どのように扱うべきかなど、その答えが明らかになっていない問題群が存在する。

　制度的保障と自治体財政の関係もそのような問題の1つである。この両者の関係においては、財政の特殊性に着目しつつ、その保障内容をいかに具体化できるか、という点が問題となる。すなわち財政が、国の財貨に関する制度形成における sollen に関わる規範的側面と、財貨の実際の運用における sein に関わる事実的側面を併有する[5]ことから、憲法上の規範としての制度的保障がそれにどのように及ぶかが問われるべきであろう。

　しかし、国及び地方自治体による財貨の取得・支出は法的問題であると同時に経済的配慮が要請される財政問題でもある。したがって自治体財政に対する侵害は、権限の問題と違って即時には顕在化せず、以下のような三段階を経る。まず第一段階として自主財源や移転財源が減少するのに対して、第二段階では財源移転を伴わない移管事務が増大する。そして、自己の事務に支出すべき財源が移管事務に転嫁され枯渇する第三段階に至って、初めて自治体財政の侵害が顕在化する[6]。この三段階の整理は財政学の観点からなされるもので、各段階で国や地方自治体が財政政策を選択することが前提となっているため、憲法

---

[4] 芦部信喜＝高橋和之補訂『憲法（第4版）』（岩波書店、2007年）84頁。
[5] Michael Inhester, Kommunaler Finanzausgleich im Rahmen der Staatsverfassung. 1998, S.129ff.
[6] Friedrich Schoch/ Joachim Wieland, Finanzierungsverantwortung für gesetzgeberisch veranlaßte kommunale Aufgaben. 1995, S.44f.

学的な検討には直接はなじまない[7]。このような法的問題の範疇に収まらない財政の特殊性が、自治体財政を法的問題として制度的保障論の俎上に載せようとする場合に、困難を生んでいるのである[8]。

ただ現在、制度的保障論は財政面に対する自治権侵害への対応を迫られている。ここでは、地方自治体の財政権侵害に対してどのように保障内容を具体化するかという従来の問題点に加え、財政問題の特殊性をいかに克服するかという問題にも応答することが求められている。財政は法的問題の範疇に収まりきらない面を有していることから、いかなる範囲と方法において制度の射程として捉えるかが、制度的保障の内容を具体化するための前提問題となる。

### (2) 制度──自治体財政調整による供与能力の確保

一般に財政とは国又は地方公共団体がその任務を遂行するために行う経済的活動の一切であり、経済的活動の資となる財貨の取得に関する権力的作用と、取得した財貨の運用に関する管理作用とを含むものとされる[9]。地方自治体に対してこの権力的作用と管理作用の根拠を与える法的な枠組みが、自治体財政制度である。財政活動には本質的に権力性が付着するため、地方財政制度も地方財政民主主義や租税法律主義・地方税条例主義などの憲法上の原則の枠内で、法律によって形成される。

地方自治体の活動における自立と自律を目的とする地方自治の建前から言えば、財貨の取得も運用もその自律的決定に委ねることが原則となるはずである。しかし、自治体財政は国家経済の不可欠の一部でもあり、ある地方自治体の財政活動が他の地方自治体や国にも広く影響を与え、さらには地域間格差を生むおそれがあるため、国家経済全体の均整と調和とを保つ観点から、自治体財政制度は形成されなければならない。このような財政問題の特殊性を考慮しながら、地方自治体に対してその自治に必要な財源を保障するためには、独り地方

---

7) 財政学上の垂直的財源配分に当たって選択しうる財政政策は、財源配分の目的である効率的に地方公共財の供給・資源配分調整機能の実現を可能とする見地から選択されるが、副次的には権限配分を実質化する機能をも担っている。詳しくは H. ツィンマーマン＝K.D. ヘンケ（里中恆志／半谷俊彦／八巻節夫／篠原章／平井源治訳）『現代財政学〔第7版〕』（文眞堂、2000年）130頁以下を参照。

8) Stefan Mückl, Finanzverfassungsrechtlicher Schutz der kommunalen Selbstverwaltung. 1998, S.34.

9) 杉村章三郎『財政法（新版）』（有斐閣、1982年）5頁。

自治体の財政活動のみならず、国の法律による自治体財政制度の形成や、地方自治体との関係における国の財政活動をも視野に入れる必要がある。

この法律による形成から国と地方自治体との間の財政関係を規律する制度が、「国とそれを構成する地域団体における財政関係の総体を規定する制度の総称」[10] である自治体財政調整制度である。この制度には、一括して賦課徴収された税源の垂直配分や、地方交付税や国庫支出金など移転財源に関わるものなど様々なものが含まれるが、国の法律によって配分財源と配分基準及び比率が決定され、国と地方自治体との間の財政移転を内容とする点が共通している。

この自治体財政調整制度は、一義的には地方自治体に対して財政上の供与能力（Leistungsfähigkeit）を保障することを理念として形成される[11]。ここに言う供与能力とは、権限に対応した財政支出に充てる財源の確保可能性を意味する。それゆえ、自治体財政調整制度は、権限に対応した財源を地方自治体に確保させることを通じて、地方自治体の権限行使を支える制度であると言える。自治体財政調整制度の内容は国の法律に依存するが、地方自治体が一定の権限を行使し得ることが前提である以上、可能な限りその権限の行使に適合した供与能力が保障されるよう、法律による内容形成には一定の限界が画される必要があろう。この限界については、財源の確保に関わるという制度の本質から特に下限が問題となるが、これがいかなる指導原理の下で、いかなる程度において画されるかが、前提問題となる。

### 3. 問題提起——法理と制度の両面から

法理と制度の両者に存する前提問題は、相互に充足し合う。

地方自治の法理としての制度的保障は、地方自治体の財政問題を法的問題として扱うための範疇を必要とするところ、自治体財政調整制度は地方自治体の

---

10) 20世紀初期に財政調整制度を生み出した財政学者でナチス期のプロイセン州財務大臣ポーピッツの定義である。なお、現在では経済全体と財政との均衡・調整のための財政技術として評価するのが一般的となっている。「財政調整」の概念の一連の発展についてはVgl. Horst Zimmermann, Kommualfinanzen. 2.überarbeitete Aufl., 2009, S.215f.

11) Hans-Günter Henneke, Grundstruktur des kommunalen Finanzausgleichs. in: Hans-Günter Henneke/ Hermann Pünder/ Christian Waldoff (Hrsg.), Recht der Kommunalfinanzen, 2006, S.500.

権限行使を財政面から支える制度であって、しかも法律によって形成されることを前提としている点で、財政問題でありながら法律問題としての性格を併せ持つ。他方、自治体財政調整制度は法律による内容形成の限界を画すための指導原理を必要とするところ、地方自治の法理としての制度的保障は権限配分及びそれに対応した財源配分に関する特定の原理を内在しており、しかもその原理は制度的保障の本質上、立法者に対して向けられたものである。

こうして、地方自治体財政の保障に関して、法理と制度の相互連関関係の観察を通じて検討を行うことが可能になる。現代の自治体財政が自治体財政調整制度を不可欠のものとしている以上、この相互連関関係は、地方自治の現在に対する制度的保障理論の意義と展開可能性を捉える一助となるとともに、財政と法の問題領域を隔てない財政憲法の観点から地方自治保障の構造を再度検討するきっかけともなると言えよう。

上記の視点をもとに本書が検討する問題点は、具体的には下記の4点である。

### (1) 地方自治の制度的保障と自治体財政

自治体財政の何を、制度的保障の対象として捉えることができるのか。我が国において伝統的に地方自治制度の本質とされる要素のうち、地方財政民主主義を前提とする以上は「住民自治」が問題となる余地はないが、「団体自治」については財政固有の問題を生じる。財政は、地方自治体による権限行使の決定の後付け問題に過ぎないため、地方自治体が自らの名義と責任において決定することが可能でありさえすれば、財源が欠けていたとしてもそれはその後の処理の問題であり、正面から「団体自治」の問題となることはないとされてきた。しかし、供与能力の保障のために自治体財政調整制度が法律によって形成されている以上、供与能力をも含めての「団体自治」が阻害されているとは言えないのだろうか。また、財政に関する法律の過小（あるいは過剰）から保護される領域は存在しないのか。

### (2) 制度的保障のもとでの自治体財政調整制度の形成

自治体財政調整制度の法律による形成にあたっては、どのような憲法原則が反映されるべきなのか。自治体財政が何らかの形で制度的保障の対象となるの

であれば、自治体財政調整制度は、立法による侵害から保護する方向性の下で形成されなければならないはずである。立法による侵害に対しては、権限についても国からの伝来的な性格を持つものと地方固有の性格を持つものとで性格に違いがあるのと同様に、自治体財政にも反映されるべき憲法原理を隔てる性質の違う要素が存在するのか。

　なお、本書では、自治体財政調整制度それ自体は制度的保障における「制度」ではないという立場を採る。現実はともかく、地方自治体の財政上の供与能力を保障するための手段は自治体財政調整制度に限られないはずであるし、仮に自治体財政調整制度が立法による侵害から保護されるとすれば、財政状況に関わらず、常にこの制度が憲法によって要求されていることになってしまう。もちろん自治体財政調整制度の有用性を否定するものではないが、そのように解さなければ、制度的保障における目的と手段の転倒をきたす恐れがあると考える。

### (3)　自治体財政調整制度の運用に関する立法者の判断の限界

　法律によって付与すればいったん安定状態となる権限とは異なり、財貨の運用活動である財政は、常に変動している。そうであるとすれば、ある一定の憲法原則に則って自治体財政調整制度の形成・運用がなされるとしても、その運用が現実の財政状況を前提とせざるを得ない以上、運用に当たっての立法者の財政判断の余地が問題となる。例えば、富裕状況と困窮状況とで自治体財政調整制度の運用に何らかの差が生じるのか。またその運用の前提となる判断の振れ幅は、制度的保障・自治体財政調整制度の形成の限界の観点からどのように画定されるべきなのか。

### (4)　自治体財政調整制度における地方自治体の地位

　地方自治体は、立法者に許された判断余地を踏み越え、又は自治体財政に対する保障の機能を発揮していない自治体財政調整制度に対して、何をどのように主張すべきなのか。一般に、地方自治の制度的保障は、個別の地方自治体の存立自体に関する防御的効力は含まないものと理解される。しかし財政は、個別の地方自治体の問題と制度全体の問題との区分がしにくい問題領域である。

自治体財政調整制度は、個別の各地方自治体に対してのみならず、自治体財政全体に影響する制度ではあるが、その制度の下での財政困窮は地方自治体が個別に直面する問題でもある。このような個別の問題と制度全体の問題をどのように画すべきなのか。この点は、地方自治体が全体として予防的に自治体財政調整制度の形成に参画する方法はないのか、という問題意識にも繋がる。自治体財政が国や他の地方自治体を含む全体経済との強い連関を持つものである以上、個別の自治体を困窮状況に陥らせる前に、制度全体の問題として提起されるべき問題が存在するのではないだろうか。

## 4. 本書の構成

以上の問題意識を踏まえて、第Ⅰ章ではまず、日独の地方自治制度に関する比較検討を始めるに先立ち、日本の憲法解釈にとって参考となる部分を明確にするため、ドイツ基本法の下での地方自治制度とその理論の発展を概観するとともに、両者の比較可能性について確認する。ドイツは連邦国家であるため、我が国におけるドイツの地方制度研究には連邦制を対象とするものが多く見られるが、本書では地方自治制度を比較対象とすることを明確にする。また、ドイツにおける地方自治の主体や範囲、保障内容に関する理解を整理し、日本における地方自治の制度的保障をめぐる議論と照らし合わせる。

第Ⅱ章では、まず戦後ドイツにおける制度的保障理論の受容と発展の過程を検証する。制度的保障の問題領域は、同じ地方自治に関するものでも、時期によって変化がある。そこで、制度的保障の問題領域に自治体財政が登場するまでの経緯を、自治権侵害の形態変化と関連させつつ整理するとともに、制度的に保障された自治に対する財政面からの侵害の特色をまとめ、それに対する憲法的保護の内容と課題点を提示する。次に、自治体財政の保障と事務権限配分の関係を整理する。地方自治は国と地方自治体の権限配分を基礎付ける制度であるから、地方自治体の財政上の供与能力は、その事務権限に対応する形で保障される必要がある。ここでは歴史的に形成されてきた事務の区分論を紹介し、ラントごとに異なる事務区分をカテゴリーごとに整理するとともに、それに対応したかたちでの財政保障の基本形を示す。

第Ⅲ章では、自治体財政保障のための制度としての自治体財政調整の生い立ちと特色を概観する。自治体財政調整制度は、財政の安定と財源配分の適正化を実現するという意味においては財政上の制度であり、権限配分を裏付けるという意味においては公法上の制度でもある。ここではこの両方の性質に着目して、財政上の制度を公法の観点から論じる場合の前提条件を確認するとともに、公法上の制度に財政上の要請を取り込んだ場合の具体化形態を、自治体財政保障の具体的なあり方と関連させつつ、自治体財政調整制度が公法上の制度として持つ規範力について検証する。

　第Ⅳ章及び第Ⅴ章では、ドイツにおいて地方自治体が提起することを認められている自治体憲法異議において、自治体財政保障を争う場合の争点提起について検討する。自治体財政は広汎な作用を含む概念であり、またその特質の上で法の規律に適しない領域をも含み持つものであるため、裁判における争点提起は法的問題と財政問題の両方の側面を持つ自治体財政調整制度を媒介として行われる。もっとも自治体財政調整制度それ自体は特定の制度内容を有するものではないため、争点ごとに媒介とされる自治体財政調整制度の内容は様々であるが、この内容は「二本柱」とも言うべき形で分類し得ることを示す。その上でその媒介機能を果たす前提としての自治体財政調整制度の「二本柱」について、憲法異議における争点提起の事務区分と関連させつつ、検討する。

　なお、ドイツ連邦国家においては、連邦とラントとの間及びラント相互間においても財政調整をはじめとした連邦財政制度が存在する。連邦制と地方自治制はいずれも垂直的権限配分を内容とする制度であり、財政制度はその権限配分を基礎づけるものであることから、連邦財政制度上の諸原則が、自治体財政にも妥当するかどうかについて補論を行う。

　第Ⅵ章では、自治体財政調整制度の「二本柱」のうちの1つである事務適正供与保障の場面での自治体財政保障について、1990年代以降の自治体憲法異議事件の嚆矢ともなったニーダーザクセン州国事裁判所ビュッケブルク判決の判示を中心として検証する。ここでは、連邦財政憲法の政府間財政関係に関する原則であった牽連性原理が地方自治に導入され、自治体財政に関する憲法解釈原理としての地位を得て諸ラントの憲法判例へと伝播していくまでの過程を辿る。

第Ⅶ章は、ニーダーザクセン州国事裁判所がビュッケブルク判決で示した判断が限界を露呈しつつあるとされる中で、憲法解釈原理としての牽連性が憲法上の規範原理として定着していく過程を検証する。立法者に対する規範としては、原理としての内容が明確にされることはもちろん、一定の形式を得て明文化されることも、その機能と安定性を強化する契機となろう。ここではその過程を規定形式における厳格化、解釈における厳格化、憲法附属法としての明文化、憲法的編入の段階に分け、それぞれの意義と効果について検討する。

　第Ⅷ章では、自治体財政調整制度の「二本柱」の残る１つである最少供与保障の場面での自治体財政保障について、「最少供与保障」という概念の成立と、それが自治体財政保障のためのいかなる解釈原理を導き得るかの点に関する憲法判例及び学説の応答を検証する。最少供与保障は地方自治体の自主的な財源基盤の確保に関わるものであるため、本質的には自己責任で保持されるべきものではあるが、それを敢えて自治体財政調整制度に依存することには、地方自治体の法的地位ひいては地方自治の本質にも関わる複雑な問題が含まれる。そのような問題を指摘するとともに、それへの応答を模索する。

　第Ⅸ章では、地方自治の保障に関する比例原則の妥当性を検討し、自治体財政の保障構造に適した違憲審査基準の導出を試みる。近年、憲法学においては、基本権侵害について、保護範囲・介入・正当化の３段階における権利論証と正当化論証を導入する思考の傾向が見られる。ドイツにおける地方自治の制度的保障は、地方自治体が自ら決定しうる権限の範囲が想定可能で、それに対する国の介入という現象が成立しうること、そして、ドイツにおいては自治体憲法異議という救済方法が制度化されていることから、基本権との構造上の類似性をもつと指摘されることがあるが、その類似性の射程は必ずしも明らかにされてこなかった。そこでここでは、「原則保障・例外制限」と「制限に対する制限」という比例原則の基本構造に立ち返りつつ、これらのテーゼの地方自治における射程を検討する。

　第Ⅹ章では、前章までの実体的な自治体財政保障のあり方に対置される、手続を通じた自治体財政保障の実現の試みについての検証を行う。特に、内容面の明確化と形式面の整備を経て憲法上の規範原理として定着するに至った牽連性原理の手続を通じた実現の方法を紹介し、その意義と効果を検討する。さら

には、将来的に牽連性原理以外の他の財政上の憲法解釈原理が明確化・明文化を経て、手続を通じた実現の俎上に載り得るかどうかの可能性と、そのための前提条件を探ることにしたい。

　第XI章では、ドイツの自治体財政保障の制度の観点から、我が国の自治体財政保障に関する裁判例・学説の言説を再検討する。日独両国の間には、地方制度の伝統や歴史、理論の発展とその前提としての社会状況、そして憲法裁判制度など、様々な隔たりが存在することは否定し得ない。それでもなお両国の制度には比較可能性が存在することを前提に、日本の憲法解釈にとって参考となる部分を明確にするため、我が国における自治体財政保障の制度を取り巻く現状を確認し、その上でドイツから見た日本の自治体財政に関する試論を展開する。

　終章では、ドイツにおける自治体財政調整制度を通じた自治体財政保障の分析により得られた学問的成果と今後の展望について、述べることとする。

# 第一編　憲法問題としての自治体財政調整

# 第Ⅰ章

# ドイツにおける**地方自治制度**
——日独比較研究の意味と前提

　本書が比較の素材とするのは、制度的保障理論の母国であるドイツ連邦共和国における自治体財政制度の憲法による保障枠組みである。

　ただ、自治体財政制度の比較を行うに当たっては、その比較の理論的前提が存在することをまず明らかにしなければならない。自治体財政制度は地方自治制度に付随して形成されるものであるため、本章では地方自治制度の比較の前提についてまず検討することにしたい。

## 1. 比較対象——連邦国家における地方自治の位置付け

　ドイツは、連邦国家である。それゆえに、単一国家である我が国の地方自治との比較研究を行う場合には、ドイツの連邦制の下での国家構造と、我が国の地方自治制度との共通性がまず見出されなければならない。

　ドイツ連邦国家は、3つの国家機関のレベルに区分される[1]。この3つのレベルは上から連邦、ラント、地方自治体によってそれぞれ形成されている[2]。こ

---

1) Josef Isensee, Der Bundesstaat –Bestand und Entwicklung. in: Peter Badura/ Hans Dreier (Hrsg.), Festschrift 50 Jahre Bundesverfassungsgericht. 2.Bd. 2001, S.736f.
2) ラント（Bundesländer）は、ドイツ連邦共和国を構成する16の支分国家（Gliedstaaten）である。なおドイツには、都市がそのままラントとしての地位を有する都市州（Stadtstaat）が存在している。ベルリン、ブレーメン、ハンブルクの各州がそれに該当し、ベルリン州及びハンブルク州には地方自治制度は存在しない。ブレーメン州は内部にブレーメン市とブレーマーハーフェン市の2つの自治体を有する構造となっているため、都市州ではあるが地方自治制度を有している。

のうち、連邦とラントとの関係に妥当するのが連邦国家原理（Bundesstaatsprinzip）であり、ラントと地方自治体との関係に妥当するのが地方自治原理（Prinzip der kommunalen Selbstverwaltung）である[3]。ドイツ連邦国家は、両原理による二層構造によって成り立っていることになる[4]。両原理は、垂直的な権力分立の原理であり、各レベルにおける国家機関の権限配分を支配する点では共通であるが、以下の二点で相違がある。第一に、両原理は、対象とする国家主体について、異なる位置関係を前提としている。すなわち連邦国家原理は相互に対等な国家高権主体である連邦とラントの関係を前提とするのに対して、地方自治原理は上級機関であるラントとその地域的統治機関である地方自治体との非対等な関係を前提としている[5]。第二に、両原理は異なる権限配分の程度と方式を導く。連邦国家原理は、国家の機能はラントに帰属することを原則としつつ、連邦とラントとの間の権限配分の決定権（Kompetenz-kompetenzen）を連邦に付与することによって連邦国家全体の統一性を確保するものであり、この権限の配分は、連邦とラントの協約である連邦憲法（基本法）に規定されなければならない。それに対して地方自治原理においては、そのような原則例外関係は存在せず、権限配分はもっぱらラントの立法によって法律の形式で行われる[6]。

　本書の問題意識に照らしたとき、ドイツの国家構造のうちで我が国における地方自治制度との比較の前提となるべき共通点を有するのは、連邦国家原理ではなく、地方自治原理である。なぜなら我が国における自治体は、国と対等な国家高権の主体ではなく、かつ国と自治体との権限配分関係には連邦国家原理

---

[3]　ドイツにおいては、両原理は互いに並立し得るものとされる。例えば2006年の第一次連邦制改革以前は、連邦は地方自治体に直接的に連邦法律の定めるところによって事務を行わせることが認められていたが、この場合の両者の関係は地方自治ではなく、連邦国家原理によって説明されていた。基本法の上では自治体はラントの構成部分として扱われることになっているため、連邦と地方自治体が直接的に事務の委託・受託の関係を有することが、地方自治原理とは矛盾することにはならないとされていたのである。その意味で、基本法は3つの統治主体をそれぞれ独立に承認したのではなく、あくまで二層の国家構造を採ることを規定したものと説明される。Vgl. Michael Sachs (Hrsg.), Grundgesetz Kommentar 8.Aufl. 2018, Art.85. Rdnr. 9, 12-14. (Armin Dittmann/ Daniera Winkler).

[4]　Isensee, a.a.O.(Anm.1), S.737f.

[5]　Armin Dittmann, Verfassungshoheit der Länder und Bundesstaatliche Verfassungshomogenität. in: Josef Isensee/ Paul Kirchhof (Hrsg.), Handbuch des Staatsrechts. Bd.VI. 3.Aufl., 2008, S.219f.

[6]　Isensee, a.a.O.(Anm.1), S.739.

の下で見られるような憲法上の原則例外関係が見られないからである[7]。それゆえ、本書ではドイツにおけるラントと自治体の間に妥当している、地方自治の原理と制度を比較対象とする。この地方自治は、連邦憲法である基本法の国家全体の均質性原則（Homogenitätsgebot）の下で、連邦憲法による大綱的な保障と各ラント憲法（Verfassungen der Bundesländer）による具体的な保障を受けており、それに基づいたラント法律（Landesgesetze）によって制度として形成される[8]。したがって、本書において具体的に検討する法制度は、これらのような各ラント法上の制度が中心となる。

## 2. 比較の可能性——地方自治と kommunale Selbstverwaltung

では、我が国の地方自治とドイツの地方自治とではどのような異同があり、どのような点で比較可能なのだろうか。ドイツの地方自治制度はラントごとに異なり得るため、ここではその制度内容の最大公約数である基本法の規定と、そこでの法的性質に関する議論に触れておくことにする。

### (1) 基本法による地方自治の憲法的保障

ドイツにおける自治体は、上述したようにラント法律の規律に服する領域団

---

[7] 我が国における地方自治の比較法的研究の素材としてドイツの制度が用いられる場合、連邦とラントの関係が比較の対象とされることが多い。垂直的な権力分立の制度という点に着目し、その権限や財源の配分に関する詳細な基本法の規定を援用することを主眼に置くのであれば、その比較の視点の妥当性は必ずしも否定されるものではない。しかし上述の通り、連邦制はあくまで中央国家と支分国家との対等な国家間関係を前提としており、内部に国家主権を有する統治団体が存在しないことを前提とする地方自治制の構造とは、その前提を異にする。ドイツにおけるラントは、完全な国家高権を有しており、国家に対してその領域を自ら治めることを要求するための「自治権」を必要としないため、高権主体である国家のもとでの領域団体の活動を前提とする地方自治制度の比較対象とするには、適当とは言えない場合がある。

[8] したがって、地方自治に関する立法権限はラントに帰属している。本書において以下単に「（国の）立法者」と言う場合には、地方自治の制度形成に関わるラント立法者を指して用いるものとする。もっともこのことは、基本法が各ラントにおける全く異なる制度の存在を認めたことを意味するものではない。地方制度は基本法による連邦国家の構造及び行政執行の基礎構造をなすものであるため、ある程度共通な構造を有する地方自治体のしくみが要請されており、したがって基本法も自治制度の大枠に関する規定を有する。Vgl. Dittmann, a.a.O.(Anm.5), S.220.

体ではあるが、同時に連邦国家の下部構造を成す統治団体でもあるため、連邦の全領域に共通に妥当する地方自治の大枠は連邦憲法たる基本法で規律される。その大枠を規律するのが基本法第28条2項である。その規定は次の通りである。

　基本法第28条〔ラント及びゲマインデの憲法秩序〕
　　(2)　ゲマインデに対しては、法律の範囲内において、地域的共同体の全ての事項を、自己の責任において規律する権利が保障されていなければならない。ゲマインデ連合もまた、その法律上の任務領域の範囲内において、法律の基準にしたがって、自治権を有する。自治の保障には、財政上の自己責任の基盤も含まれ、税率決定権を有するゲマインデに帰属する経済関連の租税財源もこの基盤の一部を成している。

　同項における自治の主体は、ゲマインデとゲマインデ連合である。上述のように、地方自治に関する事項は全てラントの規律権限に属するため、基本法はそれらがいかなるものであるかについては規定していない[9]。

　また、同項に言う自治権とは、法律の範囲内において、地域的共同体の全ての事項を、自己の責任において規律する権利である[10]。地方自治体は、自己の領域に属する地域的共同体の事項に関して活動範囲の普遍性を有し、かつその活動は自治体自身の責任によって行うという内容の権限を、基本法の枠の上で与えられている[11]。

　要するに、ラント法上の領域的統治団体たる地方自治体に、地域共同体の事項に関する「全権限性（Allzuständigkeit）」とその権限の行使に関する「自己責任性（Eigenverantwortlichkeit）」を享有させることが、基本法第28条2項の規律する地方自治制度の大枠であるということになる[12]。

　このような自治権が保障されるとしても、それを賄う財源がなければ、その保障は画餅に帰する。そのような事態を防ぐため、基本法は地方自治体に権限としての自治権を保障する一方で、その権限を支える財政的基盤についても大

---

9)　この制定に至る経過については Vgl. Klaus Stern, Das Staatsrecht der Bundesrepublik Deutchland. Bd.I. 2.Aufl., 1984, S.406.
10)　地方自治に関する制度的保障の理解からは、自治権は基本権類似の性格を持つものではあるが、地方自治体の基本権ではない。シュテルンは、地方自治の保障それ自体が「行政の一形式」であるとしている。Vgl. Stern, a.a.O.(Anm.9), S.405.
11)　Stern, a.a.O.(Anm.9), S.412.

枠的な規定を置いている[13]。同項3文がそれである。ここでは財政上の自己責任の基盤が、自治体の自治保障の内容に含まれることが明記されている。地方自治体の財政基盤は、全権限性と自己責任性を享有する自治体の活動の前提として位置付けられ、自治権の不可分の内容として捉えられる[14]。つまり、基本法においては、自治体財政事項は当然に地方自治制度の内容を成すものとされているのである[15]。

(2) 制度内容における異同──地方自治の主体と範囲

上記の概観をもとに、比較可能性の検討として、我が国とドイツとの制度内容の異同をまとめておく。

ⅰ) 自治の主体

我が国における自治の主体が地方自治体であることは、言うまでもない[16]。地方自治体とは一般に「国家の領土の一定の区域をその構成の基礎とし、その区域内の住民をその構成員とし、国家より与えられた自治権に基いて、地域公共の福祉のため、その区域内の行政を行うことを目的とする団体」であるとさ

---

12) この大枠にしたがって、各ラントはこの基本法の趣旨に基づく規律を憲法に規定し、その内部の地方自治体に対して自治権を保障するという基本法上の責務を負う。地方自治体は連邦国家及び国家としてのラントの構成要素であるとされ、ラントそれ自体が都市であるベルリン及びハンブルクを除くほか、全てのラントでこの基本法の文言を敷衍する形の規定が置かれている。Vgl. Stern, a.a.O. (Anm.9), S.405f., Klaus Vogelgesang/ Uwe Lübking/ Ina-Maria Ulbrich, Kommunale Selbstverwaltung. 3., überarbeitete Aufl., 2005, S.26f.

13) 基本法の財政憲法規定の上では、地方自治体は第106条9項によりラントの構成部分とみなされる。しかし一方では、基本法それ自体が地方自治体に適用のあることを予定した財政条項も存在している。基本法は、第28条2項において領域的統治団体としての地方自治体が存在することを認めているため、その存立を保障する限りにおいて大綱的な規律をしているのである。Vgl. Hans Jarass/ Bodo Pieroth, Grundgesetz. 15. Aufl., 2018, Art.106. Rdnr.12.

14) Sachs, a.a.O. (Anm.3), Art.28. Rdnr.84. (Michael Niehaus/ Andreas Engels).

15) ただし、基本法の規定自体はあくまで大枠としての財源の保障を規定したものに過ぎないため、地方自治体の収入権限及び課税権限の実際の発生には、個別にラント法の規律が必要である。ラント憲法裁判所の判断にもこの点を述べるものがある。例えば Vgl. BayVerfGH Entscheidung vom 15.12.1988. = DVBl.1989, S.308ff.(310).

16) 我が国においては、法令用語としては「地方公共団体」の用語が用いられるが、本書では、引用の場合等特に必要のある場合を除き、ドイツの制度との比較の上で「(地方)自治体」の語に統一して用いる。

れる[17]。この点、判例では憲法上の「地方公共団体」であると言えるためには、自治の政治的・社会的基盤が必要であるとの観点から、区域内の共同体意識が醸成され、沿革上及び行政上の実態を有していることが必要であるとされる[18]。憲法上、このような実態を有する「地方公共団体」の組織構成に関して規定するところはないが、法律上、その典型的な構成として、広域行政を担当する普通地方公共団体としての都道府県と、その域内において地域的行政を担当する普通地方公共団体としての市町村から成る2層制が採られている。

　一方、ドイツにおける憲法上の自治の主体は、ゲマインデとゲマインデ連合である[19]。ゲマインデは我が国における市町村に相当する基礎的自治団体であり、ゲマインデ連合は、複数のゲマインデを包含する広域的自治団体である。基本法第28条2項によれば、ゲマインデには、法律の範囲内において、地域的共同体の全ての事項を、自己の責任において規律する権利が保障されるが、この権利が「自治権（Recht der kommunalen Selbstverwaltung）」と呼ばれる。ゲマインデ連合も法律の枠内において、一定の範囲で自治権を保障される。この自治権の内実は、連邦憲法裁判所の判例によれば、全権限性と自己責任の2つの要素である[20]。全権限性は、「法律によって他の行政主体に委ねられていない地域共同体の全ての事項に関する権限が自治体に委ねられること」を内容とし、自己責任とは「地域共同体の事項に関する決定の正当性が、自治体に留保されること」を意味するものである[21]。すなわち、ドイツにおける自治体は、地域的

---

17) 法学協会編『註解日本国憲法 下巻』（有斐閣、1954年）1374頁。

18) 最大判昭和38年3月27日刑集17巻2号121頁＝特別区長公選制廃止事件は、以下のように判示している。
　「……地方公共団体といい得るためには、単に法律で地方公共団体として取り扱われているということだけでは足らず、事実上住民が経済的文化的に密接な共同生活を営み、共同体意識をもっているという社会的基盤が存在し、沿革的にみても、また現実の行政の上においても、相当程度の自主立法権、自主行政権、自主財政権等地方自治の基本的権能を附与された地域団体であることを必要とするものというべきである。そして、かかる実体を備えた団体である以上、その実体を無視して、憲法で保障した地方自治の権能を法律を以て奪うことは、許されないものと解するを相当とする。」

19) ドイツでは各ラントごとに設置される地方自治体が異なっているため、基本法の規定では制度の原型としてのゲマインデとゲマインデ連合のみを規定している。なお、本書では以後、ゲマインデとゲマインデ連合を区別せずに一般的に指す場合には、「（地方）自治体」の語をあてる。

20) BVerfGE 79,127(143). 邦語での解説としてドイツ憲法判例研究会編『ドイツの憲法判例Ⅱ（第2版）』（信山社、2006年）378頁以下（白藤博行）。

共同体としての社会的基盤を持ち、地域行政の全ての事務を自己責任に基づいて処理する権限を与えられていることをそのメルクマールとしている[22]。

　以上の通り、日独における地方自治の主体については、法律による具体的な制度に違いは存在するが、憲法が予定する自治体像は概ね共通しているということができる。すなわち両国とも、概ね地域に根ざした社会的基盤と、相応の自主的な行政上の諸権能を沿革的に有している地域行政団体を、憲法上の地方自治体としていると理解することができよう。

### ⅱ）自治権限の範囲

　我が国における地方自治体は、憲法上「その財産を管理し、事務を処理し、及び行政を執行する権能を有し、法律の範囲内で条例を制定する」権限を与えられている。自治体の行政権限の具体的内容は、地方自治法をはじめとする諸法令によって具体的に規律されるが、基本的には我が国の地方自治体は、自主立法権を含む広範な地域的権限を付与されていると言える。

　それに対してドイツの地方自治体が有するのは、日本語に直訳すれば「自治行政権」である。したがって、ドイツの地方自治体には、自主立法を行う権限は当然には付与されていないのが一般的である[23]。もっとも上述した通り自己責任の下に、地方自治体は地域共同体の事務を担っているため、それに必要な

---

21) BVerfGE 79,127(143f.).
22) 各ラントでは、このメルクマールによる自治体として、典型的にはゲマインデ（市町村）と、ゲマインデ連合たるクライス（郡・Landkreis）の二層構造を設ける。なお、ラントが郡と同様の権限を有するものとして法律で指定した郡格市（kreisfreie Stadt）も存在する。その他にはゲマインデ連合としての県（Bezirk）などの例もあるが、各ラントの制度によってはこれらの名称は共通でも単なる行政区として位置付けられるものもあり（例えばベルリン州憲法では Regierungsbezirk は地方公共団体として扱われない）、その全てが基本法第28条2項の意味における「自治体」であるとは限らない。Vgl. Jörn Ipsen, Die Entwicklung der Kommunalverfassung in Deutschland. in: Thomans Mann/ Günter Püttner (Hrsg.), Handbuch der kommunalen Wissenschaft und Praxis. 3.Aufl., 2007, S.571f.
23) 日本における条例制定権は、アメリカにおいて都市に認められている憲章（Charter）を制定する権限を淵源とするものであり、ドイツの地方制度とは来歴を異にしている。なおドイツにおける自治体の法規制定権に関する規律はラントの事項であり、ラントごとに相当事情が異なっている。一般に、課税など住民の権利義務に関する事項を規律する場合には、ラント憲法又はラント法律によって、日本の条例に相当する規則（Satzung）を制定する権限が与えられている。Vgl. Heinlich Scholler/ Jens Scholler, Kommunale Rechtssetzung. in: Mann/ Püttner, a.a.O.(Anm.22), S.552f.

事項をその領域の限りにおいて規律する権限は承認されている。自治行政権の内容を成し、自治体の具体的な行政権限の淵源となっている基本的な権限は、ドイツでは自治体高権と呼ばれるが、この自治体高権には規律高権、人事高権、財政高権、計画高権、課税及び課徴高権、組織高権、領域高権の7つの内容が含まれているとされる[24]。これらは地域的統治団体としての地方自治体の全権限性を確保し、自主的な運営を維持するための、地域に関する全般的な事務権限を導出する根拠となる。

以上のように、ドイツの地方自治体は自主立法を行う権限を当然には与えられていない点において我が国の自治体とは事情を異にするが、国から独立の統治団体として地域行政事務を処理し、それに必要な自律的な財政管理が認められているという事情は同じである。したがって、条例制定権と規律高権の相違を除いて、自治の及ぶ範囲は概ね両国に共通するものとして理解することができよう。

(3) **地方自治の法的性質論における異同──制度的保障としての地方自治**
ⅰ) 我が国における地方自治の制度的保障

我が国においては、地方自治の法的性質は制度的保障であると、一般に理解されている[25]。すなわち、憲法による地方自治の保障によって、自治体は自然権的・固有権的な基本権を承認されるのではなく、地方自治という歴史的・伝統的・理念的な公法上の制度が、立法による侵害から保護されていることになる[26]。裁判例によれば、「憲法94条、基本的には92条によって認められる自治権がいかなる内容を有するかについては、憲法自体から窺い知ることはできな

---

24) Stern, a.a.O.(Anm.9), S.413f. なお、大橋洋一『現代行政の行為形式論』(弘文堂、1993年) 269頁以下は、実際に排他的な高権たる性格を必ずしも有していないものがあるとして、この分類に疑問を呈している。
25) このことは、成田頼明「地方自治の保障」同『地方自治の保障《著作集》』(第一法規、2011年) 所収3頁以下 (初出は宮沢俊義還暦記念『日本国憲法体系第五巻 統治の機構 (Ⅱ)』(有斐閣、1964年))、特に82頁以下において、ドイツの制度的保障理論を日本国憲法の地方自治の解釈論に導入することに積極的な見解が示されたことに端を発する。以後の憲法上の地方自治の解釈論は、この成田の紹介による「制度的保障」理論が中軸となってきたと評価して良いだろう。
26) 樋口陽一＝佐藤幸治＝浦部法穂＝中村睦男『憲法Ⅳ (注解法律学全集)』(青林書院、2004年) 243頁以下 (中村睦男)。

い。そもそも憲法は地方自治の制度を制度として保障しているのであって、現に採られているまたは採らるべき地方自治制を具体的に保障しているものではな（い）」とされている[27]。

ⅱ）ドイツにおける地方自治の制度的保障
　一方、ドイツにおいても、地方自治の法的性質は制度的保障であると捉えるのが一般的であり、この立場は連邦憲法裁判所判例の採用するところである[28]。
　ドイツにおける地方自治の制度的保障に関しては、以下のような説明がなされる。
「ゲマインデの自治行政は、今日ではもはや協同団体や社会に基礎を置く国家に対抗的な制度ではなく、民主主義と垂直的機能配分により正当化され、国家の負担軽減をもたらすための分権型行政形式の1つである。すなわち、二層に区分される国家機構の中で、公共的事務を自己の責任において処理するための一形式なのである。」[29]

(4) **地方自治に対する制度的保障の日独比較**
　地方自治に対する制度的保障の理論は、戦前ドイツにおける自治権保障の法的性質に関する議論に淵源を有するものである。この理論は、ドイツを母法国とする我が国の地方自治法制に継受され、また戦後のドイツでは連邦憲法裁判所により基本法解釈として採用されるところとなった。その意味では両国の制度的保障理論は同根である[30]。
　地方自治に関する初期制度的保障理論の特質は、客観的な制度の保障・立法者が制度の核心に触れることの禁止・客観的保障の反射効としての自治権の派生の三点に整理される[31]。この三点に即して、同根であった両国における制度的保障理論が、いかなる変化を遂げてきたかを比較してみたい。

---

27)　福岡地判昭和 55 年 6 月 5 日判時 966 号 3 頁＝大牟田電気税訴訟。括弧内は筆者。なお最高裁判所の判例において、憲法第 92 条に言う地方自治の本旨の内容及び性質が直接問題になったケースは、未だ存在しない。樋口ほか・前掲（注 26）245 頁（中村睦男）。
28)　BVerfGE 1,167(175).＝ドイツ憲法判例研究会編『ドイツの憲法判例（第 2 版）』（信山社、2003 年）447 頁（高橋洋）。
29)　Stern, a.a.O.(Anm.9), S.405f.
30)　樋口ほか・前掲（注 26）243 頁（中村睦男）。

ⅰ）客観的な制度の保障

　まず、地方自治の制度的保障が客観的な制度の保障であるとの理解は、両国に共通である。我が国の裁判例は、「憲法は地方自治の制度を制度として保障している」ことを明確にしており[32]、またドイツ連邦憲法裁判所も判例の中で自治体の主観的な基本権の享有を否定している[33]。それゆえ、憲法による保護の対象は、個別に自治を行い得るための地方自治体の権利ではなく、国家体制において地方自治の制度が存在するという事実それ自体であるということになる。そのため、国の立法者は憲法によって保護された地方制度を廃止し、あるいは地方自治を不可能とするような法律を制定することを禁止される。したがって、地方自治の制度的保障の諸原則の名宛人は国の立法者であり、地方自治の保障は立法の限界を画する基準として機能する。地方自治の保障があくまで立法の限界を画する基準に過ぎないということは、地方自治体の側から国会や国の機関に対する具体的な要求をすることはできず、またそれゆえに個別の地方自治体の地位は憲法上保護されないことを意味している。このような保障の原則を表しているのが、我が国の憲法における「地方自治の本旨」の文言であり、ドイツ基本法においては自治体が基本権とは異なる「自治権を有する」という規定である。両国間で憲法上の規定形式は異なるが、これらの規定の根底に存在する、客観的な制度の保障及び地方自治体の主観的地位保障の否定の観念は、両者が紛れもなく共通の地方自治の制度的保障理論を受け継いでいることを示すものであると言えよう。

ⅱ）立法者が制度の核心に触れることの禁止

　そうであるとすれば、我が国における「地方自治の本旨」及びドイツ基本法における「自治権」が、いかなる程度において立法者に限界を課しているかが次に問題となる。これが、二点目の、立法者が制度の核心に触れることの禁止

---

31)　Carl Schmitt, Verfassungslehre. 9.Aufl., 2003, S.170f. ＝尾吹善人訳『憲法理論』（創文社、1972 年）212 頁以下。
32)　前掲（注27）・大牟田電気税訴訟福岡地裁判決。
33)　BVerfGE61, 82(100). それによれば、自治体に基本権を認めるとすると、「公権力に対する個人の保護を内容とする基本権が逆に……国民に敵対的な形において公権主体の保護理由となる恐れがある」。

に関わる。

　憲法上の制度的保障の名宛人である立法者は、地方自治の制度を無に帰してはならない。すなわち立法者は、憲法によって保障される制度を法律で廃止することはもちろん、それを実質的に行い得ない状況をもたらす立法を行うことも禁止されている。一方で、地方自治制度は法律でその詳細が規律されることによって、実際に運用されるものでもある[34]。したがって、立法者は地方自治の制度的保障によって課される上限と、憲法によって要請される地方自治の制度形成の下限の両方の遵守を求められている。すなわち、立法者は制度的保障の禁止を超えて立法を行うことはできず、また同時に立法の不存在又は不十分な立法によって自治を骨抜きのままにすることも許されない。それゆえ、立法による規律に当たっては、上限との関係で問題になる場合と、下限に関して問題となる場合とが区別されなければならない。地方自治に関する制度的保障の核心部分と周辺部分の区別は、これに由来するものである。すなわち上限の踰越つまり核心部分に触れる立法の規律は絶対的に禁止される一方で、下限についてはそれを下回らない限り、つまり周辺部分については一定の合理性がある限り、規律は原則として許されることになる。

　しかしながら、ここではそもそもどのような状況であれば自治が行われていると言うことができ、あるいは自治が侵害されていると言うことができるかという判断の、立法者にとっての明確な基準は存在しない。そのため、制度的保障の枠組みにおいて、絶対的な保護の対象となる核心部分とは何かという問題は極めて重要な問題であるが、同時にこの点が論理の不明確さを生み出していることは否定できない[35]。この不明確さこそが制度的保障の枠組みの最大の特色であり、同時に弱点でもある。つまり、この不明確な点について判断を下せるのは立法者のみであるが、その際、立法者に自由な判断の余地を許すことによって、さまざまな事情を制度の形成に反映させ得る柔軟性を持つ一方、立法者の判断の如何によっては、保障の内容及び程度に大きな振幅が生まれてしまうのである[36]。したがって、制度的保障の枠組みにおいては、この不明確さを

---

[34]　上述した通り、我が国の憲法第92条とドイツ基本法第28条2項のいずれも、地方自治制度の法律による形成を予定している。
[35]　樋口ほか・前掲（注26）244頁。

第Ⅰ章　ドイツにおける地方自治制度

できる限り縮減することが試みられることになるが、この点について日独両国の制度的保障理論は、期せずしてか同じ答えを用意している。それは歴史的方法と呼ばれるものであるが、我が国における地方自治の制度的保障理論の主唱者である成田頼明によれば、地方自治の本旨の本質的内容については、各国における制度の歴史的発展、憲法でそのような規定を設けるにいたった趣旨及び目的、現代国家における国家と地方自治との関係などを考慮して、個別的かつ具体的に判定されるべきものである[37]。そして、ドイツ連邦憲法裁判所の判例でも、「法律による制限に対して憲法上保障された核心領域に何が含まれるのかを決定する際には、自治行政のさまざまな歴史的表現形態とその歴史的展開を考慮しなければならない」とされている[38]。両国の論理のみならず文言までが似通っているのは、決して偶然ではない。この歴史的方法は、制度的保障理論の祖であるシュミットにそもそも由来するものであるからである[39]。日独両国の地方自治に関する制度的保障理論は、互いに同じくする祖に忠実に発展を遂げてきたものであり、核心領域・周辺領域のみならずその画定の論理においても相似性を有していると評価できよう。

### ⅲ）客観的保障の反射効としての自治権

地方自治の制度が客観的に立法による侵害から保護されている結果として、自治体は一定程度、立法によって奪われない地位を享有することができる。地方自治の制度的保障の下で、我が国の自治体は憲法第92条の「地方自治の本旨」を基本とした憲法第94条の諸権限を、ドイツの自治体も「地域的共同体の全ての事項を、自己の責任において規律する権利」を与えられている。しか

---

36) したがって、同じ制度的保障の枠組みに立っても、固有権に近い手厚い保障に振れる場合と、伝来説に近いほとんど無保障に振れる場合の両方があり得ることになる。小山剛「地方自治の本旨」小山剛＝駒村圭吾編『論点探究憲法（第2版）』（弘文堂、2013年）375頁以下。

37) 成田・前掲（注25）83頁以下。

38) BVerfGE 17,172(182).

39) シュミットは、憲法制定時までに歴史的に形成されてきた自治体の固有事務の現状が、憲法による保護の下にあるものと考えた。Vgl. Schmitt, a.a.O.(Anm.31), S.171. ＝尾吹訳・213頁。なお石川健治『自由と特権の距離［増補版］』（日本評論社、2007年）147-148頁は、シュミットにおける2つの憲法制定の時点の区別、すなわちプロイセン・ラント憲法とワイマール憲法に保障される「自治行政の権利」が区別されていたことを指摘している。

し、両国ともこれが主観的な固有権・基本権と解され得ないことは言うまでもなく、またこの地位を理由に国に対して何らかの具体的な要求をなし得るものでないことも既に述べた。この点でも両国の制度的保障は方向を同じくしている。

　なお、ドイツの地方自治体は、自治体憲法異議を提起して自治権侵害を憲法裁判所において争うことができる地位を与えられているが、我が国の地方自治体も、国を相手取って抗告訴訟・民事訴訟を提起することは可能であり、その訴訟において憲法上の争点を提起することも妨げられない[40]。これは両国の憲法裁判制度の違いによるものであって、制度的保障の論理における自治体の地位に関する議論にとって本質的な影響をもたらすものではない。

## 3. 小括

　日独両国における制度的保障の内容に関する歴史的方法の説明に共通しているように、地方自治体の存在及びそれを取り巻く制度がいかなるものであるかは、その国のその時点の個別的な政治・社会状況に左右され得る。したがって、ある時点又はある事項に関する比較可能性は、両国の制度が同じ方向性を保ち続けることを将来に渡って保証するものではない。それゆえ、地方自治制度及びそれに対する制度的保障の比較に当たっては、常に彼我の制度の異同及びその観察を基礎とした比較可能性が前提となっていなければならない。

---

[40]　もっとも、現実的にはそのような争訟は極めて少ない。木佐茂男「国庫負担金の争訟方法——摂津訴訟」別冊ジュリスト地方自治判例百選〔第3版〕(2003年) 198頁以下に、先進諸外国に比して、我が国における自治体が国を相手取って提起する行政訴訟・民事訴訟は例外的であるとの指摘がある。また、高木光「地方公共団体の出訴資格——杉並区住基ネット訴訟」別冊ジュリスト地方自治判例百選〔第4版〕(2013年) 11頁は、「比較法的・歴史的研究に照らせば、地方公共団体の出訴資格を、法律上に明示的規程がないからといって漫然と否定することができないことは明らか」であるとするものの、その方途は現実的には客観訴訟ないし機関訴訟に限られており、その提起件数のみならず受理件数も極めて限られるのが現実である。比較的最近のものとしては摂津訴訟(東京高判昭和55年7月28日行集31巻7号1558頁)、大牟田電気税訴訟(福岡地判昭和55年6月5日判時966号3頁)、沖縄県軍用地訴訟(那覇地判平成2年5月29日行集41巻5号947頁)、逗子市池子訴訟(東京高判平成4年2月26日判時1415号100頁)、日田市場外車券売場訴訟(大分地判平成15年1月28日判タ1139号83頁)、杉並区住基ネット訴訟(東京地判平成18年3月24日判時1938号37頁)の6例が著名である。

以上、検討したところによれば、我が国の地方自治制度とドイツの地方自治制度は、制度的保障理論に依拠して発展してきた共通の歴史的・理論的背景を有し、憲法や法律の規定は異なるものの、現在も比較検討に堪えるだけの制度上・運用上の類似性を見出すことができる。

　しかし、総論における類似性が各論においても類似性を導くということは、論理必然ではない。地方自治制度に関する類似性は、その内容たる自治体財政制度の類似性を必然的には導かない。以下の各章では、上記の比較可能性を基礎としつつ、具体的な自治体財政制度に関する比較検討を行うものとする。

第Ⅱ章

# 制度的保障の発展と地方自治体の財政高権

## 1. 制度的保障と自治権侵害

### (1) 連邦憲法裁判所による地方自治の制度的保障法理の受容と発展

　制度的保障理論は、戦前ドイツのワイマール憲法体制の下において、カール・シュミットによって提唱された。シュミットは、地方自治の制度的保障の特質を、客観的な制度の保障・立法者が制度の核心に触れることの禁止・客観的保障の反射効としての自治権の付与の三点に整理した[1]。前二者は制度的保障の説明として良く知られているものであるが、注目すべきは三点目であり、地方自治の制度が保障される反射的効力として、既得の自治体固有事務の遂行は憲法の改正に依らない制約から免れることが示唆されているところから、いわゆる核心領域以外での自治権保障の余地が当初から含意されていたことが着目される[2]。

　戦後のドイツ公法学においては、このような理解が受容され、発展してゆく

---

1) Carl Schmitt, Verfassungslehre. 9.Aufl., 2003, S.170f. ＝尾吹善人訳『憲法理論』(創文社、1972年) 212頁以下。

2) Schmitt, a.a.O.(Anm.1), S.171. ＝尾吹訳・213頁。我が国における地方自治の解釈に制度的保障理論を定着させた成田頼明「地方自治の保障」同『地方自治の保障《著作集》』(第一法規、2011年) 所収 (初出は宮沢俊義還暦記念『日本国憲法体系第五巻 統治の機構(Ⅱ)』(有斐閣、1964年)) 62頁は、「シュミットによってうちたてられたこの理論によって、憲法地方自治条項の性格は、単なる『空虚な基本権』でも『実体的に無内容な』ものでもなく、規範的意味をもって立法府を拘束し、地方自治に対して法律による侵害からの最小限度の保障を提供する重要な機能をもつものと考えられるようになった」として、この理論の意義を高く評価した。

こととなる。以下では、判例に現れた地方自治の制度的保障像を、地方自治を取り巻く状況と関連させつつ時系列に沿って整理しておく。

ⅰ）制度的保障の受容——1960年代以前

連邦憲法裁判所は、1952年のオッフェンバッハ判決において「基本法第28条2項において……ゲマインデには、ワイマール憲法の基本権保障規定の部分に置かれた第127条[3]が保障するのと同様な範囲において（自治権が）保障される……。」[4]と判示して地方自治の法的性質論としての制度的保障理論を受容する判断を示す。これ以後、地方自治に関する制度的保障説は、今日に至るまでの通説の地位を占めることとなる。

ⅱ）領域改革——1970年代

1970年代には、地方行政の効率化のため、連邦の主導による領域改革(Gebietsreform)が行われた[5]。この改革の中で、当時の西ドイツ領域における自治体数は3分の1に整理されることになったが、この統廃合については、特に領域高権との関連における自治権侵害の有無が争われることとなった。

しかし連邦憲法裁判所は、1978年のラーツェン決定の中で「基本法第28条2項1文は、ゲマインデの存在を全体として制度的に保障しているのみで、個別に保障しているのではない」として[6]、制度的保障についての客観的保障の原則的理解を崩すことはなかった[7]。

---

[3] ワイマール憲法第127条は以下のような規定であった。
　　第127条〔ゲマインデの自治〕
　　　ゲマインデ及びゲマインデ連合は、法律の制限内において自治の権利を有する。
　この条文は、「ドイツ人の基本権及び基本義務」と題する第2編の「共同生活」の章にあり、その法的性質については、プロイセン州が推し進めていたゲマインデの強制的な廃置分合の可否をめぐっての議論の中でさまざまな解釈論が展開された。その推移と制度的保障理論の登場までの経過については、石川健治『自由と特権の距離〔増補版〕』（日本評論社、2007年）141頁以下に詳説されている。

[4] BVerfGE 1,167(174f.). ＝ドイツ憲法判例研究会編『ドイツの憲法判例（第2版）』（信山社、2003年）447頁（髙橋洋）。

[5] Klaus Stern, Das Staatsrecht der Bundesrepublik Deutchland. Bd.I. 2.Aufl., 1984, S.407.

[6] BVerfGE 50, 50(50).

[7] 後の1982年ザスバッハ決定では、自治体高権の客観的保障は、主観的な基本権の保障とは性質の上で異なることが明らかにされている。Vgl. BVerfGE 61, 82(102ff.).

### iii）機能改革期――1980 年代

1980 年代になると、行政需要の広域化に対応するため、機能改革（Funktionsreform）が行われた[8]。この改革に伴う権限の吸い上げに関し、地方自治体側は計画・組織高権との関連における自治権侵害を主張して争った。

この時期において連邦憲法裁判所は、制度に付随して保障される自治権の内容と、個別の侵害の基準を具体化するようになる。例えば1980年の騒音防止決定[9]では、自治権制約の場合においては比例原則と恣意禁止の考慮が立法者に要請されているとした他、1988年のラシュテーデ決定[10]では、立法者は憲法上の権限配分原則としてのゲマインデの全権限性と自己責任を尊重しなければならず、それを超える公共の利益を理由にする場合に限り、自治権制約が許されると判示している[11]。

### iv）財政危機期――1990 年代以降

その後90年代になって構造的な経済不況が深刻化すると、連邦やラントは、地方自治を建前として、地方自治体に権限を押し付けるようになる。これは、権限とともに財政上の支出責任をも押し付け、自らの歳出を削減しようとする意図によるものである[12]。この権限と支出責任の押しつけは、地方自治の推進を建前にすることで、少なくとも総論的には地方自治体の自治を侵害するものとは捉えられにくいところに特徴があり、90年代以降2010年代に至るまで、特にラントにおける自治体憲法異議の主戦場となっている[13]。

しかし連邦憲法裁判所は、例えば91年の決定の中で「財政の自主性を含む

---

8) Walter Bogner, Mehrstufige kommunale Organisationseinheiten. in: Thomans Mann/ Günter Püttner (Hrsg.), Handbuch der kommunalen Wissenschaft und Praxis. 3.Aufl., 2007, S.246f.
9) BVerfGE 56, 298(308). ＝ドイツ憲法判例研究会編・前掲（注4）452頁（駒林良則）。
10) BVerfGE 79,127 ＝ドイツ憲法判例研究会編『ドイツの憲法判例Ⅱ（第2版）』（信山社、2006年）360頁（白藤博行）。
11) ラシュテーデ決定が、自治権侵害の判断基準についての比例原則の枠組みを採ったものかどうかについては見解が分かれているが、前審となった連邦行政裁判所判決（BVerwGE 67, 321）との比較において、比例原則の検討が本決定においてほぼなされていないことから、否定的な見解が一般的である。Vgl. Friedrich Schoch, Zur Situation der kommunalen Selbstverwaltung nach Rastede-Entscheidung des Bundesverfassungsgerichts. VerwArch.81.1990, S.28ff. なお、この点については第Ⅸ章2(3)を参照。
12) Friedrich Schoch/ Joachim Wieland, Finanzierungsverantwortung für gesetzgeberisch veranlaßte kommunale Aufgaben. 1995, S.43f.

ゲマインデの行政は……自己責任の保障に根拠を求めることができる」[14]などと述べるに留まり、このような侵害の形態に対する具体的な手立てを明確には打ち出せていない。

### (2) 制度的保障の内実と自治権侵害の多様化——シュテルンの整理

このように地方自治の状況と連邦憲法裁判所の判例を関連させて時系列的に観察すると、自治権侵害の内容が変化してきていることが分かる。すなわち自治権侵害の典型は、70年代型の自治体の存立に対する立法の介入から80年代型の立法による権限の吸い上げへと遷移し、さらに90年代型として財源の手当てなき事務の押し付けが、新たな侵害の形態として登場してきている。

このような侵害の多様化に対応した制度的保障理論の発展形態を整理したのはシュテルンである。シュテルンによれば、基本法の下での地方自治体は、権力分立原理に基づく自由で民主的な国家構造の基礎的単位と位置付けられる。この構造は垂直的権力分立の構成単位である各機関に実効的な権限を配分することによって担保されるため、地方自治体は自主的な団体として存在するだけでなく、自治権が保障されていなければならない[15]。

一方で、制度的保障の下での地方自治体は、防御権ないし国家に対抗的な権利としての基本権を享有せず、国家機関であるとともに領域団体としての性質を有する存在として、連邦国家の下の地方自治制度に組み込まれた存在であるとされる。このように地方自治体が基本権の享有主体性を否定されるというテーゼからは、以下の二点の帰結が得られる。すなわち第一に、地方自治体の権限の行使は、個人の基本権を侵害しないように法律の留保に服して行われる。第二に、国の立法者の権限と地方自治体の権限が衝突する場合には、基本権制限の問題ではなく、国家機関相互の権限抵触の問題として論じられる[16]。ただ、連邦国家の基層部分としての地方自治体の自主性の確保の趣旨に鑑み、国の権

---

13) Andreas Engels, Die Verfassungsgarantie kommunaler Selbstverwaltung. 2014, S.288f.
14) BVerfGE 83, 363(382).
15) Stern, a.a.O.(Anm.5), S.409. シュテルンの地方自治保障に関する制度的保障論からの理解については、新村とわ「自治権に関する一考察（二・完）」法学68巻4号（2004年）637頁以下に詳細に紹介されている。
16) Stern, a.a.O.(Anm.5), S.408f.

限と地方自治体の権限との衝突は、単純な客観的権限抵触の問題として処理されるのではなく、一定の範囲で主観的な基本権類似の性格を持ち得るものとされる。

こうして、ドイツにおける地方自治の制度的保障の下で、地方自治体が享有し得る保護は、第一に地方自治の制度自体に対する客観的保障、第二にこの客観的保障に付随する限りの、自己責任によって処理し得る特定の自治体任務領域の保障、第三に自治権侵害の場合に司法的救済を受け得る主観的法的地位の保障の3つであるとされることになる[17]。以下、それぞれの保障の内容について簡単に俯瞰する。

### ⅰ) 地方自治の制度自体に対する客観的保障

地方自治の制度的保障が、地方自治の制度自体に対する客観的保障であると解されることは、個別の地方自治体の存立が保護の対象とはならないことを意味する。憲法によって保護されるのはあくまで分権型行政形式としての制度それ自体であって、その保護によって自治体に何らかの固有権が与えられるのではない。そのため個別の地方自治体はいかなる意味においても保護を享有し得ず、その存立が脅かされる場合においてさえも、その脅威が特定の地方自治体の問題に解消する限りにおいては、何らかの保護を要求することはできない[18]。実際に、連邦憲法裁判所の判例においては、地方自治体の意に反してラントの法律により強制的に自治体合併を行うことは、自治権侵害に当たらないと判断されている[19]。

### ⅱ) 自治体任務領域の保障

自治の制度に対する客観的保障に付随する限りで、自治体には自己責任による事務処理領域が保障されるが、このことは自治体固有の事務に関する全権限

---

[17] Stern, a.a.O.(Anm.5), S.354f.
[18] Schmitt, a.a.O.(Anm.1), S.171. = 尾吹訳・213頁。シュミットによれば、「自治行政の制度は国の憲法律によって保障されており、したがってゲマインデの自治の制度そのものを廃止することは許されず、実質的な内容においてゲマインデ自治を消滅させるか、またはその本質的な存立を奪うような法律は、すべてライヒ憲法に違反する。」
[19] BVerfGE 61, 82(111f.).

性と自己責任が、地方自治の保障の本質的内容を成すことを意味している[20]。もっとも、地方自治体が処理するべき地域的共同体の事務は多岐にわたり、その事務の内容は国の法律によって規律される以上、これらの事務の全てが自治の保障の本質たる全権限性及び自己責任に密接に関連するわけではない。ここでは、自治行政にとって本質的であってその事務を処理し得ないとすると自治の保障が無に帰するような核心領域に属する事務権限と、それ以外の周辺領域に属する事務権限が区別される。このうち、国の立法者が触れることを禁じられるのは核心領域のみであって、周辺領域については自治体の全権限性及び自己責任に対する侵害を引き起こすものではないため、原則として国の法律によって規律することが認められる。したがって、国の立法者は自治制度の核心に触れない限り、地方自治体の行政に介入し、又は規律を及ぼすことができる。連邦憲法裁判所はこの枠組みに沿って、行政の効率化のために一定の事務権限を吸い上げ、又は一定の規模の自治体に限って権限を与える内容を国の法律で規律することは、地方自治の侵害とはならないと判断している[21]。

iii）司法的救済を受け得る主観的法的地位の保障

ドイツの地方自治体は、法律による地方自治の侵害の場合に、憲法裁判所に対して救済を求めて出訴することができる地位を認められている。この保障は、前述のように基本権類似の地方自治体の主観的法的地位を具体化したものであり、この保障に基づいて、自治体憲法異議の制度が、憲法及び法律に設けられている[22]。しかし、自治体憲法異議はあくまで特別な手続とされ、自治権侵害を理由に裁判を提起し得る地位を有していることをもって地方自治体の固有権的な地位が導かれるものとは解されない。

## (3) 制度的保障の本来的要素としての自治体任務領域

その中でも、ここでとりわけ重要な内容として位置付けられるのは、自治体任務領域の保障である。この客観的法制度の保障とは、地方自治体の固有の事務の執行における全権限性と自己責任が保障されていることを意味し、その効

---

20) BVerfGE 79,127(143).
21) BVerfGE 50, 50(52).

果として、自治体の事務の執行が妨げられた場合においては、一定の範囲で基本権類似の保障が及ぶとされる[23]。したがって、それぞれの権限の内容と射程に応じて制度的保障の程度は具体化されることになるし、また具体化されることを必要とする[24]。80年代型の侵害に対して、計画・組織・人事の分野で連邦憲法裁判所がそれぞれ基準を示したのも、この流れの中にあるものと整理されている[25]。

　判例・学説に現れる地方自治の保障内容が変遷してきたことからも理解される通り、地方自治に関する制度的保障は、シュミット以来一定のものであったのではない。その枠組みは、地方自治を取り巻く時代的状況の中で次第に進歩し、新たな侵害に対応するために発展してきた。その保障内容は自治権侵害の多様化に応じて豊かなものとなり、シュミットの時代には想起し難かったであろう自治権侵害の形態に対しても、一定の効果を生み出した。客観的保障の前提を崩すことなく、権限配分に対して、基本権保障の場合に類似の具体的な保障を及ぼす方法は、まさにその成果であると言えよう。

## 2. 制度的保障から見た財政問題

### (1) 自治体財政を制度的に保障することの意味

　地方自治に関する制度的保障の下では、自治の一内容たる自治体財政もまた、

---

22) 基本法第93条1項4b号は、「ある法律によって第28条の自治権が侵害されたことを理由とする、ゲマインデ及びゲマインデ連合の憲法異議について」裁判する権限を連邦憲法裁判所に与えている。憲法異議には、個人が基本権侵害を理由として提起することが認められているものもあるが、自治体憲法異議はこの個人の憲法異議とは区別された特別の手続として位置付けられている（連邦憲法裁判所法第91条）。なお、ラントの法律による自治権侵害を理由として提起される自治体憲法異議については、各ラントに設置されるラント憲法（国事）裁判所が裁判を行う権限を有する。この場合には基本法と連邦憲法裁判所法の規定と同様、各ラント憲法がラント憲法（国事）裁判所に自治体憲法異議について裁判する権限を与え、ラント憲法（国事）裁判所法が自治体憲法異議の手続を規律する。自治体憲法異議の制度については工藤達朗＝畑尻剛編『ドイツの憲法裁判 連邦憲法裁判所の組織・手続・権限〔第2版〕』（中央大学出版部、2013年）362頁以下を参照。

23) Stern, a.a.O.(Anm.5), S.415f.

24) Friedrich Schoch, Verfassungsrechtlicher Schutz der kommunalen Finanzauonomie. 1997, S.108.

25) Franz-Ludwig Knemeyer/ Mattias Wehr, Die Garantie der kommunalen Selbstverwaltung nach Art.28 Abs.2 GG in der Rechtsprechung des Bundesverfassungsgericht. Zeitschrift für Verwaltungsrecht und Verwaltungspolitik 2001, S.333f.

制度的に保障されていることになる。そのため、自治体財政の保障はドイツでは自治権の内容としての財政高権の保障の問題となる。もっとも、地方自治体に対して制度的に保障されるあらゆる権限は、客観的に保障されるものであって、決して自治体の固有権ではあり得ない[26]。この制度的保障の帰結は、財政権限及び財政高権についても当てはまることは無論である[27]。それゆえ、自治体財政の制度及び保障の程度についても、制度的保障の論理が援用されることになると考えなければならない。

　具体的に、制度的保障の論理を財政権限及び財政高権の保障に援用すると、以下の2つの帰結が得られる[28]。第一に、自治体財政の制度は法律によって形成される。第二に、自治体の財政権限と立法者の財政権限が衝突する場合ないし予算の定立を含めた立法による自治体の財政権限への介入の場合は、一般的な権限の衝突の調整問題として扱われる。

### ⅰ）自治体財政制度の法律による形成

　第一の点は、地方自治行政が法律の留保の下で行われることの反映であるが、自治体財政が法律に従って適正に処理されるべきことは当然であり、その適正を維持するための制度は法律によって設定されていなければならない。

　自治体財政は国の統治機構の一部であり、また国の財政にとっての不可欠の構成部分でもある。それゆえ、下記に挙げるようにいくつかの一般的な原則が導出され、地方財政を規律している[29]。

### a. 自治体財政自律主義

---

26) Karen Brems, Die Aufgabenverlagerung des Landes Nordrhein-Westfalen auf die Kommunen und die Frage der Finanzierungsfolgen. 2005, S.38f.

27) ブレムスは、固有権ではあり得ない財政高権が、絶対的に保障される核心領域に属するとするのはその意味でミスリーディングであると指摘している。Vgl. Brems, a.a.O.(Anm.26), S.77.

28) これは、シュテルンが地方自治の制度的保障から導く2つの帰結を反映したものである。この点については前述した。

29) Hermann Pünder/ Christian Waldoff, Kommunales Finanzrecht in der Verfassungsordnung von Bund und Ländern. in: Hans-Günter Henneke/ Hermann Pünder/ Christian Waldoff (Hrsg.), Recht der Kommunalfinanzen, 2006, S.8ff. なお、ここでの分類は碓井光明『要説自治体財政・財務法〔改訂版〕』（学陽書房、1999年）10頁以下に準拠した。これらの原則は、統治作用としての財政制度に当然に付随する規律である。

地方自治体は、地方自治の本旨とりわけ団体自治の理念に基づいて存在を認められ、自ら活動する組織体である。地方財政はその存立目的を達成するための基盤となるものであり、かつ、地方行政の不可欠の一部として、その存立目的に従って行われなければならない。それゆえ、憲法が地方自治体に付与する行政処理権限には、当然に地方行政を処理し規律する権限も含まれる。

　こうして、地方財政は地方自治体の存立それ自体を保障する機能と、権限行使を現実に可能にすることによって地方自治体の活動の自律性を支える機能との2つの機能を持つことになる。地方に財政権限が与えられている以上、この2つの機能を没却しないように運用がなされなければならない。このような基本原則が、自治体財政自律主義である。

　　b．自治体財政民主主義

　地方自治の有する民主主義的側面の観点から、地方自治体の運営に関する決定は地方の住民によって行われる。これはもちろん地方財政についても例外ではない。地方自治体の財政についても住民の意思に基づく処理が要請され、地方自治体の代表機関を通じて住民の意思を財政処理に反映させることが原則となる。

　もちろん地方財政は国の財政の一部でもあるから、財政民主主義の観点から国の法律による規律が及ぶことも否定できないが、国の法律によるという意味での財政民主主義と自治体財政民主主義は矛盾するものではなく、地方固有の財政処理については地方の決定が原則として尊重される、という棲み分けの問題に過ぎない。

　　c．人権尊重主義

　憲法の目的は、何よりも国民の基本権を保障することである。全ての権力はこの目的に奉仕するために行使されなければならないが、地方自治体の財政権力ももちろんこの原則の下にある。

　地方自治体は、生活に近接する行政事務を処理しており、それだけにその基盤となる地方財政も、基本権との衝突を避けられない。例えば自治体税の賦課や法規命令に基づく財産規制による財産権との衝突が容易に想定できよう。そのような場合に、自治体の財政権力は住民の基本権に対して可能な限り抑制的に考慮されることを要請するとともに、基本権侵害の場合の救済の途を保障す

ることを内容とする。

### d. 住民財政主義

地方自治体は、究極的には住民のものである。そもそも地方自治行政が憲法的保護を受けている意味も、住民に身近な行政を、住民に身近な機関によって、住民の利害と意思をきめ細かく反映して行うことにある。それゆえ、住民のために存在し、住民の意思によって、住民の利害を適切に反映しつつ運営されることが、地方財政にとっても最も根本的な原則であると言うことができよう。

### ⅱ）財政権限の衝突の類型

問題は、財政制度に関する法律を介した、立法者との関係である。第二の点はこの点に関連する。ここで発生する衝突については、財政権限の場合、通常の事務権限の場合とは趣を異にする。事務権限の場合は、端的に自治体が国から独立・自律的に事務を処理し得るか否かのみを問題とすれば足りるが、財政権限の場合には、国からの自律が要求される場面の他に、国に対して財源の保障を要求する場面が生ずるからである[30]。財政権限の衝突に関しては、この財政自律の場面であるか、財政保障の場面であるかによって、立法者に許される判断の余地が異なってくるため、それぞれ個別に検討する。

### a. 財政自律

まず、財政自律は、自治体が国から独立して、自らの財政事項に関して自ら決定できる地位を有していることを意味する。しかし、この自律はあくまで地方自治の制度的保障の枠内において成立するものであるから、必ずしも自治体の固有の権限であると解されるものではない[31]。また、自治体の財政自律が固有の権限であると解されないとすれば、その如何の判断は立法者に委ねられることになるため、ここに立法者の判断の余地が生まれる。したがって、財政自

---

30) 碓井・前掲（注29）17頁以下は、国との関係における自治体財政権に関して、財政自律と財政保障の両方の要求が成り立つとする。そしてこの両者は互いに反対方向に作用するという矛盾を内包しており、そのいずれもをある程度犠牲にして調和を図る必要があることを指摘している。Vgl. Pünder/ Waldoff, a.a.O.(Anm.29), S.4f.
31) 制度的保障は保障の程度に振幅を持つ理論であるため、この点については、地方自治の本旨の要素たる団体自治の趣旨や、自治権の内容である自己責任の趣旨を反映させて、国に対する財政権限上の自律性を一定程度強固に肯定する解釈が一般的となっている。碓井・前掲（注29）18頁。Vgl. Pünder/ Waldoff, a.a.O.(Anm.29), S.4.

律としての自治体財政権が制度的保障の内容として認められるとしても、この財政自律は法律によって大きく制約され得ることになる[32]。さらに、国の立法者としては、制度的に保障されている財政自律の核心部分に触れない限りは、財政制度の法定と適正を根拠として規律をなし得るというのが制度的保障の帰結であるが、これを徹底すれば、国の立法者は例えば一般的に自治体の財政自律を不可能にしない限りはこの規範に違反することはあり得ず、また個別の各自治体の財政権限は必ずしも保護の対象ではないことになろう[33]。

### b. 財政保障

次に、財政保障は、自治体の自主的な財源調達能力に限界があることを前提として、必要最低限の財政需要を満たし得ない自治体に対して、国が相応の財源を保障することを意味する。この財政保障については、自治体間の較差を是正して、自治体の適切な行政運営を全国的に確保するとともにナショナルミニマムを維持するという目的において行われるものであれば、国にとっての政策的な意味付けが強くなり、国が自治体に事務権限を委譲する場合の財源移転の目的で行われるのであればそれが弱くなる[34]。この国にとっての政策的な意味付けの強さは、そのまま立法者に許される判断の余地の広さに反映する。すなわち前者の政策型については立法者が政策的に講じる措置であり、また制度的保障の前提から、いかなる意味においても自治体はそれを要求する地位を有し得ないため、この財源保障の必要の有無及び程度に関する立法者の判断の余地は極めて広くなる[35]。反対に、後者の事務権限に付随した財源移転型の場合、本質的には国の権限について自治体に財政負担を負わせることの可否の問題となるため、自治体に自らの権限を処理させることを内容とする制度的保障の前

---

32) 碓井・前掲（注29）19頁。Vgl. Brems, a.a.O.(Anm.26), S.77.
33) 福岡地判昭和55年6月5日判時966号3頁＝大牟田電気税訴訟は、ここに言う意味での財政自律の内容としての自主課税権について、個別の自治体の課税権は憲法の保護の対象ではないとし、その具体化には法律の規律が必要であると判示した。この判決が、自治体の財政自律をまったく否定し、あるいはそれに準ずる内容の法律が違憲無効となることを示したことの意義は決して小さいものではない。しかし一方で立法者の判断の余地を極めて広く認める説示については、制度的保障の論理の正確な理解に立ったものかどうか疑わしいとの批判がなされている。棟居快行・租税判例研究 ジュリスト755号（1981年）139頁。なおドイツにおいても自治体の財政自律の重要性を指摘しつつ、結局は立法者の判断の余地をほぼ無制限に認める判決が見られる。Vgl. BayVerfGH Entscheidung vom 18.4.1996. = NVwZ-RR 1997, S.301ff.(305).

提は妥当せず、地方自治体はいわば国の下級行政機関に準ずる地位において、費用の手当てを原則として国に要求できるのでなければならない[36]。したがって、このような場合の、財源移転に関する立法者の判断の余地は、その限りにおいて制限されることになる。

### iii）自治体財政に対する制度的保障の帰結

　地方自治の本旨又は自治権が制度的に保障されているという前提の下での、国の財政権限と自治体の財政権限との関係を簡単にまとめておくと、次のようになる。第一に、自治体の財政権限は国の立法による形成に服し、その行使には立法による具体化が必要である。第二に、自治体の財政権限の具体化が立法による以上、自治体の財政権限をいかなる内容のものとし、いかなる程度においてそれを自治体に行使させるかについては、立法者に判断の余地が認められる。第三に、その立法者の判断の余地の広狭は、国と自治体の財政権限の衝突のあり方によって異なり得るが、一般にその余地は広く解されている。

### (2) 財政問題の特殊性

　上述のように制度的保障理論が発展を見てきたにもかかわらず、連邦憲法裁判所は、90年代型の財政を介した自治権侵害に対して明確な手立てを打ち出せているとは、必ずしも言えない。それは連邦レベルで憲法異議が提起されにくいことによる面もあるが[37]、実体的には財政事項それ自体の特殊性に理由があると考えられる。

　財政には一般に、3つの機能があるとされている。すなわち、資源配分の調整、所得の再分配、及び経済の安定化である[38]。裁判所の視点に立って法的観

---

34) 前者の場合は、国の側に財政責任は発生していないが、後者の場合には国は原則として委譲する権限について自ら処理する責任を負っており、自己の事項について自ら財源を負担する義務が生ずるためである。Vgl. Stefan Mückl, Konnexitätsprinzip in der Verfassungsordnung von Bund und Ländern. in: Hans-Günter Henneke/ Hermann Pünder/ Christian Waldoff (Hrsg.), Recht der Kommunalfinanzen, 2006, S.36f.
35) BayVerfGH, NVwZ-RR 1997, S.301(303).
36) Mückl, a.a.O.(Anm.34), S.49.
37) Stefan Mückl, Finanzverfassungsrechtlicher Schutz der kommunalen Selbstverwaltung. 1998, S.158f.
38) 神野直彦『財政学〔改訂版〕』（有斐閣、2007年）61頁。

点から財政を見るとき、これらの機能に注意を払う必要があることは、もちろん否定することはできない。社会的影響の大きさを無視して法的作用を行うことは、必ずしも法の予期するところとは言えないからである。そうであるならば、法の見地から財政を捉えるに際して、この3つの機能が法と同じような規律的性格をいかにして財政にもたらしているかが解明され、またそれが法的統制に適するものであることが明らかになったときに初めて、法はこれを統制する許容性を得るに留まる、ということが留意される必要がある[39]。この財政問題の特殊性こそが、連邦憲法裁判所に自治体財政問題へと立ち入ることを躊躇させ、消極的な態度を生み出していることは否定できないであろう。

### (3) 財政問題に対する各ラント憲法裁判所の消極的態度

自治権侵害について本来的な管轄権を有しているはずのラント憲法裁判所のレベルにおいても、自治体財政を憲法問題として扱うことについては消極的な態度が主流であったことは、連邦レベルと変わりがない。実際、90年代中盤まで、自治体が各ラントを相手取って財政高権の保障を求める訴訟を提起する例が相次いでいたが、これらは各ラント憲法裁判所において悉く斥けられた[40]。

典型的には、ノルトライン・ヴェストファーレン州憲法裁判所が、「一般論として、立法者としてのラントには地方財政調整に関して大きな裁量権が認められる。……自治体の事務費用負担の決定に際して、ラント立法者の形成の余地には制約は存しない」[41]として、事実上、憲法問題としての検討を放棄する趣旨の判断を示している。その理由としては、財政問題の特殊性に鑑みれば、自治体財政に関する配慮は立法者にのみ可能であって、憲法裁判所は原則としてはそれに対して介入することができないことから、結局広汎な裁量を認めざるを得ないことが指摘されている[42]。制度的保障は立法者に向けられた規範であるが、財政事項に関する立法者の判断が統制できないのであれば、確かにここに制度的保障の限界があるとも考えられよう。

---

39) 福家俊朗『現代財政の公共性と法』(信山社、2001年) 18頁以下。
40) 武田公子『ドイツ自治体の行財政改革——分権化と経営主義化』(法律文化社、2003年) 50頁。
41) NRWVerfGH Urteil vom 9.12.1996. = DVBl.1997, S.483ff.
42) Michael Inhester, Kommunaler Finanzausgleich im Rahmen der Staatsverfassung. 1998, S.25ff.

### (4) 自治体財政侵害への法的視角

　これに対して、学説では自治体財政への侵害の態様をより詳しく腑分けして、法的統制の足がかりを築こうとする試みがなされてきた。その際に着目されたのが、財政侵害顕在化の三段階である。

　上述の通り、一般に自治体財政に対する侵害は、第一段階である自主財源や移転財源の減少、第二段階である財源移転を伴わない移管事務の増大、第三段階である財源の移管事務への転嫁と自主財源の枯渇、の三段階を経て顕在化する。このうち、確かに第一段階・第三段階については経済財政や実際の財貨の動きに目配りが必要で、憲法による統制は難しいことを認めざるを得ないが、第二段階は、法律による事務の移管の可否に問題を収束し得る性質のものであると評価することができる[43]。そのため、事務と財源の関係についての立法者の判断を問題とし得る余地が、ここに生まれるのである。

　こうして、これ以後、事務と財源についての立法者の決定に対する統制の観点から、自治体財政保障の具体化がなされることになる。

## 3. 自治体財政問題の基礎としての事務区分

　このように、地方自治体の財源の保障に関する以後の問題の立て方は、事務と財源との対応関係を基準とするため、自治体事務の区分について若干触れておく必要がある。

### (1) 自治体に対する優先的事務権限配分──補完性原理

　基本法第28条により、地方自治体は、自治権の制度的保障に基づき、「自己の事務」については、自己の責任においてその全てを規律する権限を有している。

　ここに言う地方自治体の「自己の事務」とは、基本法上の「地域共同体の全ての事項」に属する事柄である。連邦憲法裁判所によれば「地域共同体の事項」とは「地域共同体に根ざした、又は地域共同体と特有な関係を有する需要と利害関係」[44]であるが、第28条2項により、それに対する権限行使に関して

---

43) Schoch/ Wieland, a.a.O.(Anm.12), S.43ff., Mückl, a.a.O.(Anm.34), S.34ff.
44) BVerfGE 79,127(143).

は、自治体の決定の自主性が保障されなければならない。したがって、この事項に属する事務については自治体に優先的に権限の配分がなされ、その権限は上部団体・広域団体との関係において原則的に優越する。シュテルンによれば、その根拠は、自治体が最も住民に身近で政策的柔軟性・創造性・自律性を備えた地域的行政主体として存在し、かつ基本法第28条1項により固有の民主的正当性基盤を有することを認められている団体であることによるとされる[45]。ラントなど上部団体やゲマインデ連合など広域団体は、領域団体としての地方自治体が自ら処理することのできない事務のみを吸い上げて自ら執行し得るに留まる。ここでは、上部団体・広域団体と下部団体・領域団体は管轄区域を異にしながらも、互いに「対等・協力」の関係に立つことが前提とされている。

このような下部団体・領域団体がそれに属する事項については上部団体・広域団体に優越し、上部団体・広域団体の権限は下部団体・領域団体の権限に対して補完的に存在する関係を表すのが補完性原理（Subsidiaritätsprinzip）である[46]。この原理は、歴史的にはカトリックの教会組織における聖座―司教座―教会という、上部と下部との権能の配分に端を発するものであるが[47]、俗世にも影響を及ぼすところとなり、連邦国家体制における基本発想として連邦憲法裁判所がこれを採用するに及んで[48]、分権的国家体制における権限配分の原則として一般化されるに至った[49]。一般的には、補完性原理は国家内部の組織的基本原理として機能するものであり、地方自治は連邦制とともに補完性原理の表れとして、その基礎をなす制度であると評価されている[50]。したがって、地方自治の制度的保障の下で全権限性と自己責任性を核心部分として保障される地方自

---

[45] Stern, a.a.O.(Anm.5), S.405f.
[46] ドイツ憲法における権限配分原則としての補完性については、廣田全男「事務配分論の再検討」公法研究62巻（2000年）179頁以下が詳細な紹介を行っている。
[47] Utz Schliesky, Der Beitrag des Subsidiaritätsprinzips zur Regitimation. in: Utz Schliesky/ Martin Schürmann (Hrsg.), Rechtsprobleme der Verzahlung von Herrschaftsgewalt in Mehrlebenssystemen, 2001, S.37f.
[48] BVerfGE 72, 330.
[49] この経緯に対する評価はさまざまであり得るが、現在では垂直的権限分立原則としての補完性原理は欧州連合の組織原則ともなっており、その積極的意味を否定するものは見あたらない。Vgl. Schliesky, a.a.O.(Anm.47), S.36. また白藤博行「西ドイツの地方自治における補完性原理と比例性原理（二）」名古屋大学法政論集128巻（1989年）244頁以下及び254頁以下。

治体には、補完性原理の帰結により、原則として他に権限を与える旨の定めなき限りは地域共同体の事務に関する優越的な規律権限が与えられているということができる[51]。

　以上によれば、地方自治体が「自己の事務について、自己の責任においてその全てを規律する権限を有している」ということの意味は、地域共同体と特有な関係を有する需要と利害関係に関する事項は、特に定めなき限り地方自治体の自ら規律するところとなり、その規律権限には補完性原理の意味における上部団体・広域団体に対する優越性が伴っている、ということになる。

### (2)　権限配分と財源配分

　この補完性原理に依拠すれば、事務権限については以上のように全権限性を根拠に、地方自治体への事務配分の優先的考慮を導くことができるとしても、その財政基盤については事情が異なる。財政調整及び財政保障に関しては、ラントの財政供与能力及び自治体財政制度の形成に関わる判断の余地を考慮しなければならない[52]。

　上述したように、原則として自治体の財源は、憲法及び法律により付与された権限に応じて附与される。「事務」の範囲が立法者の判断によって限定される場合には、その財政保障の範囲は同時に狭められ、あるいは程度を切り下げられることになる[53]。こうしてみると「事務」の区分は立法者の財政保障責任

---

50)　クネマイアーは、「28条2項における補完性原理は否定されえない」として、補完性原理がドイツ憲法の不文の憲法原則として自治体にも妥当することを指摘している。フランツ─ルードヴィヒ・クネマイアー（浦田賢治・高橋洋訳）「ゲマインデ及びラントクライスの自治権の憲法による保障」早稲田大学比較法学22巻2号（1989年）338頁。併せて参照、廣田全男「ドイツにおける補完性原理の展開」地域政策2002年夏号（2002年）23-25頁。

51)　ドイツ憲法判例研究会編・前掲（注10）380頁（白藤）。

52)　立法者が自治体の全権限性とそれを支える財源の確保に対する配慮をなすべきことはもとより当然であるが、自治体に対する財源の配分は国の財政支出をもたらすものであるため、国の財政負担に関する民主的規律を要請する財政民主主義に基づき、立法者の決定が別に必要である。Vgl. Hans Jarass/ Bodo Pieroth, Grundgesetz für die Bundesrepublik Deutschland Kommentar. 14.Aufl., 2016, Art.28. Rdnr.14.

53)　なお、逆は真ではない。自治体の側としては、法律によってある事務の執行が義務付けられている限り、財源がなくなったからといって一方的に事務の執行を打ち切り、あるいは他の自治体に負担を転嫁させるわけにはいかないからである。

の一つの基準として機能するものであり、地方自治の制度的保障の射程を規定している「地域共同体の全ての事務」の制度的内容形成のいかんは、自治体の財政上の自己責任の射程と関連して、自治体の財政保障に関する検討の前提をなす問題である、ということが言えよう。

i ) 古典的事務区分——自治事務と委任事務

ドイツにおける地方自治体は、同国の伝統的な国家と社会の二分論の下での「社会」の領域に属する共同体に元々の端を発している。その経緯を受けてか、現在の地方自治体は国家に対して防御的地位を有する基本権主体ではないにせよ、自治権の保障には一定程度基本権類似の保障が及ぶものと解されていることは上述した通りである[54]。このように、地方自治体の存在自体の根底には、国家と社会の二分論の発想が今なお依然として生き残っていると評価することができるが、それがとりわけ色濃く残るのが、地方自治体の事務区分に関する規律である。

従来、地方自治体の事務については、その社会共同体的性格を残す「自治事務（Selbstverwaltungsaufgaben）」領域と、国家に組み込まれた下級行政官庁としての「委任事務（Übertragene Aufgaben）」領域に分けて理解するのが一般的とされていた[55]。シュテルンによれば、この区分の意味は、全国家的に共通な事務を地方自治体によって執行させる体制を保障し、地方自治体の自己責任の射程を制限することにあった。つまり、下級行政官庁としての自治体が処理しているのはあくまでラントの事務であって、それは全権限性の及ぶところではない。したがってその執行は自己責任によるものなのではなく、委任者としてのラント（あるいはそれを通じた連邦）に対する責任によるものということになるのである。このようにして、従来は、制度的保障の核心である全権限性・自己責任の保護は自治事務にのみ及ぶものであって、委任事務には及ばないものと解されてきた[56]。

---

54) Stern, a.a.O.(Anm.5), S.409.
55) Stern, a.a.O.(Anm.5), S.412.
56) Ebenda.

ⅱ) 事務一元論の台頭

　しかし、このような枠組みが現在までそのまま妥当しているかどうかには、疑問が提起されている。基本法解釈の上では、地方自治体は制度的保障の枠内で自治権を保障されてはいるものの、国家機関の一部としても位置付けられているため、その事務区分論の前提をなしていた国家・社会二元論は克服されたとの見方が台頭したのである。それに加えて、自治事務は本来、全国に一律的な執行を必要とする「国の事務」の反対概念としての「地域の事務」として観念されてきたものであるが、行政領域の拡大とともにその事務の地域性は希薄になり、実際的にも事務区分論の存在意義は乏しくなってきていることが指摘されるようになっている[57]。これを受けて、各ラントにおいては、特に制度的枠組みにおける自治権保障の強化の観点から、特に法律レベルで事務区分を見直す動きが主流となった[58]。

　例えば、バーデン・ヴュルテンベルク州では自治体の事務に関する一元論的な解釈が確立した結果、ゲマインデ法 (Gemeindeordnung) をはじめとする法令上は、地方自治体が国の下級官庁として執行する「国の事務 (Aufgaben des Staates)」のカテゴリーが撤廃され、その代わりに地方自治体の事務を随意事務・義務的事務・指図事務の3つに再構成している[59]。ここに言う随意事務 (freiwillige Aufgaben) とは、「地方自治体がその領域において、単独で、固有の責任に基づいて処理できる公的事務」[60]を指し、特に法律の定めのない限り公的事務は全てこの区分に属することになる。次に「義務的事務」(pflichtige Aufgaben) は、「法律により、地方自治体に執行することが義務付けられる特定の公的事務」[61]を指す。そして「指図事務」(Weisungsaufgaben) は、「指図に基づき処理すべく自治体に義務付けられる」[62]公的事務であって、その指図については法律で規律されなければならない。

　なお、ここに言う「随意事務」及び「義務的事務」の区別は、その事務を執行するかしないかの決定が、地方自治体の裁量に委ねられているかどうかによ

---

57) 計画権限に関してのものであるが、大橋洋一『現代行政の行為形式論』（弘文堂、1993年）265頁参照。
58) Klaus Vogelgesang/ Uwe Lübking/ Ina-Maria Ulbrich, Kommunale Selbstverwaltung. 3., überarbeitete Aufl., 2005, S.50f.

るものである。したがって、この２つの区分に属する事務については、地方自治体はラントの指図から自由な自己の事務として執行することができる。これに対し、指図事務はラント若しくは法律で定める指図権者の指図を前提とする点で、他の２つの区分とは大きく異なっていることが留意される必要がある[63]。

このような事務区分の特性に着目すれば、法律レベルでは一元論を採用しながら憲法レベルでは二元論を採る場合には、随意事務及び義務的事務は二元論のもとでの自治事務に区分されることになる。ただ、指図事務についてはその区分が明らかではない。例えばシュミット・アスマンは、指図事務は自治事務とも委任事務とも異なる中間形式（Zwischendinge）であるとする観点から、「その理論的帰結は法律状況の正確な分析により発見される」[64]と述べて、その指図の規律次第で性格が変わり得ることを指摘している。すなわち、指図事務の

---

59) 同州の憲法は、2008年の改正以前は自治体の事務とその財源に関して以下のように規定していた。
　　第71条〔地方自治行政〕
　　(1) ラントは、ゲマインデ、ゲマインデ連合及び目的連合に対して自治の権利を保障する。それらは、法律の範囲内において、自らの事項を自己の責任において処理する。その他の公法上の団体及び施設も、法律で規定する限界の範囲内において同様である。
　　(2) ゲマインデは、公的な必要に基づいて法律によりその事務が他の官庁に委ねられていない限りにおいて、その領域における公的事務の担い手である。ゲマインデ連合も、その権限の範囲内において、同様である。
　　(3) ゲマインデ及びゲマインデ連合に対しては、特定の公的事務を処理すべきことを法律によって委任することができる。（後略）
　　この規定から明らかなように、2008年に3項が大幅に改正されるまでは、憲法には依然として自治事務（2項）と委任事務（3項）の二元論が残存していた。このような場合、憲法と法律に齟齬が生じていたことになるが、このような法律の改正については一般に違憲ではないと解されていた。なぜなら事務の法律上の分類それ自体は、憲法規定における自治体の執行責任及びラントの財政保障責任を直ちに不明確にするものではないからである。なお、2008年改正後の3項は「既存の特定の事務あるいは新たな公的事務の処理」が地方自治体に委任されるものと定めており、結果的に法律の運用に憲法が追従したかたちになっている。Vgl. Hans-Günter Henneke, Kommunale Finanzgarantien in Rechtsprechung. in: Hans-Günter Henneke/ Hermann Pünder/ Christian Waldoff (Hrsg.), Recht der Kommunalfinanzen, 2006, S.445.

60) Vogelgesang/ Lübking/ Ulbrich, a.a.O.(Anm.58), S.50. (z.B. Art.2 Abs.1 GOBW).

61) Vogelgesang/ Lübking/ Ulbrich, a.a.O.(Anm.58), S.53f. (z.B. Art.2 Abs.2 S.1 GOBW).

62) Vogelgesang/ Lübking/ Ulbrich, a.a.O.(Anm.58), S.55f. (z.B. Art.2 Abs.2 GOBW).

63) Vogelgesang/ Lübking/ Ulbrich, a.a.O.(Anm.58), S.56.

64) Ebarhard Schmitt-Aßmann, Kommunalrecht. in: Ingo von Münch (Hrsg.), Besonderes Verwaltungsrecht, 8.Aufl., 1988, S.110.

憲法的性格は、法律で定める指図権が包括的であれば委任事務に類似し、限定的であれば自治事務に近づくことになる[65]。

しかしいずれにせよ、この事務区分によれば、「国の事務」なるものはもはや存在せず、存在するのはただ地方自治体の事務領域のみとなったことは、重要な変更点であると思われる。なぜなら、そのような法律上の一元論的事務区分の下では、憲法上保障された全権限性への制限はなされ得ず、また自己責任に関しても法律の定める指図権との関係においてのみ制約されるに過ぎないことになるからである。そうであるとすれば、一元論は、法律レベルであるとはいえ、自治権保障を加重する機能を有しているということが言えよう[66]。

現行法制度上、各ラントにおいては、憲法レベルではともかく、法律レベルでは一元論を採用するところも多い。したがって憲法上の財政責任については、その法律上の事務の区分が憲法上の二元論にいかに位置付けられるかを考慮することが必要となる。

(3) 事務区分に準拠した自治体財政問題の領域区分
　ⅰ）二元論

この枠組みに即して財源保障の程度を考えるとすると、まず伝統的な二元論の立場からは、委任事務は本来的にはラントの事務であるため、その財政責任は全てラントに属すると考えることになる。したがってこの事務に関しては、基本的にはラントと地方自治体との間での財政権限の衝突は生ずることはなく、端的にラントに費用を補塡する義務があると考えることになる[67]。

それに対して自治事務は、地方自治体がその決定に基づいて、自己責任において執行すべき事務である。したがってその財源も原則として自己責任に基づいて地方自治体が調達しなければならないのが原則である。これに際しては、ラントは地方自治体が自主財源を確保し得るように配慮しなければならないのであるが、その配慮のあり方としては、地方自治体の財政自律を侵さないよう

---

[65] 大橋・前掲（注57）266頁以下。
[66] 大橋・前掲（注57）267頁。
[67] 理論的にはこう考えられるのだが、それは決して事実ではない。事務の委任を介しての自治体への財政負担の押しつけは自治権侵害の原因として重大な憲法問題となっており、数多くの自治体憲法異議事件の引き金となった。この経過について後述第Ⅳ章参照。

な消極的態度を保つことになる[68]。

　ⅱ）一元論

　一方、「国の事務」を観念しない一元論においては、財政責任に関してはもはや事務の主体の如何によって財政責任が曖昧になることはなく、ラントの「関与」に対してそれに応じた財源手当てがなされているか否かのみを問題にすれば事は足りると言える[69]。そのような事務区分との関連で発生する財政問題としては、ラントの関与と財源手当の妥当性をめぐるものがあるほか、全て公的事務が地方自治体に属する前提の下での財政上の自己責任基盤保障が問題となることになる。

## 4. 小括

　国家の組織原則としての補完性原理に基づき、事務のための権限については、それが地域的共同体に関連する限りにおいて、ラントは地方自治体に対して優先的にこれを配分することになる。

　しかしその執行を裏付けるための財源の保障については、それほど話は単純ではない。制度的保障の建前上、地方自治体が国に対して個別の財政保障を要求し得ないことを前提とすると、自治体が事務を執行する際の自主性を尊重すればするほど財政上の自己責任が強調され、ラントの側としては良くも悪くも財政上の関与が憲法上妨げられることになる。逆に、ラントが地方自治体に対して積極的に財政上の関与をすればするほど、自治体の全権限性と自己責任の基盤は堀り崩され、憲法による地方自治の制度的保障に抵触する恐れが出てくる。

　権限と財源は表裏一体であって、地方自治体の活動を支える車の両輪でもあるのだが、両者の関係がこのようにねじれてしまうのは、事務権限に作用する

---

68)　Schoch, a.a.O.(Anm.24), S.135. このことは自治体の自治事務の遂行を充分ならしめるための国の財源補填義務までをも含意するものではない。この点については、第Ⅷ章で検討する。
69)　Mückl, a.a.O.(Anm.37), S.199f.

力学と財源に作用する力学とがそれぞれ異なることによる。この両者の間に存在する隔絶とそれを融合するための財政調整制度の存在意義について、章を改めて論じることにしたい。

## 第Ⅲ章

# 公法と財政の架橋
―― 憲法上の制度としての自治体財政調整

## 1. 財政調整の概念と自治体財政調整

　財政調整制度は、そもそもは20世紀初頭のドイツにおいて、国家の財政危機を解決するために生み出された財政手法であった。

　この財政手法としての財政調整には、水平的財政調整と垂直的財政調整の2つのバリエーションがある。前者は、対等な国家機関相互の間の財政上の較差を是正するために行われる財源移転を内容とし、後者は国家の上級機関と下級機関との間において、財政力の十分でない機関の活動を保障するために行われる財源配分を内容とするものである[1]。例えばドイツにおいて行われているラント間財政調整は前者に該当し[2]、ここで扱う自治体財政調整は後者に該当する[3]。

　この垂直的財政調整としての自治体財政調整制度は、本来は混迷を極めたワイマール期の経済・財政状況の下で崩壊に瀕した自治体財政を救済することによって、国の経済の基礎である都市経済を充実させ、国民生活の安定を図るという財政理念を具現化する制度として設計され[4]、発展していった[5]。

　このようにして登場した自治体財政調整であるが、その後これを制度として

---

1) H. ツィンマーマン＝K.D. ヘンケ（里中恆志ほか訳）『現代財政学』（文眞堂、2000年）128頁以下。
2) Hans Jarass/ Bodo Pieroth, Grundgesetz für die Bundesrepublik Deutschland Kommentar. 15.Aufl., 2018, Art.107. Rdnr.6f.
3) Horst Zimmermann, Kommualfinanzen. 2.überarbeitete Aufl., 2009, S.215f.

完成させ、かつその作用を国家の統治に利用したのは、ワイマール末期のナチ党政権である[6]。ベルサイユ条約体制下において地方自治体の財政危機に対処するための財政手法としての自治体財政調整を評価していたナチ党政権は、民族社会主義国家統一の手段としてこれを制度化する[7]。その制度の下で、地方自治体は行政経費及び財源を測定され、その測定に応じて基準に即した財源保障と調整を受けることとなった[8]。ここに、国家行政の基礎単位たる地方自治体の財政保障を包含した、現代的な自治体財政調整が完成を見たのであった[9]。

以上のような生い立ちの中で、自治体財政調整は、一貫して地方自治体の財政力を補強するとともに、自治体が地域における統治団体として有する機能を支える財政手法として機能してきた[10]。

したがって、憲法の観点から見た自治体財政調整の存在意義は、地方の決定に基づいて、より効率的に地方公共財を供給すること、すなわち自己の事務とされる事項に関して、自律的決定に基づいて独立にこれを行うことを財政面か

---

4) このことは、都市を国家行政体制の基盤としてきたドイツにおいて、財政調整が公法上の問題としても捉えられることを意味する。この財政調整に関する公法理論は公法学者ヘンゼルによって築き上げられた。森稔樹「財政調整法理論の成立と発展（一）——アルベルト・ヘンゼルの財政調整法理論を中心に」大分大学教育福祉科学部紀要23巻1号（2001年）49頁以下参照。

5) ドイツにおける財政調整制度の歴史と発展については伊東弘文『現代ドイツ地方財政論（増補版）』（文眞堂、1995年）6頁以下が詳しい。

6) 伊東・前掲（注5）31頁は、ナチスの政府間財政関係制度は、戦後西ドイツにおいて承継されたものが少なくないことを指摘する。自治体財政調整もその1つである。

7) ライン地方においては、従前から地方自治体行政運営の効率化と税財政基盤強化の方策として、プロイセン州が強制的なゲマインデの廃置分合と交付金制度による財政需要の補充を推進してきていたが、ドイツ経済の回復と安定を至上命題としたナチ党政府は、それをモデルとした自治体財政の中央による管理を目論み、1939年プロイセン財政調整法及び44年ライヒ財政調整令を制定して、地方自治体を完全に国家財政に組み込んだ。ナチスによる全ドイツ的な地方制度・地方財政制度の整理は、その後のドイツにおける現代的地方制度の基礎を成すこととなる。伊東・前掲（注5）40頁以下のほか、成田頼明「地方自治の保障」同『地方自治の保障《著作集》』（第一法規、2011年）所収（初出は宮沢俊義還暦記念『日本国憲法体系第五巻 統治の機構（Ⅱ）』（有斐閣、1964年））21-22頁参照。

8) 中央財政集権国家の下で、財政誘導によって地方自治体の決定権を拘束する「黄金の手綱（Goldenzügel）」としての財源保障の発想はここに端を発しているとされる。伊東・前掲（注5）44頁。

9) 伊東・前掲（注5）8頁。

10) 地方自治体もラントとの関係においてはその公共機能を保障される主体となり得る。Vgl.Otto-Erich Geske, Der bundesstaatliche Finanzausgleich. 2001, S.13, 20f.

ら保障することにある[11]。つまり自治体財政調整は、憲法の上では地方自治体の行政能力を保障し、法律上の権限配分を実質化する制度として作用するのである。

## 2. 財政の特質と自治体財政調整の特殊性

　自治体財政調整は、憲法上の制度であるのみならず、財政上の制度でもあるところに特色がある。したがって、憲法の観点のみならず財政の観点からも自治体財政調整の意義付けを概観しておく必要があろう。

　財政には資源配分の調整、所得の再分配、及び経済の安定化の3つの機能があることは上述した。もっとも自治体財政に関するかぎり、この事情はやや異なる。地方自治体は領域団体であるため、所得再分配機能を担えば富裕者の流出・貧困者の流入が生じて人口移動にともなう財政基盤変容が生じてしまうし、また経済安定機能を担う場合にも、同様に他の地域にもそれが影響し、好ましくない形での財政基盤の変容がもたらされることになる[12]。それに対して資源配分調整機能について言えば、その内実は公共財の提供であるため、地方自治体がこの機能を担うことで、住民のニーズに応じた地方公共財を地方の決定に基づいてより効率的に供給することが可能となる[13]。すなわち自治体財政は住民に身近な財政主体として、資源配分調整機能のみを主として担うべきものであり、またそうするのが望ましいのである[14]。

　そのような自治体財政の主体たる地方自治体の「住民に身近」である特性が、地方自治保障の法制度においても「補完性原理」という基本発想として取り入れられていることは上述した通りである。その意味で、行政と財政との基本発想は同じであるということができそうである。ただ、行政権限は法的規律によって生み出される規範の問題であるのに対して、財政力は実際に財貨が使用可能かどうかに関する事実の問題であるため、発想は同じであっても両者の間に食い違いが生まれてくることが避けられない。

---

11) 統治団体としての地方自治体の公共財供給機能に関しては、福家俊朗『現代財政の公共性と法』(信山社、2001年) 197頁以下を参照。
12) 福家・前掲 (注11) 197頁以下。
13) 神野直彦『財政学〔改訂版〕』(有斐閣、2007年) 291頁。
14) 神野・前掲 (注13) 287頁以下。

自治体財政調整は、その隔絶の中に立ちつつ、地方自治体の財政力を補強するとともに、地方自治体が公共主体として有する資源配分調整機能を支える機能を持つ財政手法として定着し、また実際にもそのように機能してきた[15]。現代における自治体の役割に即して説明するならば、権限配分の原則である補完性原理に依拠しながら、地方自治体自身の決定に基づいて、より効率的に地方公共財を供給することを可能ならしめ、調整機能の実現を可能とすることが財政学上の自治体財政調整の趣旨である[16]、ということになる。自治体財政調整制度は、行政主体の能力がその財政状況に大きく依存することを前提とする近代財政の、まさに苦難と努力の結晶の1つともいうべきものであろう[17]。

## 3. 自治体財政調整の機能――権限配分とそれを裏付ける財政保障

　地方自治体の財政危機を救うために生み出された自治体財政調整制度は、崩壊寸前にまで陥った自治体財政を救済することで、公法上の主体としての地方自治体の機能を確保するとともに、国の経済の基礎である都市経済を充実させ、国民生活の安定を図るという財政理念を具現化する制度として設計されていた[18]。財政調整の手法は、財政の歳出機能の実現に直接かかわる支出の場面においてではなく、その前提としての財政力の保全に影響するのみであったから、公法上の制度と財政制度の交錯を生じていたにもかかわらず、さほどの弊害を生ずることはなく、しかも公法・財政の両者にとってある程度の効用を発揮することには成功した[19]。

---

15) 連邦とラントとの関係についてであるが Vgl. Geske, a.a.O.(Anm.10), S.13, 20f. ゲスケは、基本法においてはともかく、地方自治体もラントとの関係においてはその公共機能を保障される主体となり得ることを、地方自治体の財政活動の実態を根拠として認めている。
16) Geske, a.a.O.(Anm.10), S.30.
17) 自治体財政調整制度の成立までには公法学・財政学の双方からさまざまな試行錯誤がこらされた。公法学からは森・前掲（注4）49頁以下、財政学からは伊東弘文「ヴァイマル期ドイツの財政調整制度と J. ポーピッツの財政調整論（下）」北九州大学商経論集17巻2・3号（1982年）70頁以下。
18) 伊東・前掲（注5）6頁。
19) 伊東・前掲（注5）36頁以下。ライヒ政府のもとで財政力を測定され、それに応じた財源保障を受けることで、地方自治体は国家の領域に組み入れられる代償を支払いながらも、辛うじて破綻を免れた。

このように、公法上の制度としての財政調整の機能は、統治団体の存立を直接に基礎付ける機能と、他の統治団体との関係でその統治団体の存在を保障する機能に分類される[20]。そのうち、自治体財政調整にとって重要な観点は、後者の観点である。ヘネッケによれば、負担する任務に相応の財源をそれぞれの自治体に確保させることが自治体財政調整制度の目的であり、ゆえに自治体財政調整制度は基本法第28条2項で定められた権限配分を財政領域で保障する実際的・政治的及び法的意義を有している[21]。

　これを憲法学の言葉を用いて説明すれば、自治体財政調整の趣旨は自己の事務とされる事項に関して、自律的決定に基づいて独立にこれを行うことを財政面から保障することにある。つまり財政調整は、公法の上では地方自治体の行政遂行能力を保障し、法律上の権限配分を実質化する制度として機能する。なぜなら、地方自治体は財政学上の都市経済基盤であると同時に、公法上の国家事務執行の基礎的単位であり、その活動基盤を保護することは公法上の権限の行使を促進し、保護することになるからである。それゆえに、この自治体財政調整制度は、国家の活動を財政面において規定する財政体制（Finanzverfassung）ないし財政憲法（Finanzverfassungsrecht）の一要素であるとされてきた[22]。

## 4. 自治体財政調整の具体化

　ところで、かかる財政体制・財政憲法たる自治体財政調整制度を具体化し、かつ実現する責務は、ドイツにおける基本的な国家高権の主体であるラントに課せられている。

---

20) 伊東・前掲（注5）89頁以下。なお、同様の議論は連邦レベルで行われる財政調整にも存在する。井上亜紀「ドイツ型連邦国家の財政の分配と調整（一）」九大法学71号（1996年）193頁を参照。
21) Hans-Günter Henneke, Die Kommunen in Bundesstaatlichen Finanzausgleich. in: Elmar Döhler/Clemens Esser (Hrsg.), Die Reform des Finanzausgleichs-Neue Maßstäbe im deutschen Föderalismus? 2001, S.107.
22) インヘスターは「市民経済に適した配分システムの基準による財政調整制度は、憲法上の限界に突き当たる。……つまり、国家の任務及び財政分野は、単に経済的考慮のみによっては妥当なものとはなりえないのである」と述べ、自治体財政調整に関する財政憲法的考察の重要性を強調している。Vgl. Michael Inhester, Kommunaler Finanzausgleich im Rahmen der Staatsverfassung. 1998, S.26f.

ドイツ連邦国家の下では、ラントは連邦と対等な国家高権を有するものとされ、基本法によって連邦に付与されていない権限は、原則として全てラントに帰属する[23]。基本法上、連邦に帰属していない地方自治に関する立法権限は、全てラントに帰属し、したがって地方自治体はラント法の規律に従ってその自治権を保障されることとなる。すなわちドイツにおける地方自治・自治体財政の保障義務者は、ラントなのである。

　もっとも、それは基本法がラントごとに全く異なる地方制度の存在を認めたことを意味しない。地方制度は基本法による連邦国家の構造及び行政執行の基礎構造をなすものであるから、基本法もある程度共通な構造及び構成を有する地方自治体の存在を予定していると考えられている[24]。したがって基本法の要求する限りにおいて、連邦レベルでの規律が必要な場合はあるが[25]、その枠を逸脱しない限り、各ラントはそれぞれの高権に基づいて地方自治の原理を反映した地方制度を形成することができるのが原則である。

　では、ラントはいかなる程度にこれを具体化すれば良いのか。特に財政調整について言うならば、この制度は法的制度でもあるが、技術的性格を強く持つ財政制度でもある。それ故に地域の実情や財政状況に応じて、具体化の程度にはばらつきが出やすい傾向がある。そこで、ドイツの諸ラントにおける憲法規定の形式、主としてバイエルン州の旧規定のもとでの問題状況を素材として、憲法規定の規律形式と自治体財政調整の規範力との関係について検討してみたい。

## (1) ラント憲法に見る地方自治と地方財政

　既に述べた通り、各ラントは基本法の規定を敷衍して、それぞれ憲法及び法律によって地方自治に関する事項を規律するが、その敷衍のあり方にはラントごとに濃淡が現れることが避けられない。各ラントは全く自由に地方自治に関する規律をなして良いわけではないが、憲法規定に基本法をいかなる程度にお

---

23) 基本法第30条。Vgl. Jarass/ Pieroth, a.a.O.(Anm.2), Art.30. Rdnr.6ff. なお、この点について後に補論する。
24) Klaus Stern, Das Staatsrecht der Bundesrepublik Deutchland. Bd.I. 2.Aufl., 1984, S.405.
25) 例えば、連邦領域での均一な生活関係をつくり出すための連邦の規律権限がそれに該当する。Vgl. Jarass/ Pieroth, a.a.O.(Anm.2), Art.72. Rdnr.10f., Klaus Vogelgesang/ Uwe Lübking/ Ina-Maria Ulbrich, Kommunale Selbstverwaltung. 3., überarbeitete Aufl., 2005, S.2f.

いて具体化し、制度形成に反映させるかは、各ラントの自由な決定によらざるを得ない[26]。

　この程度については、大きく分けて2つのパターンが存在する。一方は自治権保障に関する詳細な規定を置き、形成が要請されるべき制度の内容をも文言の上で規律する場合であり、他方は基本法の枠にしたがって自治権保障を宣明するにとどめる場合である[27]。ここでは、前者の形式を「詳細型」、後者の形式を「簡素型」と呼ぶことにする。

### ⅰ）詳細型規定としてのバーデン・ヴュルテンベルク州憲法

　詳細型と簡素型とがどのように異なるのかを比較するには、まず各ラントにおける自治権・自治体財政保障のスタンダードとなっている詳細型の形式を概観しておく必要がある。

　ここでは、特に財政事項に関して最も詳細な規定を有しているとされていたバーデン・ヴュルテンベルク州の憲法規定[28]を例とする[29]。

バーデン・ヴュルテンベルク州憲法第71条〔地方自治行政〕
　　(1) ラントは、ゲマインデ、ゲマインデ連合及び目的連合に対して自治の権利を保障する。それらは、法律の範囲内において、自らの事項を自己の責任において処理する。その他の公法上の団体及び施設も、法律で規定する限界の範囲内において同様である。
　　(2) ゲマインデは、公的な必要に基づいて法律によりその事務が他の官庁に委ねられていない限りにおいて、その領域における公的事務の担い手である。ゲマインデ連合も、その権限の範囲内において、同様である。
　　(3) ゲマインデ及びゲマインデ連合に対しては、特定の公的事務を処理すべきことを法律によって委任することができる。それに際しては、費用の補填に関する規律が行われなければならない。この事務の執行がゲマインデ及びゲ

---

26) Ebenda.
27) この区別は財政事項に関する規律に顕著に現れる。Stefan Mückl, Finanzverfassungsrechtlicher Schutz der kommunalen Selbstverwaltung. 1998, S.76.
28) 特に財政事項の規律構造に関して Vgl. Friedrich Schoch, Die finanzverfassungsrechtlichen Grundlagen der kommunalen Selbstverwaltung. in: Dirk Ehlers/ Walter Krebs (Hrsg.), Grundfragen des Verwaltungsrechts und des kommunalrechts, 2000, S.97f.
29) なお、ここに掲げた条文は2008年改正以前のものであり、条文は一部を省略している。改正条文の内容及び省略部分については、巻末に関連条文集を付しているので、そちらも併せて参照されたい。以下本章において他ラントの規定を掲げる場合も同じ。

マインデ連合に更なる負担をもたらすときは、それに適合的な財政調整を行なわなければならない。

第73条〔自治体財政・財政調整〕
(1) ラントは、ゲマインデ及びゲマインデ連合がその事務を遂行することが可能となるように配慮する。
(2) ゲマインデ及びクライスは、固有税及びその他の課徴金を法律の基準に従って徴収する権利を有する。
(3) ゲマインデ及びゲマインデ連合は、ラントの事務に関する配慮に基づいて、税収を配分される。詳細は、法律でこれを規律する。

　このバーデン・ヴュルテンベルク州の規定では、基本法第28条2項1文の内容である全権限性・自己責任性が自治権の内容として明確に示され、かつその保障義務がラントに課されている。

　財政事項については基本法第28条2項3文の規定を具体化して、まず第73条1項によりラントの自治体財政保障義務の存在が明示され、2項3項において地方自治体の財政基盤の基礎となる財源の所在を明らかにしている。特に3項では委任事務に関して、財政基盤の掘り崩しを防ぐための費用保障に関する規律と財政調整制度の形成が要請されている。

　このように、詳細型規定においては、第28条2項の自治権・自治財政保障が、法律の留保による保障や財政調整などの特定の制度を伴って具体化されている。ここでは、とりわけ地方自治体の財政事項はラントの保障義務及び制度形成のあり方を通じて、既に文面の上で憲法問題であることが明らかにされている[30]。したがって、詳細型規定の場合は、特別の前提を必要とせずに、財政事項に関するラント立法者の制度形成・保障義務違反を憲法問題として提起することができる。

　したがって、詳細型規定とは、財政憲法的要請と結びついた一定の制度の存在を、文言そのものから明らかにすることのできる憲法規律のあり方と言うことができる。ただし、この形式においても明らかであるのは要請が「存在」することのみであって、それがいかなる程度において満たされるべきかの問題に

---

30) ラントによる自治体に対する事務の義務付けに際して、財政調整が義務付けられていない例もあるが、一般にはラントの自治体財源保障義務の内容として、税源配分を含む財政調整の制度形成も含まれていると解される。Vgl. Inhester, a.a.O.(Anm.22), S.88f. このような諸ラントの自治体財政事項に関する憲法規定のあり方についての比較については Vgl. Mückl, a.a.O.(Anm.27), S.78-82.

ついては、なお立法者の判断の余地が残る[31]。

#### ⅱ）簡素型規定としてのバイエルン州旧憲法

これに対して、簡素型としてのバイエルン州憲法の旧規定を見る[32]。まず、同州における自治保障規定は以下のようなものである。

バイエルン州憲法第10条〔ゲマインデ連合の自治権〕
(1) 自治団体としてのゲマインデ連合が、各クライス及び各県の領域に設置される。
(2) ゲマインデ連合の固有の任務領域は、立法により定められる。
(3) ゲマインデ連合に対しては、法律によって、国の名において遂行すべき事務が委任される。ゲマインデ連合は、この事務をラント官庁の指図に基づいて、若しくは他に定めるところに従って、独立に遂行する。

第11条〔ゲマインデの自治権〕
(1) ラントの各領域は、ゲマインデに分轄される。この例外は、特に定める無人の土地（自治体に属さない領域）である。
(2) ゲマインデは、本来的な公法上の領域的共同体である。ゲマインデは、法律の範囲内において自らの固有の事項を自ら規律し、かつ執行し、特に首長と代表機関を選出する権利を有している。
(3) ゲマインデは、国の名において執行すべき事務を、法律に基づいて委任される。

第11条2項の規定は基本法第28条2項1文の枠を敷衍するものであることが見て取れるが[33]、基本法の規定に比して、ゲマインデ連合の自治権やゲマインデの全権限性や自己責任性の内容が具体化されているなどの事情はなく、むしろ抽象化されている印象すら受ける。また、ゲマインデ連合及びゲマインデの財政事項に関しては、2003年改正前には以下のような規定が置かれていた。

第83条〔ゲマインデ及びゲマインデ連合の行政〕
(2) ゲマインデは、それぞれ予算を作成することを義務付けられる。また、公課の徴収によってその財政的需要を充足する権利を有している。
(3) 国が事務をゲマインデに委任するに際しては、同時に必要不可欠な財源の所在が摘示されなければならない[34]。

---

31) Mückl, a.a.O.(Anm.27), S.195ff.
32) ミュックルは、バイエルン州憲法の自治体財政事項に関する旧規定が、自治体の事務区分に依拠していなかったことを指摘している。Vgl. Mückl, a.a.O.(Anm.27), S.237f.
33) Mückl, a.a.O.(Anm.27), S.239f.

第83条は、基本法の規律に比してもなお内容が明確ではなく、文面上は課税権と財政管理権の存在を認めたものに過ぎない。また、3項は委任事務に関するラントの財政義務を定めたものであるが、その財源は保障又は補塡されるのではなく、摘示(erschließen)されるに留まり、ラントの財政責任は明確にされないままになっていた[35]。したがってこの規定は、自治体財政事項に関する立法者の判断の余地を広く残すものとして理解されていた[36]。

　このように、バイエルン州の自治体財政事項に関する旧規定においては、ラントの自治体財政保障義務や地方財政に関わる制度形成の責務が抽象化されており、この規定から自治体財政事項が憲法問題であるという根拠は直接には見出せない。簡素型規定とは、このような、財政事項に関して特定の要請の存在が明らかでなく、それを憲法問題として提起するための一定の前提が必要であるような憲法の規律のあり方であると説明できる。その限りにおいて同州の旧規定は、他の諸ラントのような詳細型に対して、簡素型規定と位置付けることができる。

　しかしそのような規定の上でのハンディキャップがありながらも、ドイツ国内において行われた地方自治体の領域改革[37]・機能改革[38]の中にあって、バイエルン州は「地方分権の大国」であり続けることができた。それでは、同州

---

34)　第83条3項は2003年に改正されているが、本章では簡素型規定における財政憲法原則の導出について考察するために、旧規定のもとでの判例を取り上げるので、ここでは改正前の条文を掲げた。改正後の条文については、巻末の関連条文集を参照されたい。
35)　Mückl, a.a.O.(Anm.27), S.238f.
36)　Mückl, a.a.O.(Anm.27), S.239. いわゆる「概括的牽連性原理」の規定である。牽連性原理の分類については、第Ⅵ章及び第Ⅶ章で検討するが、我が国にいち早く同原理を紹介した業績として森稔樹「ドイツの地方税財源確保法制度」日本財政法学会編『地方税財源確保の法制度』(龍星出版、2004年) 86頁以下を挙げておく。
37)　領域改革とは、1960年代から70年代にかけて行われた、小規模自治体を合併して自治体行政を効率化することを目指して行われた改革である。Vgl. Stern, a.a.O.(Anm.24), S.407. 連邦の主導で事実上強制的な統廃合が行われ、その統廃合が小規模自治体の存立を脅かすものとして自治体憲法異議で争われた例もあることは、前章で触れた。
38)　機能改革とは、1980年代以降に財政困窮の打開策の一環として連邦主導で行われた自治体権限の大幅な見直しである。Vgl. Vogelgesang/ Lübking/ Ulbrich, a.a.O.(Anm.25), S.72f. ラントによって事情は異なっていたが、権限の見直しは財源の見直しも伴っていたことから、自治体の財政的存立基盤を侵すものとして多くの自治体憲法異議が提起された経緯は、前章で触れた通りである。

においてどのように憲法問題が簡素型規定から導き出されてきたのかを、同州の事情をもとに検討してみよう。

(2) バイエルン州憲法裁判所96年・97年判決

　この2つの判決以前、バイエルン州では、92年に自治権の保護範囲に関して争われた訴訟に関して、州憲法裁判所の判断が示されている[39]。そこでは、ラント憲法の保障する自治権の内容には基本法第28条2項に言う自治権の内容と同じく、領域高権や人事高権に加えて財政高権も含まれるという解釈が示され、地方自治体の財政的基盤は自治権保障の前提として位置付けられている。

　もっとも、この92年判決は、財政高権の保障がいかなる財政憲法的規律と結びつき、またいかなる制度形成を要請しているかを明らかにしたものとは、なお言えない[40]。以下の各判決における判断は、92年判決の流れを受けて、財政調整を憲法問題として受容して行く過程にあるものと評価することができよう[41]。

ⅰ）バイエルン州憲法裁判所96年判決[42]

　この事案では、バイエルン州学校財政法及び学校財政法執行規則に基づいて、ラントが外国人学校の運営に関する分担金を、その学校が領域内に位置していないゲマインデに対しても賦課したことについての当否が争われた。分担金の課徴がラント憲法第11条2項で保障された自治体財政権を侵害するとして、ゲマインデ側から訴訟が提起されたものである。

　これに対してバイエルン州憲法裁判所は、外国人学校に関する負担金の配分は、自治権の保障にも恣意の禁止にも反しないとして、ゲマインデ側の訴えを斥けた。判決理由の中で州憲法裁判所は、92年判決を引用しつつ、「ラント憲法の規定それ自体においては、いかなる範囲でいかなる内容が自治権の各領域

---

39) BayVerfGH Entscheidung vom 16.12.1992. = NVwZ-RR 1993, S.422ff.
40) Theodor Meder/ Winfried Brechmann, Die Verfassung des Freistaates Bayern. 5.Aufl., 2014, Art.83. RdNr.46ff.
41) Schoch, a.a.O.(Anm.28), S.102.
42) BayVerfGH Entscheidung vom 18.4.1996. = NVwZ-RR 1997, S.301ff.

において保障されるかは、明確には規定されていない」と述べて、自治体財政事項に関するラント憲法の規律の抽象性を認めた。しかし「国[43]は、ラント憲法第 11 条 2 項によってその財政能力の枠内において、ゲマインデがその執行すべき事務を、自己の責任において執行することが可能であるように、またその財政能力を維持するために、ラント内のゲマインデを対象とする財政調整制度を形成することを義務付けられている」とし、そしてさらに他のラントの憲法判例に触れて「制度的保障としての自治権の保障は、ゲマインデの正当な財源保障への要求をも含む」のであって、「それはゲマインデの自己の責任に基づく自治行政の前提をなす」ものであり、「この最少供与保障が侵害された場合には、自治権の保障はその財政的基盤において掘り崩されている」として、財政調整に当たっての財政供与の過少は立法者である国の義務に反し、自治権の侵害に当たることを認めた[44]。

しかし、その判断基準に関しては、国の財政供与の決定における比例原則と恣意禁止の援用可能性を認めつつも、立法者の財政供与に関する広い判断の余地を認め、「憲法裁判所は自治権の限界に関する立法者の判断を無視できない」とした[45]。そしていかなる制度形成が要請されているかの点については、立法者の判断が尊重されると述べられるに留まり、したがって、自治体財政保障義務はいかなる財政憲法的規律のもとにあるかの具体的な解釈は示されなかった。

ⅱ）バイエルン州憲法裁判所 97 年判決 [46]

この事案は、郡格市であるミュンヘン市が、学校管理分担費及び管理業務の委任事務費算定が恣意禁止に反するとともに、自治体財政権を侵害しラント憲法第 11 条 2 項に違反すると主張して訴訟を提起したものである。

---

43） バイエルン州の正式名称は "Freistaat Bayern" であるため、バイエルン州憲法において一般的に「国（Staat）」と言う場合には、専らバイエルン州のことを指す。ただし、本判決は自治体と上部団体との間における権限と財源の関係を一般的に扱うものであるため、ここに言う "Staat" は、自治体から見た場合の上部団体としての連邦とラントの両方を含んでいると解される。Vgl. Oliver Junk, Das Konnexitätsprinzip in der Bayerischen Verfassung. 2006, S.18f.
44） BayVerfGH, NVwZ-RR 1997, S.301(303).
45） BayVerfGH, NVwZ-RR 1997, S.301(304).
46） BayVerfGH Entscheidung vom 27.2.1997. = NVwZ-RR 1998, S.601ff.

これに対してバイエルン州憲法裁判所は、分担金の賦課は第11条2項による自治権の保障及びそれに結びついた恣意の禁止に反しないとして、ミュンヘン市の訴えを斥けた。憲法裁判所は、理由の中で「ラント憲法第11条2項2文は、自治体の権限の執行を全うならしめ、またその財政能力を保持させるために、国がその財政供与能力の範囲内で財政上の最少供与を保障すべきことが当然に義務付けられている」[47]と述べて、ラントの財源保障義務を、92年判決・96年判決を引用する形で明示的に認めた。そして、財政調整の憲法適合性の判断に際しては、「財政供与が明らかに十分でないかどうか、またその他に財政調整の制度それ自体が憲法上の要請を満たしているかどうかの二点が考慮されなければならない」として、財政調整が違憲となり得る余地を残す。しかしラント憲法第83条3項及び財政調整制度による財政保障の程度については、「ゲマインデに個別の国家事務が委任される場合に、それによって財政上の負担がもたらされることからゲマインデを保護する機能を有するが、指図事務によってゲマインデに発生する全ての費用を保障することまでは要請するものではない」[48]と述べるに留まった。したがって、財政調整における調整金額算定に当たっては、立法者の広い判断の余地が是認される結果となった。

　ⅲ）検討
　バイエルン州においては、これらの他にも自治権侵害に関して訴訟が提起されてはいるが[49]、これらの判決が典型的であるのは、ある特定の事務に関連して、国による財政的手当ての当否の問題を通じ、自治体財政事項に関する特定の制度的要請に関する憲法上の問題点が、簡素型規定から導出されてきた点にある。
　　a. 簡素型規定における財政憲法原則の導出
　バイエルン州憲法裁判所は、いずれの判決においても、ラント憲法の規律は抽象的であって、具体的な保障内容が不明確であることを認めている。
　もっとも一般には、憲法規範によって保障される自治権の内容には変わりは

---

47) BayVerfGH, NVwZ-RR 1998, S.601(604).
48) BayVerfGH, NVwZ-RR 1998, S.601(604).
49) 前出の92年判決の他、Vgl. BayVerfGH Entscheidung vom 27.3.1992. = BayVBl.1992, S.365ff.(367).

ないと解されている[50]。つまり、詳細型・簡素型とも自治権の内容には自治体財政高権の保障が当然に含まれており、またそれによって基本法の規律に準じた自治体財政基盤は保障されるのである。実際に、バイエルン州憲法裁判所は、92年判決において財政事項をラント憲法第11条2項及び第83条3項の規律内容であることを認めており、96年判決・97年判決も、財政事項を通じた自治権侵害が成立し得るという理解を踏襲している[51]。

　このように、簡素型と詳細型との間に保障内容の変わりがないとすれば、その差は保障内容の違いではなく、財政憲法的規律と結びついた特定の制度の要請が明示されているか否か、という点に存すると言うことができる。ここでは、それぞれのモデルの比較からも理解できるように、「誰が」・「どのように」・「どの程度」財政事項を保障するのかが文言の上で読み取れるかどうかが問題となる。

　そのため、96年判決は地方自治を保障すべき義務は誰に課されているのか、という視点を提起した。この判決においては国は財政高権を含む自治権を保障する義務があり、またそれによって財政調整の制度形成が国に要請されていることが指摘された。すなわち自治体財政を保障する憲法上の義務の名宛人は国であり、その手段としての制度形成はその義務に含まれるのである[52]。

　このことは、96年判決が制度的保障の枠組みに言及し、97年判決がそれを受け継いでいる点からも理解できよう[53]。制度的保障が、特定の制度の創設・維持を立法者に対して課すものである以上は、制度的保障たる性質を有する自治権保障の規範は、当然立法者に向けられているということになる[54]。

　時間的に接着した両判決における判断の枠組みは、自治体財政事項の憲法規範への定位から、その保障のための自治体財政調整制度の形成の必要性の指摘

---

50) Schoch, a.a.O.(Anm.28), S.105f.
51) Junk, a.a.O.(Anm.43), S.50f. ただしこのことは、2006年の第Ⅰ次連邦制改革以前のドイツ連邦国家では必ずしも自明のことではなかった。ドイツ連邦国家の場合、地方自治に関する事項はラントに権限が帰属するが、その一方で財政事項に関しては、ラントの一部たるゲマインデの領域においても連邦事務のラントへの義務付けを介して連邦が規律し得る可能性があったからである。Vgl. Schoch, a.a.O.(Anm.28), S.102f.
52) Mückl, a.a.O.(Anm.27), S.77-78., Inhester, a.a.O.(Anm.22), S.54f.
53) Schoch, a.a.O.(Anm.28), S.102-104.
54) Stern, a.a.O.(Anm.24), S.408-410., Junk, a.a.O.(Anm.43), S.99f.

へと推移している。つまり、簡素型において自治体財政事項が憲法問題となるためには、自治体財政が自治権の内容として憲法で保障されていることを前提に、財政そのものの特殊性に関連して、その保障のための制度形成が国に対して要請されていることが必要なのである。

b. 規定の具体性と自治体財政調整制度の形成

では、このような制度形成に関して、詳細型のように明文で財政調整制度を要請した場合と、そのような文言のない簡素型との間において較差が生まれるであろうか。

財政事項が憲法の規範的要素として保障されるとしても、財政は規範の問題のみに留まらず、実際に権限の行使を支えるだけの財源が得られるか否かの問題に渡るものであるから、自治体財政が憲法規範を通じて確実に保障されるか否かは、実際に地方自治体に財貨を帰属させるための制度に依存する[55]。すなわち、財政事項は必ず立法による制度形成を必要とし、その制度の枠内でのみ保障されるものなのである[56]。

この点は、同じ制度の枠内において保障された、地方自治体に対する権限の配分について、地域共同体の事務についての全権限性が自治権の内容とされているのとは事情が異なる[57]。なぜなら、自治体財政事項も国の経済・財政の構成部分を成すものである以上、その規律には経済全体の均衡が考慮されなければならず、その限りにおいて自治体財政保障の憲法規範が相対化されるからである[58]。したがって、その保障が特定の制度を前提とするものであって、その制度形成に際して憲法規範が相対化されるのであれば、それに対する立法者の判断の余地は広くなる。そうだとすれば、具体的に財政調整制度の形成を要請する・しないの差は、広い判断の余地を有する立法者に対して向けられた特定の要請の有無の差を生むものであることから、詳細型・簡素型の形式には較差

---

55) Friedrich Schoch, Verfassungsrechtlicher Schutz der kommunalen Finanzauonomie. 1997, S.142ff., Mückl, a.a.O.(Anm.27), S.77.
56) Schoch, a.a.O.(Anm.55), S.160.
57) 例えば、地域共同体の事務については、法律によって他の統治団体にその権限を与える旨の規律がない限りはゲマインデが当然にその権限を有するが、ゲマインデは事務のための経費を、税源配分や財政移転などの一定の制度を前提としないで取得することはできない。Vgl. Inhester, a.a.O.(Anm.22), S.53ff.
58) NRWVerfGH Urteil vom 16.12.1988. = DVBl.1989, S.151(152).

があり得るとも考えられる。

　もっとも、自治体財政調整制度とは「国とそれを構成する地域団体における財政関係の総体を規定する制度の総称」であって、それ自体が特定の制度の中身の徴表となるものではない。「財政関係の規定」には、立法者の判断次第で税源配分や交付金制度などさまざまなバリエーションがあり得る。つまり、自治体が国と別個の統治団体として存在している以上、そこには既に何らかの財政調整制度が設けられているとも言えるのである[59]。

　このように、制度自体が広汎な内容を含むものであって、いかなる形成の余地もあるものである以上、その形成の「程度」は問題となりこそすれ、具体的要請の「有無」は結果の違いをもたらさない。そして、詳細型と簡素型との差異が文言上の要請の有無のみに帰し、いかなる程度においてその要請が満たされるべきかの問題は共通に存在することからすれば、この点に限っては両モデルには差異がないことになる。実際に、両判決において財政調整制度の憲法的要請の有無は問題とされず、むしろ費用負担の程度をいかに定めるかの点に重点が置かれていることが注目されるべきである[60]。

　したがって、簡素型規定から財政事項の保障を引き出すことができる以上は、財政調整制度は当然に要請されるものであるということができる。そうであるからこそ、96年判決・97年判決はいずれも、自治体財政事項を憲法の問題領域として扱うに際して、簡素型規定から財政調整制度の要請を当然に導出することが可能だったのである。

### (3) バイエルン州憲法裁判所98年判決

　自治体財政調整を憲法問題として扱うに当たって、義務の名宛人・方法の問題は詳細型・簡素型を問わないことが明らかになったものの、財政事項の保障の程度の問題が後に残された。

　90年代の後半になると、地方財政の構造的危機の深刻化に伴って、各ラントでは立法による事務の義務付けとそれに対する財政的手当ての問題に関する

---

59) Inhester, a.a.O.(Anm.22), S.25.
60) Schoch, a.a.O.(Anm.28), S.104.

憲法異議が盛んに提起されるようになる[61]。この過程においてはラント憲法の地方自治・自治体財政保障条項との関連において詳細な検討がなされ、立法者の判断の余地を縮減する枠組みが試行錯誤の中で深化していった。しかしそれらの先進的な判断が見られたラントは、いずれも憲法において自治体財政事項に関して詳細な規定を有しているという共通点があることに留意が必要である[62]。

一方、簡素型規定を有していたバイエルン州では、これらのラントほどの憲法規範の具体性はないものの、諸ラントにおける判例の蓄積を受け、またそれらによって獲得された憲法上の問題領域の上に立って、財政調整制度それ自体との関係においてラント憲法第11条2項や第83条3項を具体化し、その制度形成のあり方に対する統制を試みる判決が現れる。それがここで紹介する98年判決である。

### ⅰ）バイエルン98年判決

98年判決[63]の特徴は、96年判決・97年判決がラント学校行政に関する費用負担の定めに関する争いであったのに対して、立法による財政調整制度の形成のあり方及びそれに際しての立法者の判断の当否が直接に問題とされたところにある。

95年バイエルン州財政調整法は、ゲマインデ連合たるクライスに対し、自治体の規模を前提とした人口比例配分を基準交付金算定の基準として採用し、それに特定基準財政需要に応じた特別交付金を交付していた。しかし経済事情の変化によって財政需要に比して交付金額が過少となったクライスは、95年州財政調整法による取得分の基準交付金の金額が過少であること及び特別交付金の金額が基準財政需要を満たしていないことが、ラント憲法第83条2項に違反すると主張して、訴訟提起に及んだ。

これに対してバイエルン州憲法裁判所は、95年州財政調整法はラント憲法第83条2項に適合しており、また配分基準の算定は自治体財政権を侵害しな

---

61) Schoch, a.a.O.(Anm.55), S.93f.
62) 事務の区分とそれに対する財政的手当ての規律に関する憲法上の要請との関係については Vgl. Mückl, a.a.O.(Anm.27), S.195ff. また、バイエルン州の事情に関しては Vgl. Junk, a.a.O.(Anm.43), S.53.
63) BayVerfGH Entscheidung vom 12.1.1998. = BayVBl.1998, S.207ff., S.237ff.

いと判示して、クライス側の訴えを斥けた。

　判決理由の中では、財政調整が違憲になる場合を「財政調整に関する査定や方法が明らかに誤っている場合又は一義的に非難可能である場合に限る」点は同じではあるものの、それに続けて、適切な新しい判断を理由として変更が必要不可欠であることが明らかになった一定の場合においては、立法者は更なる増額を見込み、適切な基準によって対応することを義務付けられているとし、経済的事情に関する立法者の専門的判断の余地が縮減される場合があり得ることが明らかにされた。そして、その判断余地を縮減させる枠組みとして「立法者は、財政上の手当てをするに際して、経済全体の均衡及び連邦領域における生活関係の均一化の要請を考慮すべき」[64]であるが、それらの考慮が求められる要素は内容が明確ではなく、それ自体によって立法者の判断の余地を縮減することは不可能[65]であることは憲法裁判所も認めざるを得なかった。つまり、「立法者が一定の予測をなしている限り、見込まれた結果の実際の経過を理由として法律が直ちに違憲となるのではない」。しかし一方で、憲法裁判所は、財政事項の特殊性に着目して「立法者は自治体財政調整制度の形成に際して過度平準化禁止の要請を遵守しなければならず、立法者はさまざまな原因によって発生する地方財政力の偏りを、財政調整によって完全に平準化し、又は必要を超えて補填してはならない」[66]と指摘し、財政問題の側面から立法者の判断の余地の限界付けの具体化を試みる。そして、過度平準化禁止及び補填の公平の要請に反して立法者が制度形成を行う場合は、97年判決の枠組みにおける「明らかな判断の誤りがあり又は一義的に非難が可能な状態」に該当するとし、制度形成のあり方及び立法者の判断に対する審査基準を明確に示した。ただ本件については、立法者は想定される増額を見込んでいなければならないが、95年財政調整法によって財政平準化が抑制されるとの立法者の予測は、補填の公平には抵触せず、明らかに誤りであるとは言えないし、一義的に非難可能であるとまでは言えないとして、結果第83条3項の違反はないと結論付けた[67]。

---

64) BayVerfGH, BayVBl.1998, S.207, 237(209).
65) Jarass/ Pieroth, a.a.O.(Anm.2), Art.107. Rdnr.8.
66) BayVerfGH, BayVBl.1998, S.207, 237(208).
67) BayVerfGH, BayVBl.1998, S.207, 237(209).

ⅱ）98年判決の検討

　この判決が、財政調整法が違憲となり得る基準を相当限定せざるを得なかったことからも理解されるように、財政調整制度の形成が憲法の上で立法者に要請されていることは明らかであるとしても、その制度の形成に関していかなる憲法的規律が及ぶのかを考察することには困難が伴う。この制度の形成に関する憲法的統制は、財政全体の均衡と憲法上の自治権保障との微妙なバランスの上で考慮されなければならないからである[68]。

　このような憲法による自治体財政の保護と経済・財政全体の均衡とのバランスをいかにとるかの判断は、立法者に委ねられるが、その立法者の判断余地を全く自由にしておいて良いわけではない[69]。財政調整の財政制度としての特殊性に着目しつつ、その制度の目的である、権限配分の実質化のための統制をいかに及ぼすのかが検討される必要がある。

### a. 財政調整の二面性と財政問題の特殊性

　自治体財政調整は、複合的な財政システムの1つであって、国の経済財政の不可欠の一部を成すものである。そのため、制度の枠の中でラント・自治体それぞれにどの程度の財源が必要であるか、限りある財源の配分基準をいかにするか、変化する経済関係をいかに考慮するかなどの問題は、全て法的問題であると同時に、財政的な問題でもある[70]。このように財政調整制度は、任務に応じての財貨の帰属を定めることによって権限配分を具体化する法的制度であると同時に、経済・財政全体と密接に関連する財政制度であるという二面性を有する[71]。

　このことは、財政調整制度が、権限配分の実質化と財政秩序の均整化という二重の意味において憲法上重要な制度の1つであることと同時に、元来規範の問題ではない財貨の動きに憲法の統制を及ぼそうとすることに起因する困難を孕んでいることを意味している[72]。例えば、97年判決においてバイエルン州憲

---

68) Inhester, a.a.O.(Anm.22), S.25ff.
69) Inhester, a.a.O.(Anm.22), S.56f.
70) インヘスターは、財政調整の給付額の画定に関して、税収や財政状況に関する考慮が必要であるとして、財政調整制度それ自体が法的問題であると同時に財政的な問題であることを示唆する。Vgl. Inhester, a.a.O.(Anm.22), S.129ff.
71) Inhester, a.a.O.(Anm.22), S.26f.
72) 連邦財政調整に関する記述ではあるが Vgl. Geske, a.a.O.(Anm.10), S.22ff.

法裁判所が、財政調整の制度形成が違憲となる場合について、比例原則や恣意の禁止などの一般的な憲法原則を挙げておきながら結局は「立法者の判断が明らかに誤りであるか、又は憲法上一義的に非難可能である場合」に限られるとしたのは、制度形成に際して財政的要素の考慮の必要を否定できないため、憲法規範による統制の後退を余儀なくされたものに他ならない。しかし憲法の観点から、財政調整は権限配分を具体化するための制度として位置付けられていることに着目すれば、一律に憲法による統制を後退させるのではなく、むしろ必要な範囲において憲法的統制を及ぼしていくことが望ましい[73]。では、このような問題に対してはどのような角度から統制範囲を具体化すべきなのであろうか。

この点に関して98年判決は、「過度平準化禁止」と「補填の公平」の2つの要素を、財政調整制度の形成における立法者の判断の枠として具体化した[74]。ここまで述べてきたような財政問題としての特殊性を有する財政調整制度の形成判断に対する枠として、この両者が具体化されたのは、以下の二点の特徴による。

第一に、この両者は財政学上の財政調整制度の原則として位置付けられる。自主的な共同体である地方自治体自身の決定に基づいて、より効率的に地方公共財を供給することを可能ならしめ、調整機能の実現を可能とすることが財政学上の自治体財政調整の趣旨であることについては、既に言及した[75]。したがって、共同体の自主性を失わせ、又は地方公共財の供給を非効率なものとする調整の方法は、財政学上の財政調整制度の趣旨に反する。この判例が言及するように、地方自治体それぞれの事情を無視して財政状況を平準化し、又は必要を超えて財政補填をすることは、却って地方自治体による公共財供給を非効率なものにし、また財政上の無責任を招来して共同体としての自主性を損なう[76]。このように、この両者は財政学上の財政調整の趣旨から導出される制度の枠として機能するのである。

---

73) Schoch, a.a.O.(Anm.55), S.177.
74) BayVerfGH, BayVBl.1998, S.207, 237(209f.).
75) Geske, a.a.O.(Anm.10), S.30.
76) BayVerfGH, BayVBl.1998, S.207, 237(209).

第二に、この両者は、憲法学上の法治国原理の要素として位置付けられる[77]。憲法学上の財政調整制度の目的は、自己の事務とされる事項に関して、自律的決定に基づいて独立にこれを行うことを財政面から保障することである。その保障の目的に必要な限りを超えて財政補塡をし、あるいはその目的に反して地方自治体の財政を平準化することは、法治国原理から導出される比例原則・恣意禁止に反することになる[78]。この両者は、憲法学上の財政調整制度の目的にも仕えるものなのである。

　このように、財政調整制度の二面的性格に着目し、その両方をカバーすることのできる要素が枠として具体化されたことの意味は大きい[79]。その点でこの判決は、財政問題の特殊性と憲法的統制の可能性の問題に関する示唆的な要素を含むものと評価することができる。また、財政調整の二面的性格に着目を怠らない限りにおいて、これらと同様の要素が今後具体化される可能性も指摘することができよう。制度の枠の中で、財政の機能が法と同じような規律的性格を有していることが解明され、またそれが法的統制に適するものであることが明らかになれば、法は制度を統制する許容性を得ることができるのである[80]。

### b.　自治体財政の保障者としての立法者とその判断余地の縮減

　憲法上の地方自治体の財源保障は、それを具体化する財政調整制度を必要とするが、国は財政調整制度を形成し、またこれを実施すべき義務を負う[81]。しかし、いかなる程度において自治体財政を保護すべきか、あるいはその制度形成においていかなる要素を考慮すべきかは、詳細型においても簡素型においても、憲法規定からは直接には導き出すことができない[82]。またそれに加えて、財政調整の制度形成は典型的な財政問題であるため、経済状況の変化や経済・

---

77) 特に地方自治に妥当する派生原則につき Vgl. Stern, a.a.O.(Anm.24), S.409ff.
78) BayVerfGH, BayVBl.1998, S.207, 237(209).
79) なお、連邦レベルにおいては、従来から蓄積されてきたラント間財政調整に関する憲法判断を受け、1999年連邦憲法裁判所基準判決を嚆矢として連邦とラントとの財政調整の妥当性に関する司法審査の可能性が拡大したものと評価されている。Vgl. Henneke, a.a.O.(Anm.21), S.108. この点を指摘するものとして、井上亜紀「財政調整の司法審査性――ドイツ連邦憲法裁判所の判決を素材に」佐賀大学経済論集30巻3/4合併号（1997年）239頁以下を参照。
80) この点を指摘するものとして福家・前掲（注11）18頁以下。
81) Schoch, a.a.O.(Anm.28), S.102.
82) Mückl, a.a.O.(Anm.27), S.195ff.

財政の均衡に配慮することが必要であることに鑑みれば、規範的規律には限界が生ずる。ゆえに、憲法裁判所は、立法者の経済的事実に基づいた判断の適否や立法による規律結果の予測に関しては、ただそれが「立法者の判断が明らかに誤りであるか、又は憲法上一義的に非難可能である場合」にのみ違憲の問題を指摘できるにとどまることになる。もちろん、この判示は96年判決・97年判決の指摘する通り財政問題の特殊性を考慮する意味もあるが、その点については、98年判決によって一定の解決が図られたため、残る問題は立法者の判断の枠についてのみである。

しかしこの点に関しては、98年判決の枠組みの下でも立法者の判断が尊重されるべきであるのはやむを得ないであろう。憲法裁判所は、立法者に対して「経済全体の均衡及び連邦領域における生活関係の均一化の要請を考慮すべき」ことが憲法上要請されているとして、枠の具体化を試みているものの、やはりその内容は不明確なままであると評価せざるを得ない[83]。

立法者の判断の余地との関係におけるこの判決の意義は、財政調整を支配する財政憲法原理の具体化を試み、ラント立法者の形成高権及びそれによって生ずる形成の余地に対する制約をなすものであると位置付けた点にあるとは言えようが[84]、憲法上の地方自治体の事務区分を前提とし、それぞれの区分ごとに国の財政責任を基礎付けることによって立法者の判断の余地を縮減するに至るまでにはやはりなお距離があると言わざるを得ない。

## 5. 小括

本章においては、自治体財政調整制度が複合的な性格を持ち、それゆえにラント立法者による財政制度としての特殊性を加味した具体化を必要とすることを論じた。中でも、自治体財政調整制度が規定の形式に依存しないである程度の規範力を有し得ることは、特に重要な点として指摘されなければならない。

バイエルン州憲法裁判所98年判決は、憲法規範と財政調整そのものとの関係において、財政調整制度の二面的性格を捉えることによって財政問題の特殊

---

83) BayVerfGH, BayVBl.1998, S.207, 237(208, 238).
84) Schoch, a.a.O.(Anm.28), S.126f.

性を克服することに成功した。しかし、同州憲法が概括的な事務区分規定しか有していなかったのが桎梏となってか、憲法規範から財政調整制度に関する立法者の判断余地を一般的に縮減する枠組みを導出するまでには至っていない。

しかし、それは簡素型の形式それ自体が原因なのではない。実際に、96年判決・97年判決は、後に検討するニーダーザクセン州国事裁判所ビュッケブルクⅠ決定の判断枠組みに理解を示し、事務区分にも言及した。ここでは、法律上の事務区分を憲法レベルで具体化する制度として財政調整を位置付けようとする試みを見て取ることができる。それらを受けた形の98年判決においてその点の言及がないのは、交付金による財政需要の充足が問題となった事案であったため、事務区分に即した立法者の財政責任の基礎付けには言及する必要がなかったからである[85]。

もちろん、財政調整の一般的考慮要素としての事務区分と憲法規範が直接に結びついていないという意味において、簡素型がある程度の弱点を有していることは覆うべくもない。しかしそうであるとしても、96年判決・97年判決が試みたように、法律規定を憲法上の制度によって具体化する道はなお残されているのである。

次章では、その具体化を争点化するための憲法裁判上の方途について検討する。

---

85) この後、バイエルン州は事務区分に即した厳格な牽連性原理を導入するための憲法改正を行うことになる。詳細は第Ⅶ章にて後述する。

# 第二編　自治体財政調整制度の二層保護機能

第Ⅳ章

# 判例に見る自治体財政保障の法的構造

　我が国とドイツとでは、自治体財政権の保障が争われた裁判の件数及びその蓄積に関して大きな差がある。もちろん、ドイツの地方自治体には、我が国の制度にはない自治体憲法異議の提起が認められているという違いが影響していることは否定できないが、後に触れるニーダーザクセン州国事裁判所のビュッケブルクⅠ決定[1]を嚆矢として、特に1990年代半ば以降、各ラントにおいて自治体財政の保障を争う裁判が頻発している[2]。代表的な裁判に関しては、我が国においても詳細な分析を行った業績が存在しており[3]、また本書においてもそれらについては後に触れていくことになるが、本章では、それらのケースを検討するための前提として、ドイツにおいて地方自治体の財政保障が憲法問題化されていった背景、及び、その憲法問題に依拠した裁判がどのような争点に即して争われているかについて整理を行う。この背景や争点を我が国の制度と

---

[1]　NdsStGH Beschluss vom 15.8.1995. = DVBl.1995, S.1175ff. (Bückeburg I).
[2]　Hans-Günter Henneke, Kommunale Finanzgarantien in Rechtsprechung. in: Hans-Günter Henneke/ Hermann Pünder/ Christian Waldoff (Hrsg.), Recht der Kommunalfinanzen, 2006, S.444. この論文の中でヘネッケが自治体財政の保障に関して重要な意義を持つものとして取り上げている憲法異議だけでも、優に30を超える。
[3]　ドイツ自治体財政裁判における指導的役割を担った一連のビュッケブルク判決について、武田公子『ドイツ自治体の行財政改革——分権化と経営主義化』（法律文化社、2003年）61頁以下、拙稿「自治体財政に対する憲法的保障の構造と牽連性原理」法政論究72号（2007年）311頁以下。またその後の自治体財政制度改革の方向性について、森稔樹「ドイツの地方税財源確保法制度」日本財政法学会編『地方税財源確保の法制度』（龍星出版、2004年）86頁以下、武田公子「ドイツにおける自治体間財政調整の動向」京都府立大学術報告（人文・社会）56号（2004年）105頁以下。

共有できるのであれば、憲法裁判に関する彼我の制度の違いをある程度相対化して、比較研究の対象としうるものと考えるからである。

## 1. 争点化する自治体財政調整

　ドイツにおける自治体財政関連の裁判における主たる争点は、ヘネッケによれば、概ね以下の5点に整理される。すなわち、①ラント憲法の規範は、自治体財政に対するいかなる保護構造を採っているか、②地方自治体は、その自らの事務の遂行のための保障の対象となる財源の額に関していかなる憲法上の保護を享有しうるか、③連邦・ラントから地方自治体への事務の委譲に際して、本来的な事務の権限名義者がその費用を負担すべきことを定める憲法規律が具体的にいかなる保護内容を有するか、④基本法及びラント憲法が、地方自治体相互の比較における財政需要算定についていかなる要請をなしており、その平準化が行われる場合にはいかなる程度で許されるべきか、⑤地方自治ないし自治体財政の保障は手続的保護を含んでいるか、である[4]。これらの争点はいずれも、地方自治体の財政権がいかなる内容を有し、いかなる保護を導き得るかという観点から提起されるものである。

　しかし、実際の裁判においては、自治体財政権の内容あるいはそれに対する具体的な保護の内容が正面から争われることは少ない。なぜなら、上述した通り（第Ⅱ章2参照）、制度的保障の枠組みの下にある地方自治体の財政権限には、常に法律による具体化及び形成の問題が付随しており、それにいかなる内容を与えるかは国の立法者が決定すべき内容であるからである。そうであるとすると、自治体側が国の立法者を相手取って、自治体財政権の内容を争おうとしても、裁判実務が制度的保障の枠組みを前提としている限りにおいては、その争っている内容自体がそもそも相手方に決定されてしまうことになるため、そのような争い方による裁判には地方自治体側の勝ち目は一切存在し得ない。

　そのため地方自治体側は、制度的保障が立法者を名宛人とし、立法の基準として機能する規範であることに着目して、自治体財政権の制度形成に関する立

---

[4] Henneke, a.a.O.(Anm.2), S.445.

法者の判断の余地を限定し、その逸脱を主張するという、言わば間接的な争点提起を選ぶことになる[5]。したがって上述の５つの争点は、例えば①' 基本法及びラント憲法の規範から導かれる、自治体財政を侵害しないための制度形成の限界はどのようなものか、②' 地方自治体がその事務を遂行することを可能にするために与えられる財源保障の額の決定に際して、立法者はいかなる事情を考慮する必要があるか、③' 本来的な権限名義者である国が、その事務を地方自治体に委譲することが憲法上許容されるためには、いかなる費用負担規律が定められている必要があるか、④' 国は、地方自治体相互の比較における財政需要の算定及び財政措置によるこれらの平準化に際して、いかなる基本法及びラント憲法上の要請を遵守する必要があるか、⑤' 国は地方自治体の手続保護を制度形成により整える義務を負うか、という形で、国の側の判断の余地を問う方向性に則って主張されることになろう。このように整理すると、まず①'は②' 以下の全てを包含する一般的な争点であって、具体性に欠けることが分かる。また④' は、地方自治体相互間の財政面における一般的平等の問題となり、国と地方自治体との財政権限の直接的な衝突の場面ではなくなる。さらに⑤' については、およそ財源の算定及び配分に制度上の手続が必要とされることに鑑みれば、他の争点に付随的に発生する問題に過ぎないことになる。こうして、自治体財政権に関する裁判の重要な争点は、②' 及び③' に絞られることになる[6]。

## 2. 自治体財政の二本柱――媒介としての自治体財政調整制度

　この②' 及び③' は、一定の制度の下における地方自治体の財政のあり方を前提としている。そのため、これらを争点として提起する場合、形成された具体的な制度に関して、憲法上立法者に与えられた判断の余地の逸脱の有無の評価を問題とすることになるが、この問題を争っていく上で、現に存在する何らかの具体的な制度を争点提起の媒介とする必要が生まれる。ドイツにおける地方自治体の財政について争われた裁判において、この媒介として登場するのが自

---

5)　Ebenda.
6)　Henneke, a.a.O.(Anm.2), S.445f.

治体財政調整制度である[7]。

　自治体財政調整制度を裁判における争点提起の媒介として用いることを唱えるショッホとヴィーラントは、この自治体財政調整制度が争点提起の媒介として用いられる場合に生じる争点を、2つに分類する[8]。その第一は、地方自治体の自主的な事務権限の遂行のために国が財源補塡を行う場合の財政関係の規律である。この関係は争点②'に対応し、第Ⅱ章2において整理した財政権限衝突の場面で言えば財政自律の場合及び財政保障の場合の政策型を射程とする[9]。第二は、国から事務権限が地方自治体に委譲される場合の財政関係の規律である。この関係は争点③'に対応し、第Ⅱ章2における整理による財政権限の衝突の場面のうち、財政保障の場合の財源移転型を射程とする[10]。そして、前者には地方自治体の自律的活動の保障のための最小限度の財源を確保させる点から最少供与保障の機能が、後者には委譲される事務に適合的な財源を確保させる点から適正供与保障の機能がそれぞれ与えられる[11]。この両者は作用の前提となる財政権限衝突の場面を異にしており、このことが両者の機能に作用する立法者の判断の余地の広さに影響することになる。すなわち、最少供与保障が関係する財政自律・政策型の場合には立法者の判断の余地が広汎になり、適正供与保障が関係する財源移転型の場合には立法者の判断の余地は狭くなる[12]。こうして両者は、立法者の判断の余地に対して異なる形で作用することになり、その内容に即して立法者の判断の余地を制限するための財政上の憲法原則の導出が試みられることになった。

### (1) 最少供与保障に作用する財政上の憲法原則

　最少供与保障は、原則として個別の事務を単位とせず、総体的な地方自治体の事務処理に必要となる財源を、一般的に保障するために行われる[13]。地方自

---

7) Friedrich Schoch/ Joachim Wieland, Finanzierungsverantwortung für gesetzgeberisch veranlaßte kommunale Aufgaben. 1995, S.154ff.
8) Schoch/ Wieland, a.a.O.(Anm.7), S.158.
9) Schoch/ Wieland, a.a.O.(Anm.7), S.157.
10) Schoch/ Wieland, a.a.O.(Anm.7), S.156.
11) Henneke, a.a.O.(Anm.2), S.446.
12) この枠組みの形成過程については、第Ⅵ章にて後述する。
13) 最少供与保障の概念については、第Ⅷ章にて後述する。

治体の全権限性・自己責任を尊重する観点からは、この一般的財政調整は、対象となる事務や目的を特定して行われてはならず、さらに調整によって配分された財源の支出のいかんは、地方自治体の決定に委ねられていなければならない[14]。

この最少供与保障については、原則として地方自治体が自ら費用責任を負うべき場合に、国の立法者がその欠損を是正するものであるため、立法者の判断の余地が極めて広汎に認められ、これを支配する財政上の憲法原則がいかなるものであるのかは明確になっていないのが現状である。こうした中で着目すべき試みとして、「自由な先端（freie Spitze）」の理論と事務等価性及び配分対称性の要請がある。

「自由な先端」は財政調整によって自治体に配分される財源のうち、地方自治体に処理の可否及び程度に関して決定権が留保されている事務のために支出される財源が、ある特定の割合を下回る場合には、憲法上要請される最少供与保障が満たされていないと評価するものである[15]。また事務等価性及び配分対称性の要請は、地方自治体の事務と国の事務が法律上等価値であることを前提に、財源の窮乏の場合に両者の財源は等しく削減され、その等価性を崩す場合には、立法者にその理由を示すことを求めるものである[16]。

しかしこれらのいずれも、立法者の広汎な判断の余地を制御し得るまでの具体性を有するには至っておらず、判例においてもこの点に関する具体的な基準は未だ示されていない。最少供与保障の概念自体が、適正供与保障と比べて曖昧な概念であることも含めて、更なる具体化が要請される段階にあると言えよう。

## (2) 適正供与保障に作用する財政上の憲法原理

適正供与保障は、地方自治体に自己の事務権限を十全に処理させることを目

---

[14] ドイツにおいては、基準交付金の配分や固有税源の摘示の場合に妥当するものであるとされる。我が国における一般的な地方交付税交付金や、地方自治体に税源を摘示する場合がこれに当たろう。

[15] Henneke, a.a.O.(Anm.2), S.474. 例えば、通常の財政状況にあっては10パーセント、財政困窮時には5パーセントが下限となるとされている。

[16] 後述するビュッケブルクIII判決において打ち出された論理である。Vgl. NdsStGH Urteil vom 16.5.2001. = NVwZ-RR 2001, S.553ff.(557).

的とする自治体財政保障の枠組みの中では例外的に、国に事務の本来的な執行責任があることが前提となっている[17]。それゆえ、制度的保障の一般の枠組みとは異なり、地方自治体に対して個別的かつ事務に対応した形での財源保障がなされる。

　この適正供与保障を支配する財政上の憲法原則は、牽連性原理である。この牽連性原理は判例及び学説によって広く承認されており、不断に内容の具体化が試みられてきた。

　この牽連性原理の内容は、„Wer die Musik bestellt, muss sie auch bezahlen."(「音楽を注文した者は、その代金も支払わなければならない」) と表現されるが、要するに事務の負担をもたらした者が、その財源についても手当てしなければならないということである[18]。財政上の憲法原則としての牽連性原理は、防御的効力と予防的効力を持つ[19]。防御的効力は、原則として立法者が地方自治体に対して事務を委任することを禁じ、例外的に費用補填の定めによって正当化される場合にのみ、委任を許容することを内容とするものであるが、立法者の判断の余地をほぼゼロに縮減する効果を持つ点で、相当に強度な財政保障の機能を発揮するものである。また予防的効力は、事務と費用負担を時間的に近接させることによって、財政的手当ての規律に実体上の透明性・追証可能性を持たせることを要請するものであるが、直接的な保護内容を有しないことに加え、透明性・追証可能性の確保の程度に立法者の判断の余地が介在するため、保護の機能は防御的効力に比してかなり劣る。そのため、牽連性原理については、防御的効力の範囲を拡張する方向で具体化が試みられている。

　立法者が、牽連性原理に反して事務の委譲に関する財源の負担に関する規律を行わず、又は財源負担責任を不明確にする規律を行った場合には、憲法上立

---

17)　ドイツではより一般的に、国による事務の委任の場合に妥当する原理であるとされる。我が国の事情に照らせば、かつての機関委任事務の場合及び現行の法定受託事務のうち具体的な実施の有無若しくはその基準に関して、国に決定権が留保されているものを対象とすることになろう。

18)　Stefan Mückl, Konnexitätsprinzip der Verfassungsordnung von Bund und Ländern. in: Hans-Günter Henneke/ Hermann Pünder/ Christian Waldoff (Hrsg.), Recht der Kommunalfinanzen, 2006, S.34f.

19)　判例では、ビュッケブルクⅡ判決（NdsStGH Urteil vom 25.11.1997. = DVBl.1998, S.185ff. によって承認された。この過程については第Ⅵ章で後述する。

法者に許されている判断の余地を踏み越えたものとして、当該立法（予算法律の議決を含む）は違憲となる。また、その立法によって行われた具体的措置が争われる場合も同様である[20]。

## 3. 自治体財政調整制度の普遍性と財政上の憲法原則の妥当範囲

　ドイツでは、この自治体財政調整制度を媒介として用いることによって立法者の判断の余地を縮減させる枠組みは、普遍的な性格を有すると解されている[21]。すなわち、自治体財政権の保障が制度的保障の枠組みに依拠している限り、立法者の自治体財政調整制度の形成裁量は常に存在するのであるから、その縮減のための財政憲法原理の妥当性は、憲法の規定の形式に依存せずに妥当すると考えられるのである。従って、ドイツの各ラントはそれぞれ異なる憲法及び法律を有するが、ラントごとに異なる論理が成り立つのではなく、この自治体財政調整制度の普遍性によって、裁判において同じ争点を立てて争うことで、立法者の判断の余地を縮減することが可能になる。

　そして、ドイツの各ラントは、憲法に詳細な自治体財政保障条項を置くのが一般であるが、たとえ憲法の規定が簡素であったとしても、この枠組みの妥当性は失われないと考えられている[22]。制度的に保障される自治の内容に自治体財政権が含まれる限りにおいて、立法者は何らかの財政調整制度を設けなければならず、その財政調整制度の機能に最少供与保障・適正供与保障の機能が含まれていれば、それとの関連で立法者の裁量の縮減を論ずることは不可能ではないと見ることができるからである。

## 4. 小括

　自治体財政権の保障に関する判例の蓄積が盛んになされているドイツである

---

20）　ビュッケブルクⅠ決定及びⅡ判決は、牽連性原理の要請に反して制定されたラントの財政調整法及びそれを前提として編成されたラントの予算法律を違憲無効とした。
21）　Michael Inhester, Kommunaler Finanzausgleich im Rahmen der Staatsverfassung. 1998, S.25.
22）　前章4(1)を参照。

が、その背景事情及び争訟方法の特色をまとめると以下のようになる。

　第一に、裁判における争点は、地方自治体の財政権の強化ではなく、それに対して及ぶ立法者の判断の余地を制限することを主眼として提起される。第二に、立法者の判断の余地は、現に形成されている自治体財政調整制度を媒介として裁判上の評価の対象となる。第三に、自治体財政調整制度は、その作用する財政権限衝突の場面に応じて最少供与保障・適正供与保障の2つの機能を与えられ、それぞれに対応した財政上の憲法原則に支配されている。第四に、自治体財政調整制度を媒介とした争点提起は、自治体財政権が制度的保障の枠組みの中にある限り、憲法の規定形式に依存しない普遍的な性格を有している。

　こうして見ると、ドイツにおける地方自治体の財政権保障は、その憲法裁判における争点化のプロセスにおいて特殊ドイツ的な要素が見られるものの、内容的には、立法者を拘束する機能を有する制度的保障の枠組みに依拠しており、その枠組みを共有している限りにおいて、ある程度の普遍性を有しうるものであることが理解できる。

　次章以降では、この制度的保障の枠組みに依拠し、財政調整制度を媒介として地方自治体の財政保障を憲法上の争点とした場合に、立法者を拘束する財政憲法原理をどのように導出するかを検討していくことになる。

# 第V章

# 事務権限配分規定から見る自治体財政調整の法的機能

　そもそも、地方自治体の財政が健全でなければならない理由は何なのであろうか。それは、公共主体としての地方自治体が地域的な受益を反映し、それに相応な負担を一致させつつ「自由に物事を決定する」ことを可能にしていくことにある。すなわち、広域にまたがる選好に委ねることが適切でない事項について、地域的な受益と負担を考慮しつつ、政策によって満足を得る人を少しでも多くしていくことが、地方自治及び自治体の財政自律並びに財政自立の有する意味でなければならない[1]。

## 1. 自治体財政調整の規定整備

　本章では自治体財政調整制度を、公法上の国家機関相互間——すなわち国と地方自治体の関係——における任務配分という視点から捉える。つまり任務の配分それ自体は財政作用とはいえないが、およそ国家の活動には財源が必要不可欠な現状にあって、その任務に必要十分な財源をいかに取得するかの問題及びその取得した財貨をいかに充当するかの問題は、とりもなおさず財政の問題となり得るものなのである。

---

1) 林宏昭『分権社会の地方財政』（中央経済社、2007 年）5 頁以下。

(1) **自治体財政調整制度のハイブリッド性**

　自治体財政調整は、公法学と財政学が交わる最も先鋭な問題領域である。財政調整は財政学の上では権限配分を財源の所在によって実質化するものであるが、公法によって規律されるべき1つの法的な制度でもある。自治体財政調整が有する2つの側面は、それぞれ財源確保の必要性と財政に対する法的規律の必要性に支えられており、両者の利害は一致することもあれば反目することもある。一致しなければ公法上の政策をカネの力で歪める結果になるか、あるいは自治体財政に対する国の介入を生じることになるし、一致すれば一致したで、政策と財源で地方自治体をがんじがらめに縛る「黄金の手綱（Goldenzügel）」[2]の問題が生じる。このように公法上の制度と財政制度のハイブリッドである財政調整制度は、その本質において二律背反な性格を持っていると言えよう。

　しかしながら、自治体財政調整制度は地方自治体の任務を財政面から支えるために構想された制度である。20世紀当初に比して地方自治体の処理すべき事務が飛躍的に増大し、財政が複雑化した現在においても、その存在意義はそれに徹するのでなければならない。それゆえに、憲法及び法律を通じた具体化によって自治体財政調整制度は規律され、方向付けられる必要があるのである。

(2) **自治体財政調整制度の規定上の整備と地域特性**

　もちろん、各地方自治体はその統轄する地域が異なるため、その経済力・財政力には格差が生まれるのが当然である。したがって、全体として均質で、ときには画一的な計画を進める必要がある場合には、国と地方自治体あるいは地方自治体相互間において資金の移転が必要になることが考慮されなければならず、その仕組みの条件や前提は、法制度によって形成されていなければならない[3]。まさにこれが自治体財政調整制度であるが、これについて例えば欧州地方自治憲章[4]は以下のように規定している。

　第9条〔地方自治体の財源〕

---

　2）　伊東弘文『現代ドイツ地方財政論（増補版）』（文眞堂、1995年）51頁以下。
　3）　制度的に保障される地方自治は法律の留保に服しており、かつ国及び自治体の財政権限は財政民主主義に乗っ取って行使されなければならないことからの帰結である。
　4）　本章における欧州地方自治憲章の訳文は、全て東京都企画審議室『ヨーロッパ地方自治憲章とEC統合』（東京都企画審議室調査部、1992年）41-48頁によった。

(1) 地方自治体は、国の経済政策の範囲内において、十分な自主財源を付与され、その権限の範囲内において、その収入を自由に用いることができる。
(2) 地方自治体の財源は、憲法及び法律により付与された権限に応ずるものとする。
(4) 地方自治体が利用し得る財源の基礎となる財政体系は、地方自治体がその任務の遂行に要する費用の現実的変動に実際に可能な限り対応し得る、十分に多様かつ弾力的なものでなければならない。
(5) 財政的に弱い地方自治体の保護は、潜在的財源の不均一な分布及びこれら地方自治体が担わなければならない財政負担の影響を是正するよう工夫された、制度的な財政均衡化の手続あるいはこれと同等の手法を必要とする。これらの手続ないし手法は、地方自治体がその権限の範囲内において行使し得る決定権を制約してはならない。

この規定の重点は、「公共的な事項の基本的部分を管理・運営する権利と能力」[5] に見合った「十分な（Ausreichend）」な財源を、地方自治体に確保させることにある[6]。そのために、「権限に応じた」、「任務の遂行に対応し得る」財源を保障するとともに、その負担を均衡化する制度が設けられなければならないが、憲章はこれらの制度の整備を署名各国に求めている[7]。地方自治それ自体の保障よりも、自治体財政に関する規定が詳細になされているところに、地方自治体の苦境が共通していることが透けて見える。

(3) **自治体財政調整規定の整備に関する問題の諸相**

もっとも、自治体財政保障の制度をいかに形成していくかは、各国の歴史的背景や事情によるところが大きい。欧州地方自治憲章を民主主義と共和的な政治参加の保障の要請と捉えたフランスでは、2003年の憲法改正をはじめ近接民主主義法（2002年）・権限委譲法（2004年）等、地方自治体を通じた市民の政治参加と地方行政への意思の反映が重点とされた[8] のに対して、ドイツでは法治国原理に基づく国家の秩序原理としての性格を重視する観点から憲法・法律

---

5) 欧州地方自治憲章第3条〔地方自治の概念〕
　　(1) 地方自治は、地方自治体が自らの責任において、地域住民のために、法律の範囲内において、公共的な事項の基本的部分を管理・運営する権利と能力を意味する。
6) Franz-Ludwig Knemeyer (Hrsg.), Die Europäische Carta der kommunalen Selbstverwaltung. 1989, S.249.
7) 欧州地方自治憲章第12条。ただし第9条4項以下は、その実施に向けて拘束されることに関して義務的とはされていない。

上の制度整備が進められた[9]。このように方向性は異なるものの、地方自治体の財政困窮に対する制度整備についての問題状況は概ね共通しており、ドイツの学説に従えば、それは以下の5点にまとめられる[10]。

　第一に、憲法の規定は、地方自治体の財政の保護のためにいかなる構造を採るか、である。この点は欧州地方自治憲章では第9条2項に関連し、地方自治の理念及び性格から導かれる自治体財政制度の全体像を決定づける。

　第二に、地方自治体は、その財源保障に関していかなる憲法的保護を享受するか、である。これは欧州地方自治憲章では第9条4項に関連し、地方自治体に十分な財政保障を享受させるための制度体系である自治体財政調整制度の設定を要請する。

　第三に、国と地方自治体との関係における垂直的財政負担調整に関する憲法規定及びそれに基づく法律の具体的内容である。これは欧州地方自治憲章では第9条5項に対応して、国が原因となって地方自治体の財政負担が発生し、あるいは国が自治体財政に対する配慮義務を追う場合に、自治体財政調整を支配する原理を導出しようとするものである。

　第四に、地方自治体間の水平的財政調整規定における憲法及び法律上の原則はいかなるものか、である。この点も欧州地方自治憲章では第9条5項に関連するが、領域団体である地方公共団体の財政の脆弱性はその領域内の住民の生活に直結するため、財政上の不均衡をある程度緩和する必要がある。そのための均整（Harmonisierung）と過度平準化禁止（Verbot der Übernivellierung）のための原

---

8) 欧州地方自治憲章にいち早く署名したフランスであるが、憲章を批准したのは2006年になってからであり、同国は憲章にかなう制度を整備してからこれに加わった形になる。この経過については山﨑榮一『フランスの憲法改正と地方分権』（日本評論社、2006年）300頁以下。
9) Günter Seele, Die übergemendelicher Kommunalselbstverwaltung in Europa. in: Thomas Mann/ Günter Püttner (Hrsg.), Handbuch der kommunalen Wissenschaft und Praxis. 3.Aufl., 2007, S.1065f. 例えば1994年に憲法改正によって挿入された基本法第28条2項3文の規定（「自治の保障には、財政上の自己責任の基盤も含まれ、税率決定権を有するゲマインデに帰属する経済関連の租税財源も、この基盤の一部をなすものである。」）も、この理解を反映している。
10) Hans-Günter Henneke, Kommunale Finanzgarantien in Rechtsprechung. in: Hans-Günter Henneke/ Hermann Pünder/ Christian Waldoff (Hrsg.), Recht der Kommunalfinanzen, 2006, S.445. なお、ドイツにおけるこの問題状況の捉え方と争訟の方法については、前章1を参照。

則[11]を導くものである。

　第五に、地方自治の保障は手続的保護を導き得るか、である。これは、欧州地方自治憲章第9条6項で規定された「再配分される財源の割り当て方式に関して、適切な方法で意見を述べる機会」を保障しようとするものである[12]。

### (4) 本章における考察の対象

　本章では、以上のうち第一、第二及び第三の問題点に即し、憲法・法律に規定された自治体財政調整制度の機能について考察する。これらの諸点は、国家の統治構造の中で地方自治体がいかなる位置付けと地位を与えられ、またいかなる任務を処理しているかの点に強く関連する。地方自治体の財源はただ漫然と与えられるのではなく、「憲法及び法律により付与された権限に応ずる」ものとして与えられ、かつ「その権限の範囲内において、その収入を自由に用いることができる」ものである。地方自治体の公共的任務が財源に支えられ、その財源の確保に関する法制度として自治体財政調整制度が設定されている以上、自治体財政調整制度は地方自治体が処理すべき事務区分の観点からその必要性と妥当性が検討され、かつそれに仕えるものとしての機能を有するものでなければならない。

　本章ではまず地方自治体が担う事務の法的性格と、自治体財政調整制度の自治体事務への依存性について明らかにする。この点は上記第一の問題点に関連する。すなわち地方自治体の事務とそれに応じた財源を確保するための自治体財政調整制度は、いずれも憲法及びそれに基づく法律によって形成される制度であり、自治体財政制度の全体像を明らかにするために不可欠な要素である。次に自治体事務の法的性格の変遷の経過とそれが自治体財政調整制度に及ぼす変容について検討する。この点は、立法者の意思ひとつで財源の保障を奪われ

---

11) 自治体は自己責任に基づいて自らの財政を運営しているのであるから、立法者はそれに対する介入となるような調整を行ってはならない。立法者が財政格差の是正を超えて配分の均衡を失し、財政力の薄弱な自治体と強固な自治体を平準化しあるいはその状況を逆転させることは、財政力の強い自治体にとっては財政運営の自主性を侵害することになり、また財政力の弱い自治体にとっても財政錯覚を生み出して財政統制を弱めることになるため、いずれにしても財政上の自己責任に違反することになる。Vgl. NdsStGH Beschluss vom 15.8.1995. = DVBl.1995, S.1175ff.(1178).
12) 手続を通じた自治体財政の保護については、第Ⅸ章において別に検討を行う。

ないという意味において、十分な自治体財源の確保に関するもので、上記第二の問題点に関連している。なお上記第三の問題点については、各論的な考察を第Ⅳ章以降において牽連性原理の具体化に着目して行っていくので、ひとまず本章では、上記２つの問題点に関連する限りにおいて言及するに留めることにしたい。

## 2. 事務区分と自治体財政調整制度の憲法上の具体化

### (1) 自治体事務と自治体財政保障の関係――自治体財政保障の二本柱

　一般に財政調整による地方財政の保護機能は、事務適合財源保障と最少供与保障とに区別される[13]。適切な財政供与は主に委任事務について、最少供与保障は自治事務についてそれぞれ問題となるが、この意味するところは、地方自治体はその任務の全領域において相応の財源を要求する正当な権利を、一応は有しているということである[14]。地方自治体の事務区分が見直される中で、委任事務と自治事務の両方に全権限性及び自己責任が及んでいることに鑑みれば、地方自治体の財源が、割り当てられた事務の全てと自らなすべき事務との両方を執行するのに十分なものでなければ、制度的保障はその意味を成さないことになるからである。

　この際、異なる地方制度を有する諸ラントに共通に適用可能か否かの試金石として、ショッホが指摘するのが「地方自治体の財源保障に関する二層構造の保護」である[15]。ショッホによれば、財源保障に関する憲法上の要請が問題となるのは、①地方固有税源の確保、②事務の執行を義務付ける場合の財政的手当て、③地方財政調整の枠内における財政給付の３つの場合である。この要請は、以下の二層構造規律による保護を立法者に義務付ける。第一は執行権限や特定の公的事務の配分がなされることに伴う財政的負担を手当てする規律

---

13) Friedrich Schoch, Verfassungsrechtlicher Schutz der kommunalen Finanzauonomie. 1997, S.160f.
14) 制度的保障の内容としての全権限性と財源保障との関係性については、先に触れた。第Ⅰ章２(3)参照。
15) Friedrich Schoch, Die finanzverfassungsrechtlichen Grundlagen der kommunalen Selbstverwaltung. in: Dirk Ehlers/ Walter Krebs (Hrsg.), Grundfragen des Verwaltungsrechts und des kommunalrechts, 2000, S.105.

(①)であり、第二は地方自治体が自己の事務を執行するに十分な財源を確保することを可能にするため、財政調整の枠内でラントの配慮を義務付ける規律(②、③)である[16]。事務適合財源保障は前者、最少供与保障は後者に対応し、かつそれぞれの規律を支配する財政憲法原理が導出される[17]。

それに対して、各ラント憲法に見られる地方自治保障の規範形式としては、地方自治とともにその財源基盤を保障する条項を置く一方、国の事務を委任する場合の費用的手当ての条項を置くのが一般的である[18]。すなわち、固有税源の確保と財政調整による最少供与保障は、制度的保障の核心をなす自主財源として保障する一方で、委任事務財源に関しては、制度的保障の周辺領域に対する脅威を除去するための財源保障が要請されているということになる[19]。

これらの規律は、自治権の核心領域に属する全権限性と自己責任を維持するための、財政上の基本規範であることにその意義を有する[20]。すなわち、地方自治体の活動に十分な財源が伴っていない場合に、事務を自己責任に基づいて執行することが不可能であることは勿論であるが、さらに、地方自治体がラントによって義務付けられた事務の執行の負担を原因として、その固有の事務の執行を疎かにする場合にも、自主的な活動の確保は不可能となる[21]。それというのは、地方自治体に対する財政的手当てなき事務の義務付けは、本来なら地方自治体の自治事務に向けられるべき財源を減少させるからである[22]。

よって、このような憲法の立場から、1つは事務の委任の際の財政的手当て、さらにもう1つは地方自治体の自己の事務の執行を可能ならしめるための財政調整の義務が、規範的規律として引き出される。これが自治体財政の二本柱(zwei-Säulen)とされるのである。なお、この両者の区別は、事務区分を仲立ちとするものであるため、原則としては憲法が二元的事務区分を採る場合に妥当

---

16) Ebenda.
17) 前者を支配するのは牽連性原理、後者を支配するのは一般的財政調整に関する諸原則である。前章2を参照。
18) NdsStGH, DVBl.1995, S.1175 (1175).
19) Schoch, a.a.O.(Anm.15), S.105f.
20) Ebenda.
21) NRWVerfGH, DVBl.1997, S.483f.
22) Schoch, a.a.O.(Anm.15), S.107.

するものとされてきた[23]。しかし、最近では、事務に関する一元論においても妥当するものであることが指摘されている[24]。なぜなら、事務の増大の傾向の中で、地方自治体がそれ自体で全ての事務を処理する財源を賄うことが不可能である以上、一元論にあっても当然に国から地方自治体への財源移転の問題は生ずるのであり、その移転に関してこの規律が妥当するからである。そこで、以下でこの規定形式の類型を整理してみたい。

(2) ラント法上の自治体事務・自治体財政保障の対応関係の類型
　ⅰ) 自治体事務二元論に対応した二層の財政保障
　この類型に属するのは、テューリンゲン州である[25]。同州では、憲法及び法律のいずれにおいても古典的な自治体事務の二元論が採られており、その二元論に厳格に対応する形で財政責任が分配される[26]。同州の憲法規定は以下の通りである。

テューリンゲン州憲法第91条〔地方自治行政〕
　(1) ゲマインデは、その責任に基づいて、地域的共同体の全ての事項を、法律の範囲内において規律する権利を有する。
　(2) これ以外の自治の担い手は、ゲマインデ連合である。ラントは、ゲマインデ連合に対して、自らの事項を法律の枠内において、その責任に基づいて規律する権利を保障する。
　(3) ゲマインデ及びゲマインデ連合に対しては、法律の根拠に基づいて指図に従って処理すべき国の事務が委任される。
　(4) (略)
第93条〔地方自治体の財政〕
　(1) ラントは、地方における自治の担い手が、自らの事務を遂行し得るように配慮する。第91条第3項による国の事務の委任がゲマインデ及びゲマインデ連合に負担の増加をもたらすときは、適切な財政調整が行われなければならない。
　(2) ゲマインデ及びラントクライスは、固有税及びその他の課徴金を、法律の

---

23) Stefan Mückl, Finanzverfassungsrechtlicher Schutz der kommunalen Selbstverwaltung. 1998, S.199.
24) Schoch, a.a.O. (Anm.15), S.109.
25) Henneke, a.a.O. (Anm.10), S.76.
26) Hans-Günter Henneke, ThürVerfGH schreibt Lehrbuch der Kommunalfinanzausgleichsgesetzgebung. ZG2006, S.76f.

基準に従って徴収する権利を有する。
(3) ゲマインデ及びゲマインデ連合は、〔それらが処理する〕ラントの事務に対する考慮に基づいて、ゲマインデ間財政調整の枠内において、租税収入を配分される。
第94条〔ラントの監督〕
ゲマインデ及びゲマインデ連合は、ラントの監督に服する。自治事務に関しては、監督は適法性の確保に関する限りに制限される。

このうち、チューリンゲン州憲法第91条1項2項及び第94条における自治事務は、同州自治体法（ThüKO）第2条に言う固有事務（Eigene Aufgaben）に、そして第91条3項及び第93条1項に言う国の委任による事務は、自治体法第3条における委任事務（Übertragene Aufgaben）に対応している。この事務の区分は、伝統的な国家領域と地域社会の領域の区分との対応を保持しており、例えば自然環境保護や水道行政など地域社会に属する事務ではあるが広域的に処理される必要があるものについてさえ、いったん固有事務としてから、ラントが法律によって一定の基準を義務付ける方式が採られている（自治体法第2条2項3項）。

これらの事務に関する財政責任は、伝統的な分類にしたがって、委任事務についてはラントに、自治事務については地方自治体に配分される。ラント憲法は第93条2項3項により地方自治体に固有財源を配分しつつ、同条1項において委任事務の費用はラントの負担としている。同州自治体法及び同州財政調整法（ThüFAG）上にも、自治事務の費用負担は地方自治体に属し（財政調整法1条1項）、委任事務については特にラントが負担することが規定されている（自治体法第3条2項、財政調整法第1条2項3項）[27]。

## ⅱ）自治体事務一元論──二層の財政保障

この類型に属するのは、ノルトライン・ヴェストファーレン、ザクセン及びシュレスヴィヒ・ホルシュタインの各州である。

ノルトライン・ヴェストファーレン州の憲法規定（2004年改正前のもの）は以

---

27) もちろん、これは自治事務に対するラントの配慮措置を否定するものではない。第93条1項の配慮義務は、自治体の財政に対して包括的に及ぶものとされているため、財政調整法には固有事務財源の負担調整規定が設けられている（ThüFAG § 6ff.）。Vgl. Henneke, a.a.O.(Anm.26), S.77.

下の通りである。

> ノルトライン・ヴェストファーレン州憲法第78条〔地方自治行政〕
> (1) ゲマインデ及びゲマインデ連合は、その独自の機関によって自治行政を行う権利を有する地域団体である。
> (2) ゲマインデ及びゲマインデ連合は、法律が他に定めない限りにおいて、その領域内における公行政の排他的な担い手である。
> (3) ラントは、ゲマインデ及びゲマインデ連合に対して、法律で定めるところにより特定の公的事務を委譲して、執行を義務付けることができる。それに際して、同時に費用負担の定めがなされなければならない。
> (4) ラントは、ゲマインデ及びゲマインデ連合の行政の法律適合性を監視する。ラントは、義務的事務に関しては、配分権及び監督権を法律の規定による限りに留保することができる。
> 第79条〔ゲマインデの租税・財政調整〕
> ゲマインデは、その自己の事務の実施に充てるために固有税源を摘示する権利を有する。……

この規定において、地方自治体は地域における「公行政の排他的な担い手」とされ、地方自治体の全権限性が強調されている。またテューリンゲンの規定と比べると「委任事務」という用語が用心深く排除されていることに気づく。同州憲法及びゲマインデ法（GONRW）では、国によって義務付けられる事務も全て地方自治体の事務とされており（ゲマインデ法第3条）、本質的には国の事務としての性格を持つ委任事務は存在していない。

しかし、同州憲法第78条3項及び牽連性実施法によって義務的事務に関する費用の保障がラントに義務付けられているほか、同州憲法第79条により固有財源も確保することとされているため、実質的には自治体事務二元論の場合と同内容の財政保障がなされていると言える[28]。

### iii) 自治体事務二元論であるがそれに対応しない二層の財政保障

この類型に属するのは、バイエルン、ブランデンブルク、ヘッセン、メクレンブルク・フォアポンメルン、ラインラント・プファルツ、サールラント及びザクセン・アンハルトの各州である。ニーダーザクセン州及びバーデン・ヴュ

---

[28] 同州牽連性実施法による義務的事務の費用責任の配分については、後に第Ⅶ章において検討する。

ルテンベルク州は最近の憲法改正によってこの類型に加わった。

このうちバイエルン州の憲法規定（2003年改正後のもの）は以下のようなものである。

バイエルン州憲法第 10 条〔ゲマインデ連合の自治権〕
(1)  自治団体としてのゲマインデ連合が、各クライス及び各県の領域に設置される。
(2)  ゲマインデ連合の固有の任務領域は、立法により定められる。
(3)  ゲマインデ連合に対しては、法律によって、国の名において遂行すべき事務が委任される。ゲマインデ連合は、この事務をラント官庁の指図に基づいて、若しくは他に定めるところに従って、独立に遂行する。

第 11 条〔ゲマインデの自治権〕
(1)  ラントの各領域は、ゲマインデに分轄される。この例外は、特に定める無人の土地（地方自治体に属さない領域）である。
(2)  ゲマインデは、本来的な公法上の領域的共同体である。ゲマインデは、法律の範囲内において自らの固有の事項を自ら規律し、かつ執行し、特に首長と代表機関を選出する権利を有している。
(3)  ゲマインデは、国の名において執行すべき事務を、法律に基づいて委任される。

第 83 条〔ゲマインデ及びゲマインデ連合の行政〕
(1)  ゲマインデに遂行させることが適格であって、かつゲマインデに遂行可能な行政、すなわち地域における交通及び街路・道路の建設、住民への水道提供……は、ゲマインデの固有の任務領域（第 11 条 2 項）に属する。
(2)  ゲマインデは、それぞれ予算を作成することを義務付けられる。また、公課の徴収によってその財政的需要を充足する権利を有している。
(3)  国が地方自治体に事務を委任し、国が地方自治体に固有事務領域としての事務の処理を義務付け、又は、国が既存の若しくは新設の事務の処理について特別の要求をするときは、国は同時に費用の補塡に関する規律をしなければならない。これらの事務の引き受けがゲマインデの財政負担の増加をもたらすときは、それに適合的な財政上の調整を行わなければならない。

この規定はテューリンゲンと同様に、委任事務と自治事務の区別を維持している。しかし、テューリンゲンが事務区分と財政責任の配分を対応させていたのに対して、第 83 条 3 項を見ると、事務区分の上では自治事務に属するはずの指図事務についても、ラントが財政責任を負うことが規定されている[29]。こ

---

29)  Henneke, a.a.O.(Anm.26), S.76. ただし同州のゲマインデ法では委任事務と固有事務の区別が厳格に維持されている（BayGO§7f.）。

の点で、事務の区分と財政保障は対応していないことになる。現在ではこの規定類型を採るラントが多数派を占めているが、それは「事務の委任」の形式性を利用した立法者の費用負担転嫁が続発したからであり、その意味では事務の区分と財政保障の非対応は、事務適合財源保障の完全性を保持するための理論的な工夫の産物であるとも言える。

(3) **本質的要請としての財政調整規定の整備**

上述した自治体財政調整規定は、規定及び解釈とも近年になって急激に進展を見たものであり、この制度の整備及び強化の目的で憲法改正に踏み切ったラントも少なくない。

ドイツにおける地方自治はラントの規律事項であるため、ともすれば各ラントの規定はバラバラになっていてもおかしくはない。しかし全てのラント及び全ての事例に一貫してそれを妥当させるために、ドイツにおいては理論的な蓄積のみならず憲法形式をも実質的あるいは形式的に変更するほどの工夫が積み重ねられてきた。ドイツの諸ラントは、憲法はもちろんのこと自治の制度及びそれを支える歴史的背景も全く異なっている。それでも自治体財政調整制度を手段として、地方自治体に対して全国的にほぼ同等の財政保障を享有させるに至っている。財源の保障は、地方自治体の全権限性と自己責任の不可欠の基盤をなすものであり、したがって当然に地方自治体はその事務執行に必要な費用の全てを保障されていなければならないという理解と憲法制定立法者の意思は、およそ憲法上の地方自治制度の存在するところに通底しているものと言えるのではないだろうか。

## 3. 小括

公法学と財政学との間に産み落とされ、地方自治体の財政基盤の強化に仕えることを運命付けられた自治体財政調整制度は、憲法によって制度化され、法的機能を与えられることで普遍的な妥当力を持つに至った。今や地方自治制度が存在し、その制度に基づいて国と地方自治体の財源をめぐるやりとりがある以上は、公法上の制度としての自治体財政調整がそこに存在するといっても過

言ではない[30]）。

　これを可能にする自治体財政調整の法的機能は、以下の諸点にまとめられる。

　第一に、自治体事務と対応する性格を有することである。地方自治体が財源を必要とするのは、活動を行うからである。法に基礎付けられたその活動に連動することが、自治体財政調整制度を公法上の制度たらしめる所以である。

　第二に、財政憲法原理に支配され、立法者に対する規範力を有することである。地方自治体に対する配分財源を握っているのは、常に立法者である。自治体財政調整制度それ自体は無色であるため、自治体財政を保護するための憲法原理に支配されることによって立法者を拘束する作用を有していなければ、この制度は単なる財源配分の計算システムに堕してしまうことになろう。

　第三に、自治体事務の性質に応じて変化し得る柔軟性を与えられていることである。自治体財政調整制度は国と地方自治体の財源をめぐる綱引きの現場に作用するものであるが、国と地方自治体との関係は場所や時によって大きく形を変える。自治体財政調整制度が普遍的でそれ自体は無色な制度であることは、公法上の制度としての具体化を通じて、大きなダイナミズムに対する対処をも可能であることを意味している。

　立法者に切り込み、財政調整に当たる政府に要請を突きつける地方自治体側にとっての武器となるか、又は立法者が地方自治体を縛る手綱となるか、そのいずれをもこの制度自体は要請しない。自治体財政調整制度はあくまで道具に過ぎないのである。

---

[30]　Michael Inhester, Kommunaler Finanzausgleich im Rahmen der Staatsverfassung. 1998, S.25.

補論

# 連邦財政制度における財政規定と財政原則

　ドイツの財政・財政法について論ずる上で、基本法が定める連邦財政に関する諸規定は無視することのできない重要な位置付けを有する。

　基本法は第10章第104a条以下に「財政制度（Finanzwesen）」の章を置く。この章は、基本法の中でも「財政憲法（Finanzverfassung）」と呼ばれる部分であり[1]、連邦国家の財政の基本原則と制度を規律するものである[2]。財政憲法においては、連邦国家の財政上の諸原則が示され、直接・間接に連邦国家の全領域における財政措置を規律している[3]。

　ドイツ財政憲法の中でも、分権的な連邦制度に対する意識を反映してか、特にラント間財政調整・税源配分の規定は他に類例を見ないほど詳細なものであり、近年の連邦制改革の動向とも相俟って、我が国においてもこの連邦財政制度をモデルに、地方の財源や租税制度に関する考察を試みるものも数多く存在する[4]。

　ただし、前述した通り、ドイツ連邦国家は二層からなっており、連邦とラントとの関係に妥当する連邦原理と、ラントと地方自治体との間に妥当する地方

---

[1] Klaus Ulsenheimer, Untersuchungen zum Begriff „Finanzverfassung". 1969, S.1.
[2] Georg Trapp, Das Veranlassungsprinzip in der Finanzverfassung der Bundesrepublik Deutschland. 1996, S.36f.
[3] Michael Sachs (Hrsg.), Grundgesetz Kommentar. 8.Aufl., 2018, Art.104a. Rdnr.1-2. (Michael Siekmann).
[4] 特に詳細にドイツの税財政制度を扱っているものとして、財務総合研究所「主要諸外国における国と地方の財政役割の状況」（2006年12月26日、全文は以下URLで参照できる。https://www.mof.go.jp/pri/research/conference/zk079.htm　最終閲覧2018年9月27日）。

自治原理は、制度原理を異にするものと理解されている。制度原理は、制度によって基礎づけられる公共主体相互の関係と、その間での権限の垂直的配分に作用するため、連邦制と地方自治制における権限の配分は相当趣を異にしている。一方で、財政上の規律に関しては、財政憲法の規定では地方自治体はラントの構成部分として規定されていることに加え、実際上もドイツが租税について連邦税・ラント税・自治体税の共同徴収を行ってきたこと、権限委譲に伴う財源・税源移転が連邦とラント・ラントと地方自治体・連邦と地方自治体との間で比較的柔軟に行われてきたことから、むしろ相互の協調関係が強調され、権限の配分ほどには原理の適用範囲の厳格な切り分けがなされないできた[5]。そのため、連邦財政憲法上の財政原則が地方自治にどのように関係するかが問題となる。

基本法上、ラントは権限配分の上ばかりでなく財政上も強い独立を保障され、基本法によって定められた権限事項を自ら執行している。地方自治体にとっても事情は共通しており、自治権の核心部分として地方自治体の行政権限が保障されるとしても、それを賄う財源がなければ、その保障は何の意味も持たない。そうであるからといって、連邦との関係においてラントが有する独立性・自主性を、ラントとの関係における地方自治体に与えて良いかは、制度原理とも関連する問題である。

この観点から、ここでは補論を設けて、連邦財政原則の地方自治領域への適用・準用の可否を検討しておきたい。


## 1. 連邦財政原則の基本発想

### (1) 因果性と原因者負担

連邦国家原理は、ドイツ連邦国家における国家高権とそれに基づく権限事項がラントに存することを原則としつつ、対外的及び連邦領域全体に関わる権限事項が連邦に委譲される状況を説明するための制度原理である[6]。従って、連邦国家原理は、ある権限がいかなる原因において、連邦とラントとのいずれに

---

[5] Daniel Buscher, Der Bundesstaat in Zeiten der Finanzkrise. 2010, S.79f.
[6] Detlev Noack, Reform des Föderalismus in Deutschland. 2010, S.15f.

あるのかを決定することを、最重要の機能としている。

もちろん、財源なき権限は行使し得ないために、このように定められた権限配分を支えるための財源は配分権限に因果性（Kausalität）を有する形で配分される[7]。そして、権限事項の実施を担当し、若しくは実質的に権限事項の実施を決定する機関は、この因果性に基づいて配分された財源を支出する責任を負う。すなわち、自ら決定して実施する事項については、その支出の原因をつくった機関が責任をもって財源の手当をしなければならない。このような権限事項と財源との関係は、因果性による原因者負担原理（Verursacher- oder Veranlassungsprinzip）と呼ばれる[8]。この原因者負担原理は、逆に言えば、権限事項実施の実質的な決定権がない機関に支出責任を負わせることを禁止する意味を有し、形式上の決定権限の所在のみにとらわれず、実質的な権限遂行の決定主体の財政責任をも射程とするものである。

基本法の財政憲法規定の冒頭において、基本法第104a条は、この因果性と原因者負担を連邦財政の基本原則として規定する[9]。

第104a条〔連邦とラントとの経費負担、財政援助〕
(1) 連邦及びラントは、この基本法に特別の定めのある場合を除いて、その任務を引き受けることにより生ずる経費を別々に負担する。
(2) ラントが連邦の委託によって行動するときは、それによって生ずる経費は連邦が負担する。
(3) 金銭給付を伴い、かつ、ラントによって執行される連邦法律は、その金銭給付の全部又は一部を連邦が負担する旨を定めることができる。連邦がその経費の半分又はそれ以上を負担する旨をその法律が定めるときは、かかる法律は連邦の委託によって執行される。
(4) 連邦法律が、第三者に対して金銭給付、金銭価値のある現物給付又はそれ

---

[7] 2009年7月29日の第II期連邦制改革においては第104b条1項2文に自然災害事態及び財政上の緊急事態における立法権限なしでの連邦による財政援助を認める規定が設けられているが、これはあくまで例外的な事態に対処するためのものであって、連邦財政原則としての因果性と原因者負担を修正したものではないとの理解がなされている。Vgl. Buscher, a.a.O.(Anm.5), S.122f.

[8] Buscher, a.a.O.(Anm.5), S.217f.

[9] Trapp, a.a.O.(Anm.2), S.45f. なお、ここに掲げた2006年8月28日の第I期連邦制改革後の規定では、6項が新設され、連邦制に関連する負担以外に欧州連合事務に関するラントの負担に関する取り決めがなされているが、これについても負担の原因を作り出したことを原因とする負担加重が定められ、因果性と原因者負担の原則を維持している。Vgl. Buscher, a.a.O.(Anm.5), S.136ff.

に匹敵する役務給付をなすべきラントの義務を根拠づけ、かつ、ラントが固有の事務として、又は第3項第2文に基づいて連邦の委託によって当該連邦法律を執行する場合であって、そこから生じる支出がラントによって負担されることとなるときは、かかる連邦法律には連邦参議会の同意を必要とする。
(5) 連邦及びラントは、その官庁において生ずる行政経費を負担し、かつ、相互の関係においては、秩序ある行政について責任を負う。詳細は、連邦参議会の同意を必要とする連邦法律によって、これを定める。
(6) 連邦及びラントは、国内的な権限及び任務の分担に従って、超国家的又は国際法上の義務の違反に対するドイツの負担を分担する。複数のラントに及ぶ欧州連合の財政修正の場合には、連邦とラントはこの負担を15対85の割合で分担する。第2文の場合においては、ラント全体が全負担の35パーセントを、一般的基準に準拠して、連帯して担うが、負担の原因を作ったラントは、得られた資金の額に応じて、全負担の50パーセントを担うものとする。詳細は、連邦参議会の同意を必要とする連邦法律でこれを規律する。

　上記規定のうち、1項、2項及び5項は端的に因果性と原因者負担を規定したものである。すなわち、1項と5項は自らの権限事項及びそれを実施するための組織的経費についての自己負担を定めることによって、自ら有する権限に関しては自らその財源を負担することを規定し、形式上の権限の所在と財政責任を一致させることによって、権限と財源の因果性とその原因者負担を要請している[10]。また2項はそれに加えて、委託行政を通じて実質的な権限遂行の決定主体と形式的な遂行主体との間のずれが生じ得ることを念頭に、その場合の委託者たる連邦の財政責任をも捕捉している[11]。

　基本法の財政憲法規定が、このように因果性と原因者負担を連邦財政の基本原則とした趣旨は、ドイツ連邦国家体制の基本線たる連邦とラントとの相互独立性を保持するとともに、連邦・ラント双方が自律的に権限執行の責任を果たすことを可能にするために、連邦とラントとの間の権限配分を財源面から裏付けることによってその区分けを明確にすることにあるとされる[12]。連邦制は連邦とラントとの財政的な相互独立性及び相互自律性を不可欠の前提として成り

---

10) Trapp, a.a.O.(Anm.2), S.45, 158.
11) Trapp, a.a.O.(Anm.2), S.100f.
12) Trapp, a.a.O.(Anm.2), S.42.

立つものであることから、因果性と原因者負担によって成り立つ連邦とラントと間の財政分離（Trennsystem）は従って、ドイツ連邦国家が成立するための不可欠の前提とされるのである[13]。

この財政分離は、因果性と原因者負担とを具体化した以下の3つの要請を含む。すなわち、①連邦とラントがそれぞれ自己の事務の執行費用を自ら負担することの要請、②自己の事項でない事務の執行費用を負担することの禁止、③自己の事務の執行費用を他に転嫁することの禁止、である[14]。

### (2) 執行因果性と法律因果性

財政分離は、本来的には権限事項の執行（Vollzug der Aufgaben）を基準とし、権限事項の執行を連邦及びラントの双方が相互に独立して、自律的に行うことを可能にするところにその趣旨が置かれていた[15]。基本法の起草に当たったトレーガー委員会での議論においても、「事務の執行費用は、事務の原因を発生させたものが支弁する」との原則の下に、因果性とは事務の執行に対する財源の因果性であり、原因者負担とはあくまで事務の執行の原因をつくった機関に財政責任を負わせる趣旨であると解釈されていた。ここからは、執行の因果性（Vollzugskausalität）を明確化することこそが、基本法の趣旨であったことを窺うことができる[16]。

しかしながら、基本法を取り巻く政治的・法的状況の変化は、執行因果性の不十分さを白日の下に晒すことになる。社会国家化の進展による国家の任務の増大と複雑化は、権限事項の決定主体と執行主体の乖離を生み出した[17]。この状況は、特に社会福祉制度の形成に当たってしばしば深刻となった。例えば連邦社会扶助法による社会扶助事務について見ると、連邦社会法典第12編が規

---

13) Buscher, a.a.O.(Anm.5), S.86f. なお連邦制改革前の財政分離をめぐる問題点について Vgl. Trapp, a.a.O.(Anm.2), S.56ff.
14) Buscher, a.a.O.(Anm.5), S.74ff.
15) Joachim Wieland, Arbeitsunterlage zur Kommission von Bundestag und Bundesrat zur Modernisierung der bundesstaatlichen Ordnung (Nr.0035). 9.12.2004, S.2f.
16) Ferdinand Kirchhof, Gutachten D für den 61. Juristentag „Empfehlen sich Maßnahmen, um in der Finanzverfassung Aufgaben- und Ausgabenverantwortung von Bund, Ländern und Gemeinden stärker zusammenzuführen?" Verhandlungen des 61. Deutschen Juristentages, Band I. 1996, S.D40.
17) Kirchhof, a.a.O.(Anm.16), S.D60.

定する社会扶助事務は、ラント固有行政としてその執行をラント下級官庁に委託するものとされるが、その際、ラントは自らの下級官庁の構成と細目をラント法律で定めなければならない[18]。その場合、執行責任の主体であるラント下級官庁を基準とすると、当該下級官庁に発生する事務負担の規律は、直接的にはラント法律に起因するものとなるため、執行因果性を貫くならば、社会扶助事務の費用はラントが負担しなければならないことになってしまう[19]。このような事態は、上述の財政分離の要請に照らせば、連邦については、これらの要請のうち①基本法第74条1項7号により連邦が立法権を有しその内容を決定する事務について自ら費用を負担せず、及び③連邦はラント法律に組織の規定を委ねることによって執行因果性による費用負担責任を免れることができることから、立法権の委譲を媒介とした費用負担の転嫁が生じている点で財政分離を潜脱するものであり、かつ、ラントの側もこれらの要請のうち②本来的に自ら決定することのできない事務について費用負担責任を負うことになることから、この点でも財政分離の要請に反する。

このように、基本法に規定された立法権のカタログが大綱的である一方、給付行政を中心に連邦法律による全国的・統一的な規律を必要とする場合[20]が飛躍的に広がったことから立法権の連邦への集中傾向が顕著となり、その反面ラントの側からは固有行政としての連邦法律の執行が自己の事務に占める割合の中で極端に増加したため、混合財政（Mischfinanzierung）の問題が顕在化した。

---

18) Trapp, a.a.O.(Anm.2), S.103ff. 従来の連邦社会扶助法は、2005年の社会法改正により老齢者・稼得減少者扶助とともに連邦社会法典第12編に編入されたが、社会扶助に関するラントの任務については変化はない。ラントによる施行法律の制定は、2006年改正前の基本法第84条1項（「ラントがその固有の事務として連邦法律を執行するときは、ラントは、連邦参議院の同意を得た連邦法律に特段の定めのある場合を除き、官庁の組織及び行政手続について規律する。」）に基づく。なお、ここに言うラント下級官庁とは連邦社会法典では地域運営機関と広域運営機関と規定されるが、各州の連邦社会法典（2005年以前は社会扶助法）施行法律により、全てのラントにおいて郡格市若しくはゲマインデ連合が地域運営機関としてこの事務を処理すべきものと定められている（地方自治体を持たないベルリン州・ハンブルク州を除く）。連邦社会扶助法の下でのラントの執行権・地方自治体の自治権との関係について、豊島明子「ドイツ連邦社会扶助法における行政の責任（2・完）」名古屋大学法政論集167号（1997年）407頁以下及び412頁以下。なお、この連邦社会法典（社会扶助法）施行法律による事務に充てるための配分財源の削減が、後に多くのラントにおいて自治体憲法異議の引き金となっていく。

19) Kirchhof, a.a.O.(Anm.16), S.D65.

すなわち、連邦委託行政事務の内容は連邦法律で規律されるが、その執行組織・細目はラント法律によって規律されるため、その事務費用の負担に関して費用負担責任が曖昧となる領域が生じたのであった[21]。

　この原因は、なによりも基本法の制定者意思でもあった執行因果性そのものに存した。基本法制定当初においては、連邦の立法権はむしろ例外とされ、立法権の連邦への集中によって、ラントの固有行政としての連邦法律執行の負担の増加は、いわば想定外だったのである。連邦法律による権限事項の規律によって負担原因が発生した場合であっても、ラント固有行政としてそれが執行される場合の直接的な事務の原因は、基本法の規定上はラント法律に求められる構造となっていたため、増大する連邦法律執行事務に関する連邦の費用責任を、執行因果性は捕捉できなかったのであった[22]。

　執行因果性の基本的な発想は、給付行政の発達過程において、事務が法律によってはおよそ決定されることがなく、したがって執行が本質的に事務内容を形成し、それによって事務に必要な額を決定していた時代に端を発する。伝統的な法定立と法執行の分離を貫徹できるという前提に立つのであれば、国家による一定の作為を内容とする給付行政に関しては、立法によって与えられた一般的抽象的な権限の範囲内において、執行段階における判断に基づき、個別具体的な規範定立と行動の余地を認めることには一定の合理性があったと言えよう[23]。

　しかし基本法のもとでの社会的法治国原理・財政民主主義原理による給付行政への規律を考慮すると、執行の自由な行動の余地は最小限度に縮減されることになる。上述したように、殊に給付行政の分野における権限事項については連邦及びラントの法律が重畳して規律するところとなったため、それに対応し

---

20) 連邦の競合的立法権は第74条1項7号（公的扶助）・11号（経済法）・13号（職業教育補助、学術研究助成）・19a号（病院）・20号（食品）など給付行政的な政策を含む法律に及ぶものとされている。これらの事項に関する連邦法律の制定に当たっては、連邦領域における等価的な生活関係を作り出し、国家全体の利益のための法的・経済的統一を確保するために連邦法律が必要な場合であり、その限度に留まるものであることが考慮されなければならない（比例性の要請、基本法第72条2項）。Vgl. Sachs, a.a.O.(Anm.3), Art.72. Rdnr.10f. (Christoph Dagenhart).

21) Wieland, a.a.O. (Anm.15), S.2.

22) Kirchhof, a.a.O.(Anm.16), S.D66f.

23) Cora Pielke, Das Konnexitätsprinzip in der deutschen Finanzverfassung. 2010, S.15.

て執行段階での個別具体的な規範定立の余地は狭まるとともに、それに伴って財政支出のあり方についても執行段階ではなく立法段階における決定要素の比重が上昇することになる。このようにして見ると、現在での事務の形成は、ほぼ完全に立法者の決定によるものということができる[24]。このような事態に伴って、新たな給付行政の財政責任の捕捉に対応するために、因果性は執行段階から立法段階へとその対象を変えていくことになる。すなわち、実質的に権限事項の決定に関わる立法行為と財政責任とを結びつけることを内容とする法律の因果性（Gesetzeskausaliltät）への移り変わりを遂げることになったのである[25]。

　執行因果性から法律因果性の構造転換にともなって、基本法第104a条の解釈にも変化がもたらされる。基本法第104a条1項は、「任務（Aufgaben）」を基準として財政責任を配分する規定であるが、この「任務」とは一定の規準に従って国家の機関が果たすべき責務を意味するものであることから、法律の規準に則って行われる権限の執行こそが本来的な「任務」であると捉えられてきていた。しかし今や執行の基準となる法律さえも基本法の要請に則って制定され、それを実質的に権限の執行に反映させることが要求されることからすれば、立法行為も、基本法の規準に従って連邦・ラントが果たすべき責務として「任務」と呼ぶことも差し支えないであろう。こうして、法律因果性は立法を第104a条1項の意味における「任務」に含めるという解釈における概念の転換を基礎として、基本法上の位置を得ることになったのであった[26]。

　法律因果性の主眼は、法律による費用負担の原因の創出を引き受ける機関の財政責任を基礎付けることにある。すなわち「法律が任務を基礎付けるときは、法律は任務に関する負担をも基礎付ける」ことがその内容である[27]。

　法律因果性によって成り立つ財政分離は、以下のような内容を持つ。すなわち、①連邦とラントがそれぞれ自らの立法に起因する事務の執行費用を自ら負

---

24) Kirchhof, a.a.O.(Anm.16), S.D67f.
25) Kirchhof, a.a.O.(Anm.16), S.D69f.
26) Kirchhof, a.a.O.(Anm.16), S.D68.
27) この財政責任の捕捉は、連邦立法者に対して財源に関する調査を義務付けるとともに、それに相応の財源をラントに対して指摘し、若しくは自ら財源を移転することを要請することを内容とする。Vgl. Kirchhof, a.a.O.(Anm.16), S.D70ff.

担することの要請、②自己の立法権が及ばない事項に関する事務の執行費用を負担することの禁止、③自己の立法に起因する事務の執行費用を他に転嫁することの禁止、である。1969年5月12日の財政改革法律による憲法改正によって追加され、その後2006年8月28日の第Ⅰ次連邦制改革によって改正を経た第104a条3項及び4項は、この法律因果性の実現を趣旨とする規定である。すなわち、3項1文は連邦法律がラントによって執行される場合であっても、その執行費用が連邦法律に起因することを理由として、連邦の財政責任を規律するものである[28]。また2文は連邦法律によって連邦の財政負担が規定されているときに、その事務を連邦が財源を負担する責任を負う連邦委託行政（第104a条2項）とすることにより、ラントがその執行費用を負担することを禁止している。さらに4項は連邦法律にラント等の財政負担が規定されている場合にはその法律を連邦参議会同意法律とすることにより、ラント側に一定の立法過程への参与を認めるとともに、負担の転嫁による財政分離の潜脱を防止する機能を果たしている[29]。

## 2. 連邦財政原則としての牽連性

　上述したように、法律因果性は、執行因果性が財政責任を充分に捕捉できない欠点を抱えていることに鑑み、その発展形態として構想されたものであるが、両者はもちろん相矛盾するものではなく、連邦財政制度における財政分離の実現と適正な財政責任の捕捉のために補い合って機能している[30]。例えば、基本法に規定される連邦委託行政[31]については、その事務が本質的には連邦の責任によって執行されるべきものであることから、この経費は執行因果性により連

---

[28] Buscher, a.a.O.(Anm.5), S.232.
[29] Buscher, a.a.O.(Anm.5), S.233.
[30] Kirchhof, a.a.O.(Anm.16), S.D10.
[31] 基本法第85条1項によって、連邦の委託を受けて連邦法律を執行する場合がこれに当たる。この場合、ラント官庁は連邦の下級官庁として連邦所轄官庁の指示及び監督に服するため、執行段階の決定権は全て連邦政府にあるものとされる（基本法第85条3項・4項）。Vgl. Sachs, a.a.O.(Anm.3), Art.85. Rdnr.18f. (Armin Dittmann). 他に基本法に規定される個別の連邦委託行政として、連邦国防行政（基本法第87b条）、連邦原子力行政（基本法第87c条）、連邦航空交通行政（基本法第87d条）、連邦水路行政（基本法第89条）、連邦道路行政（基本法第90条）などがある。

邦の負担となる。一方で、ラントが固有行政として連邦法律を執行する場合には、連邦がラントに対して連邦法律施行法律の制定を義務付ける限りで、法律因果性によりその費用は連邦の負担とすることができる。例えば上述の連邦社会法典による社会扶助事務については、連邦社会法典が全国的な基準及び法的・経済的統一性を確保するための枠のみを定め、その執行に関する権限及び組織については各ラントに施行法律の制定を義務付けている点で、権限事項を法律で確定する権限が連邦からラントへ委譲されたものとして、ラントは連邦に費用の負担を求めることが可能になる[32]。

基本法の各条文と因果性の作用をまとめると、次の図のようになる[33]。

〈図：基本法条文が規定する財政責任の因果性〉

| 基本法条文 | 財政責任 | 原因 | 財源移転 |
| --- | --- | --- | --- |
| 第104a条1項 | 権限の性質（第30条及び第83条以下）に応じて、その権限が属する主体が負う | 執行因果性 | 禁止 |
| 第104a条2項 | | 法律因果性 | 立法者の義務 |
| 第104a条3項 | | 執行因果性　2文により連邦委託行政となるときは法律因果性 | 立法者に許される |
| 第104a条4項 | | 法律因果性 | 立法者に許される |
| 第104a条5項 | | 執行因果性 | 禁止 |
| 第104a条6項 | 第109条5項による | 執行因果性 | 禁止 |
| 第104b条1項 | 権限の性質（第30条及び第83条以下）に応じて、その権限が属する主体が負う | 執行因果性 | 立法者に許される　2文の場合には立法権なしで可 |
| 第91a条3項 | | 執行因果性 | 立法者の義務／立法者に許される |
| 第91b条3項 | | 協定により定める | 協定により定める |
| 第106a条 | | 執行因果性 | 連邦の義務 |
| 第120条1項 | | 執行因果性（連邦による支出の引き受けについては法律因果性） | 任務の性質により異なるが、補助金については連邦が負担義務を負う |

このように、国家の任務の多様化に対応して、執行と立法のそれぞれの段階において基本法は財政を分離してその責任主体を明確にするとともに、権限の決定主体に財政責任を負わせることとしている。執行因果性と法律因果性を内容として、任務と財源のつながりを確保するための財政原則は、連邦国家にお

ける牽連性原理（bundesstaatliches Konnexitätsprinzip）と呼ばれる[34]。この牽連性原理は、連邦国家における権限事項と財源の配分を決定するための基本原則であり、連邦国家において「金を払ったものには決定する権利がある („Wer zahlt, schaft an.")」べきであるとする立法者意思を基本とする[35]。任務と財源とを随伴させることをその内容とし、基本法の条項においては下記のように明文化されている[36]。すなわち、①連邦とラントの双方が自律的・相互非依存的に立法権・執行権を行使できることを前提に、財政分離の実現と自らの任務に関する財政責任の捕捉を基礎付ける（基本法第104a条1項）、②連邦法律によってその内容が決定される委託行政の場合の、連邦の財政責任を基礎付ける（基本法第104a条3項・4項）、③連邦制における連邦・ラントと同格の高権主体ではない地方自治体に対して、連邦法律により権限と財政負担を転嫁することを禁止する（基本法第84条1項7文及び第85条1項2文）、④ラント及び地方自治体が行う投資に関して連邦がラントに対する補助を行う権限を、連邦の立法権限が及ぶ範囲に限りにおいて基礎付ける（基本法第104b条）、⑤連邦法律によって規定されるラントの負担に関して、連邦参議会を介した連邦立法の決定過程へのラントの参与を基礎付ける（基本法第104a条5項・6項、基本法第109条5項）、⑥共同任務の場合における連邦とラントとの費用の折半（基本法第91a条3項）及び協定による連邦・ラントの費用負担決定過程への参加の保障（基本法第91b条3項）、である。

---

32) 社会法典第2編に規定する求職者のための基礎社会扶助については、認定地方自治体が管理運営主体とされているが、その費用は、地域ごとに決定される必要のある住宅補助及び暖房費補助相当額を除き、全額が連邦の負担である。この点について嶋田佳広「ドイツ連邦社会扶助法上の住居費実費支給原則（1）」大阪市立大学法学雑誌50巻2号（2003年）312頁以下。なお、ハルツ第Ⅳ法による連邦社会法の改正に伴い、社会扶助事務については原則として管理運営主体たる郡格市及びゲマインデ連合がその一般財源から総費用の80％、ラントが残る20％を負担することになった（2009年度）。
33) Kirchhof, a.a.O.(Anm.16), S.D10 の整理をもとに、連邦制改革に伴う規定の変更を反映した。
34) Trapp, a.a.O.(Anm.2), S.60.
35) これは、逆に言えば「決定するものは金を出さなければならない」ことをも含意しており、ラントの側から見れば、ラントの高権主体としての自律性を財政面から保護する意味を持っていた。Vgl. Trapp, a.a.O.(Anm.2), S.75f.
36) Pielke, a.a.O.(Anm.23), S.39ff.

### (1) 原因者負担原理との関係

　原因者負担原理は、「事務の執行に当たる機関は自らその執行に関する費用を負担しなければならない」という形式面と、「権限事項を決定する機関が、当該権限の執行に当たる機関に対して財政責任を行わなければならない」という実質面を持ち、概ね前者が執行因果性に、後者が法律因果性との対応関係に立つ。いずれにしても、原因者負担原理は任務の遂行のための財政責任を基礎付ける原則であるところにその特色を有する。

　一方、連邦国家における牽連性原理は、権限と財源の随伴を要請し、権限と財源の配分に作用する原則である。

　両原理は財政責任を基礎付けるところが共通するが、牽連性原理が広く権限と財源の配分を射程とするのに対して、原因者負担原理は専ら財政責任の所在を決定することをその機能とするに留まる点が異なる[37]。例えば、財源負担の原因をつくった機関に対してその財源を要請することは両原理から共通に行い得ることになるが、その逆、すなわち既に財政負担の規律が法律に含まれている場合に、その負担に関する決定過程への参与を要求することは、権限にも関連する牽連性原理からは可能であるのに対して、財政責任のみを射程とする原因者負担原理からは導くことが不可能である。基本法の規定に即してみると、第Ⅰ次連邦制改革において新設された第104a条6項において、欧州連合が行う財政修正による負担に関して、負担の原因を作ったラントが負担額を加重されることは原因者負担原理の適用場面そのものであるが[38]、逆に、連邦参議会の同意を介してその負担の決定過程への参与が認められることは、負担に関する決定権限の配分に当たるため、牽連性原理の作用によるものと説明されることになる。

　その意味で、原因者負担原理は牽連性原理に包含される関係に立つ[39]。

　なお、原因者負担原理は財政責任に特化した原則として、原因者に負わせる

---

37) ただし、権限の配分が連邦法律によって行われることから、配分された（＝法律により原因がつくられた）権限に関する財政責任を基礎付ける場面においては、牽連性原理と原因者負担原理の作用は重なる。そのため、法律因果性の文脈で用いられる原因者負担原理と牽連性原理は互換的に用いられることもある。このような用法の例として、Stefan Mückl, Konnexitätsprinzip der Verfassungsordnung von Bund und Ländern. in: Hans-Günter Henneke/ Hermann Pünder/ Christian Waldoff (Hrsg.), Recht der Kommunalfinanzen, 2006, S.40f.
38) Buscher, a.a.O.(Anm.5), S.137.

ことのできる財政責任の範囲を規律する機能をも有する。具体的には、原因者が財政負担を発生させる決定を行う際に、連邦財政の基本原則たる経済性・節約性を考慮に入れること及びそれらを確保するための経済性調査を要請する[40]。牽連性原理はあくまで権限配分と財源の移転の対応関係を主眼とするものであり、権限との随伴関係が維持される限りにおいては財政負担の内実までを射程とはしないため、牽連性原理に包含される原因者負担原理は、牽連性による財源配分の実際の財政規律を確保する規準として機能することになる。

牽連性原理によって配分された財源に関する財政規律の確保は、とりわけ執行因果性の場合に重要となる[41]。執行機関は、牽連性原理によって配分された権限を、それに随伴した財源を用いて執行することになるが、およそ国家の任務は最小費用最大効果の原則に則って執行されなければならず、随伴する財源が可能な限り有効に用いられることが望ましいことは言うまでもない。その場合に作用する財政規律として、原因者負担原理により、執行機関には、自ら決定した予算の執行については財政の一般原則上の責任と制限が加えられることになるのである。このような意味において、原因者負担原理は牽連性原理に包含される関係にありながら、牽連性原理によって配分された財政責任の履行の合理性の判断規準としても機能するという、重要な意義を有していると言うことができる。

---

39) この関係のゆえに、原因者負担原理は、連邦国家における牽連性原理充足の判断基準として用いられる。Vgl. Pielke, a.a.O.(Anm.23), S.57ff.
40) 原因者としての支出決定の最終性(Finalität)がどの主体によって担保されるかの問題である。最終性の担保は、立法者にあっては予算法律の制定、執行者にあっては予算の執行の形式によって行われるため、連邦財政法に規定される財政の一般原則の適用を受ける。Vgl. Trapp, a.a.O.(Anm.2), S.229.
　　　連邦財政法第7条（経済性と節約性、費用と業績の計算）
　　　(1) 予算の作成・執行にあたっては、経済性及び節約性の原則が考慮されなければならない。……
　　　(2) 財政的な影響を及ぼす全ての措置については、適切な形で経済性調査が行われなければならない。……
　　　(3) 適切な領域において費用と業績の計算が導入されるべきである。
41) 法律因果性の場合には立法者としての法律の制定が問題となるが、ドイツでは予算は法律の形式を採るため、財政規律を離れて予算の裏付けができない権限法律の立法が可能になることは、通常想定し得ないからである。Vgl. Sachs, a.a.O.(Anm.3), Art.110. Rdnr.30. (Michael Siekmann).

## (2) 連邦国家主義・民主主義との関係

　牽連性原理は、権限の配分に財源を随伴させることを要請するものであるが、これは逆に言えば財源を随伴させることを条件として権限を配分し得ることを意味することになる。しかしながら、もちろんあらゆる権限が牽連性原理によって連邦からラントへ配分され得るわけではない。牽連性原理は、ドイツ連邦国家を成立させるための原則の1つに過ぎないものであるから、連邦国家体制に反した権限の配分を基礎付けることはできない[42]。

　さらには、牽連性原理の対象となる権限及び財政責任は、全て国家の権力作用の発現であるから、基本法第20条2項の規定に従って、その淵源が国民に由来するものとして民主的な決定のもとに配分されなければならない。連邦国家の原則である牽連性原理は、連邦国家における民主的決定の範囲内でのみ作用することができる。

　連邦国家主義及び民主主義による牽連性原理の作用範囲の制限は、法律因果性の場合に特に当てはまる。連邦国家主義との関係においては、連邦国家の自律性と統一性の保持を図ることはもちろんのこと、連邦や他のラントに影響を与えるような権限の配分及び財源の移転を行うことはできない[43]。この意味で、連邦国家主義は牽連性原理の作用範囲の上限を画するものと言える[44]。また民主主義との関係においては、国民の代表機関たる連邦議会及びラント議会ならびにラント代表から構成される連邦参議会が中心的な役割を果たす手続のもとで権限及び財源の配分が決定されなければならないという意味で、牽連性原理には手続的前提が設けられているものと言える[45]。

---

[42]　Trapp, a.a.O.(Anm.2), S.63.
[43]　連邦補充交付金に関する基準判決において、連邦財政の均整を保つ要素として指摘されたものである。Vgl. BVerfGE 72, 330(338).
[44]　もっとも、連邦の立法の過剰化により連邦国家主義自体が中央集中・集権化の傾向を示している現在においては、連邦からラントへの権限・財源の移転に上限が設けられる一方で、ラントから連邦への権限の吸い上げについてはほぼ無制約となる悪弊を生じる危惧の存在も指摘されている。Vgl. Pielke, a.a.O.(Anm.23), S.101. 近年の基本法改正においては、国際テロ対策に関する連邦の権限の設定が、各ラントの警察権限を侵害しないかが問題となった例がある。拙稿「テロ対策権限の垂直的配分」大沢秀介＝小山剛編『自由と安全──各国の理論と実務』(尚学社、2009年) 238頁以下。

## 3. 財政憲法規定の自治体財政への準用可能性

### (1) 連邦財政規定の基本構造と地方自治体の位置

　連邦財政における連邦とラントとの関係は、両者の財政的均整関係にその基礎を置く[46]。すなわち、一方ではラントが連邦と対等な地位を有する国家としてその高権を十分に行使できること、他方では連邦領域における一体性を確保するための財的基礎が確保されることが求められている。

　このような観点から、連邦とラントとの間には、基本法第109条[47]による財政分離（Haushaltstrennungsystem）、経済全体の均整原則（Gesamtwirtschaftliches Gleichgewicht）、及び財政均衡の要請（Balancierungsgebot）が妥当している[48]。

　一方、連邦やラントとは対等の地位を有しない地方自治体は、基本法106条9項に規定されるように、連邦財政の上ではラントの一部として扱われる。すなわち、連邦国家は連邦制と地方自治制の二層構造によって成立することを前提とすれば、財政憲法の規定はあくまで連邦制に基づく権限と財源の配分を適用の射程とするものであり、地方自治制におけるラントの事項高権を侵害しないようにする観点から、原則として連邦財政制度における財政主体としては登場しない[49]。

### ⅰ）財政分離

　財政分離は、上述したように、連邦国家制の分権主義的性格を財政面において具体化するとともに、ラントの自由な活動の余地を財政面から支持すること

---

45) Pielke, a.a.O.(Anm.23), S.87f. この点については、行政国家現象のもとで、権限及び財源に関する決定に必要な情報が行政に集中する状況の下で、特に財源の配分に関しては立法過程における議論によって合理性を担保できるか否かに重大な疑義を指摘する向きもある。この疑義は、牽連性原理に限らず、高度に複雑化した国の財政活動と財政民主主義の関係全般に当てはまるものではあるが、牽連性原理の場合は国民の基本権と直接の関連を持たない国家機関相互の関係に作用すると言う特徴を持つため、手続による歯止めの機能が及びにくいことは確かであろう。

46) 1999年の連邦憲法裁判所基準判決（BVerfGE 101,158; Maßstab-Entscheidung）は、連邦国家における諸ラントの財政格差とその是正に関してのいくつかの基準を明らかにし、これを端緒としてドイツでは連邦国家における財政均整のあり方に関する活発な議論が引き起こされた。この議論の争点を整理するものとして中村良広「ドイツ州間財政調整の現状と改革課題――連邦憲法裁判所判決（1999.11.11.）をめぐって」北九州市立大学商経論集37巻2号（2002年）1頁以下。

を目的とするものである[50]。

　この原則は、第104a条の連邦及びラントがそれぞれ自己の事務を執行する場合の費用負担・連邦委任行政の場合の費用責任の規律に具体化されている。1項及び2項の連邦・ラント間における任務責任と財政責任の牽連性は、連邦・ラント間における財政責任配分の原則である[51]。同条は、各ラント間の財政力格差の縮小・連邦及びラントの共同事務における費用責任の明確化を財政原則の上で要請するものでもある。

　第105条[52] 3項は、ラント及び地方自治体に収入の全部又は一部が帰属する租税に関する連邦法律について、ラント代表機関である連邦参議会の同意が必

---

47) 第109条〔連邦とラントの財政運営上の原則〕
　　(1) 連邦及びラントは、その財政運営において、独立であって、相互に依存するものではない。
　　(2) 連邦及びラントは、欧州共同体設立条約第104条に基づく欧州共同体の法行為から生じる、予算規律の遵守のために課せられるドイツ連邦共和国の義務を、共同して遂行し、この枠内において、経済全体の均整の要請を考慮に入れる。
　　(3) 連邦及びラントの予算は、原則として、起債に基づく収入によることなく〔収支〕均衡させるものとする。連邦及びラントは、通常の状況から逸脱した景気の推移の影響を好況及び不況のいずれの場合にも均しく考慮に入れるための規律、並びに、国の統制能力を超え国の財政状態を著しく損なうような自然災害又は〔それに準ずる〕異常な緊急状態の場合のため予め特例規律を定めておくものとする。かかる特例規律については、それに対応する弁済規定を予め定めておくものとする。連邦の予算については、起債に基づく収入が名目国内総生産の0.35％を超えない場合には、第1文の原則が妥当するとの条件付きで、第115条が詳細の形態を規律する。ラントの予算についての詳細の形態は、起債に基づくいかなる収入も認められない場合に限って第1文の原則が妥当するとの条件付きで、ラントがその憲法上の権限の枠内で規律する。
　　(4) 連邦参議会の同意を必要とする連邦法律によって、財政法、景気に応じた財政運営及び多年にわたる財政計画のための、連邦及びラントに対して共通に適用される諸原則を策定することができる。
　　〔　〕で示す部分は筆者による。
48) Sachs, a.a.O.(Anm.3), Art.110. Rdnr.45f. (Siekmann). なお、その他の財政原則を連邦法律によって設ける場合には、109条4項により連邦参議会の同意が必要である。
49) 従って、例えばラント間財政調整を規定する第107条は、地方自治体の財政にも影響を及ぼしうるものではあるが、ラントにおける自治体財政調整に適用／準用されることはない。
50) Sachs, a.a.O.(Anm.3), Art.109. Rdnr.4. (Siekmann).
51) Sachs, a.a.O.(Anm.3), Art.104a. Rdnr.11. (Siekmann).
52) 第105条（税収入の配分）
　　(3) 税収入の全部又は一部がラント又はゲマインデ（ゲマインデ連合）に入る租税についての連邦法律には、連邦参議会の同意を必要とする。

要であると定める。これは、連邦の財政高権の行使の過程にラントの代表機関を関与させることで、ラント及びラントの構成部分である地方自治体の財政の独立性を確保するねらいに基づくものである[53]。

また財政行政権に関する第108条[54] 2項は、同条1項に掲げられるもの以外に関する租税行政権限をラントに与え、その独立性を認める。なお、4項では、地方自治体の租税収入に関してはラントが地方自治体にその行政執行を委任することができると定められており、地方自治体の財政については、その事項に関する立法権限を有するラントにおいて、地方自治体の財政の自主性に対して一定の配慮をなすべきことを要請している[55]。

### ⅱ）経済全体の均整原則

経済全体の均整原則は、諸ラントの連邦国家的連帯関係を維持するとともに、全連邦国家的な財政活動の協調及び連邦領域における生活関係の均整の実現を目的とするものである[56]。この原則に則った第107条[57] は、連邦とラントとの関係における財政調整制度を設ける。この規定は、ラントの構成要素である限りにおいて連邦と地方自治体との間に適用される余地があるが[58]、ラントと

---

53) Sachs, a.a.O.(Anm.3), Art.105. Rdnr.62f. (Siekmann).
54) 第108条〔税財務行政〕
　(1) 関税、財政専売、連邦法律で規律された輸入売上税を含む消費税、2009年7月1日以降における自動車税及び機械化された交通手段に関わるその他の取引税並びに欧州共同体の域内における課税は、連邦税財務官庁がこれを管理する。これらの官庁の構成は、連邦法律でこれを規律する。中級官庁が設置されているときは、その長は、ラント政府の了解を得てこれを任命する。
　(2) その他の租税は、ラント税財務官庁がこれを管理する。……
　(3) ラント税財務官庁が、全部又は一部が連邦の収入となる租税を管理するときは、ラント税財務官庁は連邦の委託を受けて活動する。……
　(4) ……。ゲマインデ（ゲマインデ連合）のみの収入となる租税については、ラントは、ラント税財務官庁に帰属する管理の全部又は一部をゲマインデ（ゲマインデ連合）に委譲することができる。……
　(5) ……ラント税財務官庁によって、及び第4項第2文においてゲマインデ（ゲマインデ連合）によって適用されるべき手続は、連邦参議会の同意を得た連邦法律でこれを規律することができる。
　(6) 財政裁判権は、連邦法律でこれを統一的に規律する。
　(7) 連邦政府は、一般的行政規則を発布することができるが、管理がラント税財務官庁又はゲマインデ（ゲマインデ連合）の義務である限度において、連邦参議会の同意を得てこれを発布することができる。
55) Sachs, a.a.O.(Anm.3), Art.108. Rdnr.13f. (Siekmann).

地方自治体との関係には直接には適用されない[59]。

　なお、連邦制改革前の基本法には、地方自治体による起債が国の経済財政に影響を与え得るものであることに鑑み、連邦法律に基づく連邦の法規命令によって地方自治体の起債を制限することができる旨の規定[60]があったが、地方自治体への連邦委託行政が廃止されたこと、及び地方自治体の財政均衡はラントの責任において確保されるべきことから、2006年の第Ⅰ次連邦制改革に際して削除された。

　また、財政裁判権については、全国的に公平な解決がなされる必要性から第108条6項により、連邦法律でこれを一律に規律することとされている[61]。

---

56)　Sachs, a.a.O.(Anm.3), Art.109. Rdnr.36. (Siekmann).
57)　第107条
　　（1）ラントの租税の収入並びに所得税及び法人税の収入に対するラントの取得分は、それらの租税がそのラントの領域内の税財務官庁によって収受される限度において、個々のラントに帰属する（地域的収入）。法人税及び勤労所得税に関しては、連邦参議会の同意を必要とする連邦法律によって、地域的収入の限定並びにその配分の方法及び範囲についての詳細な規定を設けるものとする。その法律には、その他の租税の地域的収入の限定及びその配分についての規定を設けることもできる。売上税の収入に対するラントの取得分は、そのラントの人口数の基準に従って、個々のラントに帰属するが、ラントの取得分の一部については、その4分の1までを上限として、連邦参議会の同意を必要とする連邦法律によって、ラントの租税からの収入、所得税及び法人税からの収入、並びに第106b条による収入が、住民1人当たりにつき諸ラントの平均を下回るラントのための補充取得分として用いることを予定することができるものとし、不動産取得税については租税調達力を考慮するものとする。
　　（2）連邦参議会の同意を要する連邦法律によって、諸ラント間の異なる財政力が適当に調整されるよう確保するものとし、その際、ゲマインデ（ゲマインデ組合）の財政力及び財政的需要を考慮するものとする。この目的のために、法律により、売上税の収入に係るラントの取得分の配分に係るその都度の財政力を考慮した増額及び減額を規律するものとする。増額を与え、又は減額分を徴収するための条件並びにこの増額及び減額の率の数値基準は、この法律により規律する。鉱業法に定める採掘料は、その収入の一部についてのみ、〔増額又は減額の規準として〕考慮することができる。この法律はまた、連邦がその資金の中から、給付能力の弱いラントに対して、その一般的な財政上の需要を補塡するための交付金（補充交付金）を与える旨を定めることもできる。交付金は、1文から3文までの規準にかかわらず、給付能力が弱いラントであってゲマインデ（ゲマインデ連合）の担税力が特に低いことを示したものに対しても与えることができ（ゲマインデ担税力対応交付金）、それ以外にも、給付能力が弱いラントであって第91b条による助成資金の分担が住民の分担を下回るものに対しても与えることができる。
58)　Sachs, a.a.O.(Anm.3), Art.107. Rdnr.2. (Siekmann).
59)　Mückl, a.a.O.(Anm.37), S.43.

iii） 財政均衡の要請

　近年の連邦制改革の主眼として、社会的法治国としての国家任務の増大にともなう連邦制の欠陥の是正及び統合へ向かう欧州の政治状況の変化への国内的対応を固めることの他に、連邦及びラントの財政の健全化が掲げられていたことから理解される通り、連邦にとってもラントにとっても財政の均衡を実現し、長期的に安定した健全な財政状況を取り戻すことは、喫緊の課題であった[62]。

　この観点から、特に財政憲法に重点を置いて行われた 2009 年の第 II 次連邦制改革では、従来通りに経済全体の均整を図るのみならず、各財政主体の財政均衡の確保を要請することを基本原則とし、投資的支出や起債に関する制限条項が設けられた。

　この要請を最も色濃く反映した規定が、基本法第 109 条 3 項である。この規定は、連邦及びラントの予算に関して、原則として起債による収入に頼ることなく収支を均衡させることを求めるものである。もちろん、現代国家は経済の変動により景気に対する財政措置をとる必要があることは否定されていないが、その場合であっても財政上の例外規定を、財政出動に関する弁済規定付きであらかじめ規定しておかなければならない。

　さらに、第 115 条[63]により、連邦の起債は実質的には総額で名目 GDP の 0.35 パーセント以内に制限され、長期的な負債を管理会計のもとで長期的に縮減していくことが規定されている。

　また、予算に関する非常事態に対処するための安定化評議会が連邦に設置され、連邦財政の均衡と健全化のための監視を行うことが、新たに第 109a 条[64]に規定された。

---

60） 改正前の第 109 条 4 項は下記のように規定していた。
　　(4) 経済全体の均整を乱すことを防止するために、連邦参議会の同意を必要とする連邦法律によって、
　　　1 地域団体及び目的連合による起債の最高限度額、条件及び時間的順序
　　　……
　　についての規程を発布することができる。法規命令を発布する権限は、連邦政府に対してのみ、これを与えることができる。この法規命令には連邦参議会の同意を必要とする。
61） Sachs, a.a.O.(Anm.3), Art.108. Rdnr.46. (Siekmann).
62） Buscher, a.a.O.(Anm.5), S.284.

### iv）ラント財政の起債制限による健全性確保

2009年の基本法改正に伴い、上述した財政均衡の条項は、連邦のみならず各ラントに対しても、財政均衡及び起債制限の憲法規律を及ぼすことになった。

ただし、連邦国家主義の下では各ラントの財政運営はあくまでそれぞれのラントの権限であるため、基本法第109条3項5文は「ラントの予算についての詳細の形態は、起債に基づくいかなる収入も認められない場合に限って第1文の原則が妥当するとの条件」、すなわち財政均衡とは起債による収入が全くない状態であるとの条件を付けた上で、各ラントの権限に委ねることにしている[65]。

各ラントは、これに基づいて、各ラント憲法において財政均衡と起債制限条項の導入を行ったが、基本法第143d条の期限に従って、その発効は2020年1月1日まで延期する例がほとんどである。

各ラントによる財政規律の憲法条項の導入状況は、以下の通りである。バイ

---

63）第115条〔信用調達・担保引受〕
　（1）起債並びに人的及び物的保証その他の保証の引受けが、将来の会計年度に支出を生じるおそれがある場合には、連邦法律によって、金額を特定した委任又は特定しうる委任を必要とする。
　（2）歳入と歳出は、原則として、起債に基づく収入によることなく〔収支を〕均衡させるものとする。この原則は、起債に基づく収入が名目国内総生産の0.35％を超えない場合に妥当する。このほか、通常の状況から逸脱した景気の推移に際しては、その予算への影響を好況及び不況のいずれの場合にも均しく考慮に入れるものとする。事実上の借入が第1文から第3文までによって許される起債の最高限度を逸脱する場合には、管理会計簿に記録され、名目国内総生産の1.5％の限界価額を超える負荷は、景気の動向に合わせて還元するものとする。……
　なお、〔 〕で示す部分は筆者による。

64）第109a条〔財政安定化評議会〕
　予算に関わる非常事態を回避するため、連邦参議会の同意を必要とする連邦法律により、次の各号について規律する：
　1　連邦とラントの財政についての、合同委員会（財政安定化評議会）を通じての継続的な監視
　2　予算に関わる非常事態の虞れがある場合を確定するための要件及び手続
　3　予算に関わる非常事態を回避するための財政立直しプログラムを立案しこれを遂行するための諸原則。
　安定化評議会の議決及びその基礎となった協議資料は、これを公表するものとする。

65）Marion Eva Klepzig, Die »Schuldenbremse« im Grundgesetz -Ein Erfolgsmodell? 2014, S.145f. 財政は国家全体の財貨の動きを規律するものであるため、形式的には連邦とそれを構成するラントの両方について基本法が財政均衡を規定する一方、連邦国家原則の下での財政の垂直的分離を侵害しないようにするための規定上の工夫であるとされる。

エルン州憲法第82条（財政均衡及び起債制限条項・2019年12月31日まで従前の規定による）、ブレーメン州憲法第131a〜131c条（財政均衡及び起債制限条項と経過規定を含む・発効）、ハンブルク州憲法第72条（財政均衡及び起債制限条項・2019年12月31日まで従前の規定による）及び第72a条（2019会計年度までの経過規定・発効）、ヘッセン州憲法第141条（財政均衡及び起債制限条項・発効）及び第161条（2019会計年度までの経過規定・発効）、メクレンブルク・フォアポンメルン州憲法第65条（財政均衡及び起債制限条項・2019年12月31日まで従前の規定による）及び第79a条（2019会計年度までの経過規定・発効）、ノルトライン・ヴェストファーレン州憲法第83条（財政均衡及び起債制限条項・発効）及び第83a条（2019会計年度までの経過規定・2019年12月31日までの時限条項として発効）、ラインラント・プファルツ州憲法第117条（財政均衡及び起債制限条項・発効、但し2019会計年度までの予算編成方針を定めた経過規定である同条2項改正は2010年より発効）。ザクセン州憲法第95条（財政均衡及び起債制限条項、発効）、シュレスヴィヒ・ホルシュタイン州憲法第61条（財政均衡及び起債制限条項、発効）及び第67条（2019会計年度までの経過規定・発効）。形式的には、財政均衡条項と起債制限条項とは表裏一体の関係にあるものとして置かれる傾向がある。これは、上述した通り、基本法によって要求される財政均衡とは起債による収入を排除した状態を意味するからである。また、財政均衡及び起債制限条項と2019会計年度までの経過規定とを分けて置く場合には財政均衡条項までを発効させる傾向があるが、財政均衡及び起債制限条項のみを置く場合には、憲法改正法律の規定により2019会計年度まで発効を凍結する例が多いようである[66]。バーデン・ヴュルテンベルク州、ベルリン州、ブランデンブルク州、ニーダーザクセン州、ザールラント州、ザクセン・アンハルト州、テューリンゲン州憲法には、基本法の規定形式に合わせた財政均衡条項は、2015年現在で置かれていない[67]。

　具体例として、ブレーメン州の財政均衡及び起債制限条項を以下に掲げる[68]。
第131a条
　(1)　収入と支出は、原則として起債による借入によることなく、均衡させるものとする。
　(2)　通常の状況から逸脱した景気の推移に際しては、好況及び不況のいずれの

---

[66]　Christian Waldhoff/ Matthias Roßbach, Eine Schuldenbremse für Nordrhein-Westfalen. 2015, S.19f.

場合においても、財政への影響が等しく考慮されなければならない。
(3) ラントによる統制を免れ、かつ、ラントの財政状況に深刻に影響することとなる自然災害又は異常な緊急事態においては、市会の構成員の多数決による決定に基づいて、1項及び2項の規定から逸脱することができる。1項の規定からの逸脱に際しては、償還に関する規律が伴っていなければならない。
(4) 将来の会計年度における支出をもたらし得る、起債による借入、保障の引受け、担保及びその他の財政保証は、その額を特定し得るように規定された法律の授権を必要とする。
(5) 1項の意味における起債による借入は、その起債が、ラントによる所有、経営参加、又はその事業活動を起立する条例若しくはその他の規則に基づいて、ラントが直接的若しくは間接的に支配的な影響力を行使しうる法人によるものであって、その法人がラントの委託及びそれに基づく任務に要する費用の手当を受け、その任務のための債務の利子と償却の負担がラント財政に帰するものであるときは、ラントにも発生しているものとする。
(6) 財政の大幅な組み替えによる収入と支出の正常化、景気変動への対応手続に基づいて景気の推移を考慮した場合の1項及び2項の規定による精算手続、並びにこれらの規定から逸脱する場合の統制と調整等の詳細については、法律で規律する。

第131b条
　第131a条1項の規定からの逸脱は、2019会計年度の終了まで、基本法第143d条2項を準用した強化義務の枠内において、これを行うことが許される。

第131c条
　第131a条1項及び第131b条に基づく義務の履行のために、市会及び参事会[69]は、任務に適合的なラントの財源確保に努めるものとする。参事会は、連邦立法者との協力に際して、及び欧州連合の事項に関して、その行動が、収入の確保並びにその任務に適合した州並びにゲマインデの財源確保の目的に適合することを義務づけられる。

第146条

---

67) Ebenda. なお、このことは、これらのラントが財政均衡に消極的であることを意味するのではなく、基本法に規定された財政均衡を、それぞれのラントがどのような形で具体化するかが異なるにとどまる。バーデン・ヴュルテンベルク州、ザクセン・アンハルト州及びテューリンゲン州では州の財政法（Landeshaushaltsordnung）に財政均衡規定を置いており、またニーダーザクセン州では州の財政法及び自治体構成法に2020年度からの会計年度までに財政均衡を実現する旨の経過規定を置いている。また、ベルリン州では、予算法律の附帯決議に将来的な財政均衡の義務づけを含めている。
68) 2015年1月27日の憲法改正法律（Brem.GBl. S.23）による。なお発効は2015年1月30日である。
69) 「参事会（Senat）」は他のラントにおける州政府に、「市会（Bürgerschaft）」は州議会に対応する。

(1) ゲマインデの財政については、第102条、第131条、第131a条、第132b条及び第133条の規定を準用する。第131a条1項及び第131b条に基づく義務の履行のために、ゲマインデは、その自治の範囲内で、自己の任務に適合した財源確保に努めるものとする。
(2) ラントは、ブレーメン市及びブレーマーハーフェン市に対して、それらがその任務を遂行するために、ラントの財政供与能力の範囲内において、適切な財政調整を保障する。ラントが、ブレーメン市及びブレーマーハーフェン市に対して任務を委任し、又は、既存の若しくは新設の事務を両市が遂行するに当たって特別の要求をするときは、ラントは同時にその費用の補塡に関する規律をしなければならない。これらの事務の遂行が、ゲマインデの財政負担の増加をもたらすときは、ラントは財政調整を行わなければならない。詳細は、法律で規律する。

　この規定を見ると、第131a条1項が基本法第109条3項1文、2項が基本法第109条3項2文前段、3項が基本法第109条2文後段、4項が基本法第115条1項に、6項が第115条2項5文に、第131b条が基本法第143d条に、それぞれ対応していることがわかる。なお、基本法に対応する条項のない第131a条5項は、ラント特有の、出資法人を対象とする保証債務を規律に含めるための規定である。また、基本法第106条9項により地方自治体の財政はラント財政の一部と見なされるため、ラントが財政均衡を達成するためには、市町村財政の均衡も不可欠となる[70]。そのためにブレーメン州では地方自治体の財政均衡とそのための財政調整規定を置き、2020年に向けて財政健全化の措置を実施することとしている。

### (2) 連邦財政原則の地方自治体への適用

　以上の連邦財政原則は、あくまで基本法がその前提とする連邦国家を前提とするもので、一義的には国家間の対等関係によって成り立つ連邦財政に妥当するものである。したがって、この連邦財政原則は、特に地方自治体への適用を予定したものでない限り、基本原理を異にする地方自治制度には直接適用ない

---

70) Klepzig, a.a.O.(Anm.8), S.340f. なお、ブレーメン州は都市州であるが、単一都市州であるベルリンやハンブルクとは異なり、内部にブレーメン市とブレーマーハーフェン市の2つの都市を有している。

し援用されない[71]。なぜなら基本法はラントと地方自治体の関係を直接規律するものではないので、その関係に連邦とラントの関係を敷衍して規律するには、ラント法の制定を経なければならないと考えられるからである[72]。ただ、第28条1項の要請により、各ラント法においてはこれらの規定をラントと地方自治体との関係において敷衍する規定を置くのが通常であるとされている[73]。

　従って、基本法における財政規定は、明文で地方自治体を対象としているものでない限りはラントとの関係における自治体財政には適用又は準用されるものではなく、基本法の財政憲法規定から導かれる財政原則も、その前提とする権限配分のあり方が異なる以上は、自治体財政に関する規定の解釈における参考以上の意味を持つことはない。


## 4. 個別の連邦財政原則と地方自治体

　基本法の規律の上では、第106条9項により地方自治体は財政的にラントの構成部分とみなされている[74]。しかし、基本法それ自体が地方自治体に適用のあることを予定した条項も存在している。基本法は、第28条2項において連邦領域に公共主体としての地方自治体が存在することを認めているため、その権限を支える財政的基盤についても大綱的な規定を置く。ここでは、地方自治体の財政との関連の限りにおいて、連邦財政の諸原則を紹介することにする。

### (1) 地方自治体の財源基盤保障（第28条2項3文）

　第28条2項1文に言う「地域共同体の全ての事項」に属する権限として、憲法裁判所の判例や多くの論者が財政高権を数えるように、地方自治体の財政事項は、全権限性と自己責任性の不可欠の基盤をなすものである[75]。同文はそのような地方自治体の自覚に基づく要請により、1994年改正により基本法に

---

71) BVerfGE 86,148(215); Stefan Mückl, Kommunale Selbstverwaltung und aufgabengerechte Finanzausstattung. DÖV 1999, S.842.
72) Mückl, a.a.O.(Anm.37), S.44.
73) Kyrill-Alexander Schwarz, Finanzverfassung und kommunale Selbstverwaltung. 1996, S.66.
74) Hans Jarass/ Bodo Pieroth, Grundgesetz Kommentar. 15.Aufl. 2018, Art.106. Rdnr.12.
75) Michael Inhester, Kommunaler Finanzausgleich im Rahmen der Staatsverfassung. 1998, S.75.

挿入されたもので、地方自治制度の核心が上述の2つの要素であることを前提として、特に自己責任性の射程に財政上の基礎が含まれていることを認める。すなわち、全権限性が自治権の核心であることを前提とすれば、この財政上の基礎には、任務に適合した財政供与の保障（Gewährleistung der aufgabenadäquaten Finanzausstattung）も含まれ、地方自治体はそれを自己責任に基づいて処理できなければならないとされる[76]。それにあわせて、地方自治体の主要な収入手段である課税権の自主性も同時に保障されている。ただし、この規定自体は直接に地方自治体の収入権限ないし課税権限を発生させるものではない。第28条2項は地方自治体に制度的保障の枠組みの下での自治を保障したものであり、その制度の形成権限は立法者としてのラントに存する。よってこの条項は、ラントが地方自治体の全ての権限を執行可能とするよう財政的に配慮すべき義務を負うことを明言するものなのであり、地方自治体の収入権限及び課税権限の実際の発生には、ラント法の規律が必要とされるのである[77]。

## (2) 地方自治体に対する連邦委託行政の禁止（第84条1項6文、第85条1項2文）

2006年の第Ⅰ次連邦制改革では、連邦法律による地方自治体への委託行政が禁止された。委託行政とは、地方自治体が連邦の下級官庁として連邦法律の執行に当たることを言うが、ラントの側から見れば、ラントの構成部分たる地方自治体に連邦が直接に事務を委託することはラントの高権を侵害するものであることに加えて、地方自治体にとっても連邦委託行政の負担が増大するに伴って、ラントの決定権が及ばない地方自治体の行政責任・財政責任の範囲が増大することは、地方自治に対する侵害を引き起こす恐れがあり、連邦制に基づく権限配分の原則に悖るものとされたのである[78]。

地方自治体への連邦委託行政の禁止は、地方自治体の行政及び財政に対するラントの責任を明確化するとともに、地方自治体にとっては決定過程に直接関

---

76) Ebenda.
77) Sachs, a.a.O.(Anm.3), Art.28. Rdnr.84. (Michael Niehaus/ Andreas Engels).
78) Friedrich Schoch, Verfassungswidrigkeit des bundesgesetzlichen Durchgriffs auf Kommunen. DVBl 2007, S.262.

わることのできない連邦法律による負担から免れる意味において、連邦制と地方自治制による権限配分を正常化する意義があるものと評価される。

なお、連邦法律を施行するためのラント法律が地方自治体に連邦事務を委託することは、従来通り禁止されない[79]。また、基本法が改正された2006年8月28日時点で実施されている地方自治体への連邦委託行政は、この規定の適用を受けない[80]。

### (3) 連邦による財政援助（第104b条）

2006年に新設された第104b条[81]は、ラントや地方自治体に対する連邦の財政援助について規定している。経済状況の変化に伴って、地域における公共投資の必要性が上昇している一方で、無計画な公共投資は財政危機を招く原因ともなる。このことに鑑み、連邦はラント及びゲマインデ（ゲマインデ連合）に対して、特別な投資についての財政援助を行うことができることとし、かつ、その援助を通じて地域における公共投資を基本法の財政規律のもとに置くことを可能にした。

この財政援助は、あくまで財政規律を保持しつつ経済全体の均整と地域の調和的な発展を図る目的のものであって、地方自治体に対する財政援助であるに

---

79) したがって、ラント法律による施行を経た連邦社会法典による扶助事務等は引き続き地方自治体によって執行される。
80) 例えば、連邦委託行政である連邦建設法典によるゲマインデ領域での建設指導計画の策定事務は、基本法改正後もさしあたり地方自治体に委託されていたが、現在は建設法典の改正に伴い、ラント法律を通じたラントの委託行政の形式により執行されている。Vgl. Pielke, a.a.O.(Anm.23), S.47.
81) 第104b条〔連邦による財政援助〕
　(1) 連邦は、この基本法が連邦に立法権限を付与している限度において、ラント及び市町村（市町村組合）の特別に重要な投資について、ラントに対し、
　　1　経済全体の均整が乱れるのを防止するため、又は
　　2　連邦領域において経済力の相違を調整するため、又は
　　3　経済成長を促進するために、
　必要な財政援助を与えることができる。第1文にかかわらず、連邦は、国の統制能力を超え国の財政状態を著しく損なうような自然災害〔又はそれに準ずる〕異常な緊急状態の場合には、立法権限がなくても財政援助を与えることができる。
　(2) 詳細、とくに援助の対象となる投資の種類については、連邦参議会の同意を必要とする連邦法律により、又は連邦予算法律の根拠に基づく行政協定によって規律する。この資金は期限付きで与えるものとし、その利用について周期的に審査するものとする。財政援助は、時の経過に応じて毎年の金額を下げるものとする。

もかかわらずラントに対して行われるところに特色がある。連邦財政の主体はあくまで連邦とラントであり、連邦が直接地方自治体に対する規律をすることはできないのである。

　ラントの高権を侵害しないために、財政援助の対象は連邦立法権の及ぶ範囲に限定されており、連邦立法権が及ばない領域において地方自治体が財政援助を必要とする場合は、ラントの自治体財政調整制度の枠内における交付金によって対応する。

　なお、2009年の改正により、財政上の異常事態に際しては、例外的に連邦立法権が及ばない範囲についても連邦が財政援助を与えることができる旨の規定が追加された。この規定については、あくまで例外的な事情が存在する場合に限って緊急措置として行われる限りにおいて、連邦制の権限配分に反しないものと考えられる。

### (4) 地方自治体に対する共同税配分（第106条）

　第106条[82]は、税目ごとに連邦及びラントの収入高権に属する範囲を規定するものである。なお、この配分は直接地方自治体に帰属するわけではなく、地方自治体の収入は、9項によりラントへの帰属とみなされる[83]。

　本条の大部分を占めるのは、財政専売収入及び租税収入に関して連邦・ラント・地方自治体の帰属割合を決定した規定である。5項及び5a項は、地方自治体がラントに配分された所得税収入・売上税から一定の基準に基づき配分を受けられることを定め[84]、また6項は土地税及び地方消費税・奢侈税が、ラント法の定めるところにしたがって地方自治体に帰属することを定める。7項においても、共同租税の一部に地方自治体の帰属分が認められている。

---

82)　第106条〔連邦・ラント・地方自治体間の税収入の配分〕
　　(3)　所得税、法人税及び売上税は、所得税の収入が第5項によって、及び、売上税の収入が第5a項によってゲマインデに配分されない限度において、連邦とラントに共同に帰属する……。
　　(5)　ゲマインデは、所得税収入につき、ラントによって、そのゲマインデの住民の所得税納付の基礎資料に基づいて、諸ラントから、これをゲマインデに再配分することとなる場合には、その取り分を取得する。詳細は、連邦参議会の同意を必要とする連邦法律でこれを定める。その連邦法律には、ゲマインデがゲマインデ取得分に対する税率を確定する旨を規定することができる。
　　(5a)　ゲマインデは、1988年1月1日以降は、売上税の収入の取り分を取得する。

この取得分は、場所及び経済に関連する基準率に基づいて、諸ラントからゲマインデにさらに送付される。詳細は、連邦参議会の同意を必要とする連邦法でこれを定める。
(6) 土地税及び営業税の収入はゲマインデに帰属し、地域的消費税・奢侈税は、ゲマインデに、又はラントの立法の基準に従ってゲマインデ連合に、帰属する。ゲマインデは、法律の範囲内において土地税及び営業税の税率を確定する権利が与えられるものとする。……ラントの立法の基準に従って、土地税及び営業税、並びに所得税及び売上税の収入に対するゲマインデの取得分を、割当に関する算定の基礎資料とすることができる。
(7) 共同租税の全収入に対するラントの取得分のうち、ゲマインデ及びゲマインデ連合に対し、全体で、ラントの立法によって定められる百分率が〔収入として〕与えられる。その他、ラントの立法は、ラントの租税の収入がゲマインデ（ゲマインデ連合）の収入となるかどうか、またどの程度その収入となるかについて定める。
(8) 連邦が、個々のラント又はゲマインデ（ゲマインデ連合）において、これらのラント又はゲマインデ（ゲマインデ連合）に支出増又は収入減（特別負担）の直接の原因となるような特別の設備を誘致するときは、連邦は、ラント又はゲマインデ（ゲマインデ連合）にその特別負担をかけることを要求できないとき、その限度において、必要な調整を与える。その設備の結果としてこれらのラント又はゲマインデ（ゲマインデ連合）に生ずる第三者の補償給付及び財政的利益は、調整に際して考慮される。
(9) ゲマインデ（ゲマインデ連合）の収入及び支出も、本条の意味におけるラントの収入及び支出とみなす。

〔 〕で示す部分は筆者による。なお、6項によるゲマインデの土地税・売上税の税率決定権に関しては、基本法第72条2項に言う連邦領域における等価的な生活関係と法的・経済的統一を図るために必要がある場合に当たるため、その全額がゲマインデに属する租税ではあるが、連邦法律によって規定される。この場合の連邦の立法権は競合的立法権であるため、ラント法律によって特則を設けることもできる。Vgl Sachs, a.a.O.(Anm.3), Art.106. Rdnr.41f. (Siekmann).

83) Jarass/ Pieroth, a.a.O.(Anm.74), Art.106. Rdnr.12.
84) なお、これらの租税収入は、連邦財政調整法の定めるところにより、自治体租税収入配分としてまず地方自治体を包含するラントに配分され、ラントは同条及び連邦財政調整法に定められた割合によってそれを地方自治体に配分するが、ここにラントの裁量の入る余地はない。森稔樹「ドイツの地方税財源確保法制度」日本財政法学会編『地方税財源確保の法制度』（龍星出版、2004年）所収、81頁参照。

# 第Ⅵ章

# 牽連性原理による適正供与保障

　本章が素材とするのは、ドイツのラントと地方自治体との間において行われている自治体財政調整に関して、地方自治保障の観点からいかなる憲法上の要請が働くかにつき判断した、ニーダーザクセン州国事裁判所の判例である。これらの判例の最も顕著な特色は、従来は財政問題として立法者の判断の余地が広く認められていた財政調整を、憲法問題として捉える点にある。それにより、地方自治体に財源を確保させるためにラント法律によって設けられる自治体財政調整制度は、自治権の保障を具体化するための制度として構成され、したがってその制度の形成・運用は自治権の保障を最適化するための憲法上の原理によって支配されると考えることができるようになる。そしてこれらの判決の中で財政調整を支配する憲法原理と位置付けられたのが、牽連性原理（Konnexitätsprinzip）である[1]。牽連性原理は後述のように、権限と財源の乖離の匡正に作用する財政憲法原理であり、各ラントの憲法規定にも取り入れられてきた。

　本章は、牽連性原理の射程及び作用について、これらの判決と同時期の他ラントの状況を視野に入れつつ、考察するものである。本章で検討されるのは、牽連性原理がまず憲法上の財政原理としての地位を獲得し、次第にその保障内容と射程が具体化され、しかしやがて立法者の財政に関する判断の余地の壁に突き当たっていく過程である。ここから、地方自治体の財政事項について広い

---

[1]　武田公子「ドイツにおける自治体間財政調整の動向」京都府立大学学術報告（人文・社会）56号（2004年）110頁。

判断の余地を持つとされる立法者に対する統制がどのような憲法上の根拠によって導かれるのか、またその統制はいかなる基準によりどこまで作用し得るのかについて、若干の示唆を得られるものと考える。

## 1. ニーダーザクセン州の地方自治制度

　基本法は地方自治に関する立法権限をラントに留保しており、各ラントは、その憲法の保障するところにしたがって、地方自治に関する制度を形成している[2]。そのため、ラントごとに地方自治制度は多少異なったものとして形成され得るが、ニーダーザクセン州の判例を素材とする前提として、同州の地方自治制度についてまず概観しておく。地方自治に関する立法権限を有するのはラントであるため、以下では地方自治に関する立法権限を有しているラントを指して、単に「立法者」と表記する。

### (1)　ニーダーザクセン州憲法による地方自治の保障

　ニーダーザクセン州憲法の当時の自治権保障規定は以下のようなものであった。

　　ニーダーザクセン州憲法第57条[3]
　　　(1)　ゲマインデ及びラントクライス並びにその他の公法上の団体は、法律の範囲内において、自らの事項を自己の責任に基づいて処理する。
　　　(3)　ゲマインデは、その領域内において、法律が明文で他の定めをしていない限りにおける全ての公的事務の排他的な担い手である。
　　　(4)　ゲマインデ及びラントクライス並びにその他の公法上の団体に対しては、法律によって国の事務を指図に従って執行すべきことを委任することができる。それに際しては、同時に費用の負担に関する定めがなされなければならない。
　　第58条
　　　　　ラントは、ゲマインデ及びラントクライスに対して、その固有税の摘示や、ラントの財政供与能力の範囲における自治体間財政調整を通じて、その事務

---

2)　基本法による地方自治の保障と財政調整規定との関係については、第Ⅱ章2(1)を参照。
3)　ニーダーザクセン州憲法第57条4項は、2006年の憲法改正により大幅な変更がなされることになるが、その経緯は次章で触れる。ここでは、国事裁判所が判断の対象とした旧条文を示している。

遂行に必要とする財源を確保させる義務を負う。

　ニーダーザクセン州憲法上の「地方自治体」には、基本法第28条2項に言う「ゲマインデ及びゲマインデ連合」のほか、ラント法律で規律する特定の公法上の団体を含む。同州の憲法及びゲマインデ法・ラントクライス法では、ゲマインデとラントクライスを同州憲法上の典型的な地方自治体としており、特にゲマインデは憲法上「法律上明文で他の定めをしていない限りにおいて」その領域における排他的な行政主体であるもの（第57条3項）とされ、地方自治行政組織の基本的単位と位置付けられている[4]。なお、以下では単に「地方自治体」という場合には、このゲマインデとラントクライスの両方を含むものとして用いることとする。

## (2) ニーダーザクセン州国事裁判所の地方自治保障に対する解釈

　ニーダーザクセン州における地方自治に関して、制定当初から問題となってきたのは、ラント憲法第57条1項に言う、「法律の枠内において、その事項を自己の責任に基づいて処理する」権利に対する侵害であった。従来、ニーダーザクセン州国事裁判所は、基本法制定直後から、ラント憲法第57条、第58条は連邦憲法（基本法第28条2項）による地方自治の制度的保障をニーダーザクセン州の制度に即して具体化するものであり[5]、規定の目的・制定の経緯・最小限の内容において共通の内実を有するものであるとして、連邦憲法裁判所によって示された基本法第28条2項の解釈をそのまま受け入れてきた。例えば、ニーダーザクセン州内の連邦社会扶助法施行法律が、地方自治体の事務の範囲の画定を規則に委任していることの合憲性が争われた事案[6]において、連邦憲法裁判所の判決をほぼそのまま引用し、その解釈をラント憲法に援用している。

---

[4]　なお、人口など特定の要件を満たし、法律上ラントクライスと同様の事務を処理するものとしてラント法律で指定されるゲマインデを、特に郡格市（kreisfreie Stadt）とよぶ（NGO§10Abs.3）。郡格市は、その権限・財政的利害に関してはゲマインデよりもラントクライスの立場に近いものとされるが、後に見るように、実際の財政諸法規の上での扱いは区々である。

[5]　NdsStGH Urteil vom 15.2.1973. = NdsStGHE 1,163(168f.).

[6]　連邦社会扶助法は連邦法律であるが、連邦の立法権は地方自治体には及ばないため、各ラントはこの連邦法律をラント内に施行する法律を制定している。ニーダーザクセン州では、この事務の担い手をラントクライスであると定めている（NdsAGBSHG§5）。

「基本法第28条2項は、ゲマインデに対し、地域共同体の全ての事項を、法律の範囲内において、自己の責任で規律する権利を保障する。ニーダーザクセン州憲法第57条1項はこの自治権を異議申立人（地方自治体）に保障し、ラント立法者にその保護を義務付ける……。ラント立法者はこの権利を廃止することはできず、自治体の事項をラント官庁に委ねることによってそれを掘り崩してもならない。……ゲマインデの財政高権もまた、ニーダーザクセン州憲法の保障する自治権の内容に含まれている。」[7]

一方で、地方自治の制度的保障は、立法による形成を必要とし、また立法による制約に服する。連邦憲法裁判所が説示する通り、立法による自治への侵害の許容性が図られるべき基準は、一定のものではあり得ず、時代の特に必要とするところに応じて変化する[8]。地方自治体の財政高権及び適正な財源基盤が観念的に自治権の内容に含まれることの指摘は、連邦憲法裁判所[9]や諸ラント憲法裁判所の判決[10]の中にも早い時期から登場してはいたが、ニーダーザクセン州国事裁判所にとって、憲法上の自治体財政調整の枠の中で地方自治体に保障された財源をいかに確保するのか、そして、事務の義務付けに伴う財源を憲法上いかなるものとして捉えるべきなのかは、ほぼ未知の問題であった[11]。自治体財政が憲法問題として顕在化してきた時期は比較的最近であり[12]、また自治体財政調整はラント憲法レベルの制度であるため連邦憲法レベルの問題とはなり得ない性質のものであったのである[13]。

このような状況で示された、一連のニーダーザクセン州国事裁判所の判断は、後に自治体財政調整の憲法問題に関して大きな意義を持つことになり、各ラントで頻発することになった自治体財政調整に関する憲法争訟にも影響を及ぼすことになっていく。

---

7) NdsStGH Urteil vom 14.2.1979. = NdsStGHE 2,1(143f.) なお括弧内は筆者。
8) BVerfGE 1,167(179) = ドイツ憲法判例研究会編『ドイツの憲法判例（第2版）』（2003年、信山社）447頁以下（高橋洋）。
9) BVerfGE 22, 180(207f.); 71, 25(36).
10) 例えば RhPfVerfGH Urteil vom 18.3.1992. = DVBl.1992, S.981.
11) NdsStGH Beschluss vom 15.8.1995. = DVBl.1995, S.1175(1176).
12) 自治体財政調整が憲法問題として顕在化するのは、自治体権限の機能改革が行われて以降であり、時期としては1980年代後半になる。この点については第Ⅱ章1(1)において前述した。
13) Frank Lohse, Kommunale Aufgaben, Kommunale Finanzausgleich und Konnexitätsprinzip. 2006, S.116f.

## 2. 自治体財政保障の構造——ビュッケブルクⅠ決定

### (1) 従前の憲法判例に見る自治体財政調整

　上述した通り、地方財政の保障に関する判断は、連邦憲法裁判所及び各ラント憲法裁判所においてそれまでも多く示されているが、自治体財政調整の制度自体を憲法問題として取り上げるものは、ほぼ皆無である。例えば、自治体財政調整が問題となり始めた 1985 年に、ノルトライン・ヴェストファーレン州憲法裁判所が示した判断があるが、同州憲法第 78 条 3 項と同第 79 条[14]は観念的に一体の自治体財政保障を規定したものと解釈するのみで、それぞれ異なる内容の財政調整が文言の上で要求されていることは問題としなかった[15]。その結果として立法者の広い裁量が肯定され、地方自治体はラントの事務を委任することによる財政負担を自ら背負うことを余儀なくされることになる。

　このノルトライン・ヴェストファーレン州憲法裁判所の判断はしばらくの間、財政調整に関する判断の先例として扱われ、ラインラント・プファルツ州憲法裁判所の判決[16]においても同様の枠組みが採用されている[17]。これにより、財政調整制度が憲法問題として扱われる余地はなくなったかに思われたが、それに対して一石を投じた[18]のが、以下に取り上げるニーダーザクセン州国事裁判所ビュッケブルクⅠ決定である。

### (2) ニーダーザクセン州国事裁判所ビュッケブルクⅠ決定の概要

　1995 年のビュッケブルクⅠ決定は、主として 1990 年州財政調整法及びその改正部分の違憲性が争われた事案に関するものである。

---

14) ノルトライン・ヴェストファーレン州憲法第 78 条（2004 年改正前のもの）
　　(3) ラントは、ゲマインデ及びゲマインデ連合に対して、法律で定めるところにより特定の公的事務を委譲して、執行を義務付けることができる。それに際して、同時に費用負担の定めがなされなければならない。
　　第 79 条
　　　　ゲマインデは、その自己の事務の実施に充てるために固有税源を摘示する権利を有する。ラントは、この要請を立法に際して考慮に入れ、かつ、その財政供与能力の枠内におけるゲマインデ間の財政調整を保障することを義務付けられる。
15) NRWVerfGH Urteil vom 19.7.1985. = DVBl.1985, S.2321(2322).
16) RhPfVerfGH Urteil vom 18.3.1992. = DVBl.1992, S.981(986).

ⅰ) ニーダーザクセン州90年財政調整法の規定と事案

　従来、ニーダーザクセン州では、大きく分けて2種類の交付金がラントから地方自治体に給付されていた。その1つは基準交付金（Schlüsselzuweisung）であり、他方が目的交付金（Zweckszuweisung）である。基準交付金は財政調整の基本を成すものであり、地方自治体間の財政力較差を一定程度緩和することを目的として、使途をラントが定めずに地方自治体に給付する交付金である。それに対して目的交付金はラントが使途を定めて与える交付金であり、特に福祉医療行政・建設行政を負担する地方自治体に対して、その事務の量又は費用を基準として交付されていた。90年州財政調整法及びその改正法では、基準交付金の配分基準が、原則として地方自治体の財政需要と租税力基準収入との差額に一本化される[19]とともに、委任事務に関する交付枠が廃止され[20]、基準交付金に相当額を加算して交付する形式が新たに採用された。またそれに伴い、目的交付金の配分枠についても事務単位や給付対象の人口数が基準から外され、基準交付金の配分基準に従ったものに改められた[21]。この改正によって、財政力

---

17) ただし、ラインラント・プファルツ州では、ラント憲法・法律ともに地方自治体の自治事務と委任事務とを一元化していることに留意しなければならない。Vgl. Stefan Mückl, Finanzverfassungsrechtlicher Schutz der kommunalen Selbstverwaltung. 1998, S.198f. なお関連するラインラント・プファルツ州の憲法規定は以下の通り。

　ラインラント・プファルツ州憲法第49条〔地方自治行政〕

　　(4) 指図に従って処理されるべき国家の事務が、法律又は規則によって、ゲマインデ及びゲマインデ連合又はそれらの首長に委任される。法律又は法規命令によって、義務的自治事務もまた、ゲマインデ及びゲマインデ連合に委任される。

　　(5) 4項によってラントがゲマインデ及びゲマインデ連合に対して公的事務の執行を委任し、又は既存ないし新規の事務の執行を特に要求した場合には、ラントは同時に費用の負担に関する定めをしなければならない。財政支出の義務を命じる場合も同様である。これらの事務及び義務がゲマインデ及びゲマインデ連合に追加的負担をもたらすときは、適合的な財政調整を行わなければならない。詳細は法律でこれを規律する。

18) Hans-Günter Henneke, Jenseits von Bückeburg—Gesetzgeberische Bindungen und Gestaltungsspielräume für den kommunalen Finanzausglech, NdsVBl.1998, S.33f.

19) 90年財政調整法第2条1項は、「基準交付金のうち53.4パーセントを、人口数を考慮して、ゲマインデの租税力及びラントクライスの収入力の補充及び調整に充てる。」と定める。なおこの基準交付金の配分基準は、各地方自治体の租税力測定値と財政需要測定値との差額の一定割合を交付する仕組みとなっており、それに人口基準の補正を加えることで、人口の多い地方自治体ほど多くの交付金が受け取れる仕組みになっていた。

20) 従来は事務権限単位で交付されていたものであるが、90年州財政調整法では交付金総額のうち25.4パーセントを委任事務交付金に充当する形式に改められた。

の比較的低いゲマインデについては財政状況が改善したとされるが、人口が多く処理する事務権限が多いラントクライス・郡格市の中には、事務権限に比した財源が不足するところが現われた。これらのラントクライス及び郡格市が、自治権侵害を理由として自治体憲法異議を申し立てたのが本件である。

ⅱ）国事裁判所の判断

ニーダーザクセン州国事裁判所は、地方自治体側の異議を認容し、その後の改正部分を含む90年州財政調整法のうち基準交付金配分基準・算定の方法を定めた部分につき違憲と判断し、同法を1995年以降について無効とする決定を下した[22]。

本章の主題からはこの判決の主要な論点は、2つに大別される。その1つはラントの自治体財政保障義務の内容である。この点については、一般的な財政調整と委任事務交付金との関係について、ラント憲法第57条4項と第58条との効力関係が問題となる。他方は、ニーダーザクセン州における自治体財政調整制度の妥当性であり、この点については財政保障額の算定方法や算定額それ自体の適切性が問題となる。

a. **財政保障の二重構造——ラント憲法第57条4項と第58条との関係**

ラント憲法第57条4項は、ラントが地方自治体に事務を委任する場合の費用保障責任を規律し、第58条はラントの自治体財政保障義務を規定する。これらの規定が、自治体財政の保障のためにいかなる機能を果たすかが争点となった。

この点についての地方自治体側の主張は、自治体財政を一般的に保障したラント憲法第58条に対して、第57条4項は事務の委任に際して特に費用負担の定めを要求したものであるところ、委任事務交付金の基準交付金への算入は事務の委任と費用負担との対応をあいまいにするものであり、同条に違反するというものであった。

この点について、ニーダーザクセン州国事裁判所は以下のように判示し、地

---

21) 90年財政調整法第2条によれば、基準交付金のうち街路延長交付金に6.5パーセント、児童生徒給付補助金に7.4パーセントを充てるとされている。
22) NdsStGH, DVBl.1995, S.1175ff.

方自治体側の主張を認容した。

　「ニーダーザクセン州憲法は、自治権保障の枠内における自治体財政について2つの箇所で規律している。両規定は文面上明確に区別されている。第58条がゲマインデ及びラントクライスの事務の遂行に必要とされる財源についておよそ一般的に規定する一方、第57条4項は指図に従って執行すべき国の事務の委任が、費用の負担に関する定めと関連付けられることを要求する……。事務の委任と費用保障の規律が……一般的な財政調整法の枠内に移される場合であっても、委任事務交付金については特別な算定が憲法上要請される。憲法上保障されている、地方自治体の委任事務による過度の財政負担からの保護は、憲法第57条4項で要求される費用負担の規律が、憲法第58条の枠内で……独立しておらずまたその額を特定することのできない科目とされることによって、掘り崩されてはならない。……憲法第57条4項は委任事務費を、憲法第58条が立法者に許している形成の余地の特別法として限定している……。立法者は憲法上、委任事務費用の調整のための判別可能な特別の算定をあらかじめ設けておくことを義務付けられる。」[23]

　国事裁判所は、ノルトライン・ヴェストファーレン州憲法裁判所の85年判決を引用し、これを批判することによって、この先例を受け入れないことを明らかにする。これによって、ラント憲法第58条と第57条4項は一般規定と特別規定の関係に立つとして、位置付けを区別され、二層の財政保障構造が導出されることになる。

### b．第57条4項の規範的要求と財政保障額の算定

　この二層の財政保障を前提に、国事裁判所はそれぞれの具体的内容について検討するが、ここではそのうち第57条4項の解釈についての部分に特に着目することにする。

　この点、地方自治体側は、自治の保障には地方自治体の適切な財源保障に対する要求が含まれるところ、90年ラント財政調整法による財政需要・財政力のみを基準とする財政調整は財政力の豊かな地方自治体を不利に扱っている点で適切性を欠き、その限界を逸脱していると主張している。

　この点についても、国事裁判所は地方自治体側の主張を認容する。国事裁判所はまず、第57条4項について、任意に財源の定めをしてさえいれば立法者が事務の義務付けをすることができることを意味するのではなく、費用補塡の

---

23）NdsStGH, DVBl.1995, S.1175(1176f.).

配慮が事務の委任の前提となっていることを定めたものであるとする。

そして、その補塡額を定める方法については、「立法者の補塡費用の決定に関する形成の余地は無制限ではなく、（交付金額の）算定によってラント憲法第57条4項の保障を掘り崩してはならない」が、立法者には「第57条4項の『費用に関する規律』に際しては、総額方式によって費用負担を定めることのできる形成の余地が認められる」として、補塡金額算定についての総額方式を採用する[24]。これは、国事裁判所が「配分された財源の目的拘束が厳格になされ、配分基準が詳細であればあるほど、法律や規則で定められた枠と方法に従って事務を自己責任において規律する地方自治体の可能性が制限される」ことを危惧したからであり、また「任務をまとめて考慮することによって、……事務の遂行による相乗効果を期待することもできる」ことに着目したからでもある[25]。

この総額方式には立法者の形成の余地が残ることに着目して、「事務の委任全てに対応する補塡の配慮がなされなければならないということを意味しない」としつつも、一方では「新たに国の事務を地方自治体に委任するに当たって、これまでの委任事務費算定額が十分であるか、引き上げなければならないかを、調査を行って決定しなければならない」[26]とし、この調査の適切さは、委任される事務を基準とした明確性・再調査可能性が要求されていることによって担保されるとする。

c. あてはめ

以上によれば、90年州財政調整法及びその後の改正法律が、委任事務財源を基準交付金に算入し、その基準交付金が地方自治体の財政力を基準として配分するものと定めていることは、憲法第57条4項と第58条の財政調整義務を混同するものであり、ラントの財政調整義務を逸脱する。それによって、財政力を基準としない委任事務交付金枠を廃止したことは、憲法第57条4項に違反することになる。この財政力を基準としない委任事務交付金枠を廃止した点についての違憲の瑕疵は法律全体に及び、その後の改正部分を含む90年財政

---

24) NdsStGH, DVBl.1995, S.1175(1176). なお括弧内は筆者。
25) NdsStGH, DVBl.1995, S.1175(1176).
26) NdsStGH, DVBl.1995, S.1175(1176).

調整法はその全体が無効とされた[27)]。

### (3) 検討——自治体財政の保障構造
#### ⅰ）自治体財政保護の二層構造

　この決定のもっとも大きな特徴は、自治体財政についての二層的保護を憲法規定から導出することを、財政調整の妥当性を検討する前提に置いている点にある[28)]。自治体財政は、自治体固有財源・事務委任に伴う財源移転・財政調整の枠内における給付の3つの要素が保障されている場合に、憲法上適切に保障されるが[29)]、後二者についての保障については、従来は憲法解釈の上で明確に分けられていたとは言いがたい。

　財政調整制度が十分に機能するためには対立する利害の調整が必要とされることが少なくない。国事裁判所もこの決定の中で財政調整と財源移転の両立可能性について、相互の機能の限界は「調整の概念それ自体に由来するものだが、地方行政の保障に内在する自己責任の原理から直接生じるものでもある」[30)]と指摘している。それゆえ、どのような要請を重視するかは、その制度の形成にあたる立法者の判断の余地に委ねられる。

　この判決が自治体財政保障に関する二層構造を採用したのは、その立法者の形成の余地を認めつつ、財政調整が必要となるそれぞれの局面において内容的に異なる憲法上の要請を立法者に向けようとしたためである。したがって、この二層構造を曖昧にする規律をした場合には、立法者は憲法上の要請を無視していることになる。

　この枠組みはこの後の各ラントにおける財政調整裁判や学説にも影響を与え、以後、この二層構造を前提に、財政調整制度は2つの側面から検討されることになる[31)]。

#### a. 自治事務費用の保障構造

---

27) NdsStGH, DVBl.1995, S.1175(1178f.).
28) Friedrich Schoch, Die finanzverfassungsrechtlichen Grundlagen der Kommunalen Selbstverwaltung. in: Dirk Ehlers, Walter Krebs (Hrsg.), Grundflagen des Verwaltungrechts und des Kommunalrechts, 2000, S.105f.
29) Friedrich Schoch, Verfassungsrechtlicher Schutz der kommunalen Finanzautonomie. 1997, S.143.
30) NdsStGH, DVBl.1995, S.1175(1177).

自治事務は、地方自治体がその領域を置く地域共同体に固有の事務の一切であり、この事務は地方自治体が自己の責任において処理する[32]。この事務に関する地方自治体の全権限性と自己責任は、自治権の本質に属するものであり[33]、立法者は常に地方自治体の事務執行に関する決定を尊重する必要がある。したがって、この自治事務については、立法者の財政的関与も原則として許されないこととなるため、この事務に必要となる財源は、地方自治体が自己の財政負担により賄う。ただ地方自治体には財政力の較差があるため、財政力が劣る場合に自治事務の遂行が十分に可能ではない場合がある。そのような場合、ラントは自治体財政の保障義務をラント憲法の上で負っているため、地方自治体の決定を阻害しない限りにおいてラントが財政的下限を保障する必要が生じる。これが自治事務財源に対する最少供与保障（Mindestausstattung）である。

　この最少供与保障は、財政力を一定程度平準化することを目的として行われるため、地方自治体の財政力を基準として財源が配分される[34]。また、この財源はラントの責任によらない事務に充てられるため、その額及び算定方法については、ラントに広い形成の余地が留保される。さらにラントは終局的に自治事務の遂行に責任を持たないため、その供与は一般的財政調整規律の枠内で、ラント財政の供与能力の範囲で行えば足りる[35]。

　したがって、自治事務に関しては、その財政保障が地方自治体の事務の遂行に対する介入とならないことが憲法上要請され[36]、またその限りに留まることになる[37]。

---

31) Hennekke, a.a.O.(Anm.8), S.27. 実際に、ニーダーザクセン州国事裁判所もビュッケブルクⅠ決定においては第57条4項と第58条とに関する説示を隔てていないが、後のビュッケブルクⅡ・Ⅲ判決においては章を分けてそれぞれ検討する形をとるようになる。
32) Klaus Stern, Das Staatsrecht der Bundesrepublik Deutchland, Bd.1. 1984, S.409.
33) BVerfGE 79,127(146ff.). = ドイツ憲法判例研究会編『ドイツの憲法判例Ⅱ（第2版）』（信山社、2006年）378頁以下（白藤博行）。
34) NdsStGH, DVBl.1995, S.1175(1177).
35) NdsStGH, DVBl.1995, S.1175(1178).
36) ビュッケブルクⅠ決定では、例えば基準交付金を事実上目的財源化したり、地方自治体間の財政力を完全に平準化することが、地方自治体の決定に対する介入になるとされる。NdsStGH, DVBl.1995, S.1175(1178).
37) したがって立法者は最少供与保障に際しては方法も自由に選択できる。この最少供与保障の方法の一切は、一般的な収入・支出の配分としての財政調整と区別して、「狭義の財政調整」とよばれる。

### b. 委任事務費用の保障構造

それに対して、委任事務は、本来的には国の事務であるものを地方自治体に委任して処理させるものである。この事務の執行に際しては地方自治体には決定権はなく、国の定める基準に従うことになる。したがって、委任事務は国の名において行われ、その責任は国が負う[38]。この点は、財政責任についても変わるところはない。したがって国は原則として委任事務に対する費用の補塡を行わなければならない。そしてその補塡は事務の委任を原因とするものであるため、委任された事務を単位として行われることになる。委任事務財源については、事務に適合した財源保障（Aufgabenangemessene Finanzausstattung）が必要とされるのである[39]。

委任事務については、立法者があらかじめその基準や費用を決定できるため、財源補塡に当たっては地方自治体の財政力は考慮すべきではない[40]。また立法者は委任事務の執行について直接の責任を負うため、その費用について配慮する必要が生じ、その限りで形成の余地を制限される。したがって委任事務費用については、立法者には一般的な財政調整とは異なる配慮が要求されることになり、その限りで委任事務費用の補塡に関する規律は一般的な財政調整規律に対する特別規定として機能することになる。

この委任事務に関しての財源補塡の適切さをいかに保持するかが問題となるが、判決においてその適切さの基準とされたのが、牽連性原理である。

### ⅱ）委任事務に伴う財源移転と牽連性

牽連性原理は、事務権限と財源の所在とを一致させることによって事務の執行を可能ならしめるための適正な財源保障をラントに義務付けるものであり、その限りにおいてラント立法者の形成の余地を制約する財政憲法原理である[41]。この原理によって、ラントと地方自治体はそれぞれ自己の事務の執行費用を自ら負担することを要請される反面、自己の事務の執行費用を他に転嫁すること

---

38) Stern, a.a.O.(Anm.32), S.412.
39) NdsStGH, DVBl.1995, S.1175(1176).
40) NdsStGH, DVBl.1995, S.1175(1177).
41) Friedrich Schoch/ Joachim Wieland, Finanzierungsverantwortung für gesetzgeberisch veranlaßte kommunale Aufgaben. 1995, S.129.

が禁止される[42]。この決定の中で国事裁判所がラント憲法第57条4項による委任事務費用の特別の保障について、「国がその費用に配慮することなしに、任意に地方自治体に事務を移転し得ないことを意味する」と解釈するのは、まさにこの原理を同条の解釈に取り込んだものに他ならない[43]。地方自治体はラントに事務を転嫁することはできないため、この原理の名宛人は一義的にはラントである。牽連性原理は、自己責任による事務処理領域の保障と、相応の自治体財源の補塡との間の関連性を導き出す点において、自治体財政の制度的保障に結びついている[44]。

### (4) ビュッケブルクⅠ決定の位置付け

ビュッケブルクⅠ決定は、従来観念的に捉えられていた自治体財政保障の構造を腑分けし、立法者に許される形成の余地を基準に分類する視点を提示した。そして、委任事務の領域における牽連性原理を導出することによって、立法者の形成の余地の下限を基礎付けた。この構造は諸ラントの憲法裁判所によって広く受容されていくことになる[45]。

ただ、立法者の形成の余地が牽連性原理によって形式上制限されるとしても、規定の仕方次第によっては、その法的効果には違いが生じ得る。立法者は、憲法に定められた要件に従って事務の範囲を定めることのできる裁量を有しているし、また財政調整制度の形成・運用も立法者の裁量に委ねられているため、牽連性原理の内実及び射程はさまざまとなり得る[46]。

したがって、牽連性をめぐっては、憲法上に定位されるその原理内容をいかに具体化するかが次の問題となる。

---

42) Schoch, a.a.O.(Anm.29), S.163f.
43) Schoch, a.a.O.(Anm.29), S.162.
44) Schoch, a.a.O.(Anm.29), S.37.
45) 例えばノルトライン・ヴェストファーレン州憲法裁判所は、この決定を新たな先例として全面的に受け入れ、さらに一歩進んで「牽連性原理」という文言を判決の中で明示するに至ったが、結果的に立法者の裁量を縮減する枠組みを打ち出すには至らず、牽連性原理を認めた判例としての評価は低い。次章3(1)において後述する。NRWVerfGH Urteil vom 9.12.1996. = DVBl.1997, S.483ff.
46) Mückl, a.a.O.(Anm.17), S.195ff.

## 3. 牽連性原理の具体化——ビュッケブルクⅡ判決

### (1) ニーダーザクセン州国事裁判所ビュッケブルクⅡ判決の概要

1997年のビュッケブルクⅡ判決では、主としてビュッケブルクⅠ決定を受けて改正された95年州財政調整法の合憲性について判断が示された。

#### ⅰ) 95年州財政調整法の規定と事案

ビュッケブルクⅠ決定を受けて違憲無効とされた州財政調整法については、直ちに改正が行われたが、その内容は、調整財源繰入総額から基準交付金枠と委任事務交付金枠をそれぞれ分割し[47]、混合財政の発生の防止に配慮するとともに、基準交付金の配分についてのゲマインデ・ラントクライスの配分割合を明確にしたものであった[48]。さらに、同法ではドイツ統一資金拠出分として、同法の基準により算定される収入の1.8パーセントをゲマインデ及びラントクライスに賦課するものとした。なおこの法律の制定後、ラントは財政難を理由に、96年州補正予算法律において財政調整繰入財源を5億マルク削減するとともに、州財政調整法第2条による基準交付金の一定割合を、公共事業振興のため公共投資目的に限定して運用させることとしている。

この改正によって、交付金総額となる調整財源のうち95年度について約2億2千万マルク、96年度についてはさらに約5億マルクの一律削減が行われるとともに、ドイツ統一資金拠出分として95年につき約4億8千8百万マルク、96年について約4億5千8百万マルクが地方自治体に賦課されることになったが、これに対して地方自治体側が、自治権侵害を理由として自治体憲法異議を申し立てた。

#### ⅱ) 国事裁判所の判断

この判決においてニーダーザクセン州国事裁判所は、財政調整法のうち委任

---

[47] 95年州財政調整法第2条は、調整財源繰入総額のうち25.4パーセントを委任事務交付金に、74.6パーセントを基準交付金に充てるものとしている。
[48] 95年州財政調整法第3条1項の算定基準によって、95年と比べてクライスの取り分が増加するが、郡格市の取り分は全体として減少したとされる。Vgl. Nds.LA für Statistik, Dezenat 43(1997).

事務財源に関して規定した部分、及びその規定に基づいて制定された95年州予算法律並びにその修正予算法律の一部を違憲とし、それぞれ無効であると判断した[49]。

異議申立人である地方自治体が多数にのぼるため、憲法異議における主張は多岐に亘るが、判決において国事裁判所は、財政状況の逼迫はラント立法者にとってもやむを得ないところであり、委任事務の財源責任を不明確にしない限りは調整総額の削減自体は違憲とはならないと指摘して調整財源の削減及びドイツ統一資金の賦課それ自体は憲法に違反しないと判断した[50]ので、委任事務財源の保障に関する主たる争点は、ラント憲法第57条4項の委任事務財源保障責任の及ぶ範囲と程度に限られる。具体的には、立法者が委任事務の費用を算定するのにはいかなる基準によるべきかが問題となった。

a. 委任事務財源保障責任の範囲──牽連性の射程

州財政調整法による委任事務交付金枠は、予め事務の配分に応じて定められているが、新たに増加する費用への考慮が不完全であり、この点につき、委任事務財源の適切な補塡責任の逸脱があるというのが、この点に関する地方自治体側の主張である。

国事裁判所はⅠ決定を引用し、ラント憲法第57条4項による委任事務財源の補塡について、一般的財政調整に対する特別な要請であるとした[51]上で、ラント憲法第57条4項の要請の及ぶ範囲について以下のように説示して、第57条4項の射程は費用補塡の完全性には至らず、あくまで適切性を要請するに留まるとする。

「自治の保障は、ラント憲法第57条4項によって補塡される費用の最低限度の保障を含む。ただし、この保障は、全ての委任事務に対する費用の完全な負担を要求するものではない。……ニーダーザクセン州憲法が全ての費用の補塡を定めていないことは、ラント憲法第57条4項の文言の上で……全ての費用を実際に負担することが保障されるものとはしていないことから明らかである。また、ラント憲法第57条4項の目的からしても、全費用補塡の原則は導かれない。委任された国の事務の費用についての特別の保障は、国が費用の負担に配慮することなく任意に地方自治体に事務の負担を転嫁することを妨げるものである。立法者は、お

---

49) NdsStGH Urteil vom 25.11.1997. = DVBl.1998, S.185ff.
50) NdsStGH, DVBl.1998, S.185(188f.).
51) NdsStGH, DVBl.1998, S.185(186).

よそ国の事務の地方自治体への委任に際してはそれによって地方自治体が財政的な負担を蒙ることを認識していなければならないことが要請されているにとどまる。」[52]

### b. 総額算定方式と立法者の形成の余地

ラント憲法第57条4項の射程が費用保障の適切性に限られるとして、問題はその補塡の適切性をいかに確保するかである。この点、地方自治体側は委任事務に応じて個別に費用算定が行われることによってその適切性が担保されると主張した。

しかし国事裁判所は、憲法第57条4項は個別の各委任事務にそれぞれ対応して必要となる費用が個別に算定されることを要求するものではないとした。これを行うことは、憲法第57条4項の保護目的からは補塡することができず、要求もされていない行政上の浪費をもたらすというのがその理由である。したがって、委任事務費用の算定は、総額算定（pauschalierender Ansatz）によることとされた。

その総額算定方式の適切性のために考慮されるべき事項については、財政力を基準としないことの他、委任事務の執行が原因となっている全ての支出を考慮に入れなければならないとし、その考慮については、結局は透明性と追証可能性によって検討することとした。

「立法者の（費用の補塡の決定に関する）形成の余地は無限定のものではなく、憲法57条4項に照らして解釈されるべきである。……憲法第57条4項は……およそ事務の委任に際してはそれに結びつく費用負担を考慮しなければならないという、地方自治体に対する保護機能の本質に則った特別の指示を含む。立法者はこの要求を遵守するだけでなく、補塡の規律をする際に明確かつ再調査可能な算定を行わなければならない。……委任事務についての配分財源の額は、財政力を基準としない基準によって配分されなければならないが、ここでは憲法は特定の配分方法を要求しているわけではない。ただ遂行される事務の特性に応じて、さらに面積など地方の構造的特徴に配慮して配分を行わなければならない。」[53]

---

52) NdsStGH, DVBl.1998, S.185(186).
53) NdsStGH, DVBl.1998, S.185(186f.). 括弧内は筆者。

c.　あてはめ

　以上によれば、交付金総額の削減がやむを得ないものであるとしても、それに伴って生じる補塡額の変化及びその算定替えについては、立法者は法律の規定によって明確にすべきであり、この点について立法者はラント憲法第57条4項の枠を逸脱している。したがって、この点につき立法者は公開性ないし透明性の要請に違反しており、この要請に反する委任事務財源の配分基準は違憲である[54]。配分基準の違憲性は、配分の違憲性もまた基礎付けるため、財政調整法の基準のみならず予算法律の配分も、その限りにおいて無効とされた。

(2)　検討──憲法原理としての牽連性原理の位置付け
　ⅰ）牽連性原理の具体的機能
　この判決においては、まず牽連性原理の射程はあくまで委任事務財源の適切性に限られることが明らかにされた。そして牽連性原理の内容として、費用の定めをすることなく任意に事務を転嫁することの禁止と、その定めに際して特定の配慮をなすべきこととの二点が含まれることが指摘されている。
　ここから、牽連性原理は自治体財政に対して以下の2つの保護機能を有するとされる[55]。すなわち、第一に新たに地方自治体に負担を発生させる事務を委任する際に、それを費用補塡と関連させることによる防御的効力、第二に地方自治体の事務及びそれによる負担の増加は、それに対する財政的手当てがラントに可能であるときに限ることによる予防的効力である。

　ⅱ）牽連性原理の防御的効力
　防御的効力は、牽連性原理の本来的要請であり、事務の委任とそれに必要とされる財源とを常に結びつけることをその内容とする[56]。この防御的効力は、原則として立法者が地方自治体に対して事務を委任することを禁じられ、例外的に費用補塡の定めによって正当化される場合にのみ委任を許容されるのと同

---

54）　NdsStGH, DVBl.1998, S.185(188).
55）　Schoch, a.a.O.(Anm.28), S.116f., Stefan Mückl, Kommunale Selbstverwaltung und aufgabengerechte Finanzausstattung. DÖV1999, S.848.
56）　Schoch, a.a.O.(Anm.28), S.117.

様の状況を作り出すものとされる[57]。

　この効力が及ぶのは、国による地方自治体への事務権限の委任の場合であり、その場合には立法者は当然に牽連性原理による制約を受けることになる[58]。したがって、従来は立法者が任意に事務の委任を行うことができるのが原則であったのに対して、この効力のもとでは逆に、費用の補塡の定めをしない限り、事務の委任を行うことは原則としてできなくなる。

　この防御的効力については、さまざまな方向へその適用範囲の拡大が試みられている。例えば新たな事務を法律によって創設し、又は従来の事務の再構成を行う場合であっても、立法者がその原理の適用を免れるべき十分な理由があると考えることはできず[59]、事務区分を再編成する場合にはそれに相応な財源負担の再編成をも求めるのが、事務権限と財源の随伴性を内容とする牽連性原理の本来のあり方であるとされる[60]。また、国が保険行政などを独立会計として切り離す場合であっても、その事務の本来的執行責任は国にあると考えるべきであり、事務の執行に伴う負担とその財政責任は、権限の所在を媒介にして結びついているため、牽連性原理は、この場合も財政責任を基礎付け得ると考えられている[61]。

### iii）牽連性原理の予防的効力

　予防的効力は、牽連性原理の派生的効力である。この効力は、自治体財政を直接的に保護する機能を果たすものではないが、ラント立法者がその行為の結果について責任を持ち、説明責任を果たすことを求めることで、警告的効果を発揮するものである[62]。

　いくつかのラント憲法は、事務の委任に際してその費用負担に関する定めを

---

57) 　この点は、基本権の防御権的効力と同様の論理に則って解釈される。すなわち国による介入を原則として禁止し、正当化される場合に例外的な介入が許される、という構造である。
58) 　Mückl, a.a.O.(Anm.17), S.248.
59) 　Schoch, a.a.O.(Anm.28), S.115. ニーダーザクセン州国事裁判所も、牽連性の規律がその性質を問わず事務委任の全領域に及ぶことを認める。NdsStGH, DVBl.1998, S.185(186).
60) 　Mückl, a.a.O.(Anm.55), S.846.
61) 　Schoch, a.a.O.(Anm.28), S.116., Mückl, a.a.O.(Anm.16), S.211f.
62) 　Schoch, a.a.O.(Anm.28), S.114f.

「同時に（gleichzeitig）」なすべき旨規定する[63]が、予防的効力はこの表現から導き出される。

　この表現は、事務の委任又は義務付けに際して費用算定を行うことが必ずしも可能であるとは限らないことから、時間的に同時であることにさしたる意味はないものとされる[64]。むしろこの表現は、事務と費用負担を時間的に近接させることによって財政的手当ての定めに実体上の透明性（Transparenz）・追証可能性（Nachvollziehbarkeit）を持たせることを企図したものとされる[65]。ただ後述する通り、この点は立法者が採用する算定の方式によって左右されるところが大きく、この作用を否定するラント憲法裁判所判決の例も見られる[66]。

### ⅳ）牽連性原理の効力の相互関係

　ラント法律によって、国の事務を執行すべきことを地方自治体に義務付ける場合には、その全ての費用が財政的手当ての対象とならなければならない[67]。ここでは、ラントが地方自治体に事務を移管することによって財政的負担を免れることを禁止する牽連性原理の本来の防御的効力が現れる[68]。そして、立法者はその委任に際して、防御的効力を潜脱しないために、費用の算定基準と算定過程を明確かつ地方自治体から見て再調査可能な形式において行う必要がある。この意味で、予防的効力は防御的効力から派生的に生じ、防御的効力を形式面から補助する位置付けを与えられる。

---

63) このような規定を持つのはバイエルン（第83条3項）、メクレンブルク・フォアポンメルン（第72条）、ニーダーザクセン（第57条4項）、ノルトライン・ヴェストファーレン（第78条）、ザクセン・アンハルト（第87条）の各州である。その他は、「それに際して（dabei）」などの表現が用いられるが、この語を「同時に」の意味に解する憲法裁判所判決もある。例えば Vgl. BadWürttStGH, DVBl.1998, S.1276(1276f.).

64) したがって、牽連性原理の適用には時間的制約はないものとされている。Vgl. Schoch, a.a.O.(Anm.28), S.116., Lohse, a.a.O.(Anm.12), S.173.

65) NdsStGH, DVBl.1998, S.185(188).

66) NRWVerfGH Urteil vom 9.7.1998. = NVwZ-RR 1999, S.81(83f.).

67) Schoch, a.a.O.(Anm.Grundlagen), S.118., Mückl, a.a.O.(Anm.54), S.851.

68) この本来的効力とは別に、牽連性の射程を、自治事務領域における財政調整にも広げようとする試みがある。Mückl, a.a.O.(Anm.55), S.850f.

## (3) ビュッケブルクⅡ判決の位置付け

　ビュッケブルクⅡ判決において示された牽連性原理の具体化の方向性は、Ⅰ決定の内容を継承してさらに発展させるものであり、財政憲法解釈として高く評価されるものである。しかし一方で、「立法者は、別々の総額算定方式を組み合わせて地方自治体に配分する財源の額を削減する場合には、その許された形成の余地の枠内において行動する」[69]として、総額算定方式を許容し、これによって実際の費用算定に対する立法者の判断の余地を広く認めている。牽連性原理の予防的効力は立法者の採用する費用算定の方法に影響を受けるが、算定方法の設定の仕方によっては、立法者はこの予防的効力を潜脱することが可能となる余地が残ることになった。

　この判決の後、ラント・地方自治体財政の悪化は、裁判所の憲法解釈の前提となった予測を超えて進行していく。牽連性原理も実際に財源が存在することを前提とするものである以上、実際の財政状況と無関係であることはできない[70]。費用の算定を握る立法者は、その間にその算定を通じて牽連性原理の潜脱を試みようとする[71]。牽連性原理が完全な費用の補塡を要求するものでなく、適切な費用の補塡を要求するものであるとすれば、立法者は追加費用の発生が見込まれる事務を委任し、当初費用のみを負担することによって、あるいは単に費用を不当に低く算定することによっても財政責任を免れることが可能だったのである。

　この状況の中で、牽連性原理の具体化の方向性は、次第にその限界を露呈し始める[72]。

---

69)　NdsStGH, DVBl.1998, S.185(188).
70)　ただし、立法者は財政状況のみを理由として原則の緩和を図ることはできない。
71)　この点には、2つの理由があるとされる。1つは、立法者が、生活関係の均一を保持するとともに、地方自治体間の行政隔差を緩和する義務を負っているという法的理由であり、もう1つが垂直的権限配分に伴う行政運営経費の膨張を防ぐという財政的理由である。Vgl. Henneke ,a.a.O.(Anm.18), S.33f.
72)　例えば、ノルトライン・ヴェストファーレン州では、立法者の費用算定に関する裁量をほぼ無制限に認め、牽連性原理の効果を実質的に否定する判決が現われるに至った。しかし、この判決は、結果的に見れば同州における牽連性原理の規定形式による実現を後押ししたものでもある。この点については次章3(2)で触れる。NRWVerfGH Urteil vom 26.6.2001. = DVBl.2001, S.1595ff.

## 4. 立法者の判断の余地と牽連性原理の限界——ビュッケブルクⅢ判決

### (1) ニーダーザクセン州国事裁判所ビュッケブルクⅢ判決の概要
ⅰ) ビュッケブルクⅡ判決以降の法改正の動向と事案

2001 年のビュッケブルクⅢ判決では、Ⅱ判決の後に制定された 99 年州財政調整法とその構成部分たるゲッティンゲン特例法 (Göttingen-Gesetz)[73] 及びラント・自治体間財源配分法 (Das Niedersächsische Gesetz zur Regelung der Finanzverteilung zwischen Land und Kommunen) について判断がなされた。

これらの法律は、それぞれ異なる目的のために制定されたものである。99 年財政調整法はラント財政から繰り入れられた財政調整財源の配分の基準を定めるもので、財源配分法は委任事務財源を中心としたラントと地方自治体間の財源移転について、その配分の対象となる税目・収入科目及び額の算定について規律するものである。いわば、財政調整法は従来の財政調整制度の水平的側面を規律し、財源配分法が垂直的側面を規律していたと言うことができる。これによって、地方自治体の財政力・人口などの基準交付金算定と委任事務の費用保障はそれぞれ法律上隔てられることになった[74]。これらの法律によって、ラント財政から財政調整財源への繰入率が約 0.5 パーセント引き下げられた他、調整財源総額からのクライス・ゲマインデの取り分が改められ[75]、またそれぞれの地方自治体の取り分に関する租税力・人口・財政需要の基準が新たに設定された[76]。また、公共投資についての投資目的交付金は、基準交付金と同様の基準によって配分されることになった[77]。

---

[73] この時点では、この特例法によって、ゲッティンゲン市は郡格市でありながら、基準交付金の配分及び郡賦課金の徴収については州財政調整法の上でラントクライス所属ゲマインデとして扱われていた。

[74] ただし、財政調整法には委任事務についての財政配分を定めた条項がある。
99 年財政調整法第 12 条（2000 年法により改正後のもの）〔委任による事務についての財政配分〕
　(1) 委任による事務に配分される財源の総額は、収入によっては賄うのできない負担の 75 パーセントの額である。
　(2) 各ラントクライス及び郡格市への配分は、その人口を基準として行われる……。

[75] 基準交付金総額における取り分は、クライスの事務負担を考慮して、クライスの取り分が大きくなっている。

[76] 例えば、ゲマインデの基準財政需要の計算については、財政調整法第 5 条で人口基準での累進算定がなされ、人口が多いゲマインデほど有利になるようになっている。

ⅱ）国事裁判所の判断

　この判決は、99年財政調整法の一部であるゲッティンゲン特例法第2条についてのみ、ニーダーザクセン州憲法第58条に違反するものとして、無効と判断した[78]。地方自治体側の、第57条4項に関する主張は全て斥けられた。

　ここでの争点は、ラント憲法第57条4項による「事務に相応の財源保障」が、第58条による「最少供与保障」と、実際の算定においてどのように区別されるかの点が中心であった。

　a. 総額計算方式の許容性

　地方自治体側は、州財政調整法・財源配分法による委任事務財源の総額方式を攻撃する。その主張は、総額方式は費用計算の不透明性・追証困難をもたらし、費用全体の削減につながる点でラント憲法第57条4項の要求を逸脱している、というものである。

　この点に関するニーダーザクセン州国事裁判所の判断は、そのほとんどがⅠ決定及びⅡ判決の引用である。したがって、判断基準としての第57条4項の要請と透明性・追証可能性については従前と同様の規範を採用する。地方自治体側による攻撃の対象となった総額方式の許容性については、国事裁判所は以下のように説示してむしろ憲法上の要請であるかのような態度を示した。

　　「……憲法第57条4項は個別の各委任事務にそれぞれ対応して必要となる費用が個別に算定されることを要求していない。これを行うことは、憲法第57条4項の保護目的からは補塡することができず、要求もされていない行政上の浪費をもたらす。この財源の使用に必要となる統制は、地方自治体の自治行政の保障との関係で解消困難な矛盾に直面する。配分される財源に関する目的規律が厳密で、補塡に伴う指定が詳細であるほど、地方自治体の、法律又は指示の枠と方法に従って、自己責任に基づいて事務の遂行を規律する可能性は狭められる。したがって立法者は総額方式によって、一括の算定にまとめることが許される。……この総額算定は憲法第57条4項の掘り崩しをもたらさない。」[79]

　b. 総額方式を採用する場合の第57条4項の独自性

---

77)　財源配分法第3条による財政補助の計算は、財政調整法の租税力・人口・財政需要の基準に基づいて行われ、基準交付金の算定手続に準じて取り扱われることになっていた。
78)　NdsStGH Urteil vom 16.5.2001. = NVwZ-RR 2001, S.553ff.
79)　NdsStGH, NVwZ-RR 2001, S.553(554).

地方自治体側は、総額方式は算定を不明確にし、立法者による委任事務財源の削減を容易にするもので、その削減の結果として生じる自治体財政の困窮はラント憲法第58条の財政調整にも影響を与えることになるため、二層構造の保障を逸脱していると主張する。
　しかし、国事裁判所は、第57条4項の補填は完全な費用保障ではないことを前提に、以下のように説示し、あくまで従前の判断を維持する立場を示す。

　「憲法第57条4項及び第58条によって配分される財源は、法的には委任事務交付金の額の変更が、当然に基準交付金の額の変更をもたらすという意味での連関関係を持たない。よって両者の財政保障の個別性により、憲法第57条4項の枠における費用補填は、憲法第58条の基準により自己の事務の遂行を最低限保障される地方自治体に対して財源を与えない方向には作用しない。……委任事務に充てられる財源の削減若しくはこの事務の遂行によって生じる費用の増加は、第58条によってゲマインデ及びラントクライスに交付される財源の増加によって、自動的又は法律上必然に生じるのではない。」[80]

　結局、考慮されるべきは、「立法者の形成の余地の枠内で採用することが許される基準（地方自治体の取り分に関する費用の総額算定、及びその他の配分基準）は、その相互作用も含めて、憲法第57条4項の要請を潜脱し、又は同条に含まれる保障を掘り崩してはならない、という要請」のみである。費用算定に関する基準の適正に関わる追証可能性と、算定過程の正確に関する透明性は、その要請に含まれる。

　c. あてはめ
　以上によれば、立法者が委任事務財源の配分について総額方式を採用することは、その判断の余地を超えるものとまでは言えない。また総額方式による実際の算定結果は、地方自治体の状況についての客観的調査に基づいたものであり、その限りにおいて追証可能性・透明性の要請に反しない。また、委任事務費用の補填額の制限は、第58条による財政調整の結果に影響を及ぼさず、自治体財政保障の二層構造を逸脱しない。

---

80) NdsStGH, NVwZ-RR 2001, S.553(554f.).

(2) 検討──憲法上の牽連性原理の限界としての算定方法
　ⅰ) 総額算定方式の許容性と問題性
　この判決において、ニーダーザクセン州国事裁判所は、総額方式を憲法によって要請されたものと位置付ける。
　確かに、多数の地方自治体を抱える国にとって、個別の委任事務における費用の発生と財源支出の必要性を全て調査することは不可能であるし、またそれは自立的かつ自律的な自治体行政を保障する見地からも好ましいこととは言えない。したがって、ラント憲法第57条4項がその都度の支出決済をラントに要請していないとすることは是認できよう[81]。そうだとすると、総額算定方式それ自体は、憲法上禁止されているのではなく、自治保障の観点から要請されるものであるとの判断は無理のあるものではない[82]。
　しかし問題は、総額方式が委任事務財源に関する算定をブラックボックス化し、立法者の意図によっては財源削減の方法として用いられ得る点にある。この点、ニーダーザクセン国事裁判所はこの総額方式の内容について、第57条4項の要請が作用すると繰り返すのみで具体的な制限を付していない。このため、例えば別々の委任事務に含まれる任務を、統一的な査定にまとめることや特定の費用要素を考慮しないことをも「総額算定」と捉え得ることになる。これによれば、立法者は牽連性原理の内容を潜脱して地方自治体に事務を押し付けても、ラント憲法第57条4項に含まれる財政保障を掘り崩さない限り、憲法上の限界に直面しないことになる。牽連性原理の機能を考慮すれば、この基準は緩きに失する[83]。
　そのような緩い基準が導かれる理由については、まず各任務について都度に応じて必要とされる費用を個別に計算することは、ラント憲法第57条4項の保障目的からは不要な、また要請されていないであろう行政上の負担を生じさせることが指摘されている[84]。さらには総計的な考慮によってのみ、地方自治体相互間に生ずる格差の解消とともに、統一的な任務遂行による相乗効果をよ

---

81)　Lohse, a.a.O.(Anm.13), S.173.
82)　Lohse, a.a.O.(Anm.13), S.173.
83)　Lohse, a.a.O.(Anm.13), S.173.
84)　NdsStGH, DVBl.1995, S.1175(1177).

り良く考慮することが可能になるのだという[85]。

### ⅱ）総額計算方式と透明性・追証可能性

もっとも、総額算定方式が有するこのような問題をいかに克服するかは、その方式を採用するか否かとは別に検討される必要がある。ここでの問題は、事務権限及び財源を移転するに際しての費用予測をどのように算出するか、である。国事裁判所が指摘するように、立法者が必要経費を総額の形で予測算定することは、交付された財源の使途についての立法者の統制を弱め、地方自治体の財政における自律性にとっての利益となる[86]。ただこの総額算定は、ある科目の予測費用について財源移転を行わなくても良いことを意味するものではない[87]。さらに、総額計算方式が配分総額を削減する目的で用いられる傾向がある点にも、国事裁判所は無頓着であった。むしろ実際に発生した費用を算定しつつ、是認し得る行政上の負担とつりあった算定方式が決定され、適用されなければならない[88]。

実際に発生するであろう費用算定の正確性の要請と、無用な行政上の負担削減の要請の両方を満たすために総額算定方式を採用する場合、立法者はその目的に即して認められる形成の余地の枠内で行動しなければならないのであり、その枠が算定における「透明性」と「追証可能性」である[89]。両者は、立法者による費用算定に作用する点では同様であるが、追証可能性が立法者による算定基準の定立に作用するのに対して、透明性は立法者による実際の費用算定に作用する点が異なる。

#### a．透明性

透明性は、立法者が費用を実際に算定する際の正確性に対する要求である。

例えば立法者が総額算定方式を使用して支払額を削減し、それによって実際の費用の負担を回避しようとする場合、地方自治体の立場からこれを見るときには、理由なき支払額の切り下げがなされたことになる。この場合、この削減

---

85) NdsStGH, NVwZ-RR2001, S.553(554).
86) NdsStGH, NVwZ-RR2001, S.553(555).
87) Schoch, a.a.O.(Anm.27), S.117.
88) Schoch, a.a.O.(Anm.27), S.116ff.
89) NdsStGH, DVBl.1998, S.185(188).

は事実を基礎にはしているものの、誤った算定の結果としてもたらされるものであるため「透明性」の要請に反しており、この算定は立法者の形成余地の枠外と評価されることになる。逆に考えれば、非経済・非効率な行政上の負担に関する平均以上の費用を切り下げ、又はその平均を超えた費用を費用算定において考慮しないようにする場合には、総額方式による算定を行っても違憲とはならない[90]。このように、算定の透明性は、立法者に対してまずは算定の正確性を要請し、さらに通常外の算定による場合にはその正当化を要請するものである。この限りにおいて総額計算方式は透明性の要請に適合する[91]。

  b. 追証可能性

 追証可能性は、立法者によって定立される費用算定基準の明確性に対する要求である。

 例えば、立法者の定める算定基準から排除されている費用科目がある場合、この費用は事務を単位に「算出」されるのではなく、その事実関係に基づかない単なる裁量によって決められていることになる。この場合、立法者は正しい基準を定立していない点について追証可能性の要請を逸脱する[92]。総額方式は、委任事務のための全ての費用が基準に算入される限りにおいて、追証可能性の要請に適合しているのである[93]。


  iii) 立法者の判断の余地と追証可能性の限界

 立法者がその費用算定に関しての形成の余地に科せられた憲法上の限界を踏み越え、ラント憲法第57条4項の財政保障が掘り崩される際には、この追証可能性が問題となる場合が多い。つまり、立法者は予測費用を算入しないのではなく、むしろ費用の発生を隠匿しようと試みるようになったのである。この場合には誤った事実を基礎としながら、適切な基準で計算された費用保障がなされることになる[94]。

 しかし、この点で費用保障の追証は困難に直面する。そもそも牽連性原理は、

---

90) Lohse, a.a.O.(Anm.13), S.174.
91) Lohse, a.a.O.(Anm.13), S.174.
92) NdsStGH, NVwZ-RR2001, S.553(555).
93) Lohse, a.a.O.(Anm.13), S.174.
94) Lohse, a.a.O.(Anm.13), S.175.

事務を単位とする財源移転を要求する原理であるが、その事務に対する事実認定をも縛るものではない。実際に裁判所は、Ⅱ判決において「委任事務に関する配分金の分配は、処理されるべき事務の特性に応じてなされるべきであり、それに加えて例えば事務を処理する地方共同体の面積など、地方自治体に特徴的な構造をも考慮してなされるべきである」[95]とするが、その「事務の特性」や「特徴的な構造」の取捨については立法者に要請するところはない。立法者の事実認定の余地が無制限なのであれば、牽連性原理の自治体財政侵害に対する牽連性原理の予防的効力・防御的効力は機能不全に陥いる[96]。

この点については、総額計算の権限は、ラント立法者に費用手当ての経費を「把握」するような何らかの権利を与えるものではなく、現実的で信頼に足る費用算定を行うことを義務付けるものであるという観点から、総額計算の権限は、立法者を、事務ごとの算定を想定しておく義務から解放するのみにとどまるものとし、その代わり、その追証可能なかたちで算定される平均値の算出を要求する見解がある[97]。平均額との差異を問題とすることによって、牽連性原理の適用を広げようというのである。ただこの見解に対しては、平均値を算出しておくことは、牽連性原理が前提とする事務と財源の対応関係を逸脱するものであるとして、批判が強い[98]。結局、3つの判決の枠内では、立法者による自省によるほかないことになろう。

### (3) ビュッケブルクⅢ判決の位置付け

ビュッケブルクⅢ判決は、Ⅰ決定・Ⅱ判決ほど大きな反響を持って迎えられることはなかった。Ⅰ決定・Ⅱ判決の引用に終始したⅢ判決からは、立法者による新たな自治権侵害の動向に対応していこうとする姿勢はもはや見て取ることができない。牽連性原理を開かれた原理と捉え続けたがゆえにその限界を露呈することとなったビュッケブルクⅢ判決の方向性は、その後の自治体財政

---

95) NdsStGH, DVBl.1998, S.185(186).
96) Lohse, a.a.O.(Anm.13), S.175., Schoch, a.a.O.(Anm.27), S.115f.
97) Joachim Wieland, Strukturvorgaben im Finanzverfassungsrecht der Länder zur Steuerung kommnaler Aufgabenerfüllung. in: Hans-Günter Henneke (Hrsg.), Steuerung der kommunalen Aufgabenerfüllung durch Finanz- und Haushaltsrecht, 1996, S.52.
98) Schoch, a.a.O.(Anm.29), S.121.

調整制度の形成のあり方についての主流の地位からは次第に離れていくことになる。

## 5. 小括

牽連性原理は、確かに具体化に対して開かれた原理であったがゆえに、各ラントの財政調整裁判に受け入れられ、さまざまな態様変化を経てきた。

道半ばまでは、牽連性原理の具体化の方向性についてのリーディングケースとして指導的主流の地位にあり続けた一連のビュッケブルク判決の潮流に取って代わったのは、牽連性原理の要求する透明性・追証可能性に的を絞ってその内実を具体化し、あるいは手続的原理としての牽連性の再構成を試みる方向性である[99]。新たに主流を占めることになるこの立場は、後には牽連性を憲法条文として明文化することによって原理の内容を閉ざし、固定化することを目指すことになる。

このような経緯で新たに登場し、そして現在に至るまで自治体財政に関する憲法原理としての牽連性原理を支配することになるこの立場については、章を改めて検討する。

---

[99] この立場の嚆矢とされるのが、バーデン・ヴュルテンベルク州国事裁判所の1999年判決である。ビュッケブルクIII判決以降この立場は次第に影響力を増し、2004年には、バーデン・ヴュルテンベルク州憲法はこの判決の枠組みに沿って改正されることになる。

# 第Ⅶ章

# 財政憲法原理としての牽連性の確立

　本章では、牽連性原理具体化の主流から次第に離れていくニーダーザクセン州国事裁判所判例に対して、新たな試みがビュッケブルクの教訓をいかに継承し、また克服したかを検討する。

　牽連性原理は、ニーダーザクセン州国事裁判所が一連のビュッケブルク判決[1]の中で明らかにした、自治体財政調整における委任事務財源の保障のあり方をめぐって具体化されてきたが[2]、裁判所の解釈による牽連性原理の具体化の方向性は、自治体財政の状況変化に直面する中で限界を露呈したとの見方も存するようになった[3]。

　自治体財政の状況が刻々と変化するものであるのはもとより当然であるが、しかし自治体財政の一定の内容は、それに対応つつ、憲法によって制度的に保障されるべきものである。その必要に応じて牽連性原理の具体化は不断に続けられており、またいくつかのラントでは、この具体化の状況を憲法及び法律に取り入れる例も見られる。

　この具体化は、立法者に向けられた原理を厳格化する方向性に則って行われているが、その傾向は憲法規定の形式・内容解釈の次元で看取され、憲法附属

---

1) NdsStGH Beschluss vom 15.8.1995. = DVBl.1995, S.1175ff. (Bückeburg I), NdsStGH Urteil vom 25.11.1997. = DVBl.1998, S.185ff. (Bückeburg II), NdsStGH Urteil vom 16.5.2001. = NVwZ-RR 2001, S.553ff. (Bückeburg III).
2) この過程については前章を参照。
3) Frank Lohse, Kommunale Aufgaben, Kommunale Finanzausgleich und Konnexitätsprinzip. 2006, S.175.

法の制定によって補完される。本章では、この傾向に即して、ビュッケブルク判決前後の各ラントにおける牽連性原理の厳格化の状況を俯瞰しつつ、これが自治体財政の制度的保障に及ぼす影響について、考察を試みることにする。

## 1. 憲法規定形式における厳格化

### (1) 従来の規定形式の分類

　各ラントは、それぞれの憲法でその内部の地方自治体に地方自治を保障し、かつ同時にその財政を保障する。各ラント憲法における自治体財政の保障の二本柱をなすのが、自治事務領域における自治体固有財源の保障と、委任事務領域における財源移転の保障の両要素である[4]。牽連性原理は、後者の保障の中核をなすものである。

　牽連性原理は立法者に対して向けられた規範であり、自治体財政の調整に際して立法者の形成の余地を狭める作用を有する。この作用に関して、憲法の規定形式上の拘束の程度がまず問題となる。この拘束の程度については、以下のような整理がなされる[5]。

　　A「一元構造」
　　B「二元構造」…「厳格な牽連性原理」・「相対的牽連性原理」・「概括的牽連性原理」

　このうち、Aの一元構造は、委任事務領域の存在を憲法に明記しない規定形式であり、そもそも牽連性原理の妥当の余地がないものであるが、この形式を採るラント憲法は現存しない[6]。また、Bの二元構造のうち概括的牽連性原理の形式も現行のラント憲法には採用するものがなくなった[7]。したがって、規定形式上の分類の上ではBの中での「厳格な牽連性原理」と「相対的牽連性原

---

[4] ビュッケブルクⅠ決定では、前者を最少供与保障、後者を事務に適合的な財源保障とし、後者は一般的財源保障である前者に対して特別法的位置付けにあるとする。この点については前章で触れた。

[5] Stefan Mückl, Finanzverfassungsrechtlicher Schutz der kommunalen Selstverwaltung. 1998, S.198ff.

[6] かつてこの形式を採っていたヘッセン州では2002年に、ラインラント・プファルツ州でも2004年に、牽連性原理を憲法規定上明文化する憲法改正が行われている。

[7] 2003年改正前のバイエルン州憲法がこの形式を採っていた。

理」との違いが問題となっていた。

## (2) 厳格な牽連性原理と相対的牽連性原理との相違

相対的牽連性原理は、委任事務の費用の負担に関する規律をすることのみを立法者に対して義務付けるが、厳格な牽連性原理はそれに加えて、追加負担が発生した場合の財政調整をも義務付ける[8]。厳格な牽連性原理を採る憲法規定は、以下のようなものである。

バーデン・ヴュルテンベルク州憲法第71条〔地方自治行政〕(2008年改正前のもの)
(3) ゲマインデ及びゲマインデ連合に対しては、特定の公的事務を処理すべきことを法律によって委任することができる。それに際しては、費用の補填に関する規律が行われなければならない。この事務の執行がゲマインデ及びゲマインデ連合に更なる負担をもたらすときは、それに適合的な財政調整を行わなければならない。

これに対し、相対的牽連性原理を採る憲法規定は、以下のような形式であった。

ニーダーザクセン州憲法第57条〔自治行政〕(2006年改正前のもの)[9]
(4) ゲマインデ及びラントクライス並びに特定の公法上の団体に対しては、法律によって国の事務を指図に従って執行すべきことを委任することができる。それに際しては、同時に費用の負担に関する規律がなされなければならない。

ただ、この規定形式上の相違は、牽連性原理の構成要件的前提に直接関わるものではないものと評価されている[10]。なぜなら、事務の委譲の場合に財源が随伴し、立法者がその事務につき財源配慮義務を負うという牽連性原理の基本線については、いずれの規定からも同一の内容を導くことができるからである。そうであるとすれば、両者の相違は、立法者の配慮が及ぶ範囲を明記するか否かの点に帰するが、この範囲の問題はいずれの形式を採っても生じる問題であ

---

[8] Stefan Mückl, Konnexitätsprinzip der Verfassungsordnung von Bund und Ländern. in: Hans-Günter Henneke/ Hermann Pünder/ Christian Waldoff (Hrsg.), Recht der Kommunalfinanzen, 2006, S.48f.
[9] ニーダーザクセン州では2006年の憲法改正により、厳格な牽連性原理が条文に明記されるに至った。その意味については第IX章において詳説する。
[10] Mückl, a.a.O.(Anm.8), S.49.

るため、これをもって本質的に意味のある区別であるとは評価し得ない。

　この形式上の相違の相対性は、実際の裁判における牽連性規定の解釈においても表れている。ビュッケブルク判決は、牽連性原理の具体化を相対的牽連性原理の規定に依拠したものであったが、この中で示された憲法解釈は、厳格な牽連性原理の規定形式を採用する各ラントにも波及した[11]。とりわけビュッケブルクⅡ判決の中で示された牽連性原理の解釈は、当時としてはかなり厳格な拘束を立法者に対して課すものと評価されていた[12]ことからも、この形式の違いがさして大きな意味を持たないものであることが理解できよう。

　したがって、牽連性原理の形式に対する依存性は、権限と財源との随伴原則と、立法者に対するその原則の抽象的な義務付けを導出できるかどうかの点に留まる。

### (3) バイエルン州旧憲法と牽連性原理の普遍性

　牽連性原理の立法者拘束性が規定形式に影響を受けないとしても、立法者拘束性自体の有無が不明確な規定形式、例えば概括的牽連性原理については別途問題となり得る[13]。

　概括的牽連性原理の規定形式は、以下のようなものであった。

　バイエルン州憲法第83条（2003年改正前のもの）
　　(3) 国が事務をゲマインデに委任するに際しては、同時に必要不可欠な財源の所在が摘示されなければならない。

　この規定はラント事務の地方自治体への委任に際して財源を「摘示（erschließen）」することを立法者に義務付けるものであった。しかし、この規定形式では財源が「保障」又は「補填」されるものと定められていないことから、厳格・相対的牽連性原理の規定形式に比してラントの財政責任は明らかに不明確であって、事務と財源の対応についての立法者の判断の余地を広く残しているものとされていた[14]。

---

11)　Hans-Günter Henneke, Jenseits von Bückeburg—Gesetzgeberische Bindungen und Gestaltungsspielräume für den kommunalen Finanzausglech. NdsVBl.1998, S.33f.
12)　Henneke, a.a.O.(Anm.11), S.35.
13)　憲法上の自治体財政調整条項の解釈手法については第Ⅲ章で検討した。
14)　Mückl, a.a.O.(Anm.5), S.237f.

バイエルン州憲法裁判所は、この規定から牽連性原理を読み取ることについて、従来は否定的な態度をとっていた[15]。しかし、ビュッケブルクⅠ決定の中で自治体財政の保障構造が示された後は、ラントと地方自治体との間での権限委譲に牽連性原理を適用することを直接には宣明しないものの、同項の「摘示」の表現を根拠として立法者の費用補填義務を明確に肯定した[16]他、「同時に」や「必要不可欠」の表現の解釈の中で、牽連性原理に好意的な態度を示すようになった[17]。この過程における一連の判決の中で州憲法裁判所は、基本法・ラント憲法が制度的に保障する自治権の不可欠の前提としての自治体財政高権の保障義務が、一義的にはラントに向けられていることを前提に、事務の委譲に際しての費用摘示の同時性（Gleichzeitigkeit）に解釈を加えた。すなわち、立法者の義務は地方自治体の自己の任務領域における自律性を確保することにあり、それゆえに立法者は事務の委任によって自治事務を疎かにさせることを禁じられている。この禁止に対応して、バイエルン州憲法第83条3項は財源面における適切な財政供与の必要を定めるものであるが、それに際して事務と財源の評価的・事実的関係を明確にすることを求めたのが、「同時に」の文言だというのである[18]。

　このように、概括的な規定形式からも、自治権の制度的保障によって立法者が地方自治体に対する何らかの財政保障義務を負っていることを前提とすれば、少なくとも法律による事務の委譲の場合に財源が随伴するという原則と、立法者がその財源に配慮しなければならない義務を負うことを明らかにすることは可能である[19]。したがって、牽連性原理の形式依存性は、相当に概括的な規定

---

15）　例えば92年の判決では、牽連性はそもそも連邦とラントとの関係における立法と執行の因果性に起因するものであり、連邦財政原則の所産であるから連邦とラントの関係にのみ妥当し、ラントと地方自治体との間に妥当する余地はないものと判断している。Vgl. BayVerfGH Entscheidung vom 27.3.1992. = BayVBl.1992, S.365(366).

16）　BayVerfGH Entscheidung vom 18.4.1996. = NVwZ-RR 1997, S.301(304).

17）　Mückl, a.a.O.(Anm.5), S.240f. ただし、この点についてのミュックルの判例解釈には批判的な見解もある。Vgl. Friedrich Schoch, Verfassungsrechtlicher Schutz der kommunalen Finanzautonomie. 1997, S.171f.

18）　BayVerfGH Entscheidung vom 18.4.1996. = NVwZ-RR 1997, S.301(304f.).

19）　Friedrich Schoch, Die finanzverfassungsrechtlichen Grundlagen der kommunalen Selbstverwaltung. in: Dirk Ehlers/ Walter Krebs (Hrsg.), Grundfragen des Verwaltungsrechts und des Kommunalrechts, 2000, S.105f.

についても、問題となることはないと評価できよう。

### (4) 牽連性の規定形式における厳格化とその評価

　憲法の規定形式の次元においては、ドイツ連邦州における牽連性原理の厳格化はほぼ達成されていると評価することができる。つまり、自治体財政調整を義務付けられている全てのラントにおいて、厳格な牽連性原理が憲法上明文化されるに至ったのである。

　もっとも、牽連性原理の厳格化に関しては、憲法の規定形式の相違はさほど大きな影響を及ぼさない。規定形式は、牽連性原理の及ぶ範囲や程度を抽象的に示すものに過ぎず、またその形式は学説や憲法裁判所の解釈によって、拡張する方向で相対化されてきている。この規定形式の相対化は、あらゆる自治体財政保障条項について牽連性原理を読み込み、かつ厳格化を試みる解釈の可能性を示し、さらには牽連性原理を、国の財政保障義務に関する一般的原理に押し上げる契機と評価されるものである[20]。

## 2. 解釈における厳格化

### (1) 牽連性原理の内容解釈に関する厳格化の方向性

　牽連性原理の内容や射程をいかなるものと捉えるかは、解釈に依存するところが大きい。元来 „Wer die Musik bestellt, bezahlt sie auch." という喩えで言い表されていたこの原理の内容は、権限とそれに必要な財源の随伴に対する単なる要求に留まり、それ自体からはいかなる基準をも導き出すことができない。したがって、諸ラントにおける規定形式の厳格化には、牽連性原理を既存の憲法規定の枠内で可能な限り厳格化しようとする解釈の動きが常に先行している。以下では、この規定形式における厳格化の前提となった、原理の解釈内容における厳格化の過程を検討する。

　この次元における厳格化は、原理の要素解釈の厳密化による。ビュッケブルク判決において定式化された牽連性原理は「公的事務若しくは国の事務」を

---

20) Mückl, a.a.O.(Anm.17), S.251f.

「委譲」することを構成要件的前提として、その効果として国に「費用に関する規律」と「事務に要する費用の補塡」を義務付けるものであったが、これらの各要素について、解釈を厳密化する工夫が、各ラントにおける憲法裁判を通じて積み重ねられてきた[21]。本章でもこの方向性に即して、各要素ごとにこの次元における厳密化の動向を俯瞰することにしたい。

(2) **牽連性原理の構成要件的前提**

牽連性原理は、国が地方自治体に事務権限を移す場合に作用する。したがって、憲法上の牽連性原理の構成要件は、「公的事務若しくは国の事務」が「委譲」されることである。

ⅰ)「公的事務」若しくは「国の事務」に関する解釈

牽連性原理による保護を発動させる前提としての国（=ラント）の事務（staatliche Aufgaben）又は公的事務（öffentliche Aufgaben）の意義が問題となる[22]。ここに言う国の事務とは、地方自治体への権限委譲の以前は国が権限を有し、又は地方自治体が国の下級官庁として処理する事項を指す。それに対して公的事務は国の事務を含む行政の事項を広く指すものである。

自治体財政調整における牽連性原理の規定の中で、「国の事務」の語を用いているのは2つのラントであり、「公的事務」の語を用いるのは7つのラントである[23]。その他に、規定の上で併用又はいずれか明確にしていないラントが4つ存在する[24]。

牽連性原理は、事務の遂行に必要な財源が伴わない限り、国の事務を法律によって地方自治体に移転することを禁止する。地方自治体は憲法上の行政官庁

---

21) Friedrich Schoch, Schutz der kommunalen Selbstverwaltung durch das finanzverfassungsrechtliche Konnexitätsprinzip. in: Stefan Brink/ Heinlich Amadeus (Hrsg.), Gemeinwohl und Verantwortung: Festschrift für Hans Herbert von Arnim zum 65. Geburtstag, 2004, S.417f.
22) なお、連邦制改革による基本法の改正後は、連邦による地方自治体に対する委託行政は明文により禁止されたため、ここに言う「国の事務」は専ら「ラントの事務」を意味することになったが、ここでは引き続いて「国の事務」という用語を用いることにする。
23) 「国の事務」の文言を残すのは、ザールラント州とテューリンゲン州の憲法である。
24) ヘッセン州、ニーダーザクセン州とザクセン・アンハルト州の憲法は「義務的事務」と「国の事務」の語を併用し、バイエルン州憲法は単に「事務」とするのみである。

であるため、基本法第20条3項によって法律に拘束され、法律上の事項を処理することを義務付けられるが、一方で地方自治体は自治権を認められた自治団体でもあるため、国はその自治事務領域を害してはならない。この場合、原則としては法律による国の事務の義務付けが自治事務に優位するはずであるが、例外的に、権限の委譲に関する財源の随伴を立法者に義務付けることで、国の事務と自治的事務とを等価値化するのが、牽連性原理の防御的効力である[25]。

この枠組みでは、牽連性原理の本来の構成要件的前提は、国の事務に限られる。したがって、法律によって従来の随意事務を義務的自治事務に改め、又は従来の義務的自治事務を指図による事務に改める場合には、立法者は牽連性原理の制約を受けない[26]。

ザクセン・アンハルト州では、このような場合におけるラント憲法上の牽連性原理の適用の有無が争われた。ここでは、事務執行に対する国の規準の設定及び随意事務の義務的自治事務としての再構成に関して、地方自治体の新たな負担をラントが補塡しないことが、同州憲法の財政保障義務規定[27]に反するのではないかが問題となった。

本来、義務的自治事務や指図による自治事務については、国が定める基準によって新たな財政的負担が地方自治体に発生する可能性があるが、牽連性原理はこの負担を捕捉できない。ラントは、同州憲法第87条3項は、本来国が執行すべき行政事務の執行の確保のために国の財源補塡義務を要求するものであるから、従来国の事務であったものを委任し、又は地方自治体に義務付ける場合にその適用射程は限定されるべきであると反論していた。このラントの主張によれば、自治事務の財源を基礎付けるのは同州憲法第88条[28]であることに

---

25) 牽連性原理の防御的効力については、前章で触れた。
26) Mückl, a.a.O.(Anm.8), S.50.
27) ザクセン・アンハルト州憲法第87条
　　(3) 自治体に対しては、法律によって、自己の責任に基づいて処理すべき義務的事務を割り当てることができ、また、指図に従って処理すべき国の事務が委任される。それに際しては、費用の負担に関する定めをしなければならない。事務の処理が、自治体に負担の増加をもたらすときは、それに適切な財政調整が行われなければならない。
28) ザクセン・アンハルト州憲法第88条
　　(1) ラントは、自治体がその事務を適切に処理するために必要な財源を確保することができるように配慮する。

なり、財源の補填は単なる配慮義務となるため、ラントの判断の余地が広く及ぶものと判断されることになる。

　これに対して州憲法裁判所は、自治事務の変更に関する第87条の適用を認めた。その理由として、第87条3項は事務の委譲に関する特別な規律をなすべき立法者の義務を定めたものであり、その内容は、第88条に言う地方自治体に最小限の事務の遂行を可能とするための財政上の「基礎的供与」とは区別されることが判示されている[29]。したがって第87条3項は、従来国の事務であった事項を自治事務に改める場合にその適用を限られるものではなく、広く自治事務を義務的自治事務に変更し、又は指図を設ける場合にも適用される。さらにその後州憲法裁判所は、国の事務と義務的自治事務の文言を一体的に捉え、より広く、立法者の決定によって地方自治体に新たに生じる事務を適用範囲とする解釈を示すに至った[30]。

　このように、解釈においては牽連性原理の構成要件としての「国の事務」の内容は広く解される傾向にあるが、これは、牽連性原理の内容を原因者負担原理（Verursacherprinzip）と捉えることによる[31]。すなわち、事務の執行に必ず費用が発生するとすれば、本来その権限を有する機関がその費用を負担することは当然であり、いかなる形に変更したとしても、その負担を免れる形式的な理由付けにはならない。この負担を免れ得るのは例外的な場合に限られるということこそ、牽連性原理の防御的効力のまさに内容とするところである。この事務の内容に関する解釈は、最少供与保障と牽連性原理（事務適合財源保障）とのいずれの基準で判断されるべきかの点と関連して、形式上の立法者の判断の余地の有無を大きく変化させる意味を持つものであるが、ドイツにおいてはすでに憲法改正と裁判所による拡大解釈が定着したため、この点はむしろ連邦や欧州共同体の事務に関して問題となることが多くなりつつある[32]。

---

29)　LSAVerfG Urteil vom 17.9.1998. = DVBl.1998, S.1288(1289).
30)　LSAVerfG Urteil vom 8.7.2003. = DVBl.2004, S.434(435). この点については後述。
31)　これは、費用の原因を作った者がその費用を負担する、という原因原理（Veranlaßungsprinzip）としての牽連性の、構成要件面における具体化形態である。元来、原因者負担原理は牽連性原理に包含される関係にある。連邦財政における両者の関係については、補論を参照。
32)　Vgl. ThürVerfGH Urteil vom 21.6.2005. = Der Landkreis 2005, S.228ff.

ⅱ)「委譲」に関する解釈

　次に、事務の「委譲」の意義が問題となる。牽連性原理の防御的効力は、立法者が直接の執行責任を負う場合に、地方自治体にその費用を負担させることを禁じるものである。したがってこの効力は、ある事項について執行責任は国にあることを明らかにして決定権を残したまま国から地方自治体に「委任」(übertragen)[33]される場合にその作用を限定される。そのため、牽連性原理はそもそも立法者に直接の執行責任がなく、あるいは国の決定権の及ばない事項を「変更」(verändern)[34]する場合の財政責任を捕捉できない[35]。

　この点の牽連性原理の緩慢さは、立法者に対して、牽連性原理の防御的効力を潜脱するきっかけを与えることになる。立法者がこの原理を潜脱する方法としては、以下の2つが典型的に見られる[36]。第一は、国の事務に関して国の決定権を形式上放棄し、又は元来国の権限でなかった事務を、義務的自治事務として再構成する方法である。第二は、義務的自治事務として新たに事務区分を形成するが、その事務に関して包括的かつ緻密に基準を設けておくことで、事実上の執行責任を留保しておく方法である。

　上述のザクセン・アンハルト州のケースは、このうちの前者の方法に当てはまるものであったが、州憲法裁判所は、随意的自治事務を義務的自治事務に変更する場合にも、同州憲法の費用補塡義務が及ぶとした[37]。裁判所の採った基準は、配分される事務が地方自治体にとって「新たな事務」を発生させていれば、立法者の費用補塡責任が及ぶ、というものである。この新たな事務であるか否かは、判決によれば、立法者による事務に関する権限の規律の前と後とを比較することによって判断される。すなわち、地方自治体自身の決定によらずに、立法者のなす決定の前と後で事務権限の有無及びその執行の基準に変化が生じていれば、それによる事務の負担の増加を、新たな事務の発生と評価する。

　州憲法裁判所は、この判断の前提として、国の権限委譲と牽連性規律による

33) 我が国の法律用語で言えば、国と地方自治体の上下関係を前提とした「委譲」に当たる。
34) 我が国の法律用語では同様の現象を「移管」と呼ぶが、特に立法者によって行われる場合についての用語は存在しない。事務区分の変更とも言うべきものであろう。
35) Mückl, a.a.O.(Anm.8), S.51.
36) Mückl, a.a.O.(Anm.8), S.51.
37) LSAVerfG, DVBl.2004, S.434(435f.).

義務との直接的関係について触れる[38]。つまり立法者が費用補塡の義務を負うには、立法者自身の決定によって事務権限及びその費用負担について何らかの変化が生じることが必要であり、その変化が立法者の決定と直接的関係がある限りにおいて、立法者はその費用責任を負う。逆に、立法者はその直接的関係が及べば、当然に費用責任を負わなければならない。本件では、新たな事務の発生と立法者の決定に、直接的な関係がある、と判断された。そもそも自治権は、地方自治体自身の決定によって事務を処理することを保障するものであるが、他者の決定によって処理すべき事務の内容が変更され、さらに費用を負担させられることは、その制約に他ならないからである。牽連性原理はこの自治権に対する制約に対して、その防御的作用によって財政面から制限を加える機能を有するものなのである。

ここで州憲法裁判所が採用した基準は、形式的な「委任」の概念を、実際的な事務規律の前後関係の比較へと解消させるものであり、これによって牽連性原理の作用の捕捉範囲が大きく広がり得ることになる。ただザクセン・アンハルト州憲法は「義務付け」に関する明文規定を有するため、単に「委任」のみの規定形式に一般化することが可能かどうかは、疑問が残る[39]。実際に、同州憲法裁判所は、以前の判決において、当時「国の事務」の形式を採っていたニーダーザクセン州やブランデンブルク州の憲法規定の解釈を度外視することを明らかにしていた[40]。この点について、学説では個別の権限移管についてみれば、十分に国の決定権限の留保を基礎付け得るとする見解[41]の他、このような場合における「形式の濫用」による違憲性を指摘する見解[42]が提唱され、一般化の射程を拡張するための試みが続けられている。

### (3) 牽連性原理の法的効果

牽連性原理の効果は、立法者による地方自治体への事務権限の委譲に際して、

---

38) LSAVerfG, DVBl.2004, S.434(435).
39) Hans-Günter Henneke, Kommunale Finanzgarantien in Rechtsprechung. in: Recht der Kommunalfinanzen, 2006, S.457.
40) LSAVerfG, DVBl.1998, S.1288(1290).
41) Henneke, a.a.O.(Anm.311), S.456., Mückl, a.a.O.(Anm.8), S.51.
42) Kyrill-Alexander Schwarz, Finanzverfassung und kommunale Selbtverwaltung. 1996, S.210ff.

その事務の遂行に必要な財源を随伴させることである。立法者はこの事務権限と財源との随伴を実現するために、費用に関する規律をなす義務と、直接に事務費用を補塡する義務を負う。

  ⅰ）「費用に関する規律」をなす立法者の義務に関する解釈
　牽連性原理は、事務の費用が単に補塡されることだけでなく、それに先立って、費用補塡に関する規律が立法者によってなされることを要求する。牽連性原理の本来の意味からして、地方自治体に対する事務の委譲が立法者の決定たる法律によって行われる以上、それに伴う財源の決定もまた立法者の責任に帰することは当然である。

　それだけでなく予め費用補塡の規律をすることの必要性は、ビュッケブルク判決でも指摘されているように、費用補塡のための調査・算定過程における透明性と追証可能性を確保することにある[43]。これらの要請は、牽連性原理の機能を確保するために必要不可欠ではあるが、牽連性原理から直接に導かれるものではなく、財政民主主義に由来する立法者の財政的判断の枠として機能する[44]。ここにいう費用補塡の透明性とは、立法者による実際の費用算定の際の正確性の要請である。この透明性は、費用補塡の規律の場面と実際の補塡の場面の両方において、立法者に対する要請として機能する。これに対して、追証可能性は費用算定基準の明確性の要請であるため、補塡の規律をなす場合にのみ問題とされるものである[45]。したがってこの費用補塡の規律に関しては、調査基準の設定における客観性（形式面）と実際の算定規律の適切性（内容面）に分けられる。

　　a.「費用に関する規律」の内容
　立法者が費用の規律をなす場合、形式的には、立法者は事務の執行のための予測費用額と、地方自治体に発生する追加的負担額を、地方自治体に事務を委譲する際に調査し算出しなければならない。従来は、立法者・憲法裁判所ともこの算出義務を緩く捉える立場が目立ったが、現在では次第にこの点を厳格化

---

43)　Mückl, a.a.O.(Anm.8), S.52.
44)　NdsStGH, DVBl.1998, S.185(188f.).
45)　透明性と追証可能性の意義については、第Ⅳ章を参照。

する方向にある[46]。最近では一部であるが、ラント憲法それ自体の中に、ラント立法者に対して向けられた、費用算定に関する手続基準が含まれている例もある。また、憲法裁判所の解釈の中で示された立法者に対する要請としては、費用算定に関する認識可能性（Erkennbarkeit）、追証可能性（Nachvollziehbarkeit）、再調査可能性（Überprüfbarkeit）の確保を挙げることができる[47]。これによって形式的には、立法者に対して事務の地方自治体への委譲に際して財政状況を調査し、適切に対応する義務に加えて、その過程に関する透明化の要請が課される。ただ裁判所が、この要請に反した立法者の措置についても、法的には何ら問題を生じないとしている点は、批判されている[48]。

### b. 規律の「適切性」

内容的観点からは、これまでの裁判所の判断においては、あくまで費用補塡の規律を「なす」ことまでを要求しているに留まると解するのみで、その規律がいかなるものであるべきかについては明確に触れていない点に問題がある。裁判所の諸判決において認められたその方法としては、例えば総額算定・平均額算定・総額に占めるパーセンテージによる算定法があるが、いずれにせよ地方自治体の事務負担に対応する財源の全ての補塡が要求されているのではないとされている点が共通している[49]。

しかし、牽連性原理は、事務の委譲に際しての負担の調整に作用し、他者の決定を原因とする負担から自治体財政を保護することを、その本質とする。したがって、この原理のもとで要求される財政的規律も、地方自治体に対して保護的に作用する内容を持つ[50]。具体的には、地方自治体に事務に必要な財源をそのまま転嫁するような規律は許されず、また、ラントの財政供与能力は牽連性原理の限界として機能しない[51]。この費用負担の要請は、追加的費用を考慮することが立法者に対して義務付けられている、厳格な牽連性原理の規定の場合においては、原理に内在されるメカニズムと重なり合うものであるため問題

---

46) Hennekke, a.a.O.(Anm.39), S.446f.
47) Hennekke, a.a.O.(Anm.39), S.450f., 457, 464f.
48) 最近の判例でも、調査の適切性に関しては立法者の判断の余地がほぼ無制限に認められている。Vgl. LSAVerfG, DVBl.2004, S.434(436).
49) Schoch, a.a.O.(Anm.21), S.423.
50) Mückl, a.a.O.(Anm.5), S.221f.
51) Schoch, a.a.O.(Anm.19), S.110.

となるものではないが、相対的牽連性原理の場合には明確な意味を持ち得る[52]。

ⅱ)「事務費用の補塡」をなす立法者の義務に関する解釈
　a.「同時に」又は「それに際して」の文言と補塡の時期
　立法者は費用の補塡に関して、時間的制約を課せられる。各ラントの憲法に見られる、「それに際して(dabei)」又は「同時に(gleichzeitig)」の文言は、それを表すものである。
　この時間的制約に関する条項は、費用の算定段階において、実際の事務の委譲と算定に関する規律との間の時間的・事実的関連性を確保するものであるに留まらず[53]、立法者の費用補塡義務の継続性を要求するものとされる[54]。この時間的制約に関して、従来のビュッケブルク判決の枠組みでは、牽連性原理の予防的効果にのみ関係するものと解釈されていたが[55]、その後、この時間的制約への防御的効力の拡張が試みられている。
　まず、費用の算定段階における時間的・事実的関連性とは、少なくとも事務の委譲がなされた時点において、立法者によって形式的に有効な費用の規律がなされていることを意味するものである[56]。具体的には、各州憲法は、地方自治体に対する事務の委譲や事務の義務付けは法律又は規則によってなされることを定めるので、費用に関する規律も、その法律又は規則の中で明らかにされていなければならない[57]。この関連性を確保することを、事務を委譲する立法

---

52) NdsStGH, NVwZ-RR 2001, S.553(555).
53) なおこの時間的制約に関して、立法者が法律上明確にしていない場合でも、事務を委譲する法律それ自体に当然に付帯条項を付すものと解釈する見解がある。立法者の形成の余地に対する制約原理としての牽連性原理の位置付けを一貫させようとしたものと評価でき、実際に地方自治体が憲法異議で主張した例が存在するが、立法者の判断の余地を広く残す傾向のあるラント憲法裁判所の判断においては採用されるに至らなかった。Vgl. LSAVerfG, DVBl.2004, S.434(436)., Mückl, a.a.O.(Anm.5), S.52.
54) BbgVerfGH Urteil vom 18.12.1997.= DÖV 1998, S.336(338). この判決は、当時ブランデンブルク州憲法が相対的牽連性原理の規定形式を採っていたため、その中でラントの費用補塡義務の拡張を試みたものとして注目された。Vgl. Henneke, a.a.O.(Anm.39), S.463. なお同州では、1999年の厳格な牽連性原理への改正後にも、この判決の判断の枠組みを用いて立法者の費用予測と財源補塡とを結びつける方向性を示す判決が出されている。Vgl. BbgVerfGH Urteil vom 14.2.2002. = DÖV 2002, S.522(523).
55) この点については前章で触れた。
56) LSAVerfG, DVBl.2004, S.434(436).
57) Mückl, a.a.O.(Anm.5), S.210f.

の段階で立法者に義務付けることにより、牽連性原理は時間的制約に関しての防御的効力を獲得する。事務の委譲と財源の補填の規律との時間的・事実的近接性によって透明性・追証可能性を確保するに留まらず、この近接性を満たさなければ、法律又は規則による事務の委譲が許されないことになるからである。

　そして、立法者の費用補填義務は、委譲の時点以降も継続する。ただ、費用発生の完全な予測とそれに基づく規律を立法段階で立法者に要求することは現実的ではない。逆にこれを要求すれば、事後的負担について規律することを妨げることにもなり得る。そのため、委譲の事後に追加的費用の規律をする場合、時間的・事実的近接性の要求は局限され[58]、牽連性原理は予防的効力を発揮するに留まる。したがってこの場合、立法者には、追加的費用負担の調査に関する透明性・追証可能性の確保のみが要求される。

　このように、従来は広く立法者の判断の余地が認められていた費用予測を、事前の費用算定の段階と、事後に発生する追加的負担の調査の段階とに分けることによって、牽連性原理の防御的効力の射程は拡張され、立法者に対する要請としては厳格化されることになる。

　b. 厳格な牽連性原理における追加負担の補填

　厳格な牽連性原理の下では、事務の委譲を原因として地方自治体に追加的費用が発生した場合、ラントはその追加的費用に関する財政調整を行わなければならない。この追加的費用には、委譲により地方自治体に発生した物的経費のみならず、行政経費の全体が含まれる[59]。すなわちラントは、地方自治体の人的経費についても配慮することが要求される。

　この「追加的」負担の法律上のメルクマールは、牽連性原理の保護機能に従えば、規範的に定められるべきであり、事実たる支出に照らして定められるべ

---

58) Mückl, a.a.O.(Anm.5), S.225f.
59) NdsStGH, DVBl.1998, S.185(186). ここに言う行政経費（Verwaltungskosten）とは、国又は地方自治体の財政が負担する経費のうち、物的経費（Sachkosten）と人的経費(Personalkosten)の両方を含み、投資的経費や債務負担経費を除いたものである。物的経費とは公的な物品及び施設の調達・維持に要する経費の一切であり、人的経費とは公的な雇用関係によって発生する経費の一切を意味する。この行政経費の概念は、基本法第104a条5項に言う「行政支出（Verwaltungsausgaben）」と同様に解釈されている。Vgl. Hans Jarass/Bodo Pieroth, Grundgesetz für die Bundesrepublik Deutschland Kommentar. 15.Aufl., 2018, Art.104a. Rdnr.12.

きではない[60]。このことは、ラントが、それ以前には既に随意的自治事務として行われていた自治事務を、新たに義務的事務として地方自治体に義務付ける場合に特に要請される。

この点については、裁判所が、従来の随意事務を義務的事務に変更する場合には地方自治体に追加的負担が発生することは想定し得ないことを理由に、このような場合に牽連性原理の法的効果が及ばないと判断した例がある[61]。ただこの議論は、このような状況において地方自治体がもはや事務の処理について決定し得る位置から外れ、同時に随意事務の処理のために使われていた財源をもはや自由にできないほどに財源における拘束を受ける点を見逃しており、一貫性に欠けるとの批判がなされている[62]。例えば、立法者は算定基準を定める際に、特定の費用科目を排除することにより、地方自治体の負担を計上しないことができるが、これによって地方自治体に発生する負担がゼロとされたとしても、これはあくまで立法者の規範的評価の上での「実際の支出」に基づくものであって、実際に事務を執行しそれに対する財政措置を講ずる段階では、地方自治体の財政は立法者の決定による拘束を受けている[63]。

そもそも追証可能性は、費用算定基準を明確化し、ラント・地方自治体の両者から見て誤った算定を排除するための要請である。したがって、ここで立法者が算出する「実際の支出」によって負担調整を行うことは、この要請からの立法者の逸脱を容易にする可能性がある。それを防ぐためにこそ、追加費用の補填は、実務上の必要経費に則って行われるのでなく、その必要を規範的に評価する観点から確定する必要があると言えよう[64]。

c. 補填の範囲とその算定

---

[60] Stefan Mückl, Kommunale Selbstverwaltung und aufgabengerechte Finanzausstattung, DÖV1999, S.850.
[61] LSAVerfG, DVBl.2004, S.434(436). 確かに評価上の事実の上では、単なる事務区分の変更によって、地方自治体に追加的負担が発生することは想定できない。なお、地方自治体に対して国が補助金を給付することによる負担へのインセンティブ誘引については、ヘネッケの評釈で言及されている。Vgl. Henneke, Entscheidungsanmerkung, DVBl.2004, S.437.
[62] Mückl, a.a.O.(Anm.8), S.53.
[63] この、特定の費用科目を算定から排除する方法は、典型的な追証可能性の要請の潜脱方法の例とされるものである。Lohse, a.a.O.(Anm.3), S.114.
[64] Mückl, a.a.O.(Anm.8), S.53. なおミュックルは、これに加えていわゆる「自由な先端」の応用による一定割合の留保を提唱している。

各ラントの憲法には、牽連性原理による補塡の範囲について、「適合的な（entsprechend）」補塡を定めるものと、単に「適切な（angemessen）」財政調整を定めるもの[65]とがあるが、費用補塡の範囲についての厳格化は、後者に関して問題となる。ビュッケブルク判決においては、「適切な」財政調整は地方自治体にとっての事務費用の完全補塡を意味するものではないことが繰り返し指摘されており、補塡の範囲は一般的財政調整などの利益状況との関係で、結局は立法者の算定に委ねられるとされていた[66]。

　裁判所でも、立法者に対してその方法の詳細を提示したものはなく、これについては立法者の形成の余地が残されるとするのみである[67]。地方自治体の新たな事務権限を法律によって創設し、又は法律上の既存の権限を拡張する場合には、他の給付義務の削減又は国庫からの補助金による補塡も可能であろうが、このような場合、大抵は一般的財政調整の枠内で処理されているのが実際である[68]。事務の委譲とそれに伴う費用の補塡は法律の根拠によって行われるため、一般の最少供与保障とは異なり、国・地方自治体の財政供与能力に応じて額が上下することはないが、それでもこの処理は自治体財政保障の二層構造と牽連性原理の射程を相対化する危険を孕んでいる。

　結局、判例の枠内では、この「適切な」財政調整は、単に立法者に対する透明性の要請と解し得るに留まる[69]。この透明性の要請は、自治事務として配分する場合に特に必要とされるが、学説では、この点も「適切な財政調整」によって実現し得ると解されている[70]。ラントが国の事務を、自らの機関を通じて行う場合に、自ら費用の全額を負担しなければならないのは当然であるが、地方自治体に事務を移譲することによって、部分的であれこの費用支出義務をなぜ免れることができるのかは、確かに学説の指摘する通り、説明不可能である[71]。費用の負担なくしては事務を委譲することはできないとするのが牽連性

---

65) 「適切な」財政調整を規定する形式は、牽連性に関する憲法規定を有する13の州のうち、ザクセン＝アンハルト州とテューリンゲン州の両憲法に残るのみである。
66) NdsStGH, DVBl.1998, S.185(186)., NVwZ-RR 2001, S.553(554f.).
67) Henneke, a.a.O.(Anm.39), S.456ff.
68) Mückl, a.a.O.(Anm.8), S.54. このことは、財政調整法の枠内における「合法的な」財政負担の押し付けの蓋然性をはらむ。
69) Lohse, a.a.O.(Anm.3), S.174. なお透明性と追証可能性の射程に関しては上述。
70) Mückl, a.a.O.(Anm.8), S.54.

原理のそもそもの内容であり、このようなラントの行為は、この原理の補足するところとなる。この牽連性原理の保護内容からすれば、「適切な」財政調整も、地方自治体の全ての費用補塡を要請していると解すべきであろう[72]。すなわち、ラントには、「費用を補塡する」義務が課せられているのであり、単に「原価計算」の義務が課せられているに留まるのではない[73]。

なお、総額方式での財政調整は、この透明性の要請に適合する限りで許容される[74]。また、「適合的な」財政調整を要求するラント憲法において、立法者が誤った予測に基づいて費用を補塡したときは、この透明性の要請を持ち出すまでもなく、適合性違反を理由に、追加支出義務を基礎付け得る。

(4) 牽連性の解釈における厳格化とその評価

ビュッケブルク判決を契機として、牽連性原理の規定を有する諸ラントにおいては、自治権を財政的側面から効果的に保障するための厳格化解釈が試みられてきた。

この過程では、解釈による概念拡張を通じて、牽連性原理の構成要件的前提に関して原理によって捕捉される立法者の行為の範囲が拡張され、また法的効果についても防御的効力の及ぶ範囲が拡大し、それぞれ立法者に対する拘束の程度が厳格化された。

既に触れた通り、これらの厳格化の方向に沿って、いくつかのラントでは憲法規定が改正されるに至ったが、着目すべきは、この解釈による厳格化の試みが、規範形式の厳格化に先だって行われていた点である。そもそも当初、ビュッケブルク判決の論理の中で試みられたのも、相対的牽連性原理のもとでの「国の事務」・「委譲」・「適切な財政調整」など、原理に対して制約的に作用する概念の拡張であった。これらの概念の中には、憲法改正によって立法的に厳格化されたものもあるが、算定手続などなお解釈に頼らざるを得ない問題も

---

71) Henneke, a.a.O.(Anm.39), S.446f. 原因者負担原理（Veranlassungsprinzip）としての牽連性原理の、効果面における具体化とされるものであるが、牽連性原理の本来の趣旨からすれば当然の内容であるようにも思われる。
72) Schoch, a.a.O.(Anm.39), S.118f.
73) BbgVerfGH, DÖV 2002, S.522(525).
74) Lohse, a.a.O.(Anm.3), S.174.

残る。これらについても、これまでの厳格化の過程で行われてきたような、牽連性原理の本来的趣旨と保護機能に即した考察が、更に求められることになろう[75]。

## 3. 憲法附属法による形成と具体化

牽連性原理の厳格化をめぐる動きの中で、とりわけノルトライン・ヴェストファーレン州の動向が、重要性を有している[76]。

ノルトライン・ヴェストファーレン州では、2004年に「ノルトライン・ヴェストファーレン州憲法を変更し、その第78条3項に則った補塡費用算定及び配分手続を規律する法律」[77] が制定された。表題が示す通り、憲法改正法律と牽連性実施法は一体をなすものとして同州議会における審議・議決を経ており、またその内容について見ても、この法律は典型的な憲法附属法であるということができる[78]。

このような法律は、他に例が見られないものではない[79]。しかしノルトライン・ヴェストファーレン州における立法例が着目を集めるのは、ラント憲法裁判所が牽連性原理の厳格化にはさほど熱心でなかったにも関わらず、立法者が自ら憲法改正及び附属法律の制定を行って、その判断の余地に対する自制を行う姿勢を明らかにしたことによる。

---

75) Schoch, a.a.O.(Anm.19), S.127f.
76) Mückl, a.a.O.(Anm.8), S.55.
77) この法律は、憲法改正法律として議決されたものであり、この法律によってラント憲法に厳格な牽連性原理が導入された。なお本書では以後、この憲法附属法の呼称について、法律に付された「牽連性実施法（Konnexitätsausführungsgesetz）」に従う。
78) 憲法附属法とは、通常の議会制定法に属する国政上の規範でありながら、実質的意味の憲法に属する規範を含んでいるもの又はそれを含んでいる議会制定法を言う。憲法規定の方法が簡潔である場合には、憲法典の条項と一体をなして実質的意味の憲法規範として機能するものであり、憲法秩序の形成に大きな役割を占める。大石眞『憲法講義Ⅰ（第3版）』（有斐閣、2014年）10-11頁参照。
79) ヘッセン州は2002年に牽連性原理を導入する憲法改正と同時に同様の法律を制定し、ラインラント・プファルツ州でも2006年に単独で同様の法律が制定されている。その後、2012年にシュレスヴィヒ・ホルシュタイン州において単独での立法、2016年にザールラント州で憲法改正と同時の立法がなされており、このような立法傾向は一定の拡がりを見せている。

(1) **ラント憲法裁判所の消極的態度**

　ノルトライン・ヴェストファーレン州では、ビュッケブルクⅠ決定の直後から、自治体財政権の保障を求める自治体憲法異議が目立って提起されるようになった。

ⅰ）96 年判決──牽連性原理の採用とラント立法者の判断の優先

　当初、州憲法裁判所は、ビュッケブルクⅠ決定の中で示された、自治体財政保障の枠組みを積極的に取り入れていた。96 年判決では、早々とラント憲法第 78 条 3 項[80]について牽連性原理による解釈を採用した[81]。

　しかし一方で裁判所は、立法者の形成の余地を縮減する可能性については消極的であった。96 年判決では、「地方自治体の自治権保障には、事務権限の委譲に対応した、適切な（angemessene）財源の配分の要求が……含まれる」[82]として、憲法の「財源」の文言に、事務との牽連関係に対応した適切性のメルクマールを付与したものの、その適切性の判断については、「立法者には、いかなる事務区分について、いかなる程度において自治体の財政的要求を満たし、それをいかなる制度のもとでゲマインデに配分するかに関して、きわめて広く形成の余地が認められる」[83]と判示し、結局は従来通り立法者の判断の優先を認めた。

ⅱ）98 年判決──立法者の形成の余地の拡大

　ビュッケブルクⅡ判決による牽連性原理の具体化の過程に接しても、憲法裁判所の消極的な態度は変わることなく、むしろこの原理からの立法者による潜脱を追認するような判断が目立つようになった[84]。98 年の判決の中では、義務的自治事務としての権限委譲に関する牽連性原理の適用について、以下のよ

---

[80] 当時のラント憲法第 78 条の規定は、以下のような規定であった。
　　(3) ラントは、ゲマインデ及びゲマインデ連合に対して、法律で定めるところにより特定の公的事務を委譲して、執行を義務付けることができる。それに際して、同時に費用負担の定めがなされなければならない。
[81] NRWVerfGH Urteil vom 9.12.1996. = DVBl.1997, S.483ff.
[82] NRWVerfGH, DVBl.1997, S.483(483f.).
[83] NRWVerfGH, DVBl.1997, S.483(484). 括弧内は筆者。
[84] Schoch, a.a.O.(Anm.19), S.110.

うな説示がなされている。

「ラント憲法第78条3項は、ゲマインデ及びゲマインデ連合が、義務的事務の委譲に伴って伝統的な事務をおろそかにすることを予防しようとするものである。ここでは、事務の委譲が（随意的）事務のための財源を減少させるため、この委譲により自治の財源基盤の掘り崩しが引き起こされ得るのであるから、自治事務のための追加的負担についての補填を伴わない事務の委譲も許される。したがって、ラント憲法第78条3項は立法者に対して、自治団体への事務の委譲を原因として生じる新たな財政負担の程度を調査することを義務付けるものではなく、更にその規律をすることも義務付けない。」[85]

国の事務を委譲する形を採らず、義務的事務の形式で地方自治体に事務を委譲する方法は、牽連性原理の典型的な潜脱手法であるが、裁判所は、義務的自治事務を地方自治体に行わせる場合には、立法者はその負担義務を負わないと判断したのであった。

さらに裁判所はこの判決の中で、「憲法裁判所は法律の規定の適用可能性とその効力に関する立法者の評価については、それが算定及び方法において明白に誤っており又は明らかに否定することが可能な場合に限ってのみ、それを非難することができる」と判示し[86]、立法者の費用予測と実際の補填額の決定について、立法者の判断の余地を事実上無制約に認めた。これによって、牽連性原理は、構成要件及び効果の両面においてその効力を大きく局限されることになり、この判決を、実質的に牽連性原理の適用を放棄したものと評価する見解も現われた[87]。

### iii）2000年以降──牽連性原理の射程縮小

2000年の判決においては、委譲権限に関する費用負担のうち、当初見込みより増加した分の負担については、立法の不作為によるものであるため憲法異議の対象とはならないとされ、地方自治体の事後的増加負担分の財源移転を求

---

85) NRWVerfGH Urteil vom 9.7.1998. = NVwZ-RR 1999, S.81(84f.).
86) NRWVerfGH, NVwZ-RR 1999, S.81(85).
87) この点については、ラント憲法第78条3項が、同第79条2文（「ラントは、この要請（地方自治体の税源確保──筆者）を立法に際して考慮に入れ、かつ、その財政供与能力の枠内におけるゲマインデ間の財政調整を保障することを義務付けられる。」）との関係で空文化することを意味するという批判がある。Schoch, a.a.O.(Anm.19), S.109f.

める途が実質的に絶たれることになった[88]）。

　さらに 2001 年の判決では、地方自治体の権限は法律の枠内において行使が認められるものであることを理由に、ある権限が「自治体の事務」に該当するかどうかの法律上の評価についても広く立法者の形成の余地が認められた。裁判所は、連邦憲法裁判所の判示を引用して「（基本法・ラント憲法上の）自治権は、法律の根拠によって制限される。その制限には、限界が存在する。制限は自治権保障の核心部分を侵害することはできず、その核心部分以外においても、比例原則又は恣意禁止によって保護されている」としつつ、一方で「自治体の財政高権は……単に自治団体からその収入・支出を含む経済関連の権限が奪い去られないことを保障するのみである」[89]）とし、事務権限の委譲に関して自治体財政が蒙る変化については配慮を示さず、その保護基準も示さなかった[90]）。この判決に対しては、ある事務につき国の事務であるか地方自治体の事務であるかを、立法者が自由に決定できるとすれば、牽連性原理の構成要件的前提はますます狭められることになる点が問題であるとされている[91]）。

## (2) ノルトライン・ヴェストファーレン州牽連性実施法による原理の具体化

　ノルトライン・ヴェストファーレン州憲法裁判所は、当初こそ牽連性原理の採用に積極的であったが、その具体化・厳格化に関して言えば消極的だと言わざるを得なかった。同州における牽連性原理の具体化が特に後進的であったのは、牽連性原理の構成要件・法的効果のいずれの概念についても、立法者の広い判断の余地を認めている点に現れていた。特に効果面の、費用に関する規律をなす立法者の義務とその規律に基づく補塡の範囲の解釈については厳格化どころか[92]）、後退すらしていると評価される有様であった[93]）。

---

88) NRWVerfGH Urteil vom 13.6.2000. = DVBl.2000, S.1283ff.
89) NRWVerfGH Urteil vom 26.6.2001. = DVBl.2001, S.1595(1596f.).
90) なおこの判決は、道路整備事務をめぐる事案に関するものである点に特殊性がある。ドイツの道路行政についてはラントだけでなく連邦の権限も関わるため、ここで連邦道路行政の受任者であるラント（又は連邦自体）の決定に起因する地方自治体の事務権限の変化を、一般の事務権限の問題に一般化できるかどうかは、検討を要する問題であると思われる。
91) この点は評価が分かれる。その評価の分岐点は、自治権保障の本質的部分とされる、自治事務に関する費用が、国の事務や義務的事務によって掘り崩されないことを導き得るかどうかであろう。Vgl. Lohse, a.a.O.(Anm.3), S.158ff.

ラント議会における憲法改正法律及び牽連性実施法（本項において、以下単に「法」という）の審議は、この特に後進的な2つの要素を中心において進められ[94]、以下の2点が、厳格な牽連性を実施するための方針とされた[95]。すなわち第一には、費用に関する規律をなす立法者の義務内容の明確化である。法によって費用負担の調査基準を明文化し、特定期間内の再調査を義務付けることによってこれを実現するものとされた。第二は、実際の費用補塡の範囲とその算定の明確化である。これは、主に自治体代表の参加を保障することによって実現するものとされた。具体的には算定科目を法によって規定するとともに、費用補塡の範囲を確定する法律の審議に当たって自治体目的連合の意見を聴取し、かつ費用算定の再調査過程に自治体代表の参加を確保することによる[96]。

この方針に従い、ラント憲法第78条3項は以下のように変更された。

(3) ラントは、ゲマインデ及びゲマインデ連合に対して、法律又は規則によって、特定の公的事務を引き受けて処理することを義務付けることができ、それに際しては同時に費用の負担に関する規律がなされる。新たな若しくは委譲された特定の事務が、それを義務付けられたゲマインデ及びゲマインデ連合に本質的な負担をもたらすときは、法律又は規則によって、費用負担結果の評価に基づき、発生した負担に必要な平均的費用のために、適合的な財政調整を行うものとする。補充費用は、総額で支給される。事後的に費用負担調査における本質的な誤差が認められたときは、財政調整を将来に向けて対応させる。第2文から第4文までの詳細は法律で定めるが、その中で費用負担調査の基本原則を定め、また自治体目的連合の参加に関して規律しなければならない。

### ⅰ）厳格な牽連性原理の導入とその適用における一般原則

ラント憲法第78条3項1文は、地方自治体への事務の委任に際しての財政

---

92) この二点については、他のラントにおいても進捗が見られたかどうかは疑問がある。
93) Hennekke, a.a.O.(Anm.39), S.449. なお裁判所の消極的態度に加え、ラント議会・ラント政府もラントと地方自治体との間に牽連性原理を認める前提として、連邦が連邦―ラント間の牽連性原理を厳格化すべきであるとの立場に立っており、それぞれの思惑によりラント憲法の改正や財政調整の改革を見送っていたという背景が、事態を深刻にしていた。
94) NRWLandtagsdrucksache, 13/5515, S.21f.
95) Hans-Günter Hennekke, Finanzrecht in Reform. in: Recht der Kommunalfinanzen. 2006, S.62.
96) 武田公子「ドイツにおける自治体間財政調整の動向―牽連性原則と州・自治体間協議」京都府立大学学術報告（人文・社会）56号（2004年）115頁以下。

的保障について、厳格な牽連性原理を採ることを明らかにするものであるが、厳格な牽連性原理が有効に機能するためには、法律による費用補填の規律と手続規定の整備が前提となる[97]。法第1条[98]は、この牽連性の適用のための基本原則を定め、かつ憲法による立法者への義務付けに対応して、そのための法律上の制度の設定を要請するものである。

　法第1条は、牽連性原理に則った地方自治体への財政給付について、総額方式を採用する。これは、地方自治体の財政錯覚による冗費の発生を抑制し、行政経費を縮減する目的によるものである[99]。ただ総額方式については、立法者の設定による費用算定基準を不明確にする危険性を孕むものであることが指摘されているため、法第1条はこの総額方式について、費用の算定評価基準を明確化するとともに、規律に関する時間的制約を設ける。

　1文の「それに際して同時に」の文言は、この時間的制約に関するものであるが、その具体的内容としては、費用負担規律は、会計年ごとの財政調整法によってなされるのではなく、事務の委譲に関する法律又は規則それ自体の中で規律されることを要請する[100]。特に法第1条2項は、地方自治体の費用負担を発生させるための立法の時点での費用算定基準設定に、自治体目的連合を参加させることとしているため、その費用決定の過程を透明化しつつ、時間的・事実的近接性を確保することが可能になる。自治体目的連合の、立法過程への参加は、費用負担の規律に関するコンセンサスの形成を目指すものである。

### ⅱ）原理射程の法律による具体化

---

97) NRWLandtagsdrucksache, 13/5515, S.21.
98) 牽連性実施法第1条〔牽連性原理の適用〕
　　(1) 法律又は規則による新たな事務の委任若しくは現に存する委任可能な事務の変更が、それに関係するゲマインデ及びゲマインデ連合に本質的な負担をもたらす場合には、配分基準を含む適合的な財政調整（負担調整）が行われなければならない。これに加えて、同時に費用負担評価に基づいた、発生した事務に必要な平均的な費用の補填が、法律又は規則によって、総額形式で規定されていなければならない（負担調整法・負担調整規則）。
　　(2) 自治体目的連合に対しては、企図されている事務の委任又は変更、及びこの委任又は変更に関する財政事項に関して、可能な限り一致した決定を締結するための関与手続が設定されなければならない。
99) NRWLandtagsdrucksache, 13/5515, S.21.
100) NRWLandtagsdrucksache, 13/5515, S.22.

これまでのラント憲法裁判所の判例でも、ラント憲法に言う事務の義務付けとは、広く事務の委任の場合も含まれると理解されていたが[101]、ラント憲法第78条3項2文はこれを憲法規定に取り込んだ。すなわち、牽連性原理は新たに事務を委任する場合にその適用を限られるのではなく、既存の事務の委任事務への変更又は従来からの委任によって処理されていた事務の委任内容の変更についても適用される。法第2条はこの内容を具体的に示している[102]。ただ、牽連性原理は、自治事務には適用されない。自治事務は牽連性原理の適用のある事務とは異なり、制度的保障の内容として、国を含む他の行政主体には原則として委譲し得ないものである[103]。これに関して牽連性によるラントの財政責任を及ぼすことは、ラント憲法が採用する、自治体財政保障の二層構造を相対化することになるため、許されないのである。

　ラント憲法第78条3項2文はそれに加えて、事務の委譲が、地方自治体に本質的な負担をもたらす場合にのみ、立法者の費用負担義務が及ぶことを規定する。本質的な負担であるか否かは、平均的費用負担に比しての、個別の負担額の多少によって、判断される[104]。この負担が地方自治体に転嫁されることを防止するため、法第4条[105]が負担調整の諸原則について規定する。

　またラント憲法第78条3項2文は、立法者に費用負担の予測を義務付ける。裁判所の判決では、その評価予測には立法者の広汎な判断の余地が及んでいるものとされたが[106]、その判断の余地の縮減の指標として、同文は「発生した負担に対して」個別に、「必要」かつ「平均的な」金額を補塡すべきことを、費用増加の場合に特に要請している[107]。

---

101) 例えばNRWVerfGH, DVBl.1997, S.483(483f.).
102) 牽連性実施法第2条〔厳格な牽連性原理の妥当範囲〕
　　(1) 事務の委任は、義務的事務及び義務的自治事務に関連するものである。欧州共同体法又は連邦法の定めを根拠として事務が直接にゲマインデ及びゲマインデ連合に委任される場合には、ラントにその転換に関する自己の形成の余地が留保され、その余地が利用されるときに限り、適用される。
　　(4) 第1条1項の意味における現に存在する事務の変更とは、事務の遂行について形成される特定の要求の実行が変更される場合である。事務の執行に本質的には関係のない量的な変更は、この変更に含まれない。
103) NRWLandtagsdrucksache, 13/5515, S.22. 審議段階であえてこの点に言及があるのは、地方自治体の財源に対する要求がそれだけ強かったことを示すものであろう。
104) NRWLandtagsdrucksache, 13/5515, S.22.

ⅲ）実際の補填方法——負担調整

　ラント憲法第78条3項3文は憲法明文によって、地方自治体の負担調整を行う場合の方式として総額方式を採用することを明らかにする。同項1文及び法第1条の規定及び趣旨に鑑み、増加費用を個別計算することは許されない[108]。さらに同項4文では、厳格な牽連性原理の導入に対応した、保護立法者の予測の事後に発生した費用の誤差に関する財政調整を規定する。この本質的な誤差が発生した場合には、負担調整は、将来に向けて、実際に発生した負担に適合するように行われなければならない。詳細は、法第4条が規定する。

ⅳ）自治体目的連合の参加手続

　ラント憲法第78条3項5文は立法者に、牽連性を実施する法律を制定することを義務付ける。この法律には、費用負担評価をなす際の基本原則を規律し、かつ負担調整の制度に加えて自治体目的連合の参加手続の実施に関する規定を設けなければならない。この規定によって、憲法改正と同時に牽連性実施法が成立した。この法律が定める参加手続[109]は、立法過程における関与と聴聞を中心とするものであり、目的連合には法律案に関する同意権が認められる[110]。

---

105) 牽連性実施法第4条〔負担調整〕
　　(1) 事務の委譲が追加的負担をもたらすときは、事務を委譲する法律又は負担調整に関する法律において、費用調整又は配分基準を規定する。配分基準には、各ゲマインデ・ゲマインデ連合に割り当てられる費用の総額が設定される。配分基準は事実に適合して、事務を委譲する法律の規定内容から導出されなければならない。年間の調整は、総額によって行うことができる。
　　(3) 調整の第1回支払いは、負担調整を規律する法律の発効ののち、直ちに行われなければならない。この支払いは、事務が行われた限りにおいて交付するものとする。調整の年間総額は、変動しうる。
　　(4) これらの事務に対するその後の変更により（負担の）軽減があったときは、総額は差し引かれる。増加があったときは、総額は増額される。
　　(5) 費用負担の見積りは、遅くとも5年が経過するうちに再調査される。……
106) 例えば NRWVerfGH, NVwZ-RR 1999, S.81(85).
107) NRWLandtagsdrucksache, 13/5515, S.22. 牽連性実施法第3条は、この点を規定する。
　　牽連性実施法第3条〔費用負担の見積り〕
　　(1) 費用負担の見積りは、経済的行政活動に際して発生する必要な、平均的費用に基づいて定められる。
　　(2) 1項に基づく予測に際しては、委任事務の費用、収入及びその他の負担軽減が見積もられなければならない。この算出結果は書面によって証明されなければならない。
108) NRWLandtagsdrucksache, 13/5515, S.23.

この手続は、ドイツ連邦制における連邦参議会の同意立法制度に範をとったものとされるが、連邦参議会の同意ほどに積極的な関与を予定したものではなく、あくまで費用補塡における透明性の確保と、ラント・地方自治体間の対話的関係を意図したものとして設計されているものである[111]。

(3) 牽連性の立法的形成とその評価

　以上のように、ノルトライン・ヴェストファーレン州の憲法附属法律は、従来解釈による厳格化が難しいとされていた内容を具体的に定めるものであるが、この試みは、具体的な規定だけでは立法者の判断の余地を実際に完全に制限するには至らないとの前提に立っている点が、ユニークと言える。確かに経済財政の運営において、財貨を扱う者と監視を行う者とが同一なのでは、自制が期待できないのは自明の理である。しかし、立法者の判断の余地が介在する憲法の上では、そのことは決して自明ではなかった。

　この原理を具体化し、かつ自明でなかったことを自明化する牽連性実施立法の試みは、さしあたり期限を区切って行われている。この試みがいかなる結果を残すのかが明らかになるには、なお時間が必要である。

## 4. 小括

　本章では、ニーダーザクセン州国事裁判所ビュッケブルク判決以降の牽連性原理の厳格化・具体化の方向性について検討してきた。

　牽連性原理については、構成要件・法的効果の両面において、解釈による厳格化が試みられてきたが、これはビュッケブルク判決において示された諸概念

---

109) 牽連性実施法第7条〔参加義務〕
　　(1) 自治体目的連合の参加手続において、法律案は第6条に基づいて、遅くともラント政府の最初の決定の後4週間の期限内に、この団体の態度決定のために送付される。変更された法律案については、少なくとも1週間の期限を設ける。
　　(2) 1項に定める期限の経過の後、権限を有する官庁は自治体目的連合に対する聴聞を行う。自治体目的連合の協力の下に、聴聞は行わないことができる。
　　(3) 自治体目的連合が、費用負担の算定に同意したときは、権限を有する官庁はこの結果を、議会法案又は政府の決定する法律案に記録する。
110) NRWLandtagsdrucksache, 13/5515, S.28.
111) LTNRW, Plenarprotokoll 13/123, S.12070. (Dr. Fritz Behrens, Landesinnenminiser).

を拡張し、適用範囲を広げるとともに、効果の及ぶ範囲を普遍化する可能性を示した。2002年以降に相次いだ各ラント憲法規定の厳格化は、この解釈による原理の拡張・普遍化の試みの結実とも言うべきものである。その後、規範形式における後進州であったニーダーザクセン州と、解釈における後進州であったノルトライン・ヴェストファーレン州の憲法改正及び憲法附属法による補完によって、ドイツ国内でのこの厳格化は完成したと評価できる。ただし、一応の完成を見たドイツにおける牽連性原理の厳格化や立法による補完のあり方が、一般的なものと言えるのか、それとも地方自治に対するドイツ的な制度的保障の枠組みに特有のものであるのかは、なお検討を要する問題である。

　牽連性原理は、憲法によって制度的に保障される地方自治体の財政高権の内容を決定する、いわば保障を実現するための制度の1つであって、それ自体は制度的保障の内容ではないため、この原理の内容や形式も、制度的保障の内容に沿って変化し続けていくことが予想される。それゆえ、牽連性原理の具体化のあり方や厳格化の傾向は、ある程度、その時代や社会の法文化に左右されるところがあるとも言えよう。この牽連性原理に関する可能なバリエーションについては、第3編において後に検討する。

# 第Ⅷ章

# 自治体財政に対する最少供与保障

　本章では、自治体財政調整の最少供与保障機能の概念と法的構造について、これに作用する財政憲法原理との関係を踏まえて考察することを試みる。

　自治体財政調整が財政面から保護する地方自治体の事務には、大きく分けて地方自治体固有の事務と、国から委託された事務とがあるため、自治体財政調整もそれぞれに対応して行われる。ドイツにおける自治体財政調整の指導的判例においては、固有の事務に対応する機能が最少供与保障（Mindestausstattung）、委託された事務に対応する機能が事務適合財源保障（Aufgabenangemessene Finanzausstattung）として、それぞれ定式化されている[1]。この2つの機能は、憲法による地方自治の保障に対応した自治体財政保障の二本柱として位置付けられており、両者はそれぞれ独立して、別個の憲法原則に支配されて自治体財政の保護のために作用するものとされる。この2つの機能のうち、後者については判例の中で示された原則の具体化を経て、これを支配する憲法原則としての牽連性原理が確立しているのに対して、前者については判例及び学説の言説がなお区々であり、原則の確立はおろか具体化の対象となるべき原理内容すら見出すことが困難な状況である。

　本章では、地方自治体の固有の事務に対する財源保障の特殊性と、それに対する立法者の判断の及ぶ範囲に関する捉え方との整理を通じて、最少供与保障に関する混迷を解きほぐすための糸口を探ることにしたい。具体的には、まず

---

[1]　一連のビュッケブルク判決の経緯とその後の事務適合財源保障の具体化に関しては、Ⅵ章及びⅦ章で検討した。

意味内容に関する混迷の原因を踏まえつつ最少供与保障の意味と憲法上の位置付けを明らかにする。その上で、ここで明らかにした最少供与保障の意味に則った財源保障に関する判例及び学説の状況を俯瞰し、その中で示されたいくつかの原理内容の妥当性を検討する。

## 1. 自治体財政に対する最少供与保障の概念

### (1) 「最少供与保障」の意味をめぐる混迷

事務適合財源保障の意味内容が、牽連性原理を中心として明確にされているのに対して、最少供与保障の意味内容はそれ自体さほど明確になっているわけではない。そもそもこの最少供与保障が、地方自治体の固有の事務まで含めて適合的な財源を保障する趣旨のものであるとすれば、この保障も事務適合財源保障と言い得るであろうし[2]、あるいは反対に、事務適合財源保障が、文字通り地方自治体の事務全般に適合する最少限度の財源を保障する趣旨であるならば、これを最少供与保障と呼べなくもない[3]。その意味で、両者は相対的な概念に過ぎない。しかしながら、この相対性を意識せず、区別を明らかにしないままに多様な意味を含めて「最少供与保障」の語が用いられていることが、混迷をもたらしている原因の一端である。

そこで、この保障の法的構造の解明を試みるに先立って、事務適合財源保障に対置される意味においての「最少供与保障」のメルクマールをまず明らかにしておきたい。

### (2) 憲法問題としての「最少供与保障」

　i ) 財政危機期以前

自治体財政に対する「最少供与保障」の概念自体は、それほど目新しいものではない。制度的に保障される地方自治ないし自治権の内容としての自治体財

---

[2] Hans-Günter Henneke, Kommunale Finanzgarantien in Rechtsprechung. in: Recht der Kommunalfinanzen, 2006, S.446f.
[3] Uwe Volkmann, Der Anspruch der Kommunen auf finanzielle Mindestausstattung, DÖV 2001, S.497.

政高権の内容に、事務の処理に必要な最低限の保障が含まれるか否かについての議論は、基本法の下での地方自治に関する制度的保障理論の定着期から存在している[4]。この最少供与保障は、基本法第 28 条 2 項が保障する自治体財政高権の内容としての、地方自治体存立のために適切な財政保障（Angemessene Finanzausstattung）の一要素として発想されたものであり、この発想に則った地方自治体の主張が争われたことによって、連邦憲法裁判所の判例にも比較的早くから登場する[5]。

しかし、この時期における最少供与保障は、具体的な定義や意味付けを与えられることはなく、また与えられる必要もなかった。この時期における主たる問題は、地方自治体には自治権（あるいは自治体財政高権）の要素として、地方自治体にその事務に関する収入及び支出を行う権限が認められていることを前提として、その財源を事務権限とともに国が地方自治体から吸い上げ、あるいは合理化によって減額することが許されるか否かにあった。そのため、まずは事務権限の吸い上げが自治権侵害に当たるか否かのみが枢要な問題とされ、事務権限の変化に伴って獲得できる財源の額が変動することはむしろ当然のことと考えられたのである。すなわち財源そのものが削減されたわけではなく、処理すべき事務の量に変化が生じているのであるから、問題とすべきは事務の量についてであって、地方自治体の財源保障がいかなる程度に及んでいるかは、ここでの結論には全く影響しないとされていた[6]。

さらに、この時期の最少供与保障は、「地方自治の保障にとっての」最少限度の財政保障の意味で用いられていた点に着目しなければならない。確かに基本法及び諸ラント憲法は、地方自治の諸制度を、地方自治体の全権限性と自己責任への配慮の上で形成することを、立法者に対して義務付けている[7]。しかしながら、いかなる額を財源として供与すればこの義務を果たすに十分であるかの基準は、ここからは全く導出され得ない。そのため、地方自治の保障に

---

[4] Michael Inhester, Kommunaler Finanzausgleich im Rahmen der Staatsverfassung, 1998. S.79f.
[5] BVerfGE 26,172(181); 71, 25(36f.). ただし連邦憲法裁判所は、自治体側の主張の通りの自治体財政高権の内容解釈を示したわけではなく、態度としてはむしろ現在まで一貫して冷淡である。
[6] BVerfGE 71, 25(37).
[7] BVerfGE 79,127(146f.,156ff.). ＝ドイツ憲法判例研究会編『ドイツの憲法判例Ⅱ（第 2 版）』（信山社、2006 年）383 頁（駒林良則）。

とっての最少限度の財源保障と言う場合には、地方自治体にいかなる量の財源を保障するか以前に、そもそも地方自治体の財政権限の質を問題となし得るに留まる[8]。言い換えれば、ここでの自治体財政に対する憲法的保障は、地方自治体の収入及び支出を含む財政権限の全てを剥奪することからの保護のみをその内容とするに留まり、その内容としていかほどの財源を供与すべきかについてはもはや憲法論の外に置かれ、立法者の裁量に委ねられることになる[9]。

このように、この時期における最少供与保障の語は、地方自治保障を唱える際の題目たるに留まり、明確な法的意味を有していなかったばかりか、憲法問題の俎上においてはむしろ財政的判断に関する立法者の裁量を広く許容する理由として機能していた[10]。憲法論の外に置かれていた最少供与保障に対して、憲法の観点から具体的な意味付けや定義が与えられなかったことは、当然のこととも言えよう。

この後、基本法よりも具体化された自治体財政保障条項を持つラント憲法のレベルにおいて、最少供与保障と適切な財源保障とを区別する判決が現れている[11]。しかしこの判決は、「地方自治の保障にとって必要な（erforderlich）」最少限度にこだわる点で連邦憲法裁判所の論理に忠実なものであり、用語法としてはともかく憲法解釈としての最少供与保障の独自性を認めるものではなかった。

こうして、最少供与保障の概念は暫くの間、憲法問題の埒外に放逐された不遇な位置に甘んじることになる。

ⅱ）嚆矢――ニーダーザクセン州国事裁判所ビュッケブルクⅠ決定

単なる政策上の題目に過ぎなかった最少供与保障が、憲法問題として扱われるに至るのは、財政危機期を迎えた1990年代中盤以降のことであった。財政を介しての自治権侵害が憲法問題として顕著になる中で、自治体財政に対する最少供与保障は憲法問題の域内に招き入れられ、憲法上の自治体財政調整の文

---

8) BVerfGE 83, 363(382).
9) Inhester, a.a.O.(Anm.4), S.87f.
10) ビュッケブルクⅠ決定の直前まで、各ラントにおける財政調整に関する裁判では、財源保障が適切なものであるか、あるいは最少限度を充たすものであるかの判断について、立法者の裁量を広く認める判決が相次いだ。例えばRhPfVerfGH Urteil vom 18.3.1992. = DVBl.1992, S.981(986).
11) NRWVerfGH Urteil vom 19.7.1985. = DVBl.1985, S.2321(2323).

脈において登場することになった。

　この嚆矢となったのが、ニーダーザクセン州国事裁判所ビュッケブルク I 決定[12]であった。ラントの財政調整法を初めて違憲とし、この後における自治体財政調整に関わる諸裁判に大きな影響を与えたこの決定は、自治体財政に対する二層的保護を、地方自治保障の憲法条項の構造から導出し、これを具体化した点に最大の特徴を有していた[13]。すなわち、地方自治体に対する事務の委任を認めたラント憲法第 57 条 4 項[14]と、ラントの一般的な財政調整義務を定める第 58 条[15]の作用範囲を隔て、保障内容に差異を設けることによって、財政に関する立法者の判断の余地の及ぶ範囲を制限しようとしたのである。この決定においてニーダーザクセン州国事裁判所は、ラント憲法による自治体財政保障の構造について以下のように判示している。

　「連邦憲法裁判所は、連邦憲法によって保障される地方自治体の財政高権に、適切な財源保障や、あるいは少なくとも財政上の最少供与が含まれているか否かを明確にしていない。しかし、ニーダーザクセンに関してはこの点を肯定することができる。なぜならラント憲法はラントに対して、ゲマインデ及びラントクライスに、その任務を処理するのに必要な財源を固有財源の摘示若しくは財政供与能力の枠内における自治体間財政調整を通じて、得させることを義務付け（ラント憲法第 58 条）、またゲマインデ及びラントクライスに委任した国の事務の負担に関する定めをすることを義務付けているからである（ラント憲法第 57 条 4 項）。」[16]

　ただし、これらの裁判における立法者の判断の余地に対する制限の主眼は、

---

12）　NdsStGH Beschluss vom 15.8.1995. = DVBl.1995, S.1175ff.
13）　Hans-Günter Henneke, Jenseits von Bückeburg—Gesetzgeberische Bindungen und Gestaltungsspielräume für den kommunalen Finanzausglech, NdsVBl. 1998, S.27. 第Ⅵ章 2 を参照。
14）　ニーダーザクセン州憲法第 57 条
　　（1）ゲマインデ及びラントクライスならびに特定の公法上の団体は、法律の枠内において、その事項を自己の責任に基づいて処理する。
　　（4）ゲマインデ及びラントクライスならびに特定の公法上の団体に対しては、法律によって国の事務を指図に従って執行すべきことを委任することができる。それに際しては、同時に費用の負担に関する定めがなされなければならない。
　なお、この条文は 2006 年改正によって厳格な牽連性原理が導入される前のものであるが、ここでは当時の判決の中で憲法裁判所によって適用された条文を掲げる。
15）　ニーダーザクセン州憲法第 58 条
　　　ラントは、ゲマインデ及びラントクライスに対して、その固有税の摘示や、ラントの財政供与能力の範囲における自治体間財政調整を通じて、その事務遂行に必要とする財源を確保する義務を負う。
16）　NdsStGH, DVBl.1995, S.1175(1175).

委任事務財源が一般財源化されることによって、本来国に生ずるべき支出が地方自治体に転嫁されることの防止に置かれていた。そのため、この決定において裁判所は、委任事務に対する財源の適切性ほどにはラント憲法第58条の保障内容に積極的な内容を与えず、むしろ消極的にその内容を画定させる方法を採った。

　この決定においては、ラント憲法第57条4項による委任事務財源の保障は、第58条による最少限度の財源保障とは異なる位置付けにあるとされた。そして委任事務に対応した財源保障は、第57条4項から導出される立法者に対しての要請に照らして適切な財源保障であることを要し、具体的にはその適切性は、以下の3点を立法者が遵守することによって確保されることが指摘された。すなわち、委任事務に対応した財源は、第一に国による事務の委任を原因とし、委任された事務を単位として配分されること[17]、それゆえに第二に財源の補填に当たっては地方自治体の財政力を基準としないこと[18]、第三に委任事務を処理する本来的責任は国にあるため、その費用の負担についてはラントの財政供与能力の留保が伴っていないこと[19]である。したがって、この決定における委任事務適合財源保障に対置される意味においての最少供与保障は、①個別の事務を基準とせず、②また地方自治体の財政力を基準として配分され、③さらにその配分額の決定についてはラントの財政供与能力の留保が伴っていることをメルクマールとして捉えられる。

　なおこの決定においては、ラント憲法第57条4項による適切な財源保障と第58条による最少供与保障との間の、財源保障の程度に関する差異は明らかにされていない。すなわち、両者は地方自治体に発生する負担の全ての補填を要請するものではない点においては同様とされた。

### iii）継受——バイエルン州憲法裁判所96年判決

　「最少供与保障」を憲法規定から導出しようとする方向性を同じくし、より立ち入って「最少供与保障」の語を用いた判決が、やや遅れてバイエルン州憲

---

17)　NdsStGH, DVBl.1995, S.1175(1176).
18)　NdsStGH, DVBl.1995, S.1175(1177).
19)　NdsStGH, DVBl.1995, S.1175(1177).

法裁判所で出されている。

バイエルン州憲法裁判所は、1996年4月18日の判決[20]において、最少供与保障の意味について、当時のラント憲法第10条・第11条[21]による自治権の保障が、自治の財政的基盤をも含んでいることを前提として、以下のように説示した。

「自治権は、ラントに対して向けられた、適切な財源保障（「最少供与保障」）の要請を含んでいる。なぜなら、自己責任に基づく行動は、それに相応の自治団体の供与能力を前提としているからである。憲法による最少供与保障の保障は、自治権が掘り崩され財政上の基盤が有効な自治活動から剥奪された場合に侵害されることになる。したがって、ゲマインデには、目的との関係で十分な、義務的自治事務及び委任事務の他になお随意事務を行い得るように算定された最少供与保障が、法律によって保障されなければならない。」[22]

20) BayVerfGH Entscheidung vom 18.4.1996. = NVwZ-RR1997, S.301ff. なお、この判決の事案については第Ⅲ章4(2)を参照。
21) バイエルン州憲法の自治権保障規定は、2003年に改正されたが、その主眼は自治体財政に対するラントの保障義務を明確なものとし、特に委任事務財源の保障に関する厳格な牽連性原理を導入することであった。以下に掲げるのは、全て改正前の条文である。
　　バイエルン州憲法第10条〔ゲマインデ連合の自治権〕
　　(1) 自治団体としてのゲマインデ連合が、各クライス及び各県の領域に設置される。
　　(2) ゲマインデ連合の固有の任務領域は、立法により定められる。
　　(3) ゲマインデ連合に対しては、法律によって、国の名において遂行すべき事務が委任される。ゲマインデ連合は、この事務をラント官庁の指図に基づいて、若しくは他に定めるところに従って、独立に遂行する。
　　第11条〔ゲマインデの自治権〕
　　(1) 国の各領域は、ゲマインデに分轄される。この例外は、特に定める無人の土地（自治体に属さない領域）である。
　　(2) ゲマインデは、本来的な公法上の領域的共同体である。ゲマインデは、法律の範囲内においてその固有の事項を自ら規律し、かつ執行し、特に首長と代表機関を選出する権利を有している。
　　(3) ゲマインデは、国の名において執行すべき事務を法律に基づいて委任される。
22) BayVerfGH, NVwZ-RR1997, S.301(302). なお、改正前のバイエルン州憲法は自治体の事務区分に対応した財源保障についての明確な規定を有していなかったため、自治体の具体的な財政保障は専ら法律レベルに委ねられていた。なお自治体財政に関する当時のラント憲法の条文は以下の通りである。
　　バイエルン州憲法第83条
　　(2) ゲマインデは、それぞれ予算を作成することを義務付けられる。また、公課の徴収によってその財政的需要を充足する権利を有している。
　　(3) 国が事務をゲマインデに委任するに際しては、同時に必要不可欠な財源の所在が摘示されなければならない。

ここからは、ここに言う最少供与保障が、委任事務を含む事務全般に関する財政的な最小限度なのか、それとも固有事務に主眼のある最小限度なのかが必ずしも明らかではない。しかし、この判決は地方自治体に対する財政負担の賦課の可否が争われた事件についてのものであり、判断対象となっている憲法条文は、地方自治体に自治財政権を認めたラント憲法第83条2項2文であったため、ここに言う最少供与保障の用語については、委任事務を除いた固有事務に関する一般的な自治体財源保障について用いられたものとして理解される[23]。

　この判決では、最少供与保障の語がそのような意味において用いられていたために、この財源保障に対する立法者の判断の余地の限界に関しては、以下のような、ビュッケブルクⅠ決定の場合よりも直截的に立ち入った判断が示された。

　「自治体財政保障に関する立法者の形成の余地の限界は、自治権がその本質内容と核心領域において不可侵とされなければならないことに存する。ラント憲法第11条2項による自治権は、「法律の範囲内において」のみ保障されるものであり、それゆえにこの法律の留保は、ラント憲法第11条2項と第83条2項2文による自治体財政高権にも及んでいる。しかし立法者は、ゲマインデの財政高権を、上述の財政上の最少供与保障の要請を侵害し、自治権を掘り崩すような方法において制限してはならない。自治権の核心領域と本質内容は、ゲマインデの財政高権に関しても不可侵である。
　……上述の、ゲマインデに対する財政上の最少供与保障の原則においては、──ラント憲法第83条3項における委任事務財源に関する特別規定は別として──ゲマインデの財政上の最少供与に対する権利が侵害されたか否かの判断は、国の交付金を含むゲマインデの総収入が、ゲマインデに義務付けられる事務との関係において対応しているか否かによってなされることになる。」[24]

---

23)　この判決は委任事務に関する財源保障の内容を示しておらず、また当時のラント憲法の規定における委任事務財源・固有事務財源と立法者の判断の余地との関係自体があいまいさを残していたことを考慮すれば、ビュッケブルクⅠ決定の意味におけるほどには、事務を財源保障の区分基準とすることにこだわったものではないとも言える。Vgl. Henneke, a.a.O.(Anm.2), S.470. なお実際にはこの判決の「適切な財源保障」と「最少供与保障」の語の用い方にはぶれが見られる。両用語を相互交換的に用いて、随意事務だけではなく義務的自治事務・委任事務に関する最少供与保障又は適切な財源保障のいずれもが、同様に国家経済の一部として立法者の広範な判断の余地の下にあり、かつラントの財税供与能力の範囲内において保障されるにとどまるものと説示した部分がある。Vgl. BayVerfGH, NVwZ-RR1997, S.301(303).
24)　BayVerfGH, NVwZ-RR1997, S.301(303).

この判決は自治体財政が立法者の形成の余地の下にあることは認めつつ、固有事務についても制度的保障の枠の下でこの形成の余地を狭め得るとする解釈を示した。ここに委任事務の財源保障と固有事務の財源保障とは、それぞれ独自の内容を持つことに加え、立法者の形成の余地の制限に関する独自の効果を持つものとして区別されるとの理解が示された。

　またこの判決は、地方自治の制度的保障に関する本質性理論（Wesentlichkeits-theorie）を援用し、この核心領域と周辺領域における保障の程度を、立法者の形成の余地の制限に反映させようとしている。憲法裁判所は、この判決以前に、地方自治体の財政高権それ自体は自治権の核心領域に含まれるとする理解を示したが[25]、この判決の枠組みはその本質性理論の射程を拡大し、財政保障の構造に転用しようとするものである。この枠組みで言えば、制度的保障の枠によって、地方自治体には固有事務の負担に対する適切な財源保障がなされなければならないが、特に核心領域における財源については、最少供与としての特に強い保障が立法者に義務付けられる[26]。

　もっともこの判決では、その核心領域が何を意味するものかについての具体的な判断は示されず[27]、結局は立法者の形成の余地を事実上ほぼ無制限に認める結論に至った。この判決の有する意義は、観念的に委任事務と固有事務それぞれに関する財政保障の内容と効果が異なり得ることを示唆したことに留まると評価するべきであろう。

ⅳ）定着──ニーダーザクセン州国事裁判所ビュッケブルクⅡ判決

　ビュッケブルクⅠ決定は、従来その位置付けが明らかでなかった最少供与保障と事務適合財源保障とを、別々の憲法規定に根拠を求めることで区別して、消極的であるにせよ最少供与保障のメルクマールを示したものであり、そしてバイエルン96年判決は委任事務財源と固有事務財源の区別を示したものであった。しかし憲法問題としての最少供与保障の嚆矢となったこれらの判決は、

---

25) BayVerfGH Entscheidung vom 27.3.1992. = BayVBl.1992, S.365(367).
26) BayVerfGH, NVwZ-RR1997, S.301(303).
27) 自治行政の遂行に当てるための人的経費及び物的経費の支出が財政高権の核心領域に属するとの説示がなされたのみである。Vgl. BayVerfGH, NVwZ-RR 1997, S.301(305).

先駆的であったがゆえに理論的には未成熟であり、それぞれに不十分な点を有していた。これらの判決で示された判断枠組は、ビュッケブルクⅡ判決[28]に受け継がれて補完され、憲法問題としての最少供与保障の地歩を確かなものにしていくことになる。

この判決は、まずビュッケブルクⅠ決定がラント憲法第57条4項と第58条の保障内容を隔てたことを受けて、第57条4項はラント法律による事務の委任とその財源に関する保障規律であって第58条の保障とは排他的な関係に立つものであり、後者は地方自治体による事務の執行を可能ならしめるための一般的・包括的な財源保障を規律していることを示した[29]。そして、Ⅰ決定が固有事務に触れなかった部分を補う形で、第57条4項の財源はラントの財政供与能力とは無関係であるのに対して第58条の財源はこれに依存して配分されることを明らかにした[30]。これによって、委任事務に関する適正供与保障と、一般的な財源に関する最少供与保障は特別法と一般法の関係にあることが明確にされたことになる。

その上で、ラント憲法第58条の財源保障の内容については、以下のように説示した。

> 「ラント憲法第58条は、ゲマインデ及びゲマインデ連合に、その事務の執行に必要な財源を、固有税源の摘示及びラントの財政供与能力の枠内における自治体間財政調整を通じて確保させることを、ラントに対して義務付けている。連邦憲法によって地域的共同体に保障されている財源配分に加えて、ラントがこの義務をいかに果たして地域的共同体が自己の事務を執行することを可能にし、かつその財政力を維持させる意味における最少供与保障を保障するかについては、広い形成の余地を有する立法者の判断に委ねられる。」[31]

判示の文言はバイエルン州憲法裁判所96年判決が立法者に広い裁量を認めたのとほぼ同様であるが、この判決では最少供与保障の文言につき、「固有事務の執行を可能にし、財政力を維持させる」ために行う財政保障を意味するものとして、その意味内容をより明確にするとともに、委任事務に対する適正供

---

28) NdsStGH Urteil vom 25.11.1997. = DVBl.1998, S.185ff.
29) NdsStGH, DVBl.1998, S.185(186).
30) NdsStGH, DVBl.1998, S.185(187).
31) NdsStGH, DVBl.1998, S.185(186).

与保障との間で完全に切り離した。

　ただ、適正供与保障は地方自治体の固有事務を可能にする目的のために行われるべきものであるから、その意味での事務に対する適切性の判断は必要である。これについては、第57条4項の財源は各委任事務についての費用として配分されるのに対して第58条の財源は地方自治体の事務の総体について配分されるとして、財源と事務との対応に関する基準を隔てたばかりでなく、第58条の要求する財政調整については「事務に対応した財政調整（aufgabengerechte Finanzausgleich）」の語を用い、概念の混同を注意深く避けている[32]。

　またこの判決においては、固有事務に関する地方自治体の自己責任が、自治権保障の核心領域に属することを認めている。すなわち、財源保障が不十分であることによって随意的自治事務に充てられるべき財源が取り崩されてその執行が不可能となった場合、それは地方自治体の事務に対応した財源保障の最小限度を下回っていることを意味し、「そのような事務の負担とその費用責任に関する明白な不均衡によって、地方自治の核心領域は容認すべからざる方法において侵害されている」ことになる[33]。

　しかし、この判決は、この核心領域の保障に関する説示においては、バイエルン州憲法裁判所96年判決とは異なる論理展開を辿った。ここで、第58条の財源保障が一般にラントの財政供与能力の下にあることを認めつつ、それと対立させる形で、地方自治体の最少供与保障の余地を確保しようとしたのである。

　「ラント憲法第58条は、事務の執行に「必要な財源」とラントの「財政供与能力」との、規範的な緊張関係による矛盾規律を含む。ここから、ある負担に関する正当かつ公正な配分が得られる。すなわち、ラントと地方自治体それぞれの事務が等価値であることを前提に、ラントと地方自治体にそれぞれ公正に事務に対応した財源を確保させるように、配分の対称性が要請されている。」[34]

　この判決では、当てはめにおいて、ラントと地方自治体の財政収入・支出を比較した上で、ラントの財政収入と地方自治体の事務の負担が増加しているの

---

32）　NdsStGH, DVBl.1998, S.185(187).
33）　NdsStGH, DVBl.1998, S.185(187).
34）　NdsStGH, DVBl.1998, S.185(187).

に対して、一般的財政調整によって配分される地方自治体の財政収入は減少していると評価し、財政調整法の配分基準を違憲と断じているが[35]、ここでは最少供与保障の程度について、なぜこの事務の同等性を前提とした配分の対称性が判断基準になるのか、そして制度的保障の構造とこの基準とがいかなる論理的な連関を持つものかについては語られていない[36]。

いずれにせよこの判決については、細心の注意をもって、最少供与保障の概念を、委任事務に対する適正供与保障と区別した点が評価されるべきであり、この判決における説示をもって、自治体財政保障の二本柱の1つをなす「最少供与保障」の概念が確立したと評価することができる[37]。またこの判決は、ラント憲法の自治体財政保障規定に関する2つの規定それぞれに章を割り当てて個別に検討を加える判決形式の先駆けであり、この形式は今後各ラントにおける自治体財政調整に関する憲法裁判においても雛形とされることになった。

### (3) 「最少供与保障」の特質

ここで、以上の判決において示された最少供与保障のメルクマールを整理しておく。これらはいずれも、地方自治が、地方自治体の全権限性と自己責任の保障をその内容としていることに由来するものである。以下、それぞれの内容を概観する。

#### ⅰ) 一般的財政調整としての特質

まず、ニーダーザクセン州憲法第58条が保障する最少供与保障は、同州国事裁判所によれば、原則として個別の事務を単位とせず、総体としての地方自治体の事務処理に必要な財源を一般的に保障する制度としての、一般的財政調整として機能する。地方自治体の全権限性・自己責任を尊重する観点からは、一般的財政調整は、対象となる事務や目的を特定して行われてはならず、さらに調整によって配分された財源の支出は、地方自治体の決定に委ねられていなければならない[38]。この一般的財政調整の特質から、最少供与保障の対象と程

---

[35] NdsStGH, DVBl.1998, S.185(188).
[36] 後のビュッケブルクⅢ判決を待たなければならない。この点について後述。
[37] Henneke, a.a.O.(Anm.13), S.29f.

度が導き出される。

　a. 対象——自治体の固有事務

　一般的財政調整制度を通じて行われる最少供与保障は、地方自治体の固有事務を対象とするものである。法形式にはラントごとに違いがあるにせよ、共通しているのは、地方自治体がその全権限性に基づき、自己責任によって行う性質の事務であって、地方自治体にその事務を行うか否か、及びその執行に関する程度ならびに方法に関する決定権が留保されていることである[39]。決定権が地方自治体に留保されていることに伴って、その処理に関する財政責任は地方自治体に帰し、この費用は一般的財政調整によって保障されることになる。

　伝統的な自治体事務の二元論に立つニーダーザクセン州の法律においては、固有事務には随意的自治事務（freiwillige Selbstverwaltungsaufgaben）と義務的自治事務（Pflichtige Selbstverwaltungsaufgaben）が含まれる[40]。また、バーデン・ヴュルテンベルク州の法律のように、ラントから地方自治体が委任若しくは指図を受けて行う事務についても、地方自治体が固有事務として処理すべきことを憲法及び法律が一元的に定めている場合がある。この場合は自由事務（freie Aufgaben）、義務的事務（Pflichtaufgaben）と指図事務（Weisungsaufgaben）[41]の一部が、二元論における固有事務に相当するものとして扱われる[42]。

　b. 程度——実際の費用との不一致

　固有事務と委任事務との区別が、地方自治体に決定権が留保されているかによってなされている以上、固有事務については地方自治体にその事務に関する決定権が留保されていなければならない。そのため立法者は、原則として個々

---

38) Friedrich Schoch, Verfassungsrechtlicher Schutz der kommunalen Finanzautonomie. 1997, S.143., NdsStGH, DVBl.1998, S.185(186f.).
39) Schoch, a.a.O.(Anm.38), S.148f. NdsStGH, DVBl.1998, S.185(186).
40) NGO§4; ニーダーザクセン州の法律は、事務二元論に則って制定されており、固有事務の反対概念は委任事務（NGO§5）である。このような法律の形式を採るその他のラントはバイエルン、ブランデンブルク、メクレンブルク・フォアポンメルン、ザクセン・アンハルト、ザールラント、テューリンゲンである。Vgl. Wilfried Schäfer/ Uwe Glufke-Redeker, Niedersächsisches Kommunalrecht. 2003, S.20ff.
41) 指図事務は、指図の密度により性格が異なり得るため、事務の中間形態（Zwischending）と呼ばれることもある。この事務が二元論に言うどちらの事務に相当するかは、指図の程度及び内容に照らして、地方自治体にその事務の執行に関する決定権がどれだけ留保されているかによって決定される。Vgl. Eberhard Schmitt-Aßmann, Kommunalrecht. in: Ingo von Münch (Hrsg.), Besonderes Verwaltungsrecht, 8.Aufl., 1988, S.110.

の場合ごとに事務に対する決定権を留保してはならず、また、地方自治体による個々の事務処理の有無及び程度を一般的財政調整の程度に反映させることは許されない[43]。それゆえ、一般的財政調整においては、配分財源と事務に要する費用が一致することは、そもそもその趣旨から予定されていない。したがって、一般的財政調整による財政保障は、地方自治体がその固有事務処理のために必要とする財政需要額の全額を補填する性質のものではなく、必要な範囲においての配分で足りる[44]。

ⅱ）配分基準としての地方自治体の財政状況

　一般的財政調整の程度に関する必要性を具体的に判断するためには、その判断の前提となる事実が必要である。この判断の前提としての地方自治体の財政状況は、立法者の考慮すべき事項として、一般的財政調整における上限と下限の両方を画するものである。

　　a．自治体財政状況への顧慮義務──必要性判断の妥当性の担保

　一般的財政調整は、地方自治体の自己責任に基づいた財政運営を確保し、その決定によって行われる固有事務の執行を可能ならしめるために行われる。そのため、この制度は本来、財源の再配分を通じて財政格差を是正することを目的とするものであって、地方自治体の財政失策の救済を目的とするものではない。一般的財政調整はこの財政格差是正の目的に照らして必要かつ相応な財源を得させるものでなければならず、かつ節約性・経済性に反した財政運営に基づく事務処理支出を保障の対象としてはならない[45]。

　それゆえに、一般的財政調整における「必要な」範囲は、実際上及び目標上の固有事務の処理に即した地方自治体の収入と支出を広く基準として、類型的

---

42) BWGO 第2条。バーデン・ヴュルテンベルク州の法律における地方自治体の事務は公的事務として一元化されているが、憲法上は委任事務と固有事務の区別が存在し、財政調整裁判においては、憲法上の両概念に問題となる事務を当てはめてその財政保障に関する基準が判断される。Vgl. Friedrich Schoch/ Joachim Wieland, Aufgaben Zuständigkeit und Finanzierungsverantwortung verbesserter Kinderbetreuung. 2004, S.226f. このような法律の形式を採るのは他にノルトライン・ヴェストファーレンとザクセンがある。なお、シュレスヴィヒ・ホルシュタインとヘッセンの両州では、かつては憲法上・法律上ともに事務の区分が存在しなかったが、現在では憲法規定の上での区別は導入されている。

43) NdsStGH, DVBl.1995, S.1175(1177).

44) BayVerfGH, NVwZ-RR1997, S.301(303)., NdsStGH, DVBl.1998, S.185(187).

に決定される。立法者による地方自治体個々の財政状況に対する顧慮は、事実に基づいて必要性判断の上限と下限を画し、調整に関する類型的基準の適切性を担保している[46]。

### b．水平的財政調整における公平の確保

自治体間財政格差の緩和を目的とする一般的財政調整は、権限配分を財政面から裏付ける垂直的財政調整制度であるが、対等な主体間の財政上の較差を是正する水平的財政調整制度としての特質も併せ持つ。そのため、一般的財政調整に当たっては、立法者は水平的財政調整に作用する均整原則（Harmonisierungsgebot）及び過度平準化禁止（Verbot der Übernivellierung）の要請を考慮しなければならない[47]。地方自治体は自己責任に基づいて自らの財政を運営しているのであるから、立法者はそれに対する介入となるような調整を行ってはならないが、財政格差の是正を超えて配分の均整を失し、財政力の薄弱な地方自治体と強固な地方自治体とを平準化し、あるいはその状況を逆転させることは、財政運営に関する自己責任を侵害することになるからである[48]。このような事態を未然に防ぐために、水平的財政調整の面においては、立法者の判断の上限としての地方自治体の財政状況に対する考慮が必要とされている。

### ⅲ）限界としてのラントの財政供与能力

最少供与保障が保障の対象とするのは、あくまで地方自治体の固有事務の処理である[49]。地方自治体は、自治権の内容たる全権限性に基づいて、地域的共同体の事務を排他的に担い、執行責任を負う。そのため、ラントは地方自治体の固有事務に関して責任を負うことはなく、したがってこの事務の財政責任についても負担しないのが原則である。もっとも、ラントは憲法上地方自治を保

---

45) 財政上の最小経費最大効果原則である。Vgl. NdsStGH, DVBl.1995, S.1175(1178). 個別の事務処理経費や収入ではなく、それらを類型化した基準財政需要や基準財政力が一般的財政調整の基準として用いられるのは、この要請に基づくものである。ただし、一般的財政調整の性格上、この要請は個々の地方自治体の財政状況を調整に反映させて良いことまでをも意味しない。なお碓井光明『要説自治体財政・財務法〔改訂版〕』（1999 年、学陽書房）10 頁参照。

46) NdsStGH, DVBl.1998, S.185(187).
47) NdsStGH, DVBl.1995, S.1175(1178).
48) NdsStGH, DVBl.1995, S.1175(1178).
49) NdsStGH, DVBl.1998, S.185(186).

障すべき義務を課せられているため、その保障義務の限りにおいてこの原則は修正され、自己責任に基づいた事務処理の基盤としての自治体財政に関するラントの配慮義務が生じる。ただし、立法者に要請されるのはあくまで自治体財政に対する配慮義務であり、委任事務の場合のような直接の負担責任ではない。その限りで財政的配慮の程度は抽象化しており、地方自治体の事務の遂行状況に対して立法者がラントの財政上の供与能力に対する判断を優先させてこの一般的財政調整の枠を定めても、原則として問題は生じない[50]。

この点は、ラントが財政困窮に陥り、財政供与能力が低下している場合に、財政調整の枠を切り下げるための理由となる。つまり地方自治体の事務は、地方自治体自らがその責任において処理しかつ財源を負担するべきものであり、ラントが財政困窮を極めてまでも負担する筋合いのものではない。こうして、一般的自治体財政調整は、ラントの財政的供与能力を限界として行えば足りることになる。この財政供与能力による留保は、立法者の財政的判断の余地を拡大し、財政調整措置の柔軟性を確保させるとともに、財源配分の代償としてラントが財政赤字に見舞われることを防ぐものでもある[51]。一般的財政調整は財政憲法上の制度であると同時に国家の財政制度の不可欠の構成部分であるが、その財政制度の本質からは、いずれも独立のプレイヤーであるラントと地方自治体との関係において、一方の利益のために他方に犠牲を強いることは許されないのである。

(4) 最少供与保障の概念の確立とその評価

当初は明確な意味を与えられていなかった最少供与保障の概念は、財政調整に関する裁判の中で憲法問題としての位置を与えられ、その内容を固めてきた。

ここで指摘しておくべきことは、最少供与保障が憲法問題としての位置を固めていく過程は、財政調整が憲法問題として取り扱われるようになった過程と一致していることである。従来は政治的問題に過ぎなかった財政調整は、地方自治の制度的保障の枠の下で財政調整立法者の形成の余地を制限するという意

---

50) BayVerfGH, NVwZ-RR1997, S.301(303).
51) NdsStGH, DVBl.1995, S.1175(1178). ラントと地方自治体の財政は相互に独立であり、一方に生じた財政欠損を他方が負担することは、この独立財政の原則に反することになる。

味において、憲法問題として扱われるようになったのであるが、この制度の中核をなすのは、とりもなおさずここに言う最少供与保障そのものである。委任事務財源に対する適正供与保障は、各ラント憲法裁判所が指摘するように、あくまで財政調整制度の特別規定に過ぎず、原則であるのはむしろ最少供与保障の方である。したがって財政調整が憲法問題として扱われるようになるためには、政治的意味を持つに過ぎなかった最少供与保障が憲法問題としての位置を獲得することが不可欠の前提であった。

いったん憲法問題としての位置を固めれば、次に問題になるのはその内容である。委任事務財源に関する適正供与保障について、牽連性原理の具体化が問題になっていくのと時期を同じくして、最少供与保障についても問題領域はその具体的な構造と限界に遷移することになる。

## 2. 自治体財政に対する最少供与保障の構造と限界

### (1) 最少供与保障の形式

自治体財政に対する最少供与保障は一般的財政調整を通じて行われるが、このためにいかなる制度を採用するかについては、ラントに財政調整義務を課す各憲法のいずれも、具体的には定めていない。それゆえこの形式については、ラントごとに法律によって規律される。

一般的財政調整の方法としては、固有税源の付与・課徴権限の設権・交付金の配分等、さまざまなものがあり、いずれのラントの法律においてもこれらを併用しているが、このうち財政調整の機能として主要な位置を占めるのは、交付金の配分である。地方自治体の本来の財政状況その他の条件に左右されずに調整の効果を挙げることが可能である点で、交付金の配分は財政手法として有効とされる。この交付金のうち、使途を指定せず、地方自治体の事務の処理と財政の状況に応じて、ラントが調整交付金会計繰入金の範囲内において交付する基準交付金（Schlüsselzuweisung）が、一般的財政調整の機能に対応する[52]。

立法者は財政調整に関する形成の余地を有するが、最少供与保障を政治的題目に後退させ、あるいは委任事務財源・固有事務財源を混合して一方を他方に完全に取り込む制度を形成した場合、この制度は憲法上の自治権保障に反し違

憲となる[53]。委任事務財源確保の観点からは、事務と費用負担との対応を曖昧にするものであるし、また固有事務財源保障の観点からは、財源補塡を通じた国による固有事務への介入の余地を許すことになるからである[54]。

このように、最少供与保障はその性格に対応した配分基準を持つ基準交付金交付の形式を通じて行われることで、委任事務財源に対する適正供与保障との関係における独自性を保持しており、その限りで立法者の形成の余地は形式に拘束されている。

### (2) 最少供与保障の内容と限界

最少供与保障の内容と限界に関する検討の前提として、立法者の形成の余地がその限界として存在しており、そして最少供与保障そのものの性質ゆえにその余地はかなり広く認めざるを得ないことをまず指摘しておかなければならない。すなわち、最少供与保障はその性質においてラント立法者とは直接に関係のない固有事務を保障することを目的とし、その必要性の判断は立法者に委ねられ、またラントの財政供与能力が限界として機能する。更に、委任事務に関する適正供与保障の場合と異なって具体的な事務を基準にできず、最少供与保障の範囲は消極的にしか画することができない点も、その内容を明らかにするに当たっての桎梏となる。

以上の性質のうち、まずラントの財政供与能力の限界は事実として存在するものであって、いくら国の財政とはいえ無い袖は振れないのであるから、この点を内容に関する解釈によって克服することは不可能である。また、最少供与保障は全権限性を有する地方自治体の固有事務の遂行を広く可能にするために行われる点に独自性を持つのであるから、積極的にこの内容や範囲を定義する

---

52) FAGBW§5, BayFAG Art.2;呼称はラントごとに異なるが、この基準交付金に相当する性質を有する交付金の類型は、都市州を除く全てのラントの財政調整法及び財源配分法に存在する。一般的には、地方自治体ごとの平均的な支出負担と租税収入とを基本基準として、人口などの要素による補正を加えて算出される。なお本章では一般的財政調整に対応する調整交付金については、以後全てこの用語による。

53) NdsStGH, DVBl.1995, S.1175(1178f.).

54) なお基準交付金に一定の目的拘束を設けることは、一律に違憲にはならない。ビュッケブルクII判決も、目的拘束を設けられていない部分の交付金によって一般的財政調整の機能を果たせるのであれば、目的拘束が特定の割合にとどまる限りにおいて許容されるものとしている。Vgl. NdsStGH, DVBl.1998, S.185(188f.).

ことは、解釈として避けがたい矛盾を孕んでいる。

　したがって、最少供与保障の内容及び基準を明らかにするための方法としては以下の2つの方法があり得る。第一は固有事務の執行に関して、立法者が負うべき何らかの義務を導くことである。第二は必要性判断に当たっての、実際上及び目標上の固有事務の処理に即した類型的決定の過程を透明化し、可視化した上でその判断基準を地方自治体の置かれている実情に沿うものにすることである。いずれも実際に裁判所において試みられた方法であるが、判例・学説とも時期を追って第一の方法から第二の方法へと遷移する傾向が見られる。以下では、この基本的な視点に沿って、最少供与保障の内容及び基準について検討する。

### ⅰ）法治国原理・恣意禁止の原則

　初期における最少供与保障の内容及び基準を明らかにする方法として用いられたのは、一般的な法治国原理及びそこから導かれる恣意禁止の遵守を立法者に課すものである[55]。

　この原則を最少供与保障に関する立法者の形成の余地の限界として位置付ける場合、自治権が法律の枠内において保障されているものであることを前提として、ある立法が自治権の保護のために憲法上要請される枠として妥当なものと言えるかを問題とする[56]。

　そしてその妥当性の基準としては、立法者の形成する財政調整が明らかに自治権の保障にとって不十分であり、地方自治体から随意的な事務の遂行の余地を奪うことによってその基盤を掘り崩すことが明白である場合には、憲法上要請される枠としての妥当な範囲を超えた恣意的な制限として、一般的財政調整を違憲と評価することになる[57]。

　制度的に保障される自治権の核心部分が地方自治体の自己責任による固有事務の執行を総体として可能ならしめることにあるとすれば、最少供与保障もま

---

55) BayVerfGH, NVwZ-RR 1997, S.301(303), BayVerfGH, NVwZ-RR 1998, S.601(602).
56) Walter Schmitt Glaeser/ Hans-Detref Horn, Die Rechtsprechung des Bayerischen Verfassungsgerichtshofs, BayVBl. 1999, S.355.
57) BayVerfGH, NVwZ-RR 1998, S.601(605).

た、それを支える財政基盤として核心部分に属することになる。そのため、固有事務に関する限りで、立法者に対して要請される最少供与保障の必要性についての考慮の程度は相当に高くはなるが、その反面、その考慮を及ぼすべき範囲は極めて限られる。自治体財政調整に関して適用される法治国原理は、配分の公正の観点から、過度平準化禁止と補填の公平を内容とし、比例原則によってそれらが実現されるものとされる[58]。

しかしこれらの原則は、その内容が抽象的に過ぎ、最少供与保障に関する立法者の形成の余地の限界として用いるには、単独では不十分である。その理由としては、法治国原理については一般的な法原則であることから自治体財政に対する最少供与保障の構造に対してそのままでの適用がなじまないこと、及び、恣意禁止については恣意の内容や判断基準が不明確であり、財政調整立法の有する特殊性に対応不可能であることを指摘できる[59]。

内容的な具体化が不十分であった憾みはあるにせよ、財政問題に関する立法者の形成の余地の制限という観点を、法治国原理から導く余地が肯定されたことの意義は小さくない[60]。財政問題としての特殊性を考慮に入れつつ、自治権の保障構造に適した財源保障の程度を審査する問題領域は、全てこの基本発想から端を発しているということができるだろう。

ⅱ）いわゆる「自由な先端」

この領域における立法者の判断の余地を縮減しようとする学説上の試みとして、「自由な先端（freie Spitze）」と呼ばれるものがある[61]。これは、一般的財政調整によって地方自治体に配分される財源のうち、地方自治体に処理の可否及び程度に関して決定権が留保されている固有事務（随意的自治事務又は自由事務）の処理のために支出される財源が、ある特定の割合を下回る場合には、地方自治体に対する財政保障の程度が憲法上要請される最少供与保障を満たしていないと評価するものである[62]。立法者はこの「自由な先端」の額を最低限度として

---

[58] BayVerfGH, NVwZ-RR 1998, S.601(60)
[59] Henneke, a.a.O.(anm.2), S.472.
[60] Schmitt Glaeser/ Horn, a.a.O.(Anm56), S.356.
[61] 森稔樹「ドイツの地方税財源確保法制度」日本財政法学会編『地方税財源確保の法制度』（龍星出版、2004年）86頁にこの理論の紹介がある。

地方自治体に財源を交付する義務を負い、その限りで財政調整における形成の余地は制限されていることになる。この理論は、具体的な数値を挙げて最少供与の限度を設定する点で明確な基準としての内容を持つものであり、また地方行政の実務に即したものとして、財政調整訴訟における地方自治体側の主張の主要な位置を占めるものとなった[63]。

しかしながらこの「自由な先端」は、最少供与保障の基準としては機能し得ないものである。その理由は大きく分けて2つの点が指摘されるが、その第一は最少供与保障の一般的財政調整制度たる性質に反していることである[64]。地方自治体の財政計画（予算）においては、地方自治体が経常的に処理する全ての固有事務の事務処理費用を計上しなければならず、一般的財政調整はその固有事務を総体として執行可能ならしめるために行われる[65]。それに対して「自由な先端」は、固有事務のうち随意的自治事務（又は自由事務）について他の事務との区別を設け、その区別に即した特定の事務のための財源保障を要請するものである。そのため、この「自由な先端」はまずこの点で地方自治体の財政計画の編成に関する原則と相容れない。

さらに、この「自由な先端」を保障しようとすれば、事務に関する評価上の区別を前提とした一般的財政調整の目的財源化が必然的に帰結される。したがって、この「自由な先端」は、実は随意的自治事務（自由事務）財源を最少供与保障と区別し、その外に置くための基準を内容としていることになるため、もはや最少供与保障の程度の基準とはなり得ない[66]。

第二は財源割合の下限の設定が不明確なままであり、そこに立法者の恣意を

---

62) 例えばショッホは、通常の財政状況にあっては、10パーセントを下回ってはならず、財政困窮時には5パーセントが下限となるとしている。Vgl. Schoch, a.a.O.(Anm.38), S.153f.
63) 実際にニーダーザクセン州における自治体財政調整をめぐる諸裁判では、地方自治体側が給付財源と義務的自治事務・随意事務費用の具体的数字を挙げ、1割自治の現状を主張していた。なお、ビュッケブルクIII判決時点での「自由な先端」は1995年度から97年度までの平均で57パーセントと認定されている。Vgl. StGH3/99 u.a. S.8ff., NdsStGH, NVwZ-RR 2001, S.553(558).
64) Karen Brems, Die Aufgabenverlagerung des Landes Nordrhein-Westfalen auf die Kommunen und die Frage der Finanzierungsfolgen, 2005, S.90f.
65) 財政における完全性原則（Gesamtdeckungsprinzip）と呼ばれるものである。これによれば、歳入歳出は全て別個に総計が計算されなければならず、それらが単一の会計に計上されていなければならない。Vgl. BVerfGE 26,172(182).
66) Inhester, a.a.O.(Anm.4), S.82f., Brems, a.a.O.(Anm.64), S.91f.

許す余地があることである。たとえ随意的自治事務（自由事務）とその他の事務との区別が財政的評価の上で可能であるとしても、その区別は地方自治体の行政・財政の状況を監督する立場にあり、それゆえにさまざまな要素を考慮し得る立法者の手に委ねざるを得ない。その意味で「自由な先端」は、結局は法的意味を持たない政治的問題に留まることになる[67]。立法者の判断の余地を制限する文脈において憲法問題としての地位を得た最少供与保障にとって、このような政治的問題が基準となり得ないことはもとより、むしろ有害であるとの評価も可能であろう。

このように、「自由な先端」は憲法問題として扱われ得る範囲が極めて限定されたものであり[68]、地方自治体にとってのシンボリックな位置付けを与えられこそすれ、自治体財政調整をめぐる裁判における採用に耐えるものとは言えないものであった。

### iii）事務等価性及び配分対称性の要請

一般的に過ぎる法治国原理と、汎用性に乏しい「自由な先端」のバランスを取る形で、立法者の判断の余地に対する限界付けとして用いられるようになっているのが、ラント事務と自治体事務の等価性（Gleichwertigkeit）を前提とした配分対称性の要請（Gebot der Verteilungssymmetrie）である。

この議論は、ビュッケブルクII判決において展開されたものであるが、その後のビュッケブルクIII判決[69]において具体化されたものである。最少供与保障の必要性に関する判断基準を透明化・可視化し、その過程を通じて立法者に対しその基準の是正を要請していくことを予定するものであり、直接に立法者に対して具体的な保障を求める性質のものではない点に、前二者の議論と異なる特色がある。

この議論においては、固有事務に対応する財政保障は、広くラントの財政供与能力の留保に服していることが出発点である。この留保こそは、ビュッケブ

---

67) Brems, a.a.O.(Anm.64), S.91f.
68) 例えば基本法第143d条2項が額を指定して特定のラントに支援金を交付する仕組みのような、地方自治体救済のための特別会計が編成される場合であれば適用の余地があるが、その場合でも最少供与保障の基準としての位置付けを維持することは困難であろう。
69) NdsStGH Urteil vom 16.5.2001. = NVwZ-RR 2001, S.553ff.

ルクⅡ決定において確立された最少供与保障の性質に起因するものだからである。この点、ビュッケブルクⅡ決定において、ニーダーザクセン州国事裁判所は以下のように判示している。

「（随意的自治）事務に対応した財政調整は、それが立法者の財政供与能力の留保の下にある点において、制限されている。この憂慮すべき財政状況に際して、この制限又はこの制限から導かれる配分対称性の原理から、正当かつ公平な負担の配分の要請が生じる。それはすなわち、ラント・地方自治体の双方ともそれぞれの事務の処理のために確保し得る財源が減少していく状況において、その欠損をラントと地方自治体とが均整に配分することである。ラントと地方自治体が等しく財政削減を強いられる限りにおいて、ラントの財政供与能力が窮乏した場合には、ゲマインデ及びラントクライスがその固有事務の適切な処理に必要と算定した額よりも、ラント憲法第58条によって保障される財源の額は、下回ることにならざるを得ない。」[70]

ここでは、ラントと地方自治体の厳しい財政状況に鑑み、財政欠損が生じることはやむを得ないとの判断が基調になっている。しかし、財政欠損による最少供与保障の制限の存在を認めつつ、その制限の方法及び程度を問題とする余地があることが、次に説示されている。

「超過的財政需要の規模及び額、ならびにそれに対応して考慮すべき事項は、立法者の自由に委ねられているのではない。それらは客観化可能で信頼に足る基準に依拠することによって適正を担保されていなければならない。……立法者は、憲法上与えられた形成の余地の範囲内においてのみ行為し、その際、経済財政的考慮を追証可能に行い、財源配分と事務との対応を保持するようにすべきである。」[71]

窮乏を極める財政状況において、国の経済を担う立法者が、ある程度の決定権限を行使することは許されなければならない。しかしそれを理由とすることで地方自治体に対する財政配分を削減することが一律に許されるのではなく、その削減措置についての追証可能性と任務との対応性を確保し、地方自治体側との正当かつ公平な負担の配分を行う必要がある[72]。それゆえ立法者は、負担の配分が均整に行われていることを、常に明らかにしていなければならない[73]。

もちろん、この規範にも問題がないわけではない。まず、現実的には、「追証性」・「透明性」の内容が不明確であり、立法者に対する規範として薄弱であ

---

70) NdsStGH, NVwZ-RR 2001, S.553(557). 括弧内は筆者。
71) NdsStGH, NVwZ-RR 2001, S.553(557f.).

ることが指摘できる。また、理論的にも自治権の制度的保障の構造を無視して、立法者の裁量を広く認めすぎているとの指摘もなされている[74]。これらの指摘を踏まえて、配分対称性の要請の、制度的保障の構造に即した再構成が試みられているが、厳しい財政の現実の下、依然として財政供与能力の限界と地方自治体の最少供与保障の矛盾を解決するには至っていないのが現状と言える[75]。

いずれにせよ、ビュッケブルク判決によって定立された事務の等価性と配分対称性の要請は、立法者に対する追証可能性・透明性の要求を内容とする点で汎用性に優れており、学説及びその後の判例に、さまざまな形で受け入れられた[76]。財政に関する広範な形成の余地を持つ立法者に対する直接的な制約を避けつつ、「追証性」・「透明性」を媒介とした最少供与保障の裁判・手続による保障の問題領域への先鞭をつけたことは、評価されるべきであろう。

### iv）制度上の法主体性保障？

前節までの議論とはやや問題領域を異にするが、最少供与保障の限界についてのユニークな議論として、ブランデンブルク州憲法裁判所[77]の示した、限定

---

72) このことは、立法者の決定過程に関する地方自治体の側からの透明性が確保されることを意味する。なぜなら、固有事務の財源保障が事務と対応して行われるのであれば、ある事務の執行に関する交付金額の増減と立法者の財政欠損との比較によって、負担の均整がとれているかどうかを判断することが可能になるからである。Vgl. Friedrich Schoch, Die finanzverfassungsrechtlichen Grundlagen der kommunalen Selbstverwaltung. in: Dirk Ehlers/Walter Krebs (Hrsg.), Grundfragen des Verwaltungsrechts und des Kommunalrechts, 2000, S.129.
73) この規範によって、ビュッケブルクIII判決では、郡格市でありながら財政調整に関してはクライス所属ゲマインデとして扱われていた、ゲッティンゲン市に関する特例法が違憲無効とされた。ゲッティンゲン市の、クライスの事務をも処理していながらゲマインデとしての財源のみを配分されている状況は負担の均整に反し、その負担を負わせる判断も追証可能ではないとの判断である。NdsStGH, NVwZ-RR 2001, S.553(559).
74) Schoch, a.a.O.(Anm.72), S.125,127.
75) 例えばショッホは、地方自治体の固有事務には、決定権限が最終的に地方自治体に留保されるべき核心領域に属するものと、それ以外の周辺領域に属するものがあるとしたうえで、配分の対称性から導かれる追証可能性・透明性の要請の妥当範囲を周辺領域のみに限定する。配分の対称性自体が、立法者による広範な制限の余地を前提として成り立つ議論であるため、核心領域の保障に関する基準としては妥当し得ないとするのである。Vgl. Schoch, a.a.O.(Anm.72), S.125ff. しかし、この見解は核心領域が不可侵であるとしても、現実の財政供与能力の限界との関係をいかなるものと捉えているかが不明確であるという問題を残している。
76) Hennekke,a.a.O.(Anm.2), S.476.
77) BbgVerfGH Urteil vom 16.9.1999. = NVwZ-RR 2000, S.129ff.

された個人権的効力を伴う制度上の法主体性保障（institutionelle Rechtssubjektsgarantie mit beschränkt individueller Wirkung）を一般論としてではあるが肯定する立場がある[78]。この議論は、ラントに固有事務財源までの負担責任を認める方向性のものではあるが、その前提として、制度的保障の構造転換を図るものである点に、特色がある。

自治権の制度的保障の下での財政高権の保障については、従来は個別の地方自治体による要求を基礎付けるものではなく、制度的保障の枠内において立法者の形成の余地が制限される反射的効果として、自治行政の財政基盤が総体的に保護されるものと解されてきた[79]。そのため、自治行政の財政基盤を保障する制度である最少供与保障は、憲法で保障される自治体財政の最低限を維持するための構造的保護の機能を果たすものであり、それゆえに各地方自治体には、財政上の最少供与保障を求める権利を付与するものとは理解されていない[80]。

これに対して、ブランデンブルク憲法裁判所の示した一般論は、各地方自治体は基本法第28条及びラント憲法第97条及び第99条[81]によって国に義務付けられるべき内容として、地方自治に対する違憲な侵害を行わないという不作

---

78) BbgVerfGH, NVwZ-RR 2000, S.129(134)., Michael Niehaus, Verfassungsrechtlicher Anspruch der Kommunen auf finanzielle Mindestausstattung. LKV 2005, S.2f.
79) BVerfGE 56, 298(312).
80) Schoch, a.a.O.(Anm.72), S.93.
81) ブランデンブルク州憲法第97条（1999年改正前のもの）
  (1) ゲマインデ及びゲマインデ連合は、自治の権利を有する。ラントには、ゲマインデ及びゲマインデ連合に対する監督の権限のみが与えられている。
  (2) ゲマインデ及びゲマインデ連合は、その領域内において、この憲法又は法律に基づいて他の官庁が権限を有するものを除き、地域的共同体の全ての事務を遂行する。
  (3) ラントは、法律により、ゲマインデ及びゲマインデ連合に対してラントの事務の引き受けを義務付けることができ、その際には同時に費用の負担に関する規律がなされる。事務の委任に関しては、法律の規定により、指図を行う権限がラントに留保される。
  第99条
    ゲマインデは、法律の基準に従って自ら税源を獲得し、その事務の処理に充てる権利を有する。ラントは財政調整によって、ゲマインデ及びゲマインデ連合がその事務を処理できるように配慮する。財政調整の枠内において、ゲマインデ及びゲマインデ連合に対してラントの租税収入を適切に配分する。
  なお以上のうち第97条については、1999年に厳格な牽連性原理を導入する憲法改正が行われたが、本件自治体憲法異議の提起当時の規定は改正前のものであるため、ここでは改正前の条文を掲げている。

為のみならず、憲法上の特定の前提の下で地方自治体に配分参加請求権又は給付請求権を認めることをも含むとするものであった[82]。すなわち、各地方自治体に対する自治権の保障が含んでいる保護の内容から、ラントには、自治体財政が個々の地方自治体の責に帰すべからざる財政上の窮乏状況に至った場合に、地方自治体の随意的な自治行政のための最小限度の財源すら留保し得ない状況を転換させることが義務付けられる[83]。そしてここに言う随意的な自治行政は、地方自治保障の核心部分である全権限性と自己責任の核心的要素であるがゆえに不可侵であり、立法者にはその不可侵性を維持するための一切の活動が要請されている。したがって、自治権の制度的保障の保護に関して、立法者に対しては、それを侵してはならないという活動の上限を定める規律と、それを不可能にしてはならないという活動の下限を定める規律の両方が、基本法及びラント憲法の規定から導出し得ることになる[84]。そのため、核心領域に関連する事務に限っては、地方自治体がそれを処理するための財源の要求はその限度で主観化（Versubjektivieren）され、具体的な給付請求権又は配分参加権を基礎付けるというのである。

　この具体的な給付請求権又は配分参加権が及ぶ範囲については、自治権の核心領域を基準とする[85]。すなわち、自治体財政の窮乏状況において、地方自治体にとっての自己責任に基づく事務処理の最低限を成す随意的自治事務（自由事務）及び全ての義務的自治事務（義務的事務及び固有事務の性質を持つ指図事務）の執行が不可能になる場合、これらの事務に関する財源を自治権の核心領域に置き、絶対的に保障されるものとする。そして、核心領域の財源については、ラ

---

82)　BbgVerfGH, NVwZ-RR 2000, S.129(133). なおこのような学説はこの判決以前から存在している。配分参加請求権を認める有力な見解として Vgl. Eberhard Schmitt-Aßmann (Hrsg.), Besonderes Verwaltungsrecht. 12.Aufl., 2003, Rdnr 130. (Schmitt-Aßmann).

83)　Niehaus, a.a.O.(Anm.78), S.2.

84)　Niehaus, a.a.O.(Anm.78), S.7.

85)　自治の核心領域とその財源の保障の関係性については上述した。Schoch, a.a.O.(Anm.72), S.123,129. なおビュッケブルク III 判決では、この判決の論理そのものは採用されていないが、基本法第28条2項及びニーダーザクセン州憲法第57条による自治権の保障が、地方自治体固有の、裁判を通じて実現可能な主観的地位としての自己責任を、地方自治体に対していかなる程度において認めているかの問題は、自己責任に基づいた事務の執行を個々の地方自治体に可能にするための財政上の要請に関して規定したニーダーザクセン州憲法第58条の内容と関連し得ると説示されている。NdsStGH, NVwZ-RR 2001, S.553(558).

ントは絶対的保障の義務を負うことになるため、その最小限度に関する負担責任がラントに発生し、この負担責任の範囲では、ラントの財政供与能力の限界と関わりなく、核心領域に属する事務の負担に対応した財政保障が行われる。それに対して、その他の随意的自治事務（自由事務）は、自治権の核心に触れないものとして周辺領域に置かれる。この領域の財源については、原則通り配分対称性の要請が作用するに留まるとされる[86]。

この議論は、自治権の核心領域につき、固有事務に関する財源保障の性質の適用外とするところが独特である。それゆえ、地方自治の核心部分に対するラントの保障義務から、財政状況の困窮が核心領域に触れる場合に限ってではあるが、地方自治体からの最小限度保障の要求権をも基礎付けることも可能になる。この要求権の及ぶ範囲においては、ラントはその要求に対して財源を給付し、又は既存の財源配分への参加を保障する義務を負うため、核心部分に触れる場合に限っては相当に具体的な保障内容を導くことができる。

この議論は、自治権の制度的保障から、財政保障に特化して地方自治体の新たな主観的法的地位を導き出そうとする点で野心的なものと言え、財政上の最少供与の中から核心部分と周辺部分に属する範囲を隔てて保障内容を具体化している点において、一定の評価に値するものである[87]。しかしながら、自治権保障の核心部分の絶対性から、最少供与保障の性質に付着する限界を度外視することを可能にし、ラントに負担責任を発生させることの根拠が論理必然的に得られるわけではない。また、客観的に保障されているに留まるはずの自治権から、具体的な給付請求権又は配分参加権を導くことの根拠が明らかになっているとは言いがたい[88]。地方自治体の最少財政基盤に関する主観的法的主張可能性を強調することによって、ラントに対する財政責任追及を基礎付けようとする議論は、旧東ドイツの各ラントにおける財政調整裁判の傾向である[89]。その意味では、財政基盤の脆弱な地方自治体が多数存在するという例外的状況についてのみ当てはまる議論であるとも考えられる。いずれにせよ、最少供与保

---

86) BbgVerfGH, NVwZ-RR 2000, S.129(134).
87) Henneke, a.a.O.(Anm.2), S.478f.
88) Niehaus, a.a.O.(Anm.78), S.6.
89) Michael Nierhaus, Der kommunale Finanzausgleich: die Maßstäbe des Landes Brandenburg. in: Max-Emanuel Geis/ Dieter Lorenz (Hrsg.), Staat, Kirche, Verwaltung, 2001, S.247f.

障のみならず制度的保障の構造までを転換させるだけの理由付けがなお必要とされよう。

### (3) 評価

　最少供与保障は地方自治体に固有事務の財源を確保させるものであるため、固有事務の性質に即して、その内容と限界は定められる。しかし皮肉なことに、最少供与保障は、ラントの財政供与能力の限界と地方自治体の財政力の下限という矛盾した要請を内在しており、最少供与保障の特質を認めれば立法者の形成の余地を広く許すことになり、立法者に対する制約を試みれば最少供与保障の特質を損なうという、ねじれた帰結を生む。

　このねじれた帰結は、地方自治体の固有事務の位置付けに影響する。確かに、最少供与の対象である固有事務の執行は、地方自治体の意思決定が最も直截に現れる場面であり、それゆえに地方自治の核心領域に属する面があるのは否定できない。しかし、自治事務が地方自治の核心領域に属するとしても、その財源の確保までが核心領域に属することは論理必然であろうか。論理必然であると考えれば、最少供与保障の要請は立法者に対する具体的な要求を基礎付けようし、そうでないと考えれば、問題領域を追証性・透明性に遷移することになろう。

## 3. 小括

　本章は、自治体財政に対する最少供与保障が憲法問題としての地位を獲得し、委任事務財源に対する適正供与保障と対置される形で概念付けられ、そしてその具体的内容に応じた妥当性の判断基準が導出されるまでを検討してきた。

　しかし、この検討の過程はまだ道半ばである。最少供与保障の特質を捉え、かつ汎用性を備えた必要性判断の基準は、ドイツの財政調整をめぐる憲法争訟の中でも、いまだ確定していないと評価せざるを得ない。もっとも、最少供与保障の特性自体が、地方自治体の財政運営に対する自己責任とそれに対するラントの介入の可能性を孕むものであることを踏まえれば、そもそも最少供与保障という観念と制度自体が内部矛盾を抱えているということもできる。また、

財政保障を必要とする地方自治体の状況は千差万別であり、一概に財政上の支援をすれば問題が解決するわけではないことからすれば、その矛盾には多くの自治体に関わる具体的事実が関係してくるであろう。なにより、最少供与保障の枠組みは、適正供与保障とは異なって国の財政供与能力に依存する面があることを考えあわせれば、適正供与保障の枠組みの機能のいかんは自治体の状況、国の状況、そして現実の経済財政の状況にも影響を受けるということになるのであり、具体的事情なくしてはその枠組みの基準設定のあり方については、見えないのが正解ですらあり得るかもしれないとも思える。

　ただ、最少供与保障における透明性・追証可能性確保の問題領域に目を向ければ、この点はある程度共通性を見いだすことが可能になるはずであり、ドイツの問題状況もそちらへ遷移している現状にある。従って、結局のところ最少供与保障の枠組みは、手続保障の観点に活路を見い出すほかないと思われる。そうして、手続保障に関する議論の中で、最少供与保障の性質を維持しつつ、それをいかなる手段によって実現するかの法的な問題点は、なお残ることになる。

# 第三編　財政憲法原理による自治体財政保障

# 第Ⅸ章

# 自治体財政権侵害の審査基準

　本章では、地方自治体の自治権、特に自治体財政権に対する制限に関して、比例原則による審査を適用することの可否及びその意義について検討することを通じて、自治体財政の保障構造に適した違憲審査基準の導出可能性を探る。

## 1. 自治体財政に対する介入に関する審査基準の考え方

　憲法学においては、国家による侵害行為に対して、司法的統制の過程において違憲審査基準を設定し、統制密度を高める工夫がなされてきた。この違憲審査基準の設定は、判例の蓄積から、その論理構造を敷衍して射程を分析するという、帰納的な思考方法が採られてきたが、本章での比例原則に関する検討も、その思考方法に従うことにする。

　ここでは、比例原則の根拠及び内実それ自体を検討することはせず、単に、その適用射程のみを検討の対象とする。比例原則はその出自において、確かに「基本権の制限に対する制限（Schranken-Schranken）」として、ドイツの判例・学説の中で練成されてきたものである。では、「基本権に類似した」効力を持つとされる[1]地方自治体の自治権・自治体財政権に対して、これを機能させることができるのだろうか、あるいは、機能させることが適当であろうか。このような問題意識に立ち、本章では、まず連邦憲法裁判所の判決における自治権一

---

1) Klaus Stern, Das Staatsrecht der Bundesrepublik Deutchland. Bd.I. 2.Aufl., 1984. S.415.

般の保障と比例原則の関係について概観し、自治権保障の構造に即した比例原則の適用に踏み込みつつある判例の進展状況について検討を加えるとともに、その構造の自治体財政権の保障への援用可能性について考察を行う。

## 2. 地方自治における比例原則の妥当性

　ここに言う比例原則とは、憲法上保護される利益（一般的には基本権）の制限が問題となる場合に、その制限を加える立法の合憲性を審査する基準として用いられるものである[2]。この原則は、①適合性、②必要性、③狭義の比例性の3つの基本原則から成るものとされており[3]、最近では基本権制約に関する従来の違憲審査基準論に対置する形で、この原則を含む三段階審査の我が国への導入を試みる論者も多く見られる[4]。

　この比例原則が、いかなる根拠によって「制限に対する制限」として機能するかについては議論がある[5]ところであるが、連邦憲法裁判所は「比例原則は全て国家行為の包括的な指導原理であって、法治国原理から必然的に生じ、従って憲法上の位置付けを有する」[6]と明確に説示しており、法治国原理にその根拠があるものとしている。

　この法治国原理は、国家の最も根本的な原則の1つであり、あらゆる国家の活動はそれに従ってなされなければならない。その意味では、国家の権限の垂直的配分たる地方自治行政や、その財政的基礎たる自治体財政も当然に法治国原理に服し、よってその制約については比例原則が考慮されても良さそうである。しかし、この点は連邦憲法裁判所も論理必然とはしてこなかった。以下では、この点に関しての時系列上での判例の変遷を概観してみる。

---

[2]　Klaus Stern, Das Staatsrecht der Bundesrepublik Deutschland. Bd.III/2. 1994, S.774f.
[3]　Stern, a.a.O.(Anm.1), S.771ff.
[4]　代表的な例として、小山剛『「憲法上の権利」の作法（第3版）』（尚学社、2016年）14頁以下。
[5]　この点につき同原則の歴史的背景に遡って検討を加えるものとして柴田憲司「憲法上の比例原則について（一）」法学新報116巻9/10合併号（2010年）207頁以下。
[6]　BVerfGE 23,127(133).

(1) **黎明期**

　基本法制定後間もなくの1950年代には、基本法が保障する自治とはどのようなもので、どのように行われるべきか、という点が、まず喫緊の問題になっていた。

　それを反映して、連邦憲法裁判所の初期の判決では、地方自治に関する制度的保障理論の導入とその保障内容に関する説示に重点が置かれている。たとえば、連邦憲法裁判所の地方自治保障に関する最初の判決として知られるオッフェンバッハ判決においては、地方自治の法的性質が制度的保障であることを明らかにした上で、その侵害の基準については次のように判示した。

　「たしかに自治行政の一定の核心は、あらゆる法律による縮減に対して保護される。しかし、特定の緊急の状態においては、ある程度の制限に服しなければならない自治の現象形態は存在する。このような自治への介入の許容性を量る基準は、画一的とはなり得ない。……要請されるのは、単に、その異常な介入が法律の形式に則って企図され、そして時間の上でも事実の上でも絶対的に必要な限度に限られることのみである。」7)

　この判決は、かつてのライヒ国事裁判所による地方自治の制度的保障に基づく理解が基本法第28条2項の解釈として導入されたことを示す一方、その保障内容については歴史的方法に依拠することを示している。ここで説示されているのは、自治保障の核心領域は立法によっても制限され得ないこと、但し例外的な場合においては形式的意味における法律によって自治権に対する制約を肯定し得ること、そしてその制約は、立法の事実上又は時間上の必要性によって正当化され得る、という論理である。

　連邦憲法裁判所の黎明期の判例ではあるが、少なくとも、地方自治の保障は単なる制度の問題として扱われるのではなく、自治の核心は保護されるのが原則であり、制限は絶対的な必要性によって正当化されるような例外的な場合に限られるという、基本権の場合に似た構造の原則—例外関係が説示されていることは読み取れる。その意味で、本決定は、「基本権類似の」地方自治の理解の基礎をなすものと理解できる。

　ただ、基本法第28条2項の「法律の範囲内において」という文言が、地方

---

7) BVerfGE 1, 167(178). 邦語での解説としてドイツ憲法判例研究会編『ドイツの憲法判例（第2版）』（信山社、2003年）447頁以下（髙橋洋）。

自治行政の保障に法律の留保が付されていることを明示したものだと理解すれば、この判決の論理の内実は、文言から読み取れる意味内容から一歩も出るものではないともいえる。

## (2) 展開期

1960年代から70年代にかけては、行政の効率化を目指す領域改革が各ラントにおいて行われた。規模の小さいゲマインデを合併して大規模化し、広域自治体に権限を整理統合することで行政サービス提供能力の向上と行政経費の合理化を狙ったものであったが、それが地方自治体の反発を招き、自治権侵害としての訴えが見られるようになった。

### i) ゾーズム・ヒルデスハイム決定

連邦憲法裁判所が、地方自治に関して初めて比例原則を審査基準として用いたのが、ゾーズム・ヒルデスハイム決定である。この事件は、学校監督に関するゲマインデの権限を行政区に移管するニーダーザクセン州学校管理法の憲法適合性が問われたものであった。ゲマインデの権限の範囲に関して、裁判所はまず下記のように判示した。

> 「地方自治行政の保障は、絶対的なものではなく、法律による影響を甘受すべきものである。……核心領域の画定に際しては、自治行政の歴史的発展と歴史上の様々な現象形態を考慮に入れなければならない。」[8]

ところが、本件においてゲマインデが侵害されたと主張する学校監督権限は、基本法第7条1項により、国（ラント）の事項であることが明示されているものであった。そのため、この権限については自治保障の核心領域であるか否かという基準は無意味である。そこで問題は、自治保障の周辺領域に対する制限の許される基準へと移ることになる。

> 「このような場合においては、憲法上の比例原則が国家による介入に対して要請され、自由な意思をもって……他のゲマインデと連合する可能性が各ゲマインデに留保される。国は、そのような連合がなされない例外的な場合に限り、……（地

---

[8] BVerfGE 26, 228(238).

方自治体への）強制を規律し得るに留まる。」[9]

　では、そのような例外的な場合とはどのようなものであるかが問題となるが、本件では学校管理法の適用は自治権を侵害しないと判断されたため、その具体的内容については触れられていない。

> 「説示したような規律の可能性が満たされていない場合にのみ、学校管理法（の強制連合規定）が適用され得る。ここでは、比例性の見地から、基本法第28条2項に基づく国の介入への制限が考慮に入れられることもあろう。」[10]

　この説示からは、少なくとも法律による規律の必要性と、その法律の目的の正当性が比例性の要素となっていることは読み取れるが、あくまで傍論の部分であるため、それ以上の内容を読み取ることは難しい。しかし、本決定はその後、地方自治における比例原則の嚆矢をなしたものとして扱われていくことになる。

ⅱ）ラーツェン決定

　ゾーズム・ヒルデスハイム決定の内容を継承し、発展させた同時期の判例として、ラーツェン決定を挙げることができる。この決定は、ニーダーザクセン州のゲマインデであるラーツェン市の、州都ハノーファー市への法律による強制編入の憲法適合性が争われた事件に関するものであるが、制度的保障の対象に個別の地方自治体の存立が含まれないことを明らかにしたことで著名である。

　本件において侵害が主張されていた地方自治体の領域高権は、伝統的に地方自治体の基本的な権限に含まれるものと理解されてきた[11]。もっとも、自治権は基本法上、「法律の範囲内で」のみ認められるものでもある。そこで、本決定においては、立法者は地方自治の制度について政治的決定と形成の余地を有すること、そして、その形成の余地が自治の核心領域に触れないでいる限りにおいて、自治権の制約及び制度形成は許容されるものとしている[12]。そうであるとすると、立法による自治権の制限又は制度の形成がどの範囲で許容される

---

9）　BVerfGE 26, 228(239). 括弧内は筆者。
10）　BVerfGE 26, 228(241). 括弧内は筆者。
11）　Stern, a.a.O.(Anm.4), S.413f.
12）　BVerfGE 50, 50(51).

かに関しては裁判所の審査が肯定されることになるため、その審査基準については以下のように具体的な説示がなされている。

> 「ゲマインデに対する立法者の権限への制限は、法治国原理から導かれる。……憲法裁判所は、立法者による事実関係の考慮の有無、評価の正当性及び法律がその事実関係を基底としているか否か、そして公共の福祉に適合するあらゆる根拠並びに法律の規律に含まれる利益と不利益が追証可能な形で十分に考慮されているか否か、及び、立法による介入が必要性と比例性を満たしているか、また適正性と体系整合性にかなっているかを、特に審査しなければならない。」[13]

しかしながら本件強制編入は、地方自治の制度的保障が個々の地方自治体の存立の保護を含むものでない以上、憲法異議において争うことはできない。ただ、この論理に従えば、たとえばラーツェン市を他の地方自治体に編入した後、かつてラーツェンでなかった場所（つまり他の地方自治体の領域内）にラーツェン市を再設置した場合には、ラーツェン市と当該領域を抱える地方自治体の領域高権の侵害になり得る。このような場合には、特にその介入の程度や手段選択に当たって、立法事実に照らした適正性（Sachgerechtigkeit）及び制度全体の観点から見た体系性（Systemgerechtigkeit）の有無、制限又は制度形成の必要性、及び当該立法措置の比例性が審査されることになろう。実際に、本決定は、領域改革を行った各州において提起されていた憲法異議に関する諸州憲法裁判所の判断例[14]を念頭に、以下のような仮定を挙げている。

> 「立法者の形成の余地にとって、将来における利益が廃止される場合には比例原則と結びついた自治行政の保障から導かれる限界付けが存在しないとしても、……ある領域から切り離されて新たに他の場所に設置されたゲマインデが、将来において自治行政団体としてもはや存立し得ないことになり、又は行政事務や予想される事務その他の事務を適切に遂行できないような場合は、（このような限界付けが）存在し得る。」[15]

こうして、基本権と全く同じ意味での保障と制限の原則—例外関係ではないものの、自治権保障の例外としての自治の制限については比例原則の適用が肯定され、統制密度が高められていったことを指摘することができる。

---

13) BVerfGE 50, 50(51).
14) RhPfVerfGH Urteil vom 17.4.1969. = DVBl.1969, S.799; NRWVerfGH Urteil vom 24.4.1970. = OVGE 26, 286., 28, 291.; BadWürttStGH Urteil vom 14.2.1975. = NJW 1975, S.1205.
15) BVerfGE 50, 50(56). 括弧内は筆者。

ⅲ）騒音防止決定

　連邦憲法裁判所への憲法異議の提起を通じて、地方自治体が広域的な行政枠組みに対して抵抗の声を上げた事件に関するものが、騒音防止決定である。

　この事件は、連邦法律である航空機騒音防止法の規定により、連邦環境大臣が連邦参議会の同意を得て定める区域においては公共施設の設置が禁止され、あるいは指定の内容によっては住宅区域としての使用を禁止されることになっていたところ、その指定を受けた地方自治体側が、基本法第28条2項で保障される自治権の内容たる計画高権の侵害を主張したものである。

　まず、計画高権の保障が、自治権の核心領域に含まれるか否かが問題となる。計画高権とは、自治権の内容を成す自治体高権の1つとして観念されるものであり、地方自治体がその領域と権限の範囲内で、自らの責任に基づいて都市計画裁量を行使するための権限を言う。この点について、連邦憲法裁判所は次のように説示した。

> 「ゲマインデの計画高権が、自治体の地方自治行政権に属するか否か、また、それがいかなる範囲においてそうであるのかについては、評価の余地がある。……本件では、その領域内における計画からのゲマインデの完全なる排除が、常に自治権の核心領域を侵害することになるか、という問題を解決する必要はない。……航空機騒音防止法は自治体の計画高権を制度として一般的に制限し、又は完全に廃止することを内容とするものではなく、区域として厳格に限定された領域での個々のゲマインデの計画高権に対する制限を、例外的にのみ命令制定権者（連邦環境大臣）に認めているに過ぎない。」[16]

　計画高権それ自体は確かに自治権の歴史的内容に属するものであることは否定できないが、だからといって計画高権に対する制限が常に核心領域侵害として観念されるわけではない[17]。ラーツェン決定の論理によれば、制度的・一般的な自治への侵害は核心領域への抵触を構成し得るが、個々の地方自治体の法的地位それ自体は、そもそも地方自治行政が「法律の範囲内で」という法律の留保を伴うことからして、一定の制限に服することが想定されている。すなわ

---

16) BVerfGE 56, 298(313). 邦語での解説としてドイツ憲法判例研究会編・前掲（注7）452頁以下（駒林良則）。引用部分の括弧内は筆者。
17) なお、計画高権が核心領域に含まれるかどうかについては争いがあり、連邦憲法裁判所も態度を明確にはしていない。大橋洋一『現代行政の行為形式論』（弘文堂、1993年）269頁以下。

ち、ここに保障と制限の原則—例外関係を観念し得るのである。

次に、例外的に地方自治体の法的地位を制限することが許されるのはどのような場合であるかが問題となる。

「（ゾースム・ヒルデスハイム決定）において既に判示したように、当該ゲマインデは、他のゲマインデとの比較において特別の犠牲となることを課せられるような意思決定に、何の保護もなく委ねられるわけではない。むしろ立法者は、国の介入に対しての基本法第28条2項に基づく制限について、比例性の観点から考慮しなければならず、また更に立法者は、法治国原理から導かれ、……憲法異議の手続において自治行政への介入を判定するための審査基準として援用される恣意禁止を、高権主体相互の関係において顧慮しなければならない。」[18]

ここで「特別の犠牲（Sonderopfer）」という文言が用いられていることから、個々の地方自治体の法的地位に対する個別的な制限が検討されていることが分かる。個別的な制限の許容性の判断基準として裁判所が挙げるのは、比例原則と、手続における恣意禁止の2つである。本決定では、この比例原則の内容は基準としては明らかにされていないが、当てはめにおいて、命令制定権者が「区域や範囲の決定にとって不可欠な事実関係を完全に調査しなければならず、命令もこれ（調査の結果）を基礎としていなければならない」[19]と、ラーツェン決定を引用しつつ説示していることから、①立法事実に照らした適正性（Sachgerechtigkeit）及び制度全体の観点から見た体系性（Systemgerechtigkeit）の有無、②制限又は制度形成の必要性、③当該立法措置の比例性、という基準に則っているものと理解できる[20]。本決定では、立法事実に関する調査を限定し、結果として立法事実の把握が不十分であったことが「命令制定権者の衡量余地及び衡量義務に対する誤認のもとで」[21]生じたとの批判がなされていることから、本件に係る騒音防止区域の設定は立法事実に照らした適正性を欠いているとして、自治権制約の限界を超え違憲と判断されたのである。

ラーツェン決定では憲法異議において主張されていた領域高権の侵害がそもそも裁判の対象とならなかったのに対し、本決定での計画高権侵害は本案とし

---

18) BVerfGE 56, 298(313). 括弧内は筆者。
19) BVerfGE 56, 298(319). 括弧内は筆者。
20) 須藤陽子『比例原則の現代的意義と機能』（法律文化社、2010年）180頁。
21) BVerfGE 56, 298(313). 括弧内は筆者。

て扱われたため、地方自治の制度的保障の核心領域に含まれない保障内容について、あてはめを含めた具体的な説示がなされていることが特徴的である。

　本決定の意義は、立法による自治権への制限に関し、核心領域について不可侵であるとする従来の議論に加えて、周辺領域に対しても憲法による自治の保障が及ぶことを示したことにあるとともに、その審査基準として具体的に比例原則と手続における恣意禁止の考慮が要請されることを明らかにしたことにある。こうして、地方自治に対する制度的保障は、絶対不可侵な核心領域保障と、保障とその例外としての制限の構造を持つ周辺領域保障の二段階の構造を持つことになる。この点は、同時期になされていた、基本法第14条1項の所有権の核心に関する議論や、基本法第19条2項の「基本権の本質的内容」に関する議論との比較において、一定の共通性を持たせる方向性で進展してきたものと評価される[22]。

　しかしながら、核心領域とは何であるかについては依然として不明確であるという印象が拭えない。上述の判例は、制度的に保障される地方自治の核心領域は不可侵であるとしつつも、その内実については歴史的に画定されることを一般論として示すのみで、巧妙に核心領域に関する審査を回避している。逆に言えば、具体的な事件に関して核心領域に対する保障が審査基準として機能してこなかったからこそ、その周辺領域が重視され、比例原則を用いた当該部分への審査の統制密度が高められてきたと評価することも可能であろう。

### (3) 転換期

　1980年代に入ると、領域改革が一段落した各ラントにおいては、機能改革が行われるようになった。これは、規模や行政遂行能力の小さいゲマインデから権限を吸い上げ、クライスや行政区など上部の団体にこれを処理させることで、行政需要の広域化と行政サービス提供の均整化を実現しようとするものであった。この時期には、地方自治体が権限の吸い上げに抗し、又は広域行政への参加権を求めて、憲法異議を提起する例が見られるようになる。

---

22)　Friedrich Schoch, Zur Situation der kommunalen Selbstverwaltung nach Rastede-Entscheidung des Bundesverfassungsgerichts. VerwArch.81. 1990, S.26.

ⅰ）ラシュテーデ決定

　1980年代当初まで、自治権の制限に関する審査基準論は、基本権保障理論との共通性を保ちながら進展してきたのであるが、その転換点となったのが、ラシュテーデ決定である。

　本件は、ニーダーザクセン州のゲマインデであるラシュテーデが、従来処理していた廃棄物処理事務の権限を機能改革に伴う法律によりクライスに吸い上げられたことについて、クライスを相手方として憲法異議を提起した事件に関するものである。原審の連邦行政裁判所においては、当該権限の吸い上げについてはラシュテーデの事項高権に対する制限の事例であるとした上で、下記のように判示したものの、結論としてはクライスに事務を処理させる法律には根拠があるとして、ラシュテーデの敗訴となっていた。

　　「基本法第28条2項1文の自治行政の保障は、ゲマインデにとって重要な自治行政事務の核心領域を保護するだけではなく、客観的に正当な理由のない事務事項の剥奪からも、比例原則の基準により保護する。」[23]

　これを受けてラシュテーデが提起した憲法異議に連邦憲法裁判所がどのような判断を示すかが注目された裁判が、本件である。連邦憲法裁判所は、これまでの判例が出発点とした、ある事項が自治体高権の内容として核心領域に属するものか周辺領域に属するものかという観念的な問題に立ち入ることをせず、基本法第28条2項の地方公共団体の自治が及ぶ事務権限の範囲に関して、まず次のように判示した。

　　「基本法第28条2項1文の保障は、ゲマインデに対して、地域的共同体に関する原則全ての事務を含む事務領域のみならず、当該事務領域に関する自己責任による事務処理の権限をも保護するものである。同項に規定される法律の留保は、地域的共同体の事項の処理と態様だけではなく、これらの事項についてのゲマインデの権限をも包摂する。」[24]

　この説示の特徴的な点は、自治体高権（本件の場合は事項高権）に対する保障と制限の関係に触れることなく、端的に事務の権限に重点を置いているところ

---

23）　BVerwGE 67, 321(324).
24）　BVerfGE 79, 127(143). 邦語での解説としてドイツ憲法判例研究会編『ドイツの憲法判例Ⅱ（第2版）』（信山社、2006年）360頁以下（白藤博行）。

にある。すなわちここでは、従来の判例が扱ってきた、「自治体高権に対する『例外』としての制限は許されるか」という問題領域に踏み込むのではなく、単に「地方自治体にはどのような権限が配分されるべきか」という問題が立てられているのみであるということになる。この問題を前提に、裁判所の説示は以下のように続く。

> 「ゲマインデの自治行政の本質的内容には、対象が特定され、又は限定されたメルクマールに基づき規律される事務のカタログは適合しない。ゲマインデの自治の本質的内容には、法律により他の公行政主体に既に委ねられていない限りで、全ての地域的共同体の事項を特別の権限名義なくして自己の事務として引き受ける権限が、当然に含まれている。」[25]

この説示は、従来のように、地方自治の核心領域（本質的内容）をポジティブ・リストによるものと理解するのではなく、どちらかといえばネガティブ・リストとして理解しようとしているように読める。すなわち、積極的にいかなる事項が核心領域に含まれるかは依然として不明確であるため、逆に、全権限性すなわち他の権限主体に委ねられていない全ての事項を引き受けることそれ自体を核心領域とみなすことで、自治の保障が及ぶ事項の範囲を明確にすることを狙ったものである。

> 「基本法第28条2項1文は、自治行政の保障の核心領域以外についても、地域的共同体の事項について、ゲマインデを優先する憲法上の事務配分原理を内容とする。この原理を、権限配分に際して立法者は考慮しなければならない。」[26]

つまり、全権限性は核心領域に属する要素であるから、他の権限主体に委ねられていない権限を引き受けることができるという推定それ自体は、立法によって廃止し又は実質的に無にすることはできないものの、立法者はその推定を覆しさえすれば、ある具体的な事務権限をゲマインデに配分しなくとも制度的保障の侵害を免れることができる。こうして、核心領域たる「権限名義の推定」と、周辺領域たる具体的な事務権限配分における優先の保障が隔てられたことになる。従って、事務権限配分における優先の推定を、立法者が適切に覆せているかが周辺領域侵害のメルクマールとなり、審査基準は以下のようにな

---

25) BVerfGE 79, 127(146).
26) BVerfGE 79, 127(150).

る。

　「立法者は、公共の利益を理由とするときに限り、特に、他の方法で秩序適合的な事務の履行が確保され得ないようなとき、又は基本法第 28 条 2 項 1 文の憲法上の事務配分原理に対して事務を剥奪する理由が優先し得る場合に限り、ゲマインデから地域に関連を有する性質を持つ事務を剥奪することが許される。」[27]

　このような権限配分に着目したネガティブ・リストとしてのアプローチは、確かに制度的保障の効果を、これまでよりも広い範囲の権限に及ぼすことになる。裁判所が本決定において権限配分に着目したのも、地方自治体の権限が常に行政の効率性と住民との近接性の板挟みに置かれてきたことから、効率化を理由とする事務の吸い上げに対応することが不可能であり、そのために立法による侵害からの保護効果を十分に果たすことができていなかったことによる[28]。そこで、古典的な都市自治を象徴する概念としての全権限性[29]を解釈概念として導入することで、事務配分という具体的な次元における新たな原則―例外関係を打ち出したのである[30]。従って、立法者が地域的共同体の事務をゲマインデから剥奪することが許されるのは、ゲマインデ優先の事務配分原理を保障することで公共の利益の確保が困難になるような例外的な場合に限られることになる。

　なお、当該事項が「地域的共同体の事務」であるかどうかの立法者の判断については、これが不確定的な憲法上の概念であるところから、主張可能性の統制が妥当するものと判示されている[31]。すなわち、当該事項が地域的共同体の事務に該当する／しないの具体的な立法の際の立法者による予測が、その当時として最大限利用可能な認識手段に基づいていることが主張可能であれば、それをゲマインデ優先の事務配分の推定を覆す根拠とするのである。

　結論において、本件ではラシュテーデの憲法異議は認められなかったが、そ

---

27)　BVerfGE 79, 127. Leitsatz 3 b).
28)　BVerfGE 79, 127(148f.).
29)　この概念自体は、1808 年のプロイセン都市法の解釈の中で、国から特権を与えられた都市の自治的権限の内容として位置付けられていた。Vgl. Christian Ackermann, Die Bedeutung der Rechtsprechung des Preußischen Oberverwaltungsgerichts zum Kommunalrecht für unsere heutige Dogmatik. 2012, S.68ff.
30)　BVerfGE 79, 127(149).
31)　BVerfGE 79, 127(154).

れは廃棄物処理という広域的な処理枠組みと設備を必要とする事務の特質からして、地域的共同体の事務として扱わせることは不適当であるとした立法者の判断に合理性が認められたためであった。この点に着目すると、裁判所が立法者の判断に主張可能性の統制が及ぶと説示したのは、地方自治の制度的保障にとっての間隙となる可能性がある。なぜなら、主張可能性の統制は、立法者に判断能力やその基礎情報が集中しやすい事項に関しては、立法者の一次的判断を裁判所が一応承認することを前提とするものだからである。端的に言えば、立法者の判断に合憲性の推定を与えることにもなりかねない。制度的保障の構造それ自体が、立法による制度の形成をある程度前提としている以上はやむを得ないことではあるが、本決定の判断枠組みが自治権の制限に関する審査基準として用いられるのであれば、この点がなお留意されるべきであろう。

ⅱ）ラシュテーデ決定の評価をめぐって——原則・例外関係のタイポロジー

ここでの最大の問題は、ラシュテーデ決定とそれ以前の諸決定の関係をどう見るか、である。この点については、連邦憲法裁判所が自治権制限に対する比例原則の適用を放棄したものと見て、断絶が存在すると理解する立場[32]と、逆に、地方自治に対する法律の留保の解釈をより具体化したものと理解する立場[33]が相対している。この双方の立場の対立点については、既に多くの紹介と分析がある[34]のでここでは詳論しないが、いずれの立場を採るにしても、連邦憲法裁判所が、審査に当たっての原則—例外関係を大きく転換させたことは事実である。すなわち、従来は、地方自治体のある権限の保障を原則とし、それへの制限を例外とする基本権類似型の原則—例外関係が措定されていたのに対して、ラシュテーデ決定における原則—例外関係は、地域的共同体の事務は原則としてゲマインデに優先的に配分するが、例外的に立法者がその推定を覆す場合にはその限りではない、という権限配分型となっている。

---

32) Schoch, a.a.O.(Anm.22), S.32f.
33) Hartmut Maurer, Verfassungsrechtliche Grundlagen und kommunalen Selbstverwaltung. DVBl. 1995, S.1043.
34) 白藤博行「ドイツにおける地方自治改革と法理」神長勲編『現代行政法の理論』（法律文化社、1991年）所収、332頁以下、新村とわ「自治権に関する一考察（二・完）」法学68巻4号（2004年）87頁以下及び須藤・前掲（注20）178頁以下。

このうち、連邦憲法裁判所の判例理論としては、ラシュテーデ決定以降、権限配分型が原則となったものと見る向きもあるが、実はこの点はかなり流動的である。男女同権委員決定[35]において、異議申立人たるゲマインデが主張した比例原則を含む三段階審査の適用が否定されている一方、区域再編成決定や[36]ザクセン・アンハルト自治体改革決定[37]においては、比例原則や恣意禁止が権限配分の問題と関連しつつ引き続き審査基準として援用されている。また、ラントの憲法裁判所に目を広げれば、ラシュテーデ決定を引用しつつも比例原則に則って権限配分に関する立法者の判断の当否を審査する例が多く見られる。ノルトライン・ヴェストファーレン州憲法裁判所のガルツヴァイラー判決[38]や、ニーダーザクセン州国事裁判所のリューヒョウ・ダネンベルク判決[39]を著名な例として挙げることができる。

　タイポロジーに適するほどに例を挙げることができるわけではないが、比例原則の適用を否定した男女同権委員決定において争われたのは、常勤の男女同権委員の選任を法律でゲマインデに義務付けることによる組織高権侵害であった。一方で、引き続き比例原則を援用した判決において争われたのは、区域再編成決定ではゲマインデの領域再編成に先立つゲマインデの聴聞権及びその前提としての情報提供を受ける地位の侵害、自治体改革決定では改革に伴って自治体連合の結成を命じられることによる組織高権侵害、ラントレベルの憲法判例に目を移すと、ガルツヴァイラー判決では州計画法及び州開発計画に基づく制限区域の設定による計画高権侵害、リューヒョウ・ダネンベルク判決では、自治強化法に基づくクライスの強化に伴って生じるゲマインデの事務権限の範囲に対する侵害である。

---

35)　BVerfGE 91, 228. 邦語での解説としてドイツ憲法判例研究会編・前掲（注24）389頁以下（工藤達朗）。

36)　BVerfGE 86, 90. 邦語での解説としてドイツ憲法判例研究会編・前掲（注24）383頁以下（駒林良則）。

37)　BVerfGE 107, 1.

38)　NRWVerfGH Urteil vom 9.6.1997. = NVwZ-RR 1998, S.473.

39)　NdsStGH Urteil vom 6.12.2007. = NordÖR 2008, S.162ff.

a. 比例原則の適用を否定した例

　まず、連邦憲法裁判所が比例原則の援用を否定した例を見てみると、男女同権委員決定の事案では、組織高権が地方自治の核心領域に属するものではないことが前提となっている。組織権限は地域的共同体の事項に含まれないため、立法者はその裁量に従って、その権限を地方自治体に割り当てるかどうかを自ら決定することができる[40]。ラシュテーデ決定の事案もそれと同じ構造である。すなわち、廃棄物処理事務については事項高権の対象とはならないものであるため、結局は立法者による割り当てる／割り当てないの裁量判断により、その権限が地方自治体によって処理されるべきかが決まっていく[41]。こうしてみると、この 2 つの決定は、地方自治体のある権限の有無それ自体が立法者の判断に懸かっている場合であると見ることができる。従って、これらの事件は問題の性質上、権限配分型の原則―例外関係に則らざるを得ない事案であると評価できる。

b. 比例原則の適用を肯定した例

　次に、連邦憲法裁判所が比例原則を援用した例について、まず区域再編決定における聴聞権と情報提供を受ける地位は、具体的に法律により規定されているものであるため、区域再編成に際してある地方自治体にのみそれを賦与する・賦与しないという立法者の裁量判断の余地は存在しない[42]。自治体改革決定の場合は、組織高権が地方自治の核心領域に属しないものであるという理解を前提にしても、立法者の基準に従って自治体連合を結成するか、あるいはそれ以外の枠組みでの自治体連合の枠組みを模索するか、またあるいは共同事務など法律の基準以外の方法で行政遂行能力を確保するかの決定は地方自治体になお留保されており[43]、立法者の決定に地方自治体の組織の如何は直接懸から

---

40) BVerfGE 91, 228(242). 本決定は、男女同権委員選任の義務付けは自治体の組織上の行為可能性を封じるものではなく、その組織上の権能が、ゲマインデの自己責任性を擁護していることは主張可能であると判断している。
41) BVerfGE 79, 127(153). 本決定の論理が立法による事務の剥奪に合憲の推定を与える方向で作用し得ることは、上述した通りである。
42) BVerfGE 86, 90(108). 本決定は、ゲマインデの区域の現状に介入する法的規律が公的利益に適合するものであるためには、その成立段階から既に（聴聞権の保障などの）手続的要請が充足されていることが必要であるとする。
43) BVerfGE 107, 1(20f.). 本決定は、自治体がこのような判断をなし得ることについて、自治の核心たる全権限性・自己責任性の前域（Vorfeld）であるとみなしている。

ない事案といえる。従ってこれらの事件は立法者の行為それ自体が問題となる事案ではなく、むしろ地方自治体の権限への制限が問題の基本となるものと理解し得る。そのため、ここで用いられる原則―例外関係は、基本権類似型の保障―制限の構造となる。

c. 比例原則に対する否定論と肯定論の関係

では、これらの2つのタイプは相互に排除し合うものだろうか。連邦憲法裁判所の説示からはこの点について明確な答えを得ることができないが、ラント憲法による地方自治保障の下で、自治侵害への訴えの矢面に立つラント憲法裁判所の説示は、それよりもなお直截的である。

ガルツヴァイラー判決では、州計画法に基づき褐炭採掘の鉱区に指定された区域を含む地方自治体が、鉱区指定に係る計画高権の侵害を主張して提起した自治体憲法異議について、州憲法裁判所は以下のように判示した。

> 「自治の領域に対しては、ラント憲法第78条2項(及び基本法第28条2項)に基づいて、法律により介入がなされ得る。しかし、その介入には限界がある。介入は、自治行政の保障の核心領域を侵害してはならない。核心領域の外についても、立法者は地域的共同体の事務のゲマインデ優先を内容とする事務配分原理、……及び比例原則と恣意禁止を遵守しなければならない。」[44]

リューヒョウ・ダネンベルク判決では、委任事務の執行を、法律で指定された特定の区域に限ってゲマインデからクライスに移すことの可否が争われたが、ゲマインデが委任事務を処理する権限はラント憲法で保障されており、法律によって事務の委任が具体化され、かつ、それに事実上の問題が生じていない以上、委任事務権限といえども一律にこれを剥奪することは、ゲマインデ優先の事務権限配分に悖るものとされた[45]。ただ、その事務権限配分を立法者が覆すことの正当化については、比例原則と恣意禁止が妥当するとした[46]。

このようにしてみると、権限配分型と基本権類似型は相互に排除し合うもの

---

44) NRWVerfGH, NVwZ-RR 1998, S.473(475).
45) NdsStGH, NordÖR 2008, S.162(164). なお、本判決の委任事務に関する権限領域に対する制限の説示は、三段階審査類似の構造をとっている。すなわち、委任事務の権限は自治の保障の対象に含まれ、委任事務の権限の吸い上げは保障内容への介入に当たり、それが正当化されない、という説示の流れをなしている。
46) NdsStGH, NordÖR 2008, S.162(165).

でないことが分かる。すなわち、周辺領域における自治権制限が問題となる場合に、まず立法者は、原則としてゲマインデ優先の権限配分を考慮しなければならないが、それを覆す場合には、立法者に一定の理由付けと手続が必要である。その理由付けの内容として、その立法行為が自治への介入を内容とするものである以上は、自治保障の例外としての制限の正当化を審査する基準として、比例原則が機能するという構造となっている[47]。

端的に言えば、法律によって個別の地方自治体の事務権限そのものを廃止し、又は剥奪するような極端な場合には、権限配分準拠型で直截的に審査をすることが可能であるが、具体的な権限を認めつつそれを法律により制限する場合には、そもそも権限は失われていないのであるから、権限配分準拠型で審査することはできず、制限の正当化に関する基本権類似型の関係と捉えて審査をすることになる[48]。自治権侵害の態様が多様化し、その立法上の理由も巧妙化する中で、自治権侵害に対する審査基準の実質化と統制密度の向上を目指した思考の結果と言うことができよう。

そうだとすると、ラシュテーデ決定はそれまでの連邦憲法裁判所の判断の蓄積を覆したものではなく、むしろ原則—例外関係における権限配分準拠型と基本権類似型の二重構造を打ち出し、自治権に対する「法律の留保」のとらえ方をより精緻にしたものと理解するのが妥当であろうと思われる[49]。

---

47) なお、憲法裁判所が、原子力法上の連邦所管大臣の指示によるラントの権限への制限について、「個人の権利領域への国家作用に対する法治国原理から導かれる制限は、権限法条の連邦とラントとの関係においては適用されない。これは特に比例原則に当てはまる」(BVerfGE 81, 310[338])と説示していることを根拠として、国家機関相互の権限関係一般に比例原則が排除されたものと理解する見解があるが、これは正しくない。なぜなら、連邦とラントとの関係は純然たる国家関係に擬した連邦制に基づいており、その権限関係の原則は基本法に規定されているところから、比例原則が当てはまる余地がないことがここでは言及されているに過ぎないからである。連邦制と地方自治制は、垂直的権限配分の原理である点は共通するが、憲法上の制度及び原理としては全く別のものと理解されなければならない。保護範囲の概念が存在し、保障と制限の原則—例外関係が存在することを根拠に、個人の権利領域に比例原則が妥当するのであれば、それと類似の構造を持つ地方自治の制度的保障に関しても比例原則が妥当する余地がある、と読むのが妥当と思われる。

48) 須藤・前掲（注20）183頁は、騒音防止決定について権限配分原理を審査基準として援用することは不適切であるとするが、権限配分原理は計画権限の存在を基礎付ける理由付けであり、制限を論じる場合の前提として審査基準に含まれていると考えるのがより妥当と思われる。

49) Maurer, a.a.O.(Anm.33), S.1044.

(4) 判例の流れと審査基準の変遷

　憲法上の比例原則は、地方自治の制度的保障に対する侵害の審査基準として、ラシュテーデ決定が打ち出した憲法上の権限配分原理と関連し合いながら、作用し得る。連邦憲法裁判所は、核心領域に関する絶対不可侵の保障について繰り返し判示してはいるが、実際には核心領域に対する介入を認めた例は未だ存在しない。憲法上の比例原則は、核心領域以外の周辺領域に対する侵害に関する審査基準として出発し、統制密度を高めてきた。また、核心領域に含まれるとされる自治体高権に対する制限の場合であっても、その制限が個々の地方自治体に向けられている場合には、個々の地方自治体の権限や存立それ自体は制度的保障の対象とならないと理解されるため、周辺領域侵害の場合と同様の議論によって、制限の許容性が論じられることになる。

　もっとも、その侵害に対する審査の基準がいかなるものであるべきかについては、立法行為の内容、それによって介入を受ける権限の種類や内容及び介入の程度によって、個別具体的に判断せざるを得ない。法律の規定によってその内容に大きな変化を被りやすい個別の事項権限については、権限配分原理を審査基準とした方がより直截であると考えられるのに対して、立法によって制限され得るものであっても、完全に廃止することが難しい特質を有する組織権限や計画権限については、比例原則を用いて審査をした方が、統制密度を高められよう。各判例の審査基準の違いは、その点にあるものと考えられる。

## 3. 自治体財政権と比例原則

　自治体財政権への立法による介入に対しては、比例原則は審査基準として援用し得るだろうか。自治体財政権は、地方自治体が自ら財源を確保し、財政計画を作成し、それを自らの責任においてその事務に資することができるための権限の一切をいうものであり、自治体高権の1つである財政高権の具体化である。

(1) 財政高権の特質と審査基準

　この財政高権は、憲法上は2つの形態をもって現れるものとされる。一方は、

憲法によって直接かつ具体的に保障される自治体財政権である。例えば、基本法第106条5項に規定する所得税のゲマインデ帰属分を、自己の財源として取得する権限がこれに該当する[50]。他方は、憲法においては一般的に保障されるに留まり、法律による制度形成の枠内で実現される自治体財政権である。基本法第28条2項による保障の対象に含まれる「財政上の自己責任の基盤」は、自治体が自ら財源基盤を確保し得ることを一般的に規定したものであり、例えば起債や課徴金の徴収などによる具体的な財源の確保の方策をとるには、法律の根拠が必要となる[51]。

前者の、憲法により直接かつ具体的に保障される具体的保障型の自治体財政権は、当然ながら立法者の判断によって完全に廃止され、又は実質的に機能し得ない状況に置かれることはあり得ない。なぜなら、そのような内容の立法は、自治体財政権侵害を論ずる以前にそもそも憲法明文に違反することになるからである。他方、後者の一般的にのみ憲法で保障されるに留まり、立法者の形成の余地を許す一般的保障型の自治体財政権は、立法者の判断によって実質的に廃止され、又は機能し得ない状況に置かれることが生じ得る。

自治体財政権への侵害は、ほとんどの場合は一般的保障型が問題となるが、以下では両方の例を挙げて、その論理構造について若干の検討を加えることにしたい。

## (2) 具体的保障型自治体財政権への介入に対する審査基準

### ⅰ) 具体的保障型の自治体財政権

具体的保障型の自治体財政権は、憲法によって直接かつ具体的に保障された自治体の財政権限であり、基本法の規定の上では所得税、法人税及び売上税のゲマインデ帰属分を取得する権限（基本法第106条3項）、所得税のラント帰属分から配分を取得する権限（同条5項）、売上税の帰属分を取得する権限（同条5a項）、土地税及び営業税の収入を取得し、並びに地域消費税及び奢侈税のゲマ

---

[50] Michael Sachs (Hrsg.), Grundgesetz Kommentar. 8.Aufl., 2018, Art.106. Rnr.31f. (Helmut Siekmann). このように具体化された財政高権は、住民に対する命令的効果に着目すれば、租税に関しては課税高権、対価性を有する金銭徴収に関しては課徴高権となる。

[51] Sachs, a.a.O.(Anm.50), Art.28. Rnr.87. (Michael Niehaus).

インデ帰属分を取得する権限（同条6項）、土地税及び営業税の税率を決定する権限（同項）、共同租税のラント取得分から配分を取得する権限（同条7項）がある[52]。

これらの権限の対象となる財源は、ゲマインデの固有の財源として取得され、ゲマインデの自治行政を支える財政基盤を形成する。特に、基本法第106条6項の土地税及び営業税の税率をゲマインデが自ら決定する権限は重要であり、それがゲマインデの法人誘致などの経済活動と、財政運営の継続可能性にも影響することから、基本法により特に具体化された自治体財政権の例として挙げられることが多い。

### ⅱ）自治体財政権の具体化形態としての賦課率

連邦憲法裁判所において、この具体的保障型の自治体財政権侵害が争われたのが、賦課率決定[53]の事案である。この決定は、営業税の賦課率[54]について、連邦法律により下限が設定されたことについて、ブランデンブルク州のゲマインデが、基本法第28条2項3文の一般的な自治体財政権と、同法第106条6項の賦課率決定権の侵害を主張して、憲法異議を提起した事案に関するものである。

まず、連邦憲法裁判所は、両条文の関係について、以下のように判示した。

「基本法第28条2項1文により保障されるゲマインデの財政高権は、（基本法の改正によって）同項3文に独自に明文で規定されている。……この規定はゲマインデに土地税と営業税の賦課率決定の権利を保障するものである限りにおいて、基本法第106条6項2文の保障を強化する……。」[55]

ここでは、一般的な自治体財政権は賦課率決定権を含むものとして観念され、それを特に具体化したのが基本法第106条6項の規定であるとの位置付けがなされている。そのため、両規定は、その介入に対する審査において競合するの

---

52) Sachs, a.a.O.(Anm.50), Art.106. Rnr.30ff. (Siekmann).
53) BVerfGE 125, 141. 邦語での解説としてドイツ憲法判例研究会編『ドイツの憲法判例Ⅳ』（信山社、2018年）299頁以下（上代庸平）。
54) 連邦営業税法は、営業税の税額は、ゲマインデの区域内に住所を有する法人の収益に、連邦が定める課税基準率とゲマインデが定める賦課率を乗じて算出すると定める。
55) BVerfGE 125, 141(160f.). 括弧内は筆者。

ではなく、両方が審査の場合の適用条文となることが分かる。

> 「(基本法第106条6項の規定は) 土地税・営業税の両税自体の存続を保障するものではなく、ゲマインデの賦課率決定権は税目自体の削除からは保護されない……。ただ(第28条2項の)規定が、基本法第106条……の内容以上に、ゲマインデに賦課率決定権を伴う他の財政力に対応した税源が代替として維持されていなければ、財政力に応じた営業税は廃止されないことを保障する。」[56]

連邦憲法裁判所は、このように判示して、税目ごとの賦課率の保障はあくまで自治体財政高権の具体化形態であり、その税目自体の存立までは制度的保障の対象とはならないとした。ただし、地方自治体がその資に充てるための財源を確保するための自治体財政権は、それを含めて一般的に妥当するものとされ、万一税目自体が廃止される場合であっても、賦課率決定権を含めた税源を与えることが憲法の趣旨である以上、その代替財源が保障されるものとしている。

### ⅲ) 審査基準

そうであるとすると、結局のところ、立法者は賦課率決定権を含むゲマインデの固有の税源を立法によって完全に廃止し、又は実質的に機能し得ない状況に置くことはできないことになる。その意味で、自治体財政権の具体化形態は、一般的な自治体財政権によって補われ、強化されているということができよう。

違憲審査基準については、自治体財政権の具体化形態に対する保障と制限の原則―例外関係が妥当することになる。この観点から、裁判所は、審査基準について以下のように説示している。

> 「自治行政の保障一般、そしてその本質的要素である財政高権と同様、基本法第106条6項2文により保障され、更には基本法第28条2項3文における財政高権の特別な具体化として保護される賦課率決定権も、比例性に反して制限されてはならない。賦課率決定権……への制限は、正当な目的の達成に適切かつ必要であり、更に比例性に適合していなければならない。」[57]

自治体財政権の保障が、一定の範囲での法律の留保と立法による制度形成を必要としつつ、憲法によって直接具体化されている自治体財政権を立法によっ

---

56) BVerfGE 125, 141(161). 括弧内は筆者。
57) BVerfGE 125, 141(168).

て完全に排除できない以上、保障される自治体財政権の具体化形態への介入のみが問題となり、その正当化の要求を通じて、違憲審査における統制密度を高めるという、ラシュテーデ決定の方向性に概ね則ったものと評価し得る。

こうして、具体的保障型については、具体的に保障された権限範囲への制限のみが問題となり得る。この場合の具体的保障型自治体財政権には、憲法規定の解釈によって導かれる一定の保護範囲が存在し、それに対する介入があったときは、その介入を基礎付ける立法者の判断が正当化され得るかが問題となる。その意味では、基本権類似型の原則—例外関係が妥当すると言えるのである。

### (3) 一般的保障型自治体財政権への介入に対する審査基準

一般的保障型自治体財政権とは、憲法によって直接に具体化されてはいないが、地方自治の制度的保障の対象となる自治体の財政上の権限である。

地方自治体がその財源を取得する局面における一般的保障型の自治体財政権は、その資に充てるべき財源が事務権限に付随することから、事務権限の分類に対応して、国からの委任事務又は指図を伴う事務に関する適正供与保障と、地方自治体の固有の事務に関する最少供与保障とが、その内容となるとされる[58]。

#### ⅰ) 委任事務財源に対する適正供与保障

#### a. 委任事務と財源

ドイツにおいて、委任事務とされるものには2つの類型がある。その1つは、本来的委任事務である。これは、国の事務と自治体の事務の区分を前提として、国の事務が、その下級行政機関としての地方自治体に委任される場合の事務権限である。本来的な権限の主体は国である点を特徴とするものであり、我が国におけるかつての機関委任事務がこれに相当する。もう1つは、機能的委任事務である。国の事務と地方自治体の事務の区分を設けず、地域における公的事務として一元化した場合に、権限自体は地方自治体に帰属するものの、国全体としての規律の必要性を根拠とする執行の義務付けや指図が付着し、地方自治

---

58) Sachs, a.a.O.(Anm.50), Art.28. Rnr.84. (Niehaus).

体の執行における判断の余地が国によって制限される事務を言う。我が国における法定受託事務は、これに相当する。適正供与保障は、事務を委任する場合に併せて財源を移転する場合の自治体財政調整に作用するが、この場合の自治体財政調整は、財源の「垂直的配分」の問題とされてきた。すなわち、委任事務の権限が地方自治体に属すべきものと立法者が決定したとき、権限の垂直的配分と財源の垂直的配分の乖離が発生することが、自治体財政権の侵害の問題として論じられてきたのである[59]。

b. 適正供与保障の審査基準としての牽連性原理

本来的委任事務及び機能的委任事務の押しつけによる自治体財政権への介入に関する審査基準となるのは、牽連性原理である。この牽連性原理は、防御的効力と予防的効力とをその内容とする[60]。防御的効力は、原則として立法者が地方自治体に対して事務を委任することを禁じ、例外的に費用補塡の定めによって正当化される場合にのみ委任を許容することを内容とするものであり、費用の補塡の有無及び補塡による充足の程度が、裁判所による具体的な審査の対象となる。また、予防的効力は、立法者がその委任の結果を適切に予測し、説明責任を果たすことを要請するものである。まず前者は、防御権侵害の構造と同じように、地方自治体の事務領域に財政面から介入する効果を持つ事務の委任についての正当化を要求する内容を有し、比例原則とは異なる意味においてではあるが、原則—例外関係を形成する基準として機能する。また後者は、従来は自治体財政への保護機能において劣るものと評価されてきたが、近年のラント憲法裁判所の判例により、自治体財政に介入する立法に際しての地方自治体への聴聞や補塡費用の算定の適正性を担保するための手続的保障として再構成され、存在意義を強めてきている。

なお、現在においては、委任事務費用の適正供与に関する限り、本来的委任事務と機能的委任事務の区別はほとんど意味を持たないものと考えられている。各ラントにおける牽連性原理の構成要件の厳格化により、かつては国の事務たる本来的委任事務の場合に限られていた牽連性原理の射程は公的事務たる機能的委任事務へと拡大し、かつ、公的事務に牽連性原理が適用されることが各ラ

---

59) Friedrich Schoch, Verfassungsrechtlicher Schutz der kommunalen Finanzautonomie. 1997, S.182.
60) 第Ⅳ章 2 を参照。

ントの憲法改正により明文化されたからである[61]。

#### c. 比例原則と牽連性原理

　適正供与保障の審査基準としての牽連性原理は、比例原則とは併用されることはない[62]。なぜなら、牽連性原理は、財政面に特化してそれ自体立法者の事務の委任に関する判断余地を大きく制限する効力を持つ財政憲法原理として解釈に定着し、又は憲法に明文化されるに至っており、一般的な比例原則を併せて援用することは、却って統制密度を低下させるおそれがあるからである。

　また、牽連性原理を、財政面における原則・例外関係を形成するための比例原則の一形態とみる余地もないではないが、牽連性原理は、あくまで財政面における決定者と費用負担者との間での財源負担という実体の繋がりを根拠とする原理である[63]。法治国原理を根拠とし、立法による介入について規範的な正当化を求めることを内容とする比例原則とは、その出自や効果においても、やはり別物と考えられる。実際に、ラントレベルでの自治体憲法異議では、本来必要となる財源と実際に補塡された財源とを比較して、原則100％が補塡されるべきところ、それ未満の割合の額しか補塡されていないことについての正当化が必要であるとの主張が地方自治体からなされたことはあるが、直接に牽連性原理を主張すべきものとして、裁判所からは一蹴されている[64]。

　ただ、牽連性原理によっても、義務付け又は指図を伴うものとして立法者が地方自治体に割り当てた事務に関し、どの程度の財源補塡が「適切」と算定されるかについては立法者の判断の余地が介在するため、適正供与として保障される明確な財源の範囲を憲法のレベルで具体的に確定することは困難にならざるを得ないのは事実である。比例原則が牽連性原理を補うものとして機能し得ない以上、牽連性原理の更なる精緻化によって対応されるべき問題であろう。

---

61）　第Ⅶ章1を参照。
62）　Hans-Günter Henneke, Begrenzt die finanzielle Leistungsfähigkeit des Landes den Anspruch der Kommunen auf eine aufgabenangemessene Finanzausstattung?, DÖV 2008, S.359f. ヘネッケは、牽連性原理は立法者の財政供与能力を考慮せずに自治体の財源を保障する効力を持つのに対し、比例原則は立法者の財政供与能力が考慮要素に含まれることを、区別において重要視している。
63）　Schoch, a.a.O.(Anm.59), S.45.
64）　BayVerfGH Entscheidung vom 6.2.2007. = BayVBl.2007, S.364ff.(365).

ⅱ）固有事務財源に対する最少供与保障
　a．固有事務と財源
　固有事務とは、地方自治体がその全権限性に基づき、自己責任によって行う性質の事務であって、地方自治体にその事務を行うか否か、及びその執行に関する程度並びに方法に関する決定権が留保されているものを言う[65]。
　一般的に、国がその領域内に存在する全ての地方自治体について固有事務に必要な最小限度の財源を確保させるためには、使途を指定しない基準交付金を、法律によって形成される自治体財政調整制度を通じて交付する方法が採られる。この自治体財政調整制度に作用する最少供与保障は、財源の「水平的配分」の問題として論じられることが多かった。すなわち、立法者が財政調整を通じて地方自治体の財政力の強弱を逆転させることを禁ずる過度平準化（財政力序列変更）の禁止や、財政調整総額の減額に比してある地方自治体の減額を理由なく大きくすることを禁ずる配分の公平の問題として扱われてきたのである[66]。
　b．最少供与保障の審査基準
　自治体財政調整制度はラントの事項であるため、この審査基準については、ラントの憲法裁判所においてしばしば争われる。
　例えば、2007年のバイエルン州学校財政法判決は、州の学校財政法が、公立学校設置者（ゲマインデ又は目的連合）に対して、その所管にある外国人中等教育学校に対する経常費補助金の交付を義務付けたことが問題となった事案に関するものである。地方自治体側は、牽連性原理に対する違反を主張して争ったが、州憲法裁判所の判断は、外国人中等教育学校に対する補助の事務は固有事務であり、最少供与保障の対象となる、とするものであった。その上で、以下のように判示した。

　「自治行政権の保障の意味からして、いかなる場合でもその範囲が恣意禁止で制限されるのみの国の意思決定に委ねられたままにすることは、正しくない。……むしろ、ゲマインデの財政高権の範囲に関する法律の規定は、法治国原理から導かれる比例原則の要請にも適合していなければならない。すなわち、ゲマインデへの負担や財政供与への介入と、介入の根拠となるべき公的利益に適合し、かつ

---

65)　Schoch, a.a.O.(Anm.59), S.148f.
66)　SächsVerfGH, Urteil vom 27.1.2009. = LVerfGE 21, 318(332). これは、連邦憲法裁判所がラント間財政調整における審査基準として定式化したものである。Vgl. BVerfGE 72, 330(338).

事実に裏付けられた理由付けとの具体的な比較衡量が要求されなければならない。」[67]

「立法者が、ゲマインデに対する財政上の最少供与を保障する義務をどのように果たすかは、立法者自身の判断による。ここには規範的な判断の広汎な余地がある。……この法律の留保は、財政高権にも及ぶ。」[68]

ここでの問題は、この「法律の留保」の内容をいかに具体化するかである。

本件では、結論としては外国人中等教育学校への経常費補助は地域的共同体の事務そのものであり、実体的にも地方自治体及びその住民が享受する利益に鑑みれば実際に生じる負担も不合理なものとはいえないとして、地方自治体への補助の義務付けは違憲ではないとされた。つまりここでは、経常費補助の必要性・適合性と負担額に関する比例性が考慮されていると言い得る[69]。本判決は、立法事実の主張可能性の審査に留まっていた、財政高権に対する裁判所の見方を、比例原則を用いた具体的な衡量に推し進めた判断として注目されるべきものと言えよう。

直近の例としては、2013年ブランデンブルク州憲法裁判所第3次財政調整法判決[70]がある。この判決は、州財政調整法改正法律が基準交付金の算定基準を変更したことについて、自治体憲法異議の提起があった事案に関するものである。基準交付金の算定基準が変更されれば、処理する事務は変わらなくとも、地方自治体が獲得する財源の内容は変化し得る。そのため、これが固有事務の最少供与保障を侵害する、というのが、その理由であった。州憲法裁判所は自治体憲法異議を棄却したものの、その中で三段階審査に類する審査を行っていることが注目される。すなわち、①法律が自治の保障に対する介入となるか、②その介入が正当化され得るか、具体的には②'法律が形式の上で憲法に適合するか、②"法律は実体的に憲法が保障する自治の内実を掘り崩していないか、という審査の構造となっている。その上で、介入に対する正当化の段階については次のように判示する。

---

67) BayVerfGH, BayVBl. 2007, S.364(366f.).
68) BayVerfGH, BayVBl. 2007, S.364(365).
69) Henneke, a.a.O.(Anm.62), S.365.
70) BbgVerfGH Urteil vom 6.8.2013. = DVBl.2013, S.1180ff.

「(財政調整法による)異議申立人の財政高権への介入は、是認し得る公共の利益の理由付けによって正当化され、かつ、比例原則に適合している。」[71]

この説示を基礎付ける審査の内容としては、①ラント及び地方自治体の財政状況に照らした公共の利益の目的設定の適正性、②公共の利益を実現する手段としての財政調整基準変更の必要性並びに財政調整制度の立法者による制度形成の必要性と裁量の範囲、③当該基準変更によって生ずる異議申立人の財政高権及び事項高権への侵害の程度（狭義の比例性）[72]が挙げられている。

### c. 最少供与保障と比例原則

固有事務財源に対する最少供与保障は、自治権の内容たる財政高権の核心を成すものであり、委任事務財源に対する適正供与保障は周辺領域にあるものだとの説明がなされることがあるが[73]、理論的にはともかく、現実的には裁判所が核心領域に対する立法の侵害を認定した例はない。固有事務のための財源は原則として地方自治体が自ら調達するものであり、その調達の方法について、基本法やラント憲法が少なくとも自治体税の賦課徴収を認めている以上は、それを完全に廃止し、又は実質的に機能し得ない状態に置くことは、立法者にとっては極めて困難である。そのため、憲法によって制度的に保障されている最少供与保障に対して、立法による介入が生じているかどうか、それが正当化され得るかどうかという審査が行われることになる。

ただそうだとすると、立法者は地方自治体の最少供与保障について、財政調整の措置を執るかどうか自体を含め、極めて広い裁量を持つことになる。現実的な金額の問題である狭義の比例性についてはともかく、必要性及び適合性については、この裁量が作用するため、統制密度としては低いものに留まるとの指摘もなされる[74]。核心領域に属する固有事務財源への介入の審査基準が比例原則であるのに対して、周辺領域に属する委任事務財源への介入の審査基準は

---

[71] BbgVerfGH, DVBl.2013, S.1180(1181). 括弧内は筆者。
[72] BbgVerfGH, DVBl.2013, S.1180(1181f.). 判決文の中で括弧付きで「狭義の比例性」の文言が用いられている。
[73] Sachs, a.a.O.(Anm.50), Art.28. Rnr84. (Niehaus).
[74] そのため、立法者によって必要性・適合性が低く見積もられることがないように、事務配分の財源配分における評価の等価性が考慮されるべきである。Vgl. Henneke, a.a.O.(Anm.62), S.365f.

それより厳格な牽連性原理であるという逆転現象が生じる原因も、この点にある。

いずれにせよ、近年のラントの憲法判例において見られるようになっている、比例原則や三段階審査の導入によって一般保障型の自治体財政権への介入に関する統制密度を向上させることを試みる動きについては、なお観察が必要であろう。

### (4) 自治体財政の二本柱と審査基準

他の自治体高権についてと同様に、自治体財政権の保障についても、比例原則や三段階審査類似の審査方法の導入により、統制密度を高める工夫がなされつつある。特に、最少供与保障への立法による侵害については、憲法判断に関する基準について決め手となる議論のない状況が続いていただけに、この動きは着目すべきものである。

ただし、比例原則を用いた自治体財政権への介入に関する審査において、裁判所があくまで判断の具体性を要求している点は見過ごしてはならないと思われる。自治体の活動には財源がおよそ不可欠である以上、財政高権はその他の権限とも強い関わりを持たざるを得ない。ここでは、財源の取得という純粋な財政活動のみを検討の対象としたが、例えば地方自治体の予算決算方式の変更は組織高権との間に位置する問題であるし、また官吏や被傭者の給与体系の変更は、人事高権との間に位置する問題である。このような自治体財政権の裾野にまでこの審査基準を広げて良いかどうかが、早晩問われることになろう。

## 4. 小括

本章では、地方自治行政の制度的保障に対する介入に対しての比例原則の援用の可否について検討した。

連邦憲法裁判所の地方自治行政に関する判決の転換点と評されるラシュテーデ決定は、地方自治行政に対する法律の留保に関して、権限配分型と基本権類似型の2つの原則―例外関係の存在を提示した。このことは、同裁判所のその後の判決の流れから裏付けられる。

具体的保障型の自治体財政権及び一般的保障型の自治体財政権のうち最少供与保障については、基本権類似型の原則・例外関係が妥当し、比例原則を含む三段階審査類似の審査基準を援用する余地がある。

　一般的保障型の自治体財政権のうち適正供与保障については、権限配分型の原則─例外関係に依拠する牽連性原理が妥当し、この原理は比例原則とは並立しない。

　牽連性原理がそうであったように、自治体財政に関する比例原則及びそれを内容とする三段階審査類似の審査基準が、判例の蓄積から理論化され、財政憲法原理としての地位を得られるかどうかは、その内容に関する明晰な論理を提示できるかどうかにかかっていると考えられる。

第 X 章

# 手続面における牽連性原理の再構成

　地方自治・自治体財政の保障は、どの決まりに則って行われるのであろうか。もちろん、地方制度は憲法をはじめとする諸法規や実務上の取り決めなどの集合体であり、この問いに一概に答えることは難しい。そこでこの問いを、地方自治・自治体財政の保障に関する決まりは誰が作るのであろうか、と言い換えてみると、その答えは途端にクリアになる。現代的な法治国家原理を前提にする限り、答えは憲法制定者又は立法者（あるいはその権限の根源たる国民・住民）のいずれかに絞られるからである。

　ドイツにおける地方自治に関する指導的判例として知られる連邦憲法裁判所ラシュテーデ決定の判示を以下に引用してみよう。

> 「基本法第 28 条 2 項は、ゲマインデに対して、法律の範囲内において、地域的共同体の全ての事項を、自己の責任において規律する権利を保障している。ここに規定されるゲマインデの自治の仕組みの保障は、法律による形成と形式化を必要とする。『法律の枠内において』という制限は、立法者に対してこの形成と形式化を委ねたものではあるが、それは全くの任意というわけではない。……基本法第 28 条 2 項は、……地域的共同体の全ての事項に関するゲマインデのための憲法上の事務配分原理を含んでいるのであり、事務を配分する権限を有する立法者は、それに対して配慮しなければならない。」[1]

　ここでは、憲法による地方自治の保障は、立法による具体化・形成を必要としているという理解が通底している。憲法による地方自治の保障は、その制度

---

1) BVerfGE 79, 127(143, 150). 邦語での解説としてドイツ憲法判例研究会編『ドイツの憲法判例Ⅱ（第 2 版）』（信山社、2006 年）378 頁以下（白藤博行）。

が時宜に対応して運用されることを可能にするために、一般的な枠を提供するものでしかない。それゆえに、地方自治・自治体財政の制度は、その枠に従い、法律又は下位の諸法規によって具体化されてきた。しかし、その法律や下位の諸法規による具体化・形成の適正は、どのように保障されるのであろうか。この問題については、適正であるための上限と下限の問題が区別されるべきであるが、このうち上限については、地方自治の制度的保障の核心部分・周辺部分との関わりで、多くの議論が積み重ねられてきた[2]。それでは、下限についてはどうであろうか。地方制度が時代の試練に耐え、統治機構を指導する憲法原理としての垂直的権力分立[3]を実現していくためには、新たな憲法解釈や生起してきた仕組みを形成・具体化して取り入れることが可能でなければならないはずである。特に、刻々と変わる経済財政状況に影響を受けやすい自治体財政にとっては、この点は切実である[4]。憲法上、地方自治体が財政的に困窮することは避けなければならないことは明らかであるし、そのための考察は積み重ねられていても、その実現に必要な法律が具体化・形成の下限を下回っていては、憲法解釈としては隔靴掻痒そのものの感があろう。

　本章では、このような問題意識を元に、憲法上の財政原則である牽連性原理を素材として、その手続原則としての形成・具体化のあり方を検討する。具体的には、以上2つの意味に即して、憲法上の自治体財政保障原理の具体化と内容形成の経緯を概観したのち、それらの立法・規定定立の方向性及び手法に関

---

[2] 具体的には、権限の競合・国の地方に対する関与や、法律と条例の効力関係の問題として立ち現れてきた。これらの問題に関して、団体自律権と同じように国の法律による侵害と捉えることが、問題の見通しを良くし、制度的保障のそもそもの含意に一層忠実な解釈を可能にするとの理解は、まさに法律による具体化・形成の上限を画しようとする問題意識に端を発したものであろう。原島良成「地方分権改革関連法」法時80巻10号（2008年）36頁以下を参照。

[3] 垂直的権力分立とは、垂直関係にある複数の統治主体の間で権限を配分することで、統治構造の最適化と各レベルにおける権力のコントロールを実現するための統治原理である。ドイツにおいては、垂直的権力分立を実現するための制度としての連邦制及び地方自治は、基本法の憲法的秩序の構成要素とされている。Hartmut Maurer, Staatsrecht I. 6.Aufl., 2010, S.621ff. 我が国の法制においても、地方自治法の目的規定「国と地方公共団体との間の基本的関係を確立することにより、地方公共団体における民主的にして能率的な行政の確保を図るとともに、地方公共団体の健全な発達を保障する」（第1条）という文言からは、これと同様の発想を窺うことができる。

[4] Friedrich Schch, Verfassungsrechtlicher Schutz der kommunalen Finanzautonomie. 1997, S.15f.

する検討を行うものとする。

## 1. 財政憲法原理の具体化・形成の必要性

　財政憲法原理としての牽連性は、憲法によって規定された大枠に則って、地方自治体が引き受けた事務に相応の財源をも移転することを要請するものである。この牽連性が具体化・形成を必要とするのは、逆説的ではあるが、ひとえにそれが財政を規律する原則であるから、ということに尽きる。

　牽連性の妥当基準となるのは、国から地方自治体への権限の委譲[5]であり、牽連性原理とはその権限に財源を付随させることを要請することを内容とするものである。このうち権限は、これを委譲することを内容とする国の法律又は規則が施行された時点で、当然に委譲が生じる[6]。しかし財源の付随については、それが国の財政の支出をもたらすものであるため、特に財政上の国の負担に関して民主的規律を要請する財政民主主義に基づき、権限の委譲とは別途に立法者の決定が必要となる[7]。地方自治の制度的保障の枠組みに即して言えば、立法者の財政上の決定と地方自治体の財政高権の保障との対立は、一般的な財政権限の衝突の場面として扱われる。そのため財政衝突の調整に当たる立法者には判断の余地が生まれ、そのような判断余地に基づく財政上の措置にも、幅が生じることは避けられない。牽連性原理は、財政権限の衝突のうち財政自律の場面を支配する原理であるが、立法者は、この牽連性原理による制約の下においても、どのような範囲の事務について、どのような基準に基づいて事務と

---

[5] ここに言う「委譲」とは移譲・移管・委任及び本来的な意味での委譲又は変更を含む権限の移動の一切を指すものである。ドイツにおいては、立法者が権限の委任の形式を変更することで牽連性原理を潜脱する例が後を絶たず、そのため牽連性原理の妥当基準としての権限の委譲は極めて広く解釈されている。詳細はⅦ章にて触れた。

[6] この点はあくまで規定形式上の問題である。その内容を実質的に決定するのはどの機関であるのかどうかは、その執行責任の所在ともかかわって、牽連性原理の射程となりうる問題である。Vgl. Andre Röhl, Konnexitätsprinzip und Konsultationsverfahren als Ausdruck kommunaler Selbstverwaltung. 2006, S.114.

[7] 「地方自治体の自治権保障には、事務権限の委譲に対応した、適切な財源の配分の要求が……含まれる……。ただし事務の移譲と財源の配分についての立法者の決定は、憲法の要請としては区別しうるものであって、……立法者には、……極めて広く形成の余地が認められる」と説示したラント憲法裁判所の判例がある。Vgl. NRWVerfGH Urteil vom 9.12.1996. = DVBl.1997, S.483(484f.).

財源の牽連性の有無を判断し、そしてどの程度の金額を地方自治体に対して交付するかに関して、ある程度広い判断の余地を有し得る[8]。つまり、制度的保障理論それ自体に幅が生じている以上、牽連性原理にも隙が生じ、それ自体では一義的な財政保障の程度を定義し得るわけではなかった。その間隙を埋めるために、牽連性原理は具体化・形成を必要としたのである。

この具体化・形成の必要性を基礎付ける牽連性原理の間隙は、財政を規律する原則であるという特性に基礎づけられたものであるため、立法者の財政上の判断余地が介在する限り、ひとり牽連性のみならず、全ての財政憲法原理に共通することになる。

## 2.「協議手続としての牽連性」

### (1) 強化された牽連性原理

それではこの間隙を埋めるために、憲法はどのような方策をとっているのだろうか。牽連性原理を例にとってみると、憲法規定上の牽連性原理の厳格化が完了し、問題がその具体化にスライドしてからの憲法規定は、例えば次のような条項を持っている。

バーデン・ヴュルテンベルク州憲法第71条[9]

(3) ゲマインデ及びゲマインデ連合に対しては、法律によって、既存の特定の事務あるいは新たな公的事務の処理が委任される。同時に費用の補填に関する規律が行われなければならない。これらの事務について、事務の様式若しくは処理のための費用についてラントが原因となって生じる事後的な変更、又は義務的委任事務を指図に従って処理するための費用についてラントの原因によらずに生じる事後的な変更が、ゲマインデ及びゲマインデ連合に本質的な負担の増加をもたらすときは、適合的な財政調整を行わなければならない。2文及び3文は、ラントがゲマインデ及びゲマインデ連合の随意事務を義務的事務に変更し、又は既存の、委任されていない事務の執行について特別の要求を設定するときに準用する。4項で規定される組合の、費用負担の予測に関する協議についての詳細は、法律又はラント政

---

[8] Hans-Günter Henneke, Kommunale Finanzgarantien in Rechtsprechung. in: Hans-Günter Henneke/ Hermann Pünder/ Christian Waldoff (Hrsg.), Recht der Kommunalfinanzen, 2006, S.456ff.

[9] この条項のうち3項は、牽連性原理を強化するために行われた2008年5月6日憲法改正の後のものである。改正までの経緯については次項で触れる。

府とこれらの組合との協定によって規定され得る。

　この規定は、牽連性原理による財源移転・財政調整の義務の他に、費用負担の予測に関する協議を規定している点が特徴的である。憲法上の牽連性原理の構成要件・法的効果等の実体論が展開されているのをよそに、この規定はその実体的内容を法律又は協議によって定めるべきことだけを要求している。ややもすれば牽連性原理による財政保障の実体面に対して消極的な姿勢を採るようにも読める規定であるが、なぜこのような規定が憲法改正によって成立したのだろうか。

(2) バーデン・ヴュルテンベルク州国事裁判所99年判決

　憲法改正によって協議手続の整備が行われるに至った経緯は、ニーダーザクセン州国事裁判所ビュッケブルクⅠ決定の説示が、牽連性原理として波及し始めた時期に、バーデン・ヴュルテンベルク州国事裁判所が示した1本の判決[10]に始まる。

ⅰ）99年判決の争点

　この判決に至る事案は、義務的事務の財政責任が問題となったものであった。ラント内の2つのクライスはラント法律の基準に従って、法律によって執行すべきものとされた社会扶助・児童青少年扶助及び庇護申請者扶助事務を執行していたが、その費用が増加を続けているのに対して財源移転及び財政調整は十分なものではなく、自治権を侵害していると主張して憲法異議の提起に及んだのが本件であった。

　この場合の社会扶助事務は、連邦及びラントの指示の伴わない義務的事務であるが、ラント法律によって執行の基準が細かく規定されるため、ラント憲法上、旧第71条3項[11]による委任事務に該当する[12]。ラントは同項による費用負担の規律及び財政調整を行う義務を負うことになるが、その措置自体は行わ

---

[10] BadWürttStGH Urteil vom 10.5.1999. = DVBl.1999, S.1351ff. この判決は、一連のビュッケブルク判決と並び、財源をめぐる自治体憲法異議の中で違憲判断を引き出した数少ない例である。この判決については、武田公子「ドイツにおける自治体間財政調整の動向」京都府立大学学術報告56号（2004年）114頁以下が財政学的見地からの考察を交えた詳細な紹介を行っている。

れていたことが窺われるため、問題はその措置の有無ではなく、その措置の程度にあることになる。

　国事裁判所は、ラント財政調整法及びそれに基づく1997年ラント予算法律の規定が違憲であるとの判断を示した。本件の争点は、第一に連邦法律による地方自治体への事務賦課の可否、第二に連邦法律のラント施行法律に基づいて地方自治体に義務付けられた事務経費の財政調整による保障の程度、第三に財政調整額の算定に際しての手続保障の要請の3点に大別されるが、ここでは本章の問題意識に即して後二者について整理しておく。

### ⅱ）99年判決における牽連性原理具体化の方向性

　国事裁判所の判決は、主として地方自治体における委任事務・義務的事務の増加に対して財政調整法が十分に対応できていないことに対して向けられている。国事裁判所が指摘する財政調整法の不備は、以下のような諸点にまとめられる。

　①まず、ラントは第73条1項[13]により「ゲマインデ及びゲマインデ連合が適切で十分な事務の執行が可能であるように、それらの財源確保に配慮しなければならず、それらの財政力を弱体化させることにより自治権を掘り崩すことが禁じられている」ところ、本件法律の規定による財政調整の程度は不十分で

---

11)　当時のバーデン・ヴュルテンベルク州憲法第71条は以下のような条文であった。
　　⑴　ラントは、ゲマインデ、ゲマインデ連合及び目的連合に対して自治の権利を保障する。それらは、法律の範囲内において、自らの事項を自己の責任において処理する。その他の公法上の団体及び施設も、法律で規定する限界の範囲内において同様である。
　　⑵　ゲマインデは、公的な必要に基づいて法律によりその事務が他の官庁に委ねられていない限りにおいて、その領域における公的事務の担い手である。ゲマインデ連合も、その権限の範囲内において、同様である。
　　⑶　ゲマインデ及びゲマインデ連合に対しては、特定の公的事務を処理すべきことを法律によって委任することができる。それに際しては、費用の補塡に関する規律が行われなければならない。この事務の執行がゲマインデ及びゲマインデ連合に更なる負担をもたらすときは、それに適合的な財政調整を行わなければならない。
　　⑷　法律又は規則によって、各ゲマインデ及びゲマインデ連合が関係する一般的な問題が規律される前に、これらの地方自治体又はその組合は、適時に意見を聴取されなければならない。
12)　BadWürttStGH, DVBl.1999, S.1351(1352).

あり、「地方自治体の自治権の不可侵の核心領域である自治事務領域を財政的に掘り崩している」[14]。②そのため、第71条1項及び旧3項との関係で「ラントの形成の余地はゲマインデ及びゲマインデ連合の最少供与を侵害してはならず……地方自治体がその義務的事務のみならず自ら決定して執行する自治事務の自律性に即して、ラントの事務執行に対する本質的な制約が課せられている」が、本件の事務を義務付けることはこの制約を超え「国の事務と地方自治体の事務の等価性を侵害している」[15]。③したがって、事務権限の義務付けに伴って行われる費用の規律及び財政調整は程度において不十分なものとして第71条旧3項に抵触し、この規律を定める財政調整法は第73条1項と結びついた第71条1項の自治権を侵害するため、違憲であると断じている[16]。

ここで国事裁判所は、ノルトライン・ヴェストファーレン州憲法裁判所1998年判決[17]を参照しており、ビュッケブルクⅡ判決[18]と併せて示された牽連性原理の具体化の方向性を踏襲することを明らかにする。曰く、ラント憲法の牽連性規律は、単に立法者が事務の執行を義務付ける際に、増加する財政負担の考慮を求めることに尽きるのではなく、地方自治体の事務執行に関する自主性を法的に保護することに向けられているのである[19]。

---

13) 当時のバーデン・ヴュルテンベルク州憲法第73条は下記のような規定である。
   (1) ラントは、ゲマインデ及びゲマインデ連合がその事務を遂行することが可能となるように配慮する。
   (2) ゲマインデ及びクライスは、固有税及びその他の課徴金を法律の基準に従って徴収する権利を有する。
   (3) ゲマインデ及びゲマインデ連合は、ラントの事務に関する配慮に基づいて、税収を配分される。詳細は、法律でこれを規律する。
14) BadWürttStGH, DVBl.1999, S.1351(1354f.).
15) BadWürttStGH, DVBl.1999, S.1351(1355). なお、ここで言う「最少供与」とは単に委任事務に対する必要最少限度の供与額を意味しており、「適正供与」の対概念として用いられる「最少供与」を意味するものではない。
16) Ebenda.
17) NRWVerfGH Urteil vom 9.7.1998. = NVwZ-RR 1999, S.81.; NRWVerfGH Urteil vom 1.12.1998. = DÖV 1999, S.301. これらの判決は牽連性原理の適用範囲に関する事務の委任の概念を画定させたと言う点において重要な意味を持つものであるが、それを突き詰めた結果、義務的自治事務を地方自治体に行わせる場合のラントの財政負担義務を否定する結論に至っており、功罪が相半ばしている。
18) NdsStGH Urteil vom 25.11.1997. = DVBl.1998, S.185ff. (Bückeburg II).
19) BadWürttStGH, DVBl.1999, S.1351(1355).

iii）事務執行費用増大への考慮――手続面からの保障の試み

立法者が、地方自治体の事務執行に関する自主性を保護する実体的義務を負うだけでは、その保護の程度の決定が立法者に握られている限り、牽連性原理の間隙は埋まらない。

そこで次に国事裁判所が説示したのは、費用増大の考慮のための算定手続に関してであった。ここで裁判所はまずビュッケブルク判決を参照して、財政調整過程における交付額決定の「透明性」と「追証可能性」を確保することをラントに求める。これは各ラントにおける自治体憲法異議の中で、確定した財政調整の統制原理と位置付けられているものである。そしてその基準については「財政調整総額又は財政調整財源の繰入率を決定する際に勘案されるべき、地方自治体の財政需要の変化を測定する方法は、現在のところ決定的な基準を有しない」とし、この基準の画定は「ラント立法者と自治体の自主的な決定権限に属するものであり、国事裁判所は……外部的に何らかの基準を提供することはできない」[20]として、実際に行われるべき算定については、立ち入った基準定立を避けた。

しかし手続面については、「したがって財政調整総額の望ましい額やその配分の方法については、当事者であるラントと地方自治体が協議を通じて合意を形成することが必要である」とし、その合意を得る方法に関して、国事裁判所は連邦憲法裁判所放送受信料判決（第8次放送判決）[21]を引用して、以下のように説示する。すなわち、「基本権の場合、手続を通じたその保護の拡大が確立した憲法判断によって認められている……。このことは外部の支配によって、保障された自律が介入を受ける場合にも当てはまる」[22]。基本権と自治権の性質が異なることについては「地方自治行政の保護にとっては、ゲマインデ及びゲマインデ連合の基本権ではなく、その制度的保障が問題となる」としつつも、「自治の保障にも、憲法裁判所による財政保障への事後的な保護が効果的に行

---

20) BadWürttStGH, DVBl.1999, S.1351(1357).
21) BVerfGE 90, 60. なおこの判決については鈴木秀美『放送の自由』（信山社、2000年）253頁以下、ドイツ憲法判例研究会編・前掲（注1）145頁以下（高橋洋）に紹介がある。なお、この判決の枠組みを、制度的保障たる地方自治に妥当させて良いかどうかの点は制度的保障の根幹にも関わる重大な問題として提起されうるものであるが、ここでは立ち入らないことにする。

われえないというここでの構造的な理由によって、憲法上の方法に則った手続的保障が事前に及ぼされなければならない。」[23]とする。そしてその趣旨に鑑み、合意の形成の方法について連邦財政方針法の手続と同様の仕組み[24]を設定することとともに、その仕組みによる委員会の公開性・透明性を確保して地方自治体の利害を財政調整額の算定に関して反映させることを、ラントに求めている。この判決を通じて、憲法上の方法に則った手続的保障として合理的に得られた合意が要請され、その合意の合理性は、ラントと地方自治体との間の協調的な決定プロセスと、そのプロセスにおける透明性・公開性・追証可能性に基礎付けられていることが明らかにされたのであった[25]。

### iv）判決の効力と射程

この判決は、ラントの財政調整法及び予算法律の違憲を宣言してはいるが、それらを無効にはしていない。財政調整の違憲性は、手続不備による算定の不十分性によって生じたもので、規定の無効を基礎付けるものではないと判断されたのである。

そうであるとは言え、この判決の説示が、立法者が制定する財政調整法の規定に関してのみならず、その立法に基づいて行われる算定手続に関しての自治体憲法異議の可能性をも拓いたことは無視されるべきではない。さらに言えば、

---

22) BadWürttStGH, DVBl.1999, S.1351(1357). ここで引用された連邦憲法裁判所の諸判決はいずれも、基本権に対する手続を通じた保護の可能性を説示したものである。例えばそのうちのミュルハイム・ケルリッヒ決定（BVerfGE53, 30) ＝ドイツ憲法判例研究会編・前掲（注1）73頁（笹田栄司）では「基本権の保護は、広範囲にわたって手続きの形式によってももたらされる……。実効的な基本権保護にとっても手続法が重要である限り、それにも影響を及ぼすと言うことが、連邦憲法裁判所の確立した判例である」と説示されている。
23) BadWürttStGH, DVBl.1999, S.1351(1357).
24) 連邦法律である財政方針法（Haushaltsgrundsätzgesetz）は、連邦に財政計画委員会（Haushaltplannungsrat）を設置し、連邦政府・ラント及び地方自治体・会計検査院から委員を選任して、専門的観点から財政方針を協議させるものとしている。この委員会は、財政に関する各機関の利害を反映させるとともに協議を深めて調整を図る目的で設置されている。ただこの委員会の議決は連邦・州・地方自治体の代表者の全員一致でのみ成立するものであるため妥協を招きやすいばかりか、法的効力も認められておらず、その重要性及び影響力はきわめて小さいものにとどまる。武田・前掲（注10）115頁以下及び財団法人日本都市研究センター編『国と地方の協議の場（協議機関）の国際動向』（日本都市研究センター出版、2008年）31頁。
25) Röhl, a.a.O.(Anm.6), S.120f., 124ff.

財政憲法原理が費用の算定手続をもその射程に収めていることを明確に示して、実際の算定を違憲と結論付けたことに加え、具体的な手続をも示してその決定プロセスの整備が立法者に対する要請であることを明確にしたことからすれば、本判決は地方自治体側の実質的な勝訴判決と言っても過言ではなかろう[26]。

このように、実質的にはであるにせよ、ニーダーザクセン州国事裁判所ビュッケブルクⅠ決定・Ⅱ判決に続く3例目の、地方自治体側にとっての勝訴判決となったこの判決はこの後、そのインパクトをラント内部に留まらせることなく、ドイツ全域の牽連性原理に関する議論に波及的な影響を与え、協議手続の形成をもたらすことになったのであった。

(3) バーデン・ヴュルテンベルク99年判決の意義と評価

憲法改正立法者は、自治体財政憲法原理としての牽連性に不可避な間隙を埋めるために、協議手続を通じた実現を意図した。ここで自治体財政憲法原理としての牽連性を具体化すべく創設された協議手続の目的は、あくまで費用負担の予測の過程を透明化し、実際の事務と費用の随伴性を保障することにある。つまりこの規定は、自治体財政憲法原理としての牽連性が大枠としての立法者への要請に留まり、財源移転や財政調整の内容について一義的に決定する作用を発揮できないのであれば、これらの国の措置について財政上の利害を持つ地方自治体の意見を取り入れることで、立法者の判断余地を制限しようとする規定なのである[27]。

しかし、協議手続それ自体は無色透明なものであるため、それを一定の方向性へと導く何らかの要請がなければ、全く作用する余地がない[28]。それゆえに、協議手続は特定の憲法的価値又は憲法制定者の意思の実現に向けられた原理をその下に取り込む必要がある。

地方自治を財政面から保護することに向けられ、かつ単体ではその作用を十分に発揮できない特質を持つ牽連性原理は、この協議手続に取り込まれること

---

26) Kyrill-Alexander Schwarz, Prozedurale Absicherungen der Selbstverwaltungsgarantie—Neue verfassungsrechtliche Anforderungen an den kommnalen Finanzausgleich (Teil 2). ZKF. 2000, S.8f.
27) Röhl, a.a.O.(Anm.6), S.126.
28) Thomas Ammermann, Das Konnexitätsprinzip im kommunalen Finanzverfassungsrecht. 2007, S.114.

によって、財政憲法原理としての規範性を強化された[29]。上記の憲法規定は、協議手続の保障の効果を含む新たな牽連性原理を明文化したものであり、牽連性原理の間隙を埋める方策としての「協議手続を通じた実現（Auswirkung durch Konsultationsverfahren）」を確立したものである[30]。

　財政面の保護と単体での作用の抽象性が、財政憲法原理に一般的に存在する特性であるとするならば、協議手続に取り込まれた牽連性原理の例は、財政憲法原理全体としての規範性の底上げへ向けた一里塚として、重要な意味を持っているということができるだろう。

## 3. 協議手続の規律形式

### (1) 憲法規定と協議手続の規律形式

#### ⅰ) 形式選択における憲法制定者の意思

　協議手続を通じた牽連性の実現は、憲法によって立法者に課せられた制限であると同時に、国と地方自治体双方にとっての費用負担の透明性を確保する協調的な手段でもある。

　この制限と手段をいかなる形式で規律するかは、憲法が牽連性原理をいかにして実現することを意図しているかにかかっているため、原則として憲法の定めによる。例えばバーデン・ヴュルテンベルク州憲法の場合は、牽連性実施規律の形式については法律と協定の2つを規定しており（第71条3項5文）、また

---

29) Stellungsnahme des baden-württembergischen Innenministreriums zum Antrag der Fraktion GRÜNE vom 18.2.2005, LT-Drs. 13/4079, S.3ff.

30) 牽連性原理に特化した協議手続を明確に規定したのは、バーデン・ヴュルテンベルク州憲法が初の例となる。同様の規定は、ブランデンブルク州憲法第97条4項・ニーダーザクセン州憲法第57条6項・ザールラント州憲法第124条・テューリンゲン憲法第91条4項など比較的近時に憲法改正を行ったラントにも見られるが、それらはいずれも地方自治体に対する事前の聴取手続を規定するに留まる。Vgl. Ammermann, a.a.O.(Anm.28), S.185f. なお、バーデン・ヴュルテンベルク州憲法第71条4項は一般的な聴聞手続による自治権保護の規定であるとされるが、その聴聞の結果をどのように考慮するかは立法者の広い判断の余地に委ねられるため、規定形式としてはともかく実質的な憲法上の意義付けを有するかどうかは疑問の余地がある。Saito Makoto, Neuere Entwicklungen der örtlichen Selbstverwaltung in Japan und ihrer verfassungsrechtlichen Veranderung. 法学研究81巻12号（2009年）670 (10) 頁以下。

バイエルン州憲法の場合は協定によることを規定している（第81条7項2文[31]）。

ⅱ）憲法の規定なき形式選択——基本権の内容形成との比較において

それでは、憲法が協議手続の規律形式を明確に規定していない場合はどうだろうか。ここでの範例となるのが、バーデン・ヴュルテンベルク州における99年判決から2008年憲法改正までの経過である。改正前の同州憲法第71条3項は規律形式に関する規定を持たず、また目的連合に対する意見聴取を規定した4項も、99年判決の以前には、自治体財政の保護のために適用されることは想定されていなかった[32]。

そこで、99年判決理由の末尾に付け加えられた「ラントは憲法に基づいて、直ちに憲法適合的な手続を形成するよう配慮することを義務付けられる」[33]という一文が、財政憲法原理の協議手続を通じた具体化を要請し、かつ形成を義務付けたものとして重大な意味を持つ。ただ、これだけでは、具体的にその形成が法律又は規則によるべきか、あるいは協定によるべきかの帰結を読み出すことはできない。そこで着目されるべきは「（制度的保障たる）自治の保障にも、事後の憲法裁判所による財政保障への保護が効果的に行われえないというここでの構造的な理由」[34]があるという、その理由付けである。

地方自治体の自治権は、基本権とは異なり、当然には防御権としての効力を有しないゆえに、それ自体では防御のための手続保障の要請を含意することはない。自治権は法律の留保に服し、内容が抽象的であるために、不可侵性を前提とした基本権侵害の構成要件を適用することができないのである[35]。しかし、ここでの理由に限って言えば、牽連性原理違反が手続の要請を含意し得るのは「事後の憲法裁判所による……保護が効果的に行われえない」からであるとさ

---

31) バイエルン州憲法第81条7項
　　……。政府は牽連性原理（3項）の実施のために、協議手続を地方自治体の目的連合と協定する。
32) ドイツの地方自治体の権限は、伝統的な法律の留保に服するとされているため、地方に特別の利害を持つ立法・行政に関する地方自治体及び住民に対する意見聴取手続は、その留保に伴う手続上の保護として伝統的に行われてきていた。Vgl. Klaus Vogelgesang/ Uwe Lübking/ Ina-Maria Ulbrich, Kommunale Selbstverwaltung. 3., überarbeitete Aufl., 2005, S.121f.
33) BadWürttStGH, DVBl.1999, S.1351(1358).
34) BadWürttStGH, DVBl.1999, S.1351(1357). 括弧内は筆者。

れており、牽連性の内容は一応具体的であることが前提となっている。

判決中の牽連性の実体面に関する説示[36]を見ても、ラントによる事務の委任又は義務付け及びそれによる地方自治体の財政自律に対する侵害があったことを認定した上でラントの事務執行に対する本質的な制約を導出し、その制約を乗り越えた点に違憲性を認めるという構成を見る限り、基本権の場合ほどに侵害の構成要件を明確にしてはいないものの、それを意識していることは明らかである[37]。そうであるとすると、少なくとも憲法レベルで具体化された牽連性原理に関しては、その形成における規律形式において、基本権と同様の方向性で考えることも許されるものと考えられる。従って、基本権についてはその形式性ゆえに、その内容形成は法治国原理・民主制原理に則り立法者の責務として一義的には法律によってなされるべきものであるのに対して[38]、財政憲法原理たる牽連性の具体化については、より緩やかに、法律だけではなく規則・布告などの広い意味での法規範によるほか、法規範でない協定・取極め・通達などの形式によることも予定されていると考えることができるのである。

実際の経過を見ると、この判決後、バーデン・ヴュルテンベルク州政府は、ラント憲法第71条4項にいう地方自治体の代表機関に対して、ラント議会の予算委員会における意見表明を認めることを決め、まずはそれを規則によって規律し、次いで財政調整法の改正によって対応した[39]。その後2008年に、財政憲法原理としての牽連性を実現するための協議手続を憲法に導入するための憲法改正が行われ、現在に至っている[40]。この経過からも、現在のバーデン・ヴュルテンベルク州憲法が、広く法律と協議の両方の方法を採れると規定して

---

35) Friedrich Schoch, Zur Situation der kommunalen Selbstverwaltung nach Rastede Entscheidung des BundesVerfassungsgerichts. VerwArch.1990, S.31ff. なお近年、ドイツでは地方自治の保障に関して、基本権たる所有権と同様の構造で捉えようとする試みがある。このような見解によれば、法律による形成を必要とする基本権の場合と同様に、地方自治制度も立法による形成の下限を直接に画すると解することも可能になるが、これが制度的保障の問題の枠内におさまるものであるかどうかを含め、多くの問題を孕んでいるように思われる。なお、地方自治の保障構造の基本権保障との類似性を根拠とした比例原則の適用可能性については、前章で検討した。

36) BadWürttStGH, DVBl.1999, S.1351(1355).
37) Schwarz, a.a.O.(Anm.26), S.9.
38) 小山剛『基本権の内容形成──立法による憲法価値の実現』（尚学社、2004年）123頁以下。

いることの意味をよく理解することができよう。

(2) **規律形式のバリエーション**

上述の通り、牽連性の具体化における形式は広く法規範的なものから非法規範まで様々なものを採ることができるが、実際に採用されている具体化の方式は、法律の形式によるものと協定の形式によるものに大別することができる。

ⅰ) **法律による具体化**

ラント法律の規律形式によって憲法上の牽連性の概念及び牽連性原理の適用範囲を規定し、かつその実現を確保するための協議手続を規定する方式である。この方式は、さらに以下の2つのタイプに分類される。

a. **牽連性の法典化**

牽連性を実施するための統一的な法典を、憲法附属法として制定するタイプである。この法典は憲法上の牽連性原理を強化する憲法改正に時間的に接着させて制定されることが多く、一般的には「ラント憲法の牽連性原理に関する規定を実施する法律」として制定され「牽連性実施法（Konnexitätsausführungsgesetz; KonnexAG）」という名称を持つ。ノルトライン・ヴェストファーレン州[41]、ラインラント・プファルツ州[42]、バーデン・ヴュルテンベルク州[43]などにおいて立

---

39) 判決が財政調整に関する利害を両当事者の立場から調整するために協議の場を設けることの必要性を指摘したことによるものであり、関係法令の整備は2003年までに完了している。Vgl. BadWürttStGH, DVBl.1999, S.1351(1357). この経緯について武田・前掲（注10) 116頁は、この動きは試行的なものではあるものの実効的な協議の場としての財政調整委員会に向けての第一歩として、好意的に評価している。
40) なおこの憲法改正と前後して、牽連性を実施するための法律の整備も行われた。またバイエルン州では、この経緯をもとにして2003年に憲法改正を行い、牽連性のための協議手続を導入するとともに、自治体目的連合に、ラント政府との協定を締結する地位を付与した。Vgl. Knut Engelbrecht, Schutzschild der Kommunen vor finanzieller Überforderung?—Das Konnexitätsprinzip des Art.83. Abs.3 BV. BayVBl.2007, S.168.
41) ノルトライン・ヴェストファーレン州憲法第78条3項に則った費用算定及び配分手続を規律する法律（牽連性実施法 KonnexAGNRW、2004年6月22日）。この法律については第Ⅷ章において検討を行った。
42) ラインラント・プファルツ州憲法第49条5項を実施するためのラント法律（牽連性実施法 KonnexAGR-P、2006年5月2日）GVBl. 2006, 53.

法例が見られる。

　この形式の利点は、憲法附属法の形式を採ることによって憲法上の牽連性規定に関する不必要な解釈の余地を排除し、立法者の財政に関する判断余地を一律に制限することが可能になることにある[44]。加えて、ラントと地方自治体との間の権限関係が非常に複雑であり多くの法律によって規定されていることを考慮すれば、財政憲法原理の保護を統一的な法典によって地方自治体一般に対して享受させられ、かつ立法の過剰及び立法手続の煩瑣を回避し得ることも、大きなメリットであると言える。

　もちろん、デメリットも存在しないわけではない。財政状況やその基礎となる事務権限の帰趨は、常に必要に基づいて法律によってラントと地方自治体の間で変動し得るものであるが、いったん制定された牽連性実施法はある時点での所与の保護内容を規定するものにすぎないため、将来に向けた妥当性の確保に問題がある[45]。また、財政憲法原理としての牽連性の方から見ても、この原理が急激な強化を経てきていることから、ある時点における原理内容を具体化してもその後の陳腐化が著しく、時の経過とともに逆に原理を実現するための足枷に変質する恐れもある[46]。ただしこれらは、牽連性の法典化にとって本質的な欠陥ではない。財政状況と財政憲法原理の両方の変化に対応しつつ、法律をあくまで道具として用いられるか否かの立法技術の巧拙によるところが大きかろう。

### b. 牽連性の個別規定化

　地方自治体の事務や財政権限を根拠付ける具体的な立法に際して、憲法上の牽連性規定の趣旨を導入するタイプである。ラントによって名称は異なるが、

---

[43]　バーデン・ヴュルテンベルク州憲法第71条3項に定める費用負担算定に関する協議手続に関する法律（牽連性実施法 KonnexAGBW、2008年5月6日）BWGBl. 2008, S.119ff.
[44]　Ammermann, a.a.O.(Anm.28), S.173f.
[45]　大きく変動する財政状況に対応するため、牽連性実施法はそれ自身による負担調整の再評価規定を有している（KonnexAGNRW 第4条5項など）。またノルトライン・ヴェストファーレン州では、牽連性実施法自体が時限立法であった（2012年改正以前の KonnexAGNRW § 11）。
[46]　例えば「手続（Verfahrenn）」と言う一語をとってみても、KonnexAGNRW においては自治体目的連合が立法手続において関与することのみを指すのに対して、それ以後では法律執行段階における協議手続をも意味するようになっている。わずか数年間の差でこのような違いが生じていることから、憲法上の牽連性原理の具体化の進展ペースがいかに著しかったかが理解できよう。

財政調整法・自治体財政法などの一般性の高い法律について行われる場合と、ラントにおいて特に重要な政策で、かつそれが地方自治体に負担をもたらすときに、その政策を実施するための法律においてこの形式が採られる場合とがある。

メクレンブルク・フォアポンメルン州の立法を例にとると、同州の財政調整法第2a条には「牽連性原則の適用がある場合の調整負担」という表題が付されており、立法にあたって自治体目的連合の意見を聴取することとともに、特別の財政負担を規定する法律については具体的な配分基準や交付の方式について規定すべきことが定められている[47]。それをもとに、同州の「幼稚園施設又は幼児保育における子供の保護に関する法律（KiFöG）」[48]においては、2004年度以降にラントが負担する幼児保護経費の総額の他、その配分に関しての極めて詳細な規定がなされ、透明性や公開性の要請を担保するものとなっている[49]。

この形式では、ラントや地方自治体の行政需要や事務・財政権限の現状に即して、非常にきめ細かく負担の調整とそれに応じた協議をなし得るのがメリットであり、また一般的な手続規定が存在しないため、立法の機動性のロスを最小限に抑えつつ重点的な政策形成をなし得ること、さらに権限関係が複雑な場合に個別立法による対応が可能になることも、利点として指摘することができよう[50]。

ただ、牽連性原理を法典化する場合とは逆に、法律の規定は場合ごとの牽連

---

47) Röhl, a.a.O.(Anm.6), S.155f.
48) ドイツにおける青少年保護・児童幼児保護の権限関係は、非常に複雑である。全国的にもっとも根本的な根拠となる法律は、連邦青少年扶助法であり、その基準に則って各ラントが青少年・児童幼児の保護に関する法律を制定する。そしてその法律の執行に当たるのは地方自治体である。メクレンブルク・フォアポンメルン州では、ゲマインデが自己の事務として幼稚園施設の設置及び幼児保育の監督を行うことになるが、その事務についてはラント法律によって詳細な基準が設けられているため、ゲマインデの裁量はほとんど存在しない。自己の事務については財源も自己負担であるのが原則ではあるが、ラント法律によってもたらされる負担であることから、負担調整の規定が置かれている。Vgl. Röhl, a.a.O.(Anm.6), S.138ff.
49) 例えばこの法律によれば、2004年度にラントが配分する幼児保護の経費は77,709,618ユーロである（KiFöG第18条）。ここから、児童の数に応じて幼稚園施設・保育監督・その他の経費について発生する経費の少なくとも50パーセントをラントが負担することになっている（KiFöG第19条以下）。
50) Röhl, a.a.O.(Anm.6), S.159,162f.

性の妥当性を確保するために極めて詳細に及ぶことが多く、立法手続の煩瑣を発生させるデメリットがある。また手続による保護の程度の一般化が想定されていないため、地方自治体側の意思がどの程度立法や財源配分に反映されるかが不透明になりやすく、立法の段階での牽連性原理の潜脱を許す可能性もある[51]。

個別規定化の特色は、一般性の高い法律と特別な適用範囲を持つ法律との間に、具体化の濃淡を持たせることが可能になることにある。事務の特殊性や地方自治体の財政状況等の濃淡の判断基準を透明化し、立法者による潜脱を許さないために、地方自治体側が立法手続にも積極的に関与していくことがより重視されていると言えよう。

ⅱ）協定による具体化

形式的意味の法律によらず、ラントと地方自治体側の協定の形式によって憲法上の牽連性の概念及び牽連性原理の適用範囲を定義し、かつその実現を確保するための協議を行うべきことを取極める方式である。

　a. 協定による形式の例

メクレンブルク・フォアポンメルン州では、全国に先駆けて「メクレンブルク・フォアポンメルン州政府と自治体州内連合との牽連性原理に関する一般的宣言」が取り交わされ、その内容はラント法律官報に掲載された。同州では牽連性を実施する法典が存在しないため、個別に牽連性を導入していない法律の解釈、及び牽連性が導入された法律のうちその規定が不完全なものの運用についてはこの協定によるものとされており、同州における牽連性実施の実質的な基本文書となっているといって良い。

またバイエルン州では、ラント憲法第81条7項2文に基づいて、2004年5月21日に「政府と自治体目的連合[52]」との間における牽連性原理の実現のため

---

[51] レールは、KiFöG に関してのこのような弊害を指摘しつつ、後述の協議手続に関する協定を併用することを唱えている。Vgl. Röhl, a.a.O.(Anm.6), S.184ff.
[52] 目的連合（Spitzenverband）は、バイエルン州におけるゲマインデ連合の一種である。複数のゲマインデに共通する特定の任務を処理するために、地方自治体相互の協約によって結成される一部連合であり、日本における一部事務組合に相当する。Vgl. Franz-Ludwig Knemeyer, Bayerisches Kommunalrecht.12.überarbeitete Aufl., 2007, S.338f.

の協議手続に関する合意」が締結され、その内容はラント法律官報に掲載された。この協定は大きく分けて第1部（協議手続の目的と適用範囲）・第2部（費用算定の手続と負担増加の際の調整）によって構成され、協議の理念やそれを行うべき場合の他、財政上の各科目に立ち入った基準を定めた詳細なものである。同州憲法は牽連性実施に関する形式として協定を選択しているため、この文書は憲法上、同州における牽連性原理の実施に関する基本文書である。

### b. 協定の特色

協定の最大の特色は、やはり法規範ではないことである。法律の形式ではないためラント議会は関与することなく、ラント政府と地方自治体の目的連合との間に締結されることが一般的である。通常、単に協定を締結するだけではなく、その全文を法律官報に記載し、あるいは法律による個別規定化の形式と併用するなど、その拘束力を継続的に担保するための措置が採られるため、実質的に牽連性を実施するための基本規範として機能する。その面では、法律による具体化の場合と比較しても、規定の意味付け及び効力はさほど異なることはない[53]。

法律がラント立法者によって制定されるのに比較して、協定の場合は地方自治体とラントの双方の意思を反映することが可能になるため、その分両者の意思の相互交換を促進しやすく、かつ両者の利害を協定とそれに基づく牽連性の実施状況に反映しやすくするメリットがある。例えばバイエルン州の協定（第1部1項5号[54]）では財政計画の策定前、つまり少なくとも毎年の予算案作成前に目的連合と政府とのトップ会談（Spitzengespräch）を行うことを定めており、地方自治体側が我が国における省庁の財務大臣折衝と同じように、首相・内務大臣又は財務大臣との折衝を行うことによって財政計画にその利害を反映させることが可能である[55]。

---

[53] Röhl, a.a.O.(Anm.6), S.210f.
[54] 「それに加えてさらに、個別の財政計画の前段階において、自治体財政調整による財政保障に関して伝統的なトップ会談を行うものとする。この会談は、地方自治体の財政力に依拠しない調整原則である牽連性原理の他に、本来的な自治体収入又は自治体財政調整による地方自治体に対する財政上の最少供与保障の保護のための一般的規定に関する合意を行う。ここでは、バイエルン州が調整財源に当てるために必要な財源を自治体財政調整に繰り入れるため、ゼロサム・ゲームにはならない。」

また、法律の規定にはなじまない規定を盛り込むことができるのも大きなメリットである。例えばメクレンブルク・フォアポンメルン州の一般的宣言第III章1項では、2003年には地方自治体の行う事務のために少なくともラントが190万ユーロを確保することが協議により取極められたことが記されており、その詳細さが目を引く。またバイエルン州の協定第1部1項5号にも、ラントが財政調整繰入金を確保するという意味において、協議は「ゼロサム・ゲーム」にはならないことが謳われており、これも協定の形を採ればこその、ユニークな規定であると言えよう。

　一方、これらの協定が法規範ではないことは、ラント側にこの協定の不履行があった場合に、法的救済がなされないことを意味する。この点が、この形式を採る際の最も大きなデメリットであろう。もっとも、協定が法律と併用される場合には、自治体憲法異議によってその法律を攻撃する方法が残されているため、この点は現実的には問題を生じない。それに対してバイエルン州の場合は協定が単独で存在するが、この協定は憲法上ラント政府が締結することを義務付けられている文書であるため、ラントの行為についてその内容に違背があれば、バイエルン州憲法第81条7項により同条3項の牽連性原理との抵触が生じ、それと結びついた同条1項により、ラントの当該違背行為は、自治権侵害として違憲の評価を受ける[56]。この点は自治権侵害に関する民衆訴訟が盛んなバイエルン州に独自の制度によって助けられているきらいもあるが、協定の効力を維持するための仕組みとして、参考になろう。

### (3) 形式による協議手続具体化の違い──法律と協定の内容面の比較
#### ⅰ) 違いの有無

　ドイツにおいては、法律と協定のいずれの形式を選択したとしても、そこに具体化される協議手続には違いは生じないと解される。

　なぜなら、牽連性原理は、財政憲法原理として国の判断の余地を制限し、そ

---

55) バイエルン州ゲマインデ会議が、実際にラント政府に対してそのような折衝を行っている。Vgl. BayGTzeitung 11/2005.
56) そのために、バイエルン州憲法第81条7項2文には括弧書きで3項の牽連性原理との接続が明記されている。

の踰越の有無を判断するだけの構成要件及び法的効果が確立しており、形式の違いは、憲法制定者や立法者又は政府がそれをいかなる形で文言化するかの問題に過ぎないからである。憲法の牽連性規定の程度に違いがあったとしても、少なくとも牽連性原理の構成要件が固まっている以上、いかなる形での規定であろうが、その内容は規定方式に関わりなく牽連性原理の枠の限りで一致するのであり、牽連性原理が発動するための要件及びその効果において違いは生じないのである[57]。

なお、憲法上の牽連性原理の保障の程度やラントの財政状況には差があるため、形式化を通してどのような協議手続を設定するかについての格差が存在し得るのは事実であるが、これは法律や協定の内容をいかに定めるかの問題であって、この形式のいずれを選択するかの問題には全く影響しないものである。むしろこの点において具体的な事実に基づいた立法事実が盛り込まれることで、立法者の裁量に対する統制密度を高めることも期待できるだろう。

ⅱ）規定されるべき内容

協定において一般的に規定されるべきであるとされる内容は、牽連性原理の目的及び妥当範囲、費用算定の基準、それに基づく負担調整の方法、協議手続の設定、及び再評価規定である。

牽連性原理の目的及び妥当範囲は、協議手続を行う必要がある場合を限定する規定である。そもそも牽連性原理は自治体財政調整を支配する財政憲法原理であり、それゆえラントと地方自治体との間の事務権限の変動を対象とすることが一般的である[58]。

費用算定の基準は、協議の前提として、地方自治体が事務を行うに際して発生する負担費用の算定方法を予め定めておく規定である[59]。地方自治体が事務を引き受ける際に発生する人的経費・物的経費が中心であるが、個別法による第三者に対する給付負担や投資的経費を規定している場合もある。

---

57) 具体的な手続を形成するための規律形式自体が存在しない場合及び違背があった場合の法的効果（特に司法的救済の場合）をどうするかについては、バイエルン州の協定の場合に顕著なように、これとは一応別の問題である。
58) Ammermann, a.a.O.(Anm.28), S.181.
59) Ammermann, a.a.O.(Anm.28), S.174.

負担調整の方法は、事務と費用の時間的近接性を確保し、費用負担の透明性を保つために、調整財源支払いの時期及び方法について規定するものである。一般的には分割支払・総額方式が採られ、中期的な負担の増減については年ごとの総額の調整を規定するのが一般的である。

　協議手続は、費用算定及びそれに基づく負担調整の過程に対する地方自治体側の参加に関して規定するものである。牽連性原理の具体化・形成の核心をなす規定であるが、制定の時期及びラントの事情によって多少の相違が出る場合がある。例えば、参加を認める地方自治体はラントごとに異なり、また手続の内容自体も、ノルトライン・ヴェストファーレン州の法律（KonnexAGNRW）のように立法過程において意見を聴取されるだけのものから、バイエルン州の協定のように比較的頻繁な折衝を認めるものまで、様々となり得る。

　また財政状況の変化に対応するため、数年のスパンで費用負担・負担調整に関する再評価を行うべきとする規定を置くことがある。これは、協議それ自体の透明性と継続性を確保するためであるだけでなく、経済状況の変動があったときに、協定に具体化された規律が財政状況の変化に対応できなくなることによる空文化・陳腐化を防ぐためのものでもある。

## 4. 小括――協議手続を形式化することの意義

　財政憲法原理としての牽連性は、10年余りという短い間に、幾多にわたって争われた自治体憲法異議を通じて形成されてきたものであり、その過程には、国民から見ればいずれも統治主体である地方自治体とラントの間で繰り広げられた、まさに骨肉相食む闘争が存在した。ラントは牽連性の間隙を縫って財源負担を地方自治体に転嫁しようとし、あるいは費用算定をブラックボックス化することによって原理の潜脱を企てることさえした。それに対して地方自治体側は目的連合のもとに結集してラントの姿勢に対する批判を強め、ときに自治体憲法異議を通じて財源の確保をもぎ取ってきた。

　しかし近時、このような争いの中で解釈において成熟し、争点に関する主張を見ても平行線を辿るようになった憲法上の牽連性原理は、協議手続に取り込まれ、地方自治体とラントとの「信頼に基づく公平なパートナー関係」の下で

新たな命を与えられた。牽連性原理を実現するための協議手続を、法律・規則又は協定で具体化することは、以下の2点を含意している。

　第一に、財政調整における財源確保の問題は、従来はラントと地方自治体との財政権限の衝突の場面であると捉えられ、それゆえに有限な財源を取り合う対立構造としてその解決が図られてきた。しかし今や、その対立のもっとも先鋭な場面で生み出され成熟してきた牽連性原理が、協議と合意を旨とする「パートナー関係」を支える原理として捉え直されている[60]。これは、専ら立法者の財政に関する判断の余地を制限することを前提してきた財政憲法原理全体にとっても、立法者との対立の果てに外在的な制限を帰結するのではなく、信頼に基づく自制を要請するという構造転換をもたらすきっかけとなるものと評価できよう。

　第二に、財政憲法原理が規律するのは、結局のところ財政負担又は財源の帰属をいかにするかということであり、これに関しての解決を図ろうとすれば、必ずどこかに財政負担が発生することは、財源が有限である以上は不可避である。牽連性原理について言えば、その負担の転嫁について、従来はオール・オア・ナッシングを賭けての司法的解決が図られてきたが、今後は立法者・ラントの行政機関と地方自治体側が立法レベル・行政レベルでの協議を模索し、様々な形式のバリエーションの中から主体的に解決を図っていく途が開かれた。財政憲法原理は、いまや裁判所の前において抜き身で振りかざされる武器としての役割から、立法・行政・地方自治体それぞれの財政状況に関する協議へと浸透し、それを通じて規範力を発揮するという、憲法原理としての本来的な役割へと転換しようとしているのである[61]。

---

60) バイエルン州協定前文では、まさにこの協調的関係が謳い上げられている。曰く、「バイエルン州憲法第83条3項に厳格な牽連性原理を規定することによって、バイエルン州とバイエルン州内自治体との間の信頼に基づく公平なパートナー関係が、新たな基盤の上に定立される」。さらに第1部1項でも「牽連性原理のもとでの国の措置による財政負担は、パートナー関係にある両者の間で可能な限り客観的に算定され、必要な調整の額と種類に関する提議がなされるべきである」とされており、協調的な牽連性原理の実施へのシフトが強調されている。

61) もちろん、これは司法的解決が全く不必要になることまでをも意味するのではない。牽連性実施立法であるバーデン・ヴュルテンベルク州のパッケージ立法は、「バーデン・ヴュルテンベルク州憲法第71条3項に則った費用算定のための協議手続に関する法律（牽連性実施法、KonnexAGBW）」と、協議手続に関する国事裁判所の権限を規定した国事裁判所法改正法律から成る。

# 第XI章

# 自治体財政制度の日独比較

　本章では、前章までに検討してきたドイツの財政憲法原理の、我が国の地方自治・自治体財政制度への適用可能性について検討する。

　我が国の国と地方自治体の関係においても、ドイツにおけるそれと同様、その基礎に地方自治の制度的保障が存在し、かつ「地方自治の本旨」を賭しての財源をめぐる争いは長く存在してきた。その時間的な長さは、ドイツにおいて自治体財政の保障が自治体憲法異議において争われ、様々な憲法解釈が定着するに足りる期間に匹敵するほど長期にわたっている。そうであるにもかかわらず、我が国においては憲法学における解釈の蓄積や財政憲法原理の導出の試みは、これまでにほとんど見られてこなかった。それは、第Ⅳ章で指摘したように、我が国では自治体財政の保障を争うための争訟の方法が極めて限られることが大きな要素であるが、しかし我が国においてそのような争訟が皆無であるわけではない。

　前章までに検討してきたように、ドイツの各ラントの憲法裁判所・国事裁判所の判例が提示した自治体財政の保障のための枠組みは、憲法の規定形式の違いや自治の制度それ自体の相違を乗り越えて相互に引用されながら、ある程度の普遍性をもつ財政憲法原理として扱われるようになってきた経緯がある。そうである以上、全く異なる規範の形式をもつ日本国憲法の下でも、地方自治制度の構造基盤は同じであるという前提がある以上、財政憲法原理の移入の可能性を探ることは有益であろう。

　以下では、我が国の地方自治の問題状況を素材として、ドイツの憲法判例が

示した財政憲法原理の具体化の形の萌芽ないし輪郭を探ることを試みたい。

## 1. 日本国憲法における「財政憲法」の可能性

### (1) 日本の自治体財政権

そもそもの前提として、財源の保障なき権限は無意味である。地方自治体が、自己の事務を処理している以上、その事務の処理に必要な財源は保障される必要があるからである。それゆえ、地方自治の制度的保障の内容に、地方自治体が独立して財政を管理し、自ら収入及び支出を行う権限が含まれている点については、疑いはない。

我が国の地方自治体には、憲法明文上、財産を管理する権限が与えられている。しかし、憲法第94条のこの文言は地方自治体の行政的権能を一般的抽象的に掲げたものであって、ここから直接に具体的な財政権限が導かれるわけではない[1]。また、憲法第94条の権限の基礎をなす憲法第92条の「地方自治の本旨」も、具体的にいかなる財政権限が地方自治体に与えられるべきかの指針となるわけではない[2]。裁判例においても、「地方公共団体がその住民に対し、国から一応独立の統治権を有するものである以上、事務の遂行を実効あらしめるためには、その財政運営についてのいわゆる自主財政権ひいては財源確保の手段としての課税権もこれを憲法は認めているものというべきである」としつつ、「自治権の要素としての課税権の内容においても同断であり、憲法上地方公共団体に認められる課税権は、地方公共団体とされるもの一般に対し抽象的に認められた租税の賦課、徴収の権能であって、憲法は特定の地方公共団体に具体的税目についての課税権を認めたものではない」と説示されている[3]。し

---

1) 樋口陽一＝佐藤幸治＝浦部法穂＝中村睦男『憲法Ⅳ（注解法律学全集）』（青林書院、2004年）264頁（中村睦男）。
2) ただ、この文言は制度的保障の核心部分を示したものであるため、財政権限が全く与えられない状況となるのを防止する意義は有している。なお成田頼明「地方自治の保障」同『地方自治の保障《著作集》』（第一法規、2011年）所収82頁以下（初出は宮沢俊義還暦記念『日本国憲法体系第五巻 統治の機構（Ⅱ）』所収（有斐閣、1964年））は、財政高権・財産管理権など抽象的なものから、公営企業経営権など、具体的なものまでを地方自治の本旨から導くことが可能であるとしている。
3) 福岡地判昭和55年6月5日判時966号3頁。

たがって、地方自治体の財政権限は地方自治法をはじめとする法律の上で規定されることによって具体化される。例えば、地方自治法では予算を作成し、それにしたがって収入及び支出を行う権限が与えられ（第9章）、地方財政法に財政運営上の諸原則が規定されている（第2条）。また、地方税法は条例による地方税の課税権（第2条及び第3条）を認めている。

このように、憲法の規定は直接に地方自治体に財政権限を与えるものではなく、その権限の行使にあたっては、これを具体化する法律の規律が伴っていなければならない。

### (2) 財政憲法原理による権限配分の実体化と自治体財政

自治体財政制度は、地方自治の保障を全うするためには相応の財源が必要不可欠であるとの観点から、いずれも地方自治保障の基盤を成すものとして位置付けられる。したがって、憲法による制度的保障の範囲に自治体財政権は含まれてはいるが、それは法律による形成を要し、実際の行使には法律による具体化を待たなければならないという制限に服している。もっとも、制度的保障の建前からすれば、立法者は全くの恣意によって立法を行い得るわけではなく、地方自治体の活動能力を奪い、又は財政基盤を掘り崩す形で立法がなされる場合には、制度的保障に触れると判断されることもあろう。

そもそも財政は、国や地方公共団体に義務と責任が課されている事務の実施に不可欠な制度であるがゆえに、財政に関わる利害は即ち事務の配分に連動する財源配分に対応する[4]。この財源配分に関して利害関係が生じている以上、「地方自治の本旨」の観点からこれを調整する財政憲法原理が必要となる。財政憲法原理が制度的保障の対象すなわち「地方自治の本旨」に関連するのは、まさにこの点においてである。

ドイツにおいては、地方自治体の自己の事務である固有事務と、国の事務としての性質をも有する義務的事務・指図事務との区別において、全権限性という概念の下に両者をいったん制度的保障の対象とした上で、活動的な自治（kraftvolle Sebstverwaltung）の確保の観点から固有事務については立法者による介

---

[4] 福家俊朗「財政をめぐる国・地方間関係の法化の虚像と実像」日本財政法学会編『財政法講座3 地方財政の変貌と法』（勁草書房、2005年）所収、13頁。

入を強く斥け、一方で義務的事務・指図事務については立法者による介入を一定程度認めるという区別をしている[5]。それに対応した財源の確保に関しては、固有事務については地方自治体の自己責任を尊重して立法者の関与は例外的なものとされ、立法者に対する要求の下限は引き下げられているのに対して、義務的事務・指図事務については立法者の関与を認める以上、自治体財政侵害を防止するために立法者に対する要求の下限はかなり高く設定される。

こうして、制度的保障の枠組みの下での立法者の介入制限の程度については、権限に関する問題と財政に関する問題との間にねじれが生じる。ドイツの自治体憲法異議事件を個別に観察する場合に、固有事務財源についての最少供与保障に関する審査は立法者の判断余地を広く認める方向性にあるのに対して、委任事務財源についての適正供与保障に関する審査が立法者の判断余地を強く制限しようとする方向性にあるのは、いささか奇妙な印象を受けるが、これはあくまで憲法裁判所が立法者の判断の下限（Untermaß）を問題としていることによるのである。

### (3) 財政憲法原理を憲法問題とするために

こうして、日本国憲法解釈の上で財政憲法原理によって立法者の判断の下限を画そうとする場合には、下記の2つの前提条件が必要となる。

第一は、憲法の規定形式に依存しないで存立し得る財政憲法原理の存在である。我が国の簡素な規定から、いかなる財政憲法原理を読み出すことができるかがまず問題となる。

第二は、その財政憲法原理が、日本国憲法及びそれを頂点とする我が国の法制のもとでの具体化になじむということである。我が国では地方自治体が直接に国の行為に対する立法・司法的救済を求める制度は存在しないため、国会への批判の材料としての具体化や、裁判所の前での抜き身の武器としての具体化は、現実的にも理論的にも意味が希薄である。可能な限り、国と地方自治体双

---

[5] もっとも、これは固有事務が制度的保障の本質に含まれ、そのほかの事務が周辺部分に位置することを意味するわけではなく、立法者による一定の介入が許される周辺領域において、事務の性質に応じて立法者に対する要求の程度を定めたに過ぎないと説明されている。Vgl. Friedrich Schoch, Zur Situation der kommunalen Selbstverwaltung nach Rastede-Entscheidung des Bundesverfassungsgerichts. VerwArch.81.1990, S.36f.

方の協議と自制に基づく行政的救済を基礎付ける方向で具体化されなければならないであろう。

## 2. 普遍的な財政憲法枠組みとしての適正供与保障

　自治体財政保障の二本柱のうち、適正供与保障に関連する牽連性原理は、上記の2つの前提条件を満たし、日本国憲法解釈にも妥当する余地があると考えられる。

### (1) 牽連性原理の普遍性
　牽連性原理は普遍性をもって妥当する財政調整制度に作用する財政憲法原理であるため、憲法上の根拠規定の有無によって妥当性に影響を受けず、また、簡素・詳細など規定の方法によって妥当性を左右されることもない。従って、極論を言ってしまえば、地方自治制度が憲法によって規定され、かつ国と地方との関係に何らかの財政調整制度が存在している限りにおいて牽連性原理は妥当していると言うことができる。これによって、牽連性原理は上記の前提条件の第一を満たしている。

### (2) 牽連性原理の具体化要求
　前提条件の第二は、この原理の具体化の方向性を左右する形式の問題である。一般に財政保障の憲法規定としては簡素型・詳細型の区分があり、また牽連性原理にはその形式により厳格・相対・概括のバリエーションがある[6]。簡素型・詳細型は、立法者に対して統制的な財政憲法原理を直接に読み出すことが可能かどうかの問題であり、財政事項に対する憲法の統制力に影響する。また牽連性原理に関する厳格・相対・概括の分類は、牽連性原理によって国に義務付けられる財政保障の範囲に影響し、この点は憲法規定に依存してある程度の差が生じ得る。

---

[6] なお、現在ではドイツにおいて内部に自治体を持つ諸ラントのいずれもが、厳格な牽連性原理を導入するに至っているため、ドイツにおける議論ではこの点は度外視することができる。この点については第Ⅶ章1を参照。

このうち、我が国の憲法規定は、簡素型規定であり、せいぜい概括的牽連性を採用したに留まるものとカテゴライズされることになる[7]。しかし、牽連性原理を読み出すこと自体は規範に依存しないため、簡素型規定であることはその具体化の妨げとはならない。また概括的牽連性原理からであっても、最低限、法律による事務権限の委譲の場合に財源が随伴するという原則と、立法者がその財源に配慮しなければならない義務を負うことを明らかにすることは可能である[8]。

　このように我が国の憲法規定に存在する牽連性原理はなお抽象的で概括的でもあるという間隙を持つものではあるにせよ、立法者の義務を設定してそれが乗り越えられる場合に発動し得るものである限り、ドイツにおける同原理の展開が示すのと同じく、協議手続を含めた具体化を要請していると結論づけることが可能である。こう考えれば、牽連性原理は前提条件の第二もクリアできていることになる。

(3)　裁判・協議手続を通じた牽連性原理の実現

　このように、ドイツにおいて成熟した牽連性原理は、我が国の憲法規定の下においても、国と地方自治体のパートナー関係に基づく「協議と合意（Konsultation und Vereinbarung）」を要請し得る普遍性と規範力を持っている[9]。

　先に指摘した通り、我が国の制度の下では地方自治体による直接的な立法請求の制度は存在せず、また地方自治体が自ら地方自治又は自治体財政権への侵

---

7)　概括的牽連性原理とは、事務と財源との対応関係について、立法者の判断の余地を大きく残している形態である。2003年改正前のバイエルン州憲法第81条3項は財源を「摘示」することを立法者に義務付けるにとどまり、財源を「保障」又は「補填」すべきものとは定められておらず、ラントの財政責任は明らかに不明確であったことから、概括的牽連性原理の規定にカテゴライズされていた。

8)　Friedrich Schoch, Die finanzverfassungsrechtlichen Grundlagen der kommunalen Selbstverwaltung. in: Dirk Ehlers/ Walter Krebs (Hrsg.), Grundfragen des Verwaltungsrechts und des kommunalrechts, 2000, S.105f.

9)　福家・前掲（注4）11頁は、イギリスの議論を参照して「国と地方公共団体の『対等・協力』関係から論理的に導かれる、双方向性を旨とする『協議と合意（consultation and consent）』と言う処理手続きの遵守が具体的問題の処理に当たってはとくに問われよう」と指摘しているが、本章で示した問題意識は来歴こそ異なるものの、ここで示された福家のそれとまったく重なり合うものである。また、武田公子「ドイツにおける自治体間財政調整の動向」京都府立大学学術報告（人文・社会）56号（2004年）117頁も同様の評価を加えている。

害を理由として司法的救済を求めることはほとんど不可能である。また国家賠償請求訴訟を通じて立法不作為を追及するという方法も、判例上ほとんど閉ざされているといっても過言ではない[10]。そうだとすると、この協議の場は、立法の過程における意見具申を通じた関与と、行政による意見聴取への参加とに限られることになる。しかし、この妥当範囲はドイツの各ラントにおける法律・協定を通じた牽連性原理の実現の主戦場でもあり、ドイツの場合に比して大きく見劣りするわけではない。我が国においても、牽連性原理具体化の萌芽ないし輪郭は、憲法規定に宿っていると言うことが可能であるし、協議手続を通じた牽連性原理の実現は、決して不可能ではないのである[11]。

## 3. 牽連性原理の規範力

国と地方自治体の財政関係に作用する牽連性原理は、現実にどのような規範

---

[10] 大牟田電気税訴訟（福岡地判昭和55年6月5日判時966号3頁）及び在宅投票制度廃止違憲訴訟（最判昭和60年11月21日民集39巻7号1512頁）。後者は、国会議員の立法に関する責任について「国会議員は、立法に関しては、……個別の国民の権利に対応した関係での法的義務を負うものではないというべきであって、国会議員の立法行為は、立法の内容が憲法の一義的な文言に違反しているにもかかわらず国会があえて当該立法を行うというごとき、容易に想定し難いような例外的な場合でない限り、国家賠償法1条1項の規定の適用上、違法の評価を受けない」と判示している。この判示からは、地方自治や自治体財政の侵害を理由とする場合、これらの保障が「個別の権利」と言えないこと、そして「容易に想定しがたいような例外的な場合」が二重のハードルとなるであろうことが容易に想定される。

[11] 実際に、我が国では地方自治法第232条及び地方財政法第13条において、自治体に新たな事務が義務付けられる場合の財源措置に関する規定があり、地方財政法第13条2項は、その際の財源措置について、地方公共団体が意見書を提出することができる旨を規定している。地方財政法第13条1項は「新たな事務」及び「法律または政令に基づいて」の文言については、事務の内容に新たなものが加わっている場合を含み、そしてその事務の執行を命ずる根拠が法律又は政令に基づいていれば足りると言う、広い解釈がなされており、牽連性を実施する規定として見てもかなり優れた内容を持っている。石原信雄＝二橋正弘『新版地方財政法逐条解説』（ぎょうせい、2000年）167頁以下を参照。ただし、同条2項3項における意見書提出は救済手続ではあるが、その効果は国会の判断に全面的に委ねられることになっており、牽連性原理の効果面での具体化は不十分であると評価せざるを得ない。なお最近では、地方財政が自治体の公益に深く関わる事項であることに鑑み、地方自治法第99条による意見書の提出の例が多く見られる。その内容は、福岡県議会「地方財政の充実・強化を求める意見書」（平成26年9月24日）のように一般的なものから、宮城県議会「放課後等デイサービス事業の存続を図るための緊急対応を求める意見書」（平成30年7月4日）のように個別の問題に的を絞ったものなど様々である。

力を持ち得るだろうか。ここでは適正供与保障に関連すると思われる我が国の裁判例を元にした裁判を通じての実現の可能性と、いわゆる「三位一体の改革」・「地方制度改革」の過程を素材としての協議による実現可能性とに整理した上で、試論することとする。

(1) 裁判を通じた実現——摂津訴訟
　ⅰ）事実関係
　摂津訴訟[12]は、原告摂津市が昭和44年から48年までの間に、当時の児童福祉法の規定により大阪府知事の認可を得て、合計9272万9990円を支出して4つの保育所を設置し、保育所設置費用の全部又は一部及び設備費用の2分の1を国が負担すべきものとしていた当時の地方財政法・児童福祉法により厚生大臣に対して4636万4995円の負担を申請したところ、厚生大臣は補助金等に係る予算の執行の適正化に関する法律（以下、適正化法と表記する）に基づいて、費用負担を2つの保育所に限り、また負担額を250万円とすることを決定し、その額を摂津市に交付したのに対して、摂津市が被告国に対して残額の支払いを求めて提訴したものである。

　地方財政制度に関連する本件の争点は、地方自治体が負担金支払請求権を有しているかどうかに加えて、国が法律の規定による事務に関する財政負担を地方自治体に強いる場合に、この強制に対して地方自治体はいかなる対応をなし得るかである。この点に関する摂津市の主張をまとめると、以下のようになる。

　第一に、本件の保育所費用の負担金は、補助金とは異なり義務的なものであるから、支払請求権は特別の手続なしに当然に発生している。第二に、適正化法は補助金などの前払金・概算払金の適正な使用のための手続法であり、同法による交付決定は負担金の概算前払請求権を発生させるに過ぎないため、残金の支払請求権は残存する。第三に、国の負担金には国の裁量を認める裁量型とこれを認めない実支出型があるが、保育所設置費用の負担金は義務型に属し、その実額の交付が国に義務付けられている。第四に、国が恣意的な裁量による金額しか支払わないとすると地方自治体は常に超過負担に苦しめられることに

---

12) 東京高判昭和55年7月28日行集31巻7号1558頁。なお、第一審判決は東京地判昭和51年12月13日行集27巻11・12号1790頁。

なるが、このような負担の転嫁は地方自治体の自主性・自律性を害し、憲法92条に違反する。

それに対して、この部分に関する控訴審の判旨をまとめると以下のようになる。

第一に、国の負担金の交付に当たっては、その内容及び対象を具体的に確定する法律上の措置を必要とする。適正化法の趣旨に鑑みれば、本件負担金についても交付決定によってはじめて具体的請求権が発生する。第二に、適正化法は国の前払金・概算払金の支払いについて定めたものではない。第三に、児童福祉法等による保育所費用に関する国の負担は、義務的なもので、かつ現実の支出を基準とするものであった。第四に、多くの地方自治体がいわゆる超過負担により財政上苦境にあり、国と地方自治体との費用負担につき均衡がとれていないとして大きな不満があるのは事実である。また本件は超過負担の顕著な事例であるのも確かである。しかしながら、本件措置にこのような批判されるべき問題があるとしても、国庫負担金の交付は予算の執行である行政の分野に属する事項であり、交付決定を経ることなく、直接国に対しその支払を訴求することは、司法裁判所の役割、権限に鑑み、許されないものと言わざるを得ない。

ⅱ）牽連性原理の実現の観点から見た摂津訴訟の評価

摂津訴訟は憲法訴訟ではなく、中心的に争われたのは国の負担金の性質及びそれに対する請求権の発生、並びにその事前手続の問題であった。しかし、摂津市の主張に対して裁判所は一定の理解を示しており、国による地方自治体への負担の転嫁が批判されるべきものとしている点は、注目されるべきである[13]。

　a. 摂津市の主張について

本件がドイツにおける憲法異議として争われる場合、ドイツの地方自治体はいかなる争点を立てることになるだろうか。

一般的に、ドイツにおける自治体財政関連の裁判で、主たる争点とされるの

---

[13] 木佐茂男「国庫負担金の争訟方法――摂津訴訟」別冊ジュリスト地方自治判例百選（第3版）（2003年）199頁は、この訴訟が自治体の超過負担をめぐる重要な訴訟として、国の実務にも一定の影響を与え、超過負担の部分的解消をもたらしたことを指摘している。

は、概ね以下の5点であることは、既に指摘した。すなわち、①ラント憲法の規範は、自治体財政に対するいかなる保護構造を採るか、②地方自治体は、財源保障の額に関していかなる憲法上の保護を享有するか、③国から地方自治体への事務の委譲に際して、憲法上の費用負担規律が具体的にいかなる保護内容を有するか、④基本法及びラント憲法が、地方自治体相互の比較における財政需要算定についていかなる要請をなしているか、⑤地方自治の保障は、手続的保護を含んでいるのか、である[14]。

摂津市の主張からは、地方自治の本旨の法的性格に関するいかなる理解が下敷きになっているのかを窺うことはできないが、地方自治体が国による財政負担の転嫁から一定程度自由であり得ることは前提となっている。したがって、憲法によって自治体財政の自主性・自律性は保護されており、その保護を全うするために、国に対する具体的な負担請求権を導き得るという論理となっているように思われる。

上述した争点と比較すると、ここでは①憲法の規範は、自治体財政に対するいかなる保護構造を採るか、③国から地方自治体への事務の委譲に際して、憲法上の費用負担規律が具体的にいかなる保護内容を有するか、の2つの争点が提起されていることが分かる。すなわち、①については、自治体財政の自主性・自律性の保障内容として、憲法が国による財政負担の転嫁からの自由を地方自治体に与えており、したがって③において直接の負担請求権が導き出される、ということである。

まず①については自治体財政の自主性・自律性に、国から財政負担を転嫁されないことが含まれていることは納得し得る。実際、地方財政法第2条2項はその旨規定している[15]。しかしながら、このことによって地方自治体が実際に国からの財政負担の転嫁から自由であり得るかどうかは、別問題である。その意味で問題の主眼は、地方自治体が自由であり得るか否かではなく、国による地方自治体への財政負担の転嫁がいかに制限されるかという点に置かれなけれ

---

14) 第Ⅳ章を参照。
15) もっとも同項は国の救済機関や総務大臣による行政上の救済を前提としたものであって、裁判による実現を予定したものではないことが留意されなければならない。石原＝二橋・前掲（注11）28頁。

ばならない。したがって、この点は①′憲法の規範から導かれる、自治体財政を侵害しないための制度形成の限界はどのようなものか、という観点から争われるべきであろう。そうであるとすると、③の主張は地方自治体の享有し得る保護の内容に関するものである点で不十分であり、③′国が地方自治体に事務を委譲することが憲法上許容されるためには、いかなる費用負担規律が定められる必要があるかの観点から争点として提起される必要がある。

　b．**判旨について**

　憲法上の主張がなされた場合の訴訟の結果については、訴訟手続の問題もあるので措くが、裁判所が摂津市の主張に一定程度の理解を示していることから、憲法上の争点を上手く提起できれば、本件においては立法者の判断の余地に対する制約的な判断を引き出すことが可能になり得ると思われる。

　ここで立法者の判断余地に関する合理性判断のための媒介となる自治体財政調整制度は、地方財政法・児童福祉法・適正化法における事務の性質に応じた国の経費負担であり、ここでの財政権限衝突は財政保障の場面の財源移転型であるため、この制度は適正供与保障の機能を担っていると考えられる[16]。そして、保育所の設置及び設備整備の事務は当時の法律では市町村の事務とされていたが、実質的には市町村が義務的に保育所を設置せざるを得ない仕組みになっており[17]、また婦人の勤労権と児童福祉の実現に関する国の行政責任が重大であったことに鑑みれば、費用責任の少なくとも一定割合を国が負担することには合理性が認められることになろう。

　したがって、この場合の国の立法者の判断の余地は制限されており、その限りで立法者が費用の手当てなくして事務を地方自治体に処理させることは、財政憲法原理たる牽連性原理の効果によって禁止される。これは牽連性原理の防御的効力であるが、この効力は法律による個別の処分にも及ぶため、厚生大臣の負担金交付判断の下限は、実際に摂津市が実施した事務の実費用についての、

---

16) 国と自治体の財政権限衝突の類型については、第Ⅱ章2(1)ⅱ参照。
17) 福家俊朗「保育所建設に関する国庫負担金の法的性格と具体的請求権――摂津訴訟控訴審判決」ジュリスト増刊昭和55年度重要判例解説（1981年）60頁は、市町村長は当時保育に欠ける児童を保育所に入所させ保育を与える事務と、保育所に入所できない児童に対して適切な保護を与える事務を機関委任事務として処理しており、保育所設置も自治体の事務ではあったが団体委任事務であったことを指摘し、実質的な義務的事務であったとしている。

法律に定められた国の負担義務割合に画されることになる。したがって、本件の場合の負担金交付判断の下限額は 4636 万 4995 円であり、それを下回っている 250 万円の交付決定は、違憲ないし違法であると評価されることになろう。

ただし、牽連性原理はあくまで立法者を名宛人とする規範であり、地方自治体の負担金受給権を直接に基礎付けるものではない[18]。本件ではそもそも法律上の具体的な負担金請求権が発生していなかったことが訴訟の帰趨に大きく影響していたため、この点については訴訟の方法を含めて別に検討が必要となろう。

(2) 協議を通じた実現──「国と地方の協議の場」をめぐって

ⅰ) 三位一体の改革の下での財政問題の火種

三位一体の改革とは、中央集権から地方分権への構造転換を図り、かつ国と地方の財政建を実現することを目的として、2004 年の政府の「経済財政運営と構造改革に関する基本方針 2004」を基に進められた改革である[19]。国庫補助負担金の軽減・税源移譲・地方交付税の一体としての見直しを主要な内容としていたことから「三位一体の改革」の名が冠されていた。

初年度となる 2004 年度には、国庫補助負担金について 1 兆円・地方交付税（臨時財政対策債を含む）について 3 兆円の削減が示されたのに対して、税源移譲はわずか 6500 億円であった。この驚くべき結果に衝撃を受けた地方自治体側は、税源移譲を先に求める総務省の立場に与して、交付税の削減を先行して進めようとする財務省と対立した[20]。

---

18) 牽連性原理は、一義的には立法者を拘束するものではあるが、具体的な支出義務を立法者が認諾することまでを求める内容を有するものではない。実際に、ドイツにおいて牽連性原理を採用して地方自治体側の訴えを認めた判例においても、立法者が制度をつくり直すことを求めるものはあるが、具体的な支出を求める内容のものは存在していない。なお、牽連性に則った額に定められた負担金を自治体に交付する手続法を整備すべきことを立法者に対して要請しうる内容を有することは考え得るが、それはあくまで予防的効力の問題である。
19) 青山浩之「三位一体改革に見る地方交付税改革のあり方」日本財政法学会編『財政法講座 3 地方財政の変貌と法』（勁草書房、2005 年）所収、75 頁。
20) 麻生太郎総務大臣（当時、本章において以下同じ）は、「大切なのは地域との信頼関係だ」と指摘し、いわゆる麻生プランにおいて自治体の財源確保を優先させる姿勢を表明して自治体側の抱き込みを図った。青山・前注 82 頁。

ここでは、財源のやり取りに関する意見及び権限の対立が生じたことが見てとれる。すなわち、国は補助金を削減して財政負担を地方自治体側に転嫁することを企てる一方、自らの財源を手放していない。これは、負担を転嫁し又は少なくとも国の財政責任を不明確にする財政措置に該当し、牽連性原理の下での典型的な財政問題となる。ドイツの地方自治体であれば、この時点で牽連性原理違反による自治権侵害を理由に憲法異議の提起に及んでも不思議ではない。日本の地方自治体も、次項で触れるように不信感を募らせ、いくつかの提言を公表するなど、対立構造のもとでの姿勢を硬化させていったことを窺うことができる[21]。

ⅱ）協議への歩み

政府は、改革着手年である2004年に続く2005・2006年を「重点期間」と位置付け、その間に地方の裁量権の拡大と地方行政改革の推進を図るために、地方自治体側の意見に耳を傾ける姿勢を示した。そして、政府は地方自治体側（地方6団体）に対して、国庫補助負担金改革の具体案を取りまとめるよう要請したのであった。

それに対して地方6団体は、2004年8月24日、「国庫補助負担金などに関する改革案」[22]を取りまとめた。ここで内容を逐一挙げることはしないが、この改革案は、財政問題を通じて地方自治体側に生じた、国に対する不信感に満たされたものであった。これは、「改革案」の頭に設けられた前提条件からもうかがうことができる[23]。地方自治体は、ここで財政問題の領域における国との衝突を避け、協議による問題の解決を求めた。国・地方自治体双方にとっての議論の透明性及び公開性を確保し、信頼関係を築きなおそうと呼びかけたの

---

[21] 全国市長会「税源移譲と国庫補助負担金の廃止・縮減に関する緊急提言」（2003年10月）及び全国知事会「三位一体の改革に関する提言」（2003年11月）。

[22] 全文は全国市長会webサイト http://www.mayors.or.jp/rokudantai/teigen/0824/kaikakuan.pdf （最終閲覧2018年9月27日）にて公開されている。

[23]「平成16年度の改革では、我々地方の意見が取り入れられることなく、税源移譲が先送りされたまま、国庫補助負担金や地方交付税の大幅な削減のみが行われ、国と地方の信頼関係を著しく損なう結果となった。こうした経緯を踏まえ、今後政府が示す『三位一体の改革の全体像』等に地方の意見が確実に反映されることを担保するため、国と地方六団体等との協議機関を設け、地方の自主・自立につながる改革の具体策について誠実に協議を行うことを、この改革の前提条件とする。」（2頁）。

である。政府は、この呼びかけに対して歩み寄りを見せ、「国と地方の協議の場」を設け、改革の過程に地方6団体の意見を採り入れることにした。

この「協議の場」は制度化されてこそいなかったが、地方自治体側にとっては国の立法・行政を通じた権限・財源の移譲を透明化するための重要な機会となった。文字通り、財源の取り合いをめぐる対立から協調関係を基調とした協議へと、財政問題の構造転換が起こったのである[24]。そしてこの「協議の場」において、事務権限の移譲の場合に財源の手当てを確保することへの配慮が基調となり、かつ国がその財源に配慮しなければならないという視点が基本となっていた[25]ことは、特筆すべきである。このようにして、協調関係としての牽連性原理は、制度化された形ではないものの、地方自治体と国との協議によって実現への道を開かれたと評価できる[26]。

iii) 協議手続の制度化要求

2005年になって、地方6団体は「協議の場」での協議を継続しつつ「国庫補助負担金等に関する改革案(2)」を政府に提示した。その内容は、国庫補助

---

[24] 「『国と地方の協議の場』議事要旨」(平成16年9月14日) によれば、「国と地方の協議の場」第1回の冒頭において、梶原拓全国知事会長は「このたび、地方六団体が結束して立ち上がったと言うのは、従来型の陳情・要望団体から脱却して、三位一体改革を契機に地方から日本を変える、その同志として結集したと言うことでございまして、これなかりせば、共通の改革案はまとめ切れなかったと、お互いに、……損得勘定で話し合いをしておればまとまらなかったと。そういう基本精神だからこそ、国のためだからこそ、小異を捨てて大同につくという精神で、一本化が図られたと、この経緯を十分御理解を賜りたい」と発言し、自治体と国とが一体となってパートナー関係を築いていくことの重要性を強調した。議事要旨は首相官邸Webサイトで公開されている (http://www.kantei.go.jp/jp/singi/kunitotihou/dai1/1gijiyousi.html 最終閲覧2018年9月27日)。

[25] 石原伸晃国土交通大臣の発言「補助金の使い勝手が悪いならやめて交付金にするとかいったような手法論を私は議論すべきで、地方の皆さんが使いやすいようにやっていくというのは、これからも絶対にやっていかなくちゃいけない。……本来必要とされるところで必要な事業を実施するという補助金としての機能というものがあるものを、外形的、客観的な配分の地方交付税に転換するということは、論理として無理があるんじゃないか。」「『国と地方の協議の場』議事要旨」(平成16年9月14日) より引用。

[26] この「協議の場」で議論された内容は多岐にわたり、純粋な牽連性原理に即した議論ではない面ももちろん存在するが、議論の透明性と協議手続が確保されることの重要性は変化しないと思われる。ただこのような論点の拡散が、抽象的な原則論の対立の膠着状態を招き、意思決定の場であったはずの「協議の場」を意見表明の回路に変質させたとの指摘は無視できないであろう。金井利之『「国と地方の協議の場」の成立と蹉跌』森田朗=田口一博=金井利之編『分権改革の動態』(東京大学出版会、2008年) 99頁。

負担金及び交付金の削減に比して税源の移譲が不十分であるとする観点から、3兆円の税源移譲を確実に行うべきことを提言したものであった[27]。その中で地方自治体側は、「税源移譲額が、補助金等の廃止で措置すべき額に満たない団体については、地方交付税の算定等を通じて確実に財源措置を行うこと」を求める一方、「国の財政再建のための補助負担率の引下げや税源移譲に結びつかない補助金等の廃止・縮減などを、昨年のようにスリム化と称して改革に含めることは、地方への負担転嫁であり断固として受け入れられない」として牽連性原理の内容としての負担の転嫁の禁止と、国による自治体財政への配慮義務の制度化を迫った。国はそれを受けて、政府・与党を中心に税源移譲のペースを前倒しする方向で検討を行い、2006年度における税制改革を通じて、3兆円の税源移譲を達成することを明らかにした[28]。しかし、当初の計画の「重点期間」の満了に伴い、「協議の場」はいったん打ち切られることになり、従前の協議が再開されることもなかった[29]。地方自治体側が求めた「協議の場」の制度化は、結局実現しなかったのである。

　ここで指摘すべきことは、協議手続の形式選択の重要性である。この「協議の場」は地方自治体側と国との協定によって設けられたものであった。協定のデメリットは、何よりも法規範性がなく、実質的な法的効力を担保する工夫がなければ、いずれかの態度の変化によって水泡に帰す可能性があることである。こうして結局、「協議の場」は協議手続を具体化するためのパイロットケースとしては評価しうるものではあるものの、協定の効力を担保する工夫が憲法規定の上でなされていないという現実の前に佇むばかりの形になった[30]。

---

27)「国庫補助負担金等に関する改革案（2）〜 3兆円の税源移譲を確実なものとするために」（平成17年7月19日、地方6団体）全文は総務省Webサイトで参照できる（https://www.mhlw.go.jp/shingi/2005/09/dl/s0921-11j.pdf　最終閲覧2018年9月27日）。

28)「国と地方の協議の場」第14回（平成17年12月1日）における安倍晋三内閣官房長官の発言「税源移譲は、上記の改革及びこれまでの国庫補助負担金の改革の結果を踏まえ、3兆円規模といたします。この税源移譲は、平成18年度税制改正において、所得税から個人住民税への恒久的措置として行うこととしております。」（http://www.kantei.go.jp/jp/singi/kunitotihou/dai14/14gijiyousi.html　最終閲覧2018年9月27日）。

29)　総論・各論の議論の場が経済諮問会議や中教審などの各種審議会に移され、国・地方の双方にとって有効な意思決定の場とはなり得なかった「協議の場」が、そのままで制度化に耐えられたかどうかには疑問の向きがあった。なお、その後も断続的にではあるが国と地方との意見交換会は開催されていた。金井・前掲（注26）99頁以下及び103頁。

iv）法制化へ向けて――協議の場設置法の評価

　その後、国と地方の協議の場の設置に関する法律案を含む地域主権改革関連法案が国会に提出され、平成23年4月28日に成立した。この法案に関する国会の議論では、補完性原理に則って国と地方自治体の権限を見直し[31]、地方自治体の財政自律をも図る[32]ことがその趣旨であることが明言されている。権限と財源を一括して地方に配分するという意味においては、牽連性の実現に向けた一歩と評価することができようし、法律による形式化が図られることについても、協議を事実上のものに留めることなく一定の規範的効力を持たせることが想定されている[33]点で、評価を与えることができよう。

　そうであるとしても、協議手続に関するドイツにおける立法例に関して指摘したように[34]、地方自治体の状況やその基礎となる財政事情の変動に対応すべく、制定された法律は将来に向けた妥当性を確保されなければならない。また、協議それ自体が国の権限行使の隠れ蓑として用いられ、あるいは単なる意見表

---

30) この反省に立って、地方六団体は新たな協議と意思決定の場としての「地方行財政会議」を法律によって設置することを提言している。『第二期地方分権改革とその後の改革の方向―分権型社会のビジョン最終報告』（ぎょうせい、2007年）76頁。また、2009年12月には、当時の与党であった民主党の地域主権改革の一環として、国と地方の協議の場の法制化に関する検討チームが内閣府に設けられた。このチームにおける法制化へ向けての審議の推移については下記URL（内閣府webサイト）参照（https://www.cao.go.jp/bunken-suishin/ayumi/chiiki-shuken/bahousei/bahousei-index.html　最終閲覧2018年9月27日）。

31) 147回国会衆議院本会議会議録31号（2010年5月25日）における原口一博総務大臣の答弁「キーワードは、補完性の原則です。憲法92条、地方自治の原則、これに基づいて、補完性の原理を重視し、住民に身近な行政は基礎自治体が広く担うことを原則として議論を進め、国と地方がより適切な役割分担をする姿を目指してまいります。」

32) 同上「一括交付金化により、どのような地域を目指すのかを住民自身が考え、決めることができるよう、地方の自由度を拡大します。これによって、地域の知恵や創意が生かされるとともに、効率的、効果的に財源を活用することができるようになると考えています。」

33) 147回国会衆議院本会議会議録31号（2010年5月25日）における平野博文内閣官房長官の答弁「これまでも国と地方の協議を事実上実施してまいりましたけれども、制度的な裏づけがなく、……安定的な仕組みであったとは言いがたかったわけであります。今回、法律を策定することにより、定期的な開催、幅広い協議の対象など、協議ができ得る安定的な仕組みを法律の裏づけのもとに導入することになるわけであります。また、協議の実効性を確保するための法案は、……協議が調った事項については国及び地方の構成員がともに尊重義務を負うということをしているわけであります。」

34) 第X章3参照。

明の回路に変質し、自己目的に堕する事態も避ける工夫が必要である。すなわち、法律をあくまで道具として用いられるか否かの立法技術の巧拙が、詰まるところ重要な位置を占めるのである。

　この観点から法案を見ると、国と地方の協議の場において協議されるべき対象についてかなり概括的な規定がなされていることが目を引く[35]。この法案はもちろん財政憲法原理としての牽連性の具体化に特化したものではないためやむを得ないところではあるが、権限配分や財源配分に関する個別の地方自治体の意見を反映し得る制度になるのかどうかを含め、運用を通じた協議対象の具体化が望まれよう。

　さらに、義務的な協議に関する規定が存在しないことも問題となる。協議の場は定例のものと臨時のものとに区分され、内閣総理大臣がそれぞれ協議の場で決められた回数若しくは必要と認める場合に招集されることとされているが[36]、地方自治体の代表たる議員からイニシアティブを取って協議を行う手続は用意されていない。内閣総理大臣に対して協議すべき具体的事項を示して臨時の協議の場の招集を求めることができる旨の規定は置かれている（第4条3項）が、やはりそれでは政府の裁量を広く認める余地が残っていることになる。ドイツにおける立法例においては、地方自治体の権限及び財政に影響のある法律案の作成段階若しくは具体的な権限委譲の場合において義務的な協議を規定する例があるが、少なくとも地方自治体に具体的な権限関係及び財政状況の変

---

[35]　国と地方の協議の場に関する法律（平成23年法律38号）
　　　第3条〔協議の対象〕
　　　　……
　　　　一　国と地方公共団体との役割分担に関する事項
　　　　二　地方行政、地方財政、地方税制その他の地方自治に関する事項
　　　　三　経済財政政策、社会保障に関する政策、教育に関する政策、社会資本整備に関する政策その他の国の政策に関する事項のうち、地方自治に影響を及ぼすと考えられるもの

[36]　第4条（招集等）
　　　1　内閣総理大臣は、毎年度、議長が協議の場に諮って定める回数、協議の場を招集する。ただし、内閣総理大臣は、協議の必要があると認めるときは、臨時に協議の場を招集することができる。
　　　2　前項の協議の場の招集は、協議すべき具体的事項を示してしなければならない。
　　　3　議員は、前条に規定する事項について協議する必要があると思料するときは、内閣総理大臣に対し、協議すべき具体的事項を示して、協議の場の招集を求めることができる。

化をもたらす施策に際しては義務的な協議がなされることが望ましいであろう。

現在までの運用状況を見ると、法律が成立した平成23年は8回が設定され、分科会（第5条）の活動も見られるなど活発であったとみられるが、平成24年以降は概ね毎年3回の開催であり、その内容は地方創生・地方分権改革の進捗に関する説明が1回（例年5〜6月）、政府の予算編成に関する説明が1回（概算要求時期の例年10月）、予算案に関する説明が1回（例年12月）となり、形式化の傾向が見て取れる。

政府から見て「説明をした」というある種のアリバイとして用いられるのであれば、それはドイツの財政憲法原理に現れる「協議と合意」の理念からしてほど遠いものと評価しなければならないが、いずれにしてもいかなる法律も完全ではあり得ないことは確かであるので、運用の段階において、地方自治体の権限とそれを支える財源の確保に向けた憲法上の要請を踏まえた解釈がなされるのでなければならない。

### (3) 非公式な協議——直轄事業負担金問題

「協議の場」という制度化された場ではなくとも、結果的に地方自治体側が国を協議の席に着かせ、地方自治体の求める改革方向を示すことができた例として、直轄事業負担金の見直し問題が存在する。この問題の特性は、抽象的な「地方自治の実現」という題目のみならず、実際に地方に発生する財政負担及び財源の帰属のいかんを左右するものであったことにある。

#### ⅰ) 直轄事業負担金制度とは

直轄事業とは、国が行う公共事業の、実施主体による分類の一つであり、国が自らその事業内容を企画決定し、かつ実施する事業を指す[37]。この直轄事業については、国が自ら実施する事業であるため、本来的には地方財政法2条の趣旨に基づいて国がその費用の全てを負担すべきものであるが、その公共事業

---

[37] それ以外の分類として、補助事業（地方公共団体が国庫補助金を受けて行う公共事業）及び地方単独事業（地方公共団体が自ら企画決定し、かつ実施する公共事業）がある。特に補助事業については財政錯覚の原因となるとされ、補助金の削減と税源移譲が求められる所以となっている。神野直彦『財政学（改訂版）』（有斐閣、2007年）308頁。

の経済効果がその地方に波及するため、応益負担の観点から、当該事業が行われる場所を所管する地方自治体に一定の負担を求めることが、地方財政法第17条及び事業に関する個別の法律の規定によって認められている[38]。例えば、道路法第50条は、国道の敷設改良についてはその費用の3分の2を国が、3分の1を都道府県が負担すべきものとし（1項）、維持管理についても費用の10分の5.5を国が、10分の4.5を都道府県が負担すべきものとしている（2項）[39]。

この直轄事業負担金制度は、相当頻繁に用いられてきたものであり、また国の直轄事業は相当適度の規模を有するものが多いことから[40]、国土の維持管理に重要な役割を果たしてきたものであるばかりでなく、地域経済の発展と持続に与えた波及効果をも無視することができない[41]。この限りにおいては、事業の効果を考慮すれば、この負担も全く理由がないものとは言い切れないところであろう。

しかしながら、地域に事業による受益が生じることと、それに関してその地域を所轄する地方自治体が事業に関して支出を負担することとは、本来は別問題である[42]。直轄事業負担金制度は、国が企画し費用を見積もった公共事業の実施が決定した場合に、負担金支出義務を負う地方自治体に対して所轄大臣が負担額の通知を行い、それによって地方自治体側に負担額相当分の義務的経費

[38] 中東雅樹「地方財政と地域経済」フィナンシャル・レビュー71号（2004年）116頁。
[39] 他に負担金制度がある直轄事業としては、国土交通大臣が管理する1級河川の改良修繕工事及び維持管理（河川法第60条）、国が設置する都市公園の設置・管理費用（都市公園法第10条の2、第10条の3）、国土交通大臣が設置管理する砂防設備の維持管理及び砂防工事費用（砂防法第14条）、国土交通大臣が設置・管理する空港の新設・改良及び空港用地造成整備工事の費用（空港法第6条、第7条）等があり、他に重要港湾管理者が国土交通大臣に負担の申し出を行って直轄事業の指定を受けた建設改良工事の費用（港湾法第42条）も、本来的な意味での直轄事業に関する負担金ではないが、直轄事業負担金制度に含められる。
[40] 中東・前掲（注38）120頁によれば、各都道府県が行う公共事業全体に占める直轄事業負担金の割合は、1960年代から概ね全国平均5パーセント台で推移し、2000年時点では6.95パーセントである。特に京都府、新潟県、茨城県、岐阜県では2000年度の割合で12パーセント近くにも上っており、実際の事業額がこの2倍から3倍であることを考慮すれば、直轄事業の経済効果がいかに大きいかが窺われよう。
[41] 特に後進地域特例法による後進地域については国庫負担率の引き上げがなされており、公共事業の地域に対する受益的性格がより強められている。例えば特例法による国庫負担率引き上げ率が最も高い島根県の場合、県の負担額比率は、法定負担比率の約半分に抑えられている。国土交通省「直轄事業負担金について」（第80回地方分権改革推進委員会ヒアリング提出資料、2009年4月2日）3頁。

が発生する仕組みになっている。ここで通知される負担額は、国庫補助金のように一定の補助基準に基づいて確定されるものではないばかりか、国にはその負担額の内訳やその事業の合理性や経済性に関わる情報を提供する義務もないため、地方自治体の側からは、そもそも支出の可否の判断に当たって、受益の如何を判断する術はない[43]。こうして見ると、国が企画決定する事業の実施に関して、地方が財政負担を求められるという構図は、そもそもそれが地方自治体に負担させるべき支出であるかどうかという点に加え、その支出の合理性が担保されにくい制度でもあることから、地方自治体側にとっては強い違和感をもたらす存在であった。

### ⅱ）直轄事業負担金制度の問題性

　直轄事業負担金制度は、地方財政制度の下にあってその構造がもたらす違和感ゆえに、長く議論の対象となってきた。

　例えば地方分権推進委員会の第2次勧告[44]においては、国と地方公共団体との役割分担を明確化するとともに、地方公共団体の自主的・自立的な行政運営を実現する観点から、負担金制度については以下のように改善が勧告されている。

①維持管理費に係る国直轄事業負担金については、同種の地方公共団体の行う事業に対する国の負担との均衡、建設事業費と維持管理費の均衡、維持管理の形態、地域の受益と広域的効果等を総合的に勘案し、段階的縮減を含め見直しを行うこととする。
②地方公共団体に対するアカウンタビリティ（説明責任）の観点から、国直轄事業

---

42）　事業経費に関しては、予測に基づく経済効果と請求予算額との合理性が予算審議の対象となるため、受益予測は事業実施主体にとって都合良く作られる恐れがあり、その受益に関する予測が支出の合理性を基礎づけるかどうかは、負担金を支出する自治体には判断しにくいところでもある。
43）　法律上は情報を提供する義務はないが、負担に当たっての自治体と地域の理解を得るための情報交換・意思疎通の仕組みは実際には存在している。例えば、平成20年度の島根県における直轄事業については、中国地方整備局長と島根県知事との間で複数回の会合がもたれた際に事業通知が2回行われ、予定額については細目の内示と道路局長からの予定額通知がなされている。国土交通省・前掲（注39）資料5頁。
44）　地方分権推進委員会「地方分権推進委員会第2次勧告」（1997年7月8日公表）。全文は国立国会図書館電子アーカイブで参照することができる（http://warp.ndl.go.jp/info/ndljp/pid/8313852/www8.cao.go.jp/bunken/bunken-iinkai/2ji/　最終閲覧2018年9月27日）。

負担金の内容については、その積極的公開を進める。
③国直轄事業の対象となる事業の範囲について、客観的な基準などにより、明確化を図る。
④公共事業等の事務費（事業費支弁事務費）については、国直轄事業と国庫補助事業の事業執行のあり方等も踏まえつつ、対象となる経費の内訳や範囲等について均衡のとれたものとする。

　この後も、この負担金制度は折に触れて議論の俎上に上りながらも制度自体は存続してきたが[45]、概ね指摘される問題点は上記の勧告において示されたものにまとめられる。直轄事業が地域の経済に大きな波及力を持っていたことは明らかであり、それによって受益し得る地方公共団体が一定の割合の財政支出を負担すること自体は、非合理とは言えない[46]。上記勧告の①が、考慮すべき諸要素を列挙しつつも「段階的縮減」「見直し」という表現に止められているのも、いみじくもこの直轄事業の意義を無視できないことを表すものであろう。ただし、財政支出を義務付けるのであれば、その支出の合理性を基礎付ける根拠は明確に示されなければならない。上記勧告の②〜④はこの点に着目して改善を求めたものである。2008 年から 2009 年にかけて全国で明らかになった、直轄事業負担金の使途が不透明であることの問題[47]も、その本質はこの点が改善されないままに放置されていたことに存するものと思われる。

　そうだとすると、負担金制度の問題は、国が事業の実施に当たって地方自治体に負担を求めることそれ自体ではなく、国が工事費とその他の費用を分けなかったこと、さらにはそれを国と地方自治体で情報を共有し、若しくは協議を行う制度が設けられていなかったことにある。地方も国の一部であるから、国の事務について地方が一部の費用を負担するという制度は、直轄事業負担金に

---

45) 全国知事会「直轄事業制度に係る参考資料」（2009 年 3 月 16 日）2-3 頁では、「最近の見直し状況」の項目を設けて、政府及び地方団体の議論動向をまとめている（http://www.nga.gr.jp/ikkrwebBrowse/material/files/group/3/5shiryou3090316.pdf　最終閲覧 2018 年 9 月 27 日）。

46) 中東・前掲（注 38）116 頁。

47) 読売新聞 2009 年 8 月 7 日付朝刊によれば、この間、自治体から支出された負担金が国土交通省出先機関の移転費等に流用されていた例が、2008 年度で 33 都道府県に渡り計 118 億円に上ることが、全国知事会の調査で判明した。また国の人件費として計上されるべき整備局職員の人件費負担などにも反発した知事会は、国が庁舎改築費や退職金の負担を廃止しなければ、2009 年度分の支払いを拒否する方針を打ち出し、実際に大阪府では負担金額の 8.9 パーセントが削減されるなど影響が拡大した。

限ったものではなく、決して珍しいものでもない。しかしながら、このような場合に地方が国に対して費用負担に関する異議を提起したり、あるいは協議を求めたりする地位を基礎付けることについては、法はあまりにも無力かつ無関心である。憲法の制度的保障は、負担を義務付けられた地方自治体に対して異議や協議に関する法的地位を個別的に保障するものではなく、また地方自治法・地方財政法による国の関与に係る手続も、直轄事業の実施が純然たる国の事務である以上は適用の余地すら存しない。このように、直轄事業負担金は、いわば法の抜け穴に落ち込んだ自治体財政侵害のケースであったが、自治体財政に対する現実の侵害を惹起しているものでもあったため、地方団体は「場外闘争」の形での、制度改廃に向けた運動へと進んでいくことになる。

### ⅲ）負担金制度の見直しを求めて

制度改廃に向けた運動の狼煙を上げたのは、全国知事会をはじめとする地方6団体である。全国知事会は直轄事業負担金問題プロジェクトチームを設置し、2009年3月に早々と直轄事業負担金制度に関する問題提起を行った。その問題提起となった資料は、地方分権推進委員会等において法制度の枠内で示された改革方針を列挙するばかりでなく、昭和30年代から知事会が行ってきた負担金制度改革に関する要望に対する国土交通省（建設省）の回答をも含むものであり[48]、非公式な形式での「言質」を押さえることによって改革の方向性に国を振り向かせようという気迫を感じさせるものとなった。

同資料では、全国知事会が1959年より継続している、負担金制度全般の速やかな廃止要求に対して、国土交通省は段階的縮減を含めて見直しを行う旨回答していながら、制度の廃止及び縮減が行われていないことが明らかにされている。

注目すべきは、1975年から継続されている、直轄事業の協議制度に関する要求に関し[49]、国土交通省は2003年以降定期的に会議を設置し、情報交換・意思疎通の円滑化を図るとともに、直轄事業負担金に係る問題点の実態及びその解決方法について検討している旨回答しているのに対して、当の都道府県の

---

48) 全国知事会・前掲（注45）2頁以下。

側が、事業の選択や実施に関して協議する場となっていないとするコメントを付している点である[50]。会議のあり方や設置根拠が明確になっていない中で、国の側と地方の側とがそれぞれ「会議」に求めるものがすれ違っているという点で、ここでも協議手続の形式選択の重要性を見て取ることができる。

　この点では「国と地方の協議の場」と問題領域を同じくするように見えるが、大きく異なるのは、負担金制度はあくまで国の直轄事業にかかわるものであり、純然たる国の内部の権限関係に問題に止まるものであって、地方自治体の側が何らかの要求を行うことは本来的には筋違いの領域であることである。このような状況においては、いかなる措置をとるかの決定権は国にあり、国の歩み寄りが見られない以上は法律による形式を選択することはおろか、協定による合意すらも難しいのが現実であった。その意味では、継続的な見直し要求を受けながらも、国土交通省が一部の運用上の手直しを行うに留めるのみで、ほぼ黙殺に近い態度を取り続けてきたことも無理のないことであった。

　このように言質を押さえながらも、協議手続を具体化する端緒すら掴めない状況にあった地方6団体にとって千載一遇の好機となったのが、2009年の衆議院議員総選挙であった。政権交代含みとなった選挙戦の下で地方団体の支持を取り付けたい与野党は、こぞって直轄事業負担金改革を約束した[51]。地方自治体の側からは国からの歩み寄りが望外に得られたのであった。

49) 中東・前掲（注38）116頁及び120頁によれば、直轄事業負担金比率の全国平均値は1980年代までに社会資本の整備がいったん完了したのに伴って4.05パーセントまで低下した後、地方の要求や国の誘導による道路・水源地整備事業が増加したことに伴い、1990年代には再び7.96パーセントまで上昇している。この時期において、公共事業の限界効用が逓減したことによって公共事業が相対的に非効率となり、そのしわ寄せが自治体にもたらされた結果、従来よりも義務的に支出する部分が増加していることになり、ますます自治体財政運営の自由度の低下が顕在化してきたことが窺われる。協議に関する要求がなされたのがこの時期と重なることも、決して偶然ではないであろう。
50) 全国知事会・前掲（注45）4頁。また当時鳥取県知事で後に慶應義塾大学で地方自治を講じた片山義博は「ある程度、負担してでも（事業を）やるかどうか、地方が選択する機会があってもいい」とし、制度そのものの廃止よりも、地方が望む場合に限っては一部の費用を負担させて事業を進めることができる余地を残すことに主眼を置いていた。片山義博「直轄事業負担金は憲法違反である」世界793号（2009年）94頁参照。
51) 山崎治「直轄事業負担金制度の見直し」レファレンス705号（2009年）95頁以下。与党であった自由民主党は平成22年度以降の維持費負担金の廃止と協議機関の法律による設置を政権公約とし、野党であった民主党もマニフェストにおいて負担金制度自体の廃止を訴えていた。

総選挙を経て与党となった民主党は、2009年11月に直轄事業負担金問題を関係省間で検討するため、直轄事業負担金制度等に関するワーキングチーム」を発足させ、知事会からのヒアリングや論点整理などを行った。

　最終的には、直轄事業負担金制度廃止への第一歩として、平成22年度から維持管理に係る負担金制度を廃止することとなり、平成22年3月に成立した「国の直轄事業に係る都道府県等の維持管理負担金の廃止等のための関係法律の整備に関する法律」（平成22年法律20号）にその旨が規定された[52]。ただし、事業の急激な減少が地方経済に与える影響に配慮して、2010年度に限っては安全性の確保等のために速やかに行う必要のある特定の維持管理に要する費用として地方から負担金を徴収する経過措置が設けられた。また維持管理費負担金の全廃は2011年度以降へと先送りされた。ただ、2010年度ベースで地方の支払った直轄事業負担金は前年度比で33.7％減少して8499億円になったとされており、負担転嫁の歯止めとしては一定の効果があったものと評価し得よう[53]。

### ⅳ）非公式な協議の意味と評価

　結果的には、国の歩み寄りもあって立法による解決を得る見込みとなった負担金問題であるが、これをドイツのバーデン・ヴュルテンベルク州国事裁判所99年判決[54]を例に評価したい[55]。

　ラント政府が生活保護費の一部を地方自治体に負担させていたところ、生活保護の増大に伴って地方自治体の財政負担が増大したことが問題となっていた事案において、国事裁判所は原則としてラントと地方自治体はそれぞれ自らの事務の費用を負担しなければならないが、その負担責任を曖昧にしない形で法律に一定の負担割合が規定されている以上、地方自治体がラントの事務費用の

---

[52]　この法律について地方自治法令研究会「2010年の重要立法②直轄事業負担金廃止法」地方自治職員研修611号（2010年）30頁。

[53]　三原岳「直轄事業負担金の制度史と見直し議論の展開〜公共事業を巡る政府間関係の一考察」（東京財団政策研究レポート2012年5月）33頁は、この要因について、政権交代に伴う公共事業費の大幅カットに加えて、維持管理費負担金の廃止が影響していると分析している。

[54]　BadWürttStGH Urteil vom 10.5.1999. = DVBl.1999, S.1351.

[55]　第Ⅹ章2(2)ⅰを参照。

一部を負担することについては法律の根拠がある以上は正当であり、やむを得ないとする判断を示した[56]。ただし、その負担をさせる場合にあっては、ラントはその負担によって地方自治体の財政が侵害されないように配慮しなければならず、その配慮の妥当性は手続保障、すなわち当事者であるラントと地方自治体とが協議を通じて合意を形成することが必要であるとした。

　ここでは、従来は「国と地方自治体はそれぞれ自らの事務の費用を負担しなければならない」ことを内容とする牽連性原理が、「地方自治体に費用負担をさせるときはその負担責任の根拠と範囲を明確にしなければならない」ことを包含し、さらには「地方自治体の費用負担の合理性は、それを明確にするための協議と合意によって基礎付けられる」ことをも含意するようになったことを示すものである[57]。

　牽連性原理が普遍性を持ち、憲法や法律の規定にかかわらず、国と地方の権限と財政をめぐる関係にはおよそ妥当するとすれば、この原理は我が国の憲法・法律についても一定の規範的効力を持たせることができよう。つまり、法律上の異議や協議の制度が不十分であっても、負担を基礎付ける規定が存在すれば、その負担の発生を根拠として、少なくとも協議を要求することは可能になる[58]。

　これを直轄事業に当てはめてみると、「地方自治体に費用負担をさせるときはその負担責任の根拠と範囲を明確にしなければならない」ことから、まずは地方自治体側としては法令上の負担額の内訳と負担の合理性の説明を国に対して求めることができる。そして「協議と合意」を経て、国と地方自治体とが負担のための手続・範囲・金額に関する一致を探ることになろう。我が国の地方法制において、国と地方はいまや対等の関係にある。庁舎の修繕や国の職員の人件費負担などの費目や、事業の実施自体に異議があるならば地方自治体の側がそれを説明し、あるいは国に対して負担の範囲や負担の発生根拠を含めた合理的理由の開示を求めて協議を行うことで、少なくとも現状よりは納得のいく

---

56) BadWürttStGH, DVBl.1999, S.1351(1353). 詳細は、前章2(2)を参照。
57) ラントと自治体との間の協議を通じた負担の透明性と追証可能性が、自治体の負担を合理化するとされた。BadWürttStGH, DVBl.1999, S.1351(1357).
58) 前章2(3)を参照。

負担額を確定することが可能になろう。

直轄事業負担金は、数多く存在する国と地方自治体との間の財政関係の一局面に過ぎない。好機にも恵まれ、この制度は上述の考察と一致するような好ましい経緯を辿りつつあるが、協議を求める方法論として今後の範例となり得るものと思われる。

(4) 評価

我が国の憲法規定は、ドイツの諸ラントの規定に比べるとかなり簡素であり、財政憲法原理の具体化に関してこれと全く比肩させる形で示唆を得ることは、やはり難しいと言わざるを得ない。やはりその規定の簡素さが、様々な面で頸木となっていることは否定できない厳然たる事実であろう。

解釈に目を転じても、財源が法律の規定によって動かされ、かつその算定に関して国会又は政府の判断の余地を肯定せざるを得ない以上、我が国の憲法の下で導かれる牽連性原理に残された間隙はあまりにも大きく、また具体化への要求はなお弱々しいと評価せざるを得ない。

しかし、三位一体の改革における「協議の場」のケースは、牽連性原理の協議手続を通じた実現にとっても一つの教訓となる。なぜなら、政府によるガス抜きのための恩恵的な性格は拭いきれないものの、憲法の規定からは財政憲法理やその具体化の要請を明確には読み出すことのできない状況の下で、財政問題の対立関係から協調関係への転換を成し遂げ、しかも協議による協調関係をしばらく継続させたことは、協議手続としての牽連性原理具体化の成功例と評価することも可能であろう。

また、直轄事業負担金制度の廃止要求が、「スジ論」とも言うべき非公式な意見の表明から公式な協議を経て立法として結実したことは、それが好機に恵まれたことを差し引くとしても、牽連性原理をはじめとする憲法上の「スジ論」とでも言うべき財政憲法原理の具体化にとっての例として参考となし得るものであろう。

あとはその継続性・法規範力に影響を生じさせ得る要素に着目しつつ、これを克服するための枠組みを模索しなければならない[59]。

## 4. 自己責任の枠組みとしての最少供与保障

　自治体財政保障の二本柱のうち、最少供与保障に関連する財政憲法原理は、主観的法的地位の保障に及ぶ考え方を除いては上記の2つの前提条件を満たしてはいるが、そもそも自己責任を前提とする思考であるため、日本国憲法解釈にいかなる程度に妥当するかは個別に検討される必要があろう。

### (1) 裁判において争われる最少供与保障——大牟田電気税訴訟

　摂津訴訟は、地方自治体が義務的性格を持つ事務の執行によって発生した処理経費の支払いを国に求めた事件であったが、大牟田電気税訴訟[60]は、地方自治体が固有の課税権を法律によって侵害されたとして提訴した事件であり、地方自治体が自らの財源基盤に対する侵害を正面から主張した我が国唯一の事例である。地方自治体の主張の内容としては、ドイツにおける最少供与保障に類似した構造を持つ。

#### ⅰ）事実関係

　この訴訟は、原告大牟田市が、当時の地方税法の規定により非課税とされていた電気・ガス税を徴収し得なかったことにより、この非課税措置がなかったら徴収できたであろう税額（大牟田市の主張によれば昭和48年度で5億6424万1000円）相当の損害を被ったものであり、この損害が地方自治体の課税権を侵害する違憲な立法によるものであるとして、損害の4分の1の額の賠償を被告国に求めた事件である。

　地方財政制度に関連する本件の争点は、地方自治体の課税権及び自主財政権

---

59) ドイツの自治体のように、自治体憲法異議の提起が認められていれば、対立関係と協調関係をいわば飴と鞭のように使い分けることもできようし、実際にそのような法制度が整備されているが、これは歴史的伝統に支えられた特殊ドイツ的な発想の産物であり、歴史的背景をある程度共有する国のみに受容が可能なものであろう。例えばオーストリア地方制度に協議手続としての牽連性が波及した例はあるが、我が国の制度からこれを範例とするには隔絶がありすぎるように思われる。Vgl. Andre Röhl, Konnexitätsprinzip und Konsultationsverfahren als Ausdruck kommunaler Selbstverwaltung. 2006, S.210f. なお、自治体の国政参加類型の比較制度論については金井・前掲（注26）93頁。
60) 福岡地判昭和55年6月5日判時966号3頁。この訴訟は大牟田市が控訴手続中に訴訟を取り下げたため、一審判決が確定している。

が侵害されたかどうかである。この点、大牟田市の主張をまとめると以下の通りである。

　第一に、地方自治体の課税権は自治体財政権の中核をなすものであるから、憲法第92条の「地方自治の本旨」に基づいて自治権の内容として保障される、固有の権能である。第二に、地方公共団体が地方住民より賦課徴収する租税は、地方公共団体の財政の中核をなすものであるから、国の法律による規律は、地方公共団体の自主財政権を損うことのないよう課税権を保障するものでなければならない。第三に、以上に反して、地方税法は特定の税源からの課税を禁じ、租税の内容等についての地方公共団体の自主的な決定を制限するものであるから、地方公共団体固有の課税権ひいては自主財政権を侵害するものとして地方自治の本旨に反し、違憲無効である。

　この部分に関する判旨をまとめると、以下のようになる。

　第一に、憲法の保障する地方自治は制度的保障の規定であって、現に採られている又は採られるべき具体的な地方自治制度を保障するものではない。ただ、憲法は地方自治体の自主財政権及び課税権を認めているため、例えば地方自治体の課税権を全く否定し又はこれに準ずる内容の法律は、制度的保障に反するものとして違憲無効となる。第二に、憲法上地方自治体に認められる課税権は、地方自治体一般に抽象的に認められた権能であって、特定の地方自治体の課税権が認められているわけではない。地方自治体の課税権の具体化には、法律の規定が必要である。第三に、したがって大牟田市は非課税措置によって除外されない課税権のみを有するのであり、侵害の対象としての非課税措置の範囲内の課税権を有しない。

ⅱ）最少供与確保の観点からの大牟田電気税訴訟の評価

　大牟田電気税訴訟は、地方自治に関する制度的保障を採用した裁判例として著名なものであり、その意味ではドイツにおける事情と同様に考えることができる。

　　a．大牟田市の主張について

　憲法による地方自治の制度的保障が及ぶ範囲に関して、ドイツの地方自治体であれば本件においていかなる主張をするだろうか。

まず、大牟田市の主張は、憲法上の地方自治の本旨が、地方自治体に固有の権能を認めるものであると解釈し、地方自治体の課税権の国の立法からの独立を強調する方向性に則っている。これを上述の、ドイツの財政調整裁判における争点の立て方に当てはめれば、①憲法の規範は、自治体財政に対するいかなる保護構造を採るか、及び②地方自治体は、財源保障の額に関していかなる憲法上の保護を享有するか、の２点を争点としていることになる。大牟田市は、①については固有権として保障されているとの前提に立ち、②については固有権にふさわしい課税の決定権に対する保護を享有していると考えるわけである。

　ドイツの地方自治体の場合であれば、以下のような争点を提起することになると思われる。まず、①の固有権の主張については連邦憲法裁判所の判例に反することになるし、もし主張するとしてもそれが直接に地方自治体の地位又は立法者による規律に影響するわけではない。また②については、原則として課税権の内容を決定する権限は国にあり、憲法や法律によって例外的に地方自治体の決定が優越するような場合でもない以上、正面から課税権の内容を争うのは得策ではなかろう。したがって、ここでは国の立法による決定の如何について、②' 地方自治体の財源保障の額の決定に際して立法者はいかなる事情を考慮する必要があるか、という点を押し出していくことになる。ここで媒介となる自治体財政調整の制度は、地方税法による電気税の税源配分であるが、ここでの財政権限衝突は財政自律の場面であるため、この制度は最少供与保障の機能を担っていると考えることになる。

　そうであるとすると、この争点によって裁判を争うとしても、大牟田市の側としては結局のところ立法者の判断の余地が相当広く認められるであろうことを覚悟しなければならない。ここで大牟田市が採り得る主張は、ドイツの例に即して言えば「自由な先端」しか残らない[61]。もしこの主張を立てるとするならば、年度ごとの税収ではなく、当該年度の総歳入額のうち当時の自治事務に充てられていた経費を算定し、その一定割合に足りない額を損害として要求することになる。しかしながら、この主張は我が国ではもちろんのこと、ドイツ

---

[61]　事務の等価性を前提とした負担の対称性の論理は、財源の切り下げの場合に主として妥当するものとされているが、この事案においてはそのような事情が見られない。Vgl. NdsStGH, NVwZ-RR 2001, S.553(557).

の裁判所においても認められる公算は極めて低い。

　また、租税制度の変更に関わる立法を行う前に、国は地方自治体側との協議を通じた透明性・公平性の担保のための手続をとるべきであり、それを怠ったことについて少なくとも過失がある、という主張も可能ではあるかもしれない[62]。しかし、我が国には協議手続を定める法律はおろか協定すらも存在しない状況にあるため、立法者に協議を課すことの必要性を裁判所の前で立証することは、およそ困難であろう。

　その意味では、立法者の判断の余地を否定する方向で固有権としての課税権を主張するという一見無謀な主張の方法を大牟田市が採ったことも、裁判の勝ち負けを度外視して制度の大前提に対する疑問を投げかけようとしたものであると捉えるならば、全く不合理であったとは必ずしも言えないとも考えられよう。

### b.　判旨について

　判旨については、制度的保障の前提に立って、立法者の判断の余地を広く認める方向性のものであるので、大牟田市がドイツの例に即した主張をしたとしても大きな変化は見られないと思われる。

　本事件の判決が課税権を地方自治体の自主財政権の中に位置付け、国の法令がそれを制限する場合がある一方、具体的に形成する場合もあり得ることを認めたことは、地方自治体の財政保障の足がかりとして注目されるべき点である[63]。また、地方自治体の課税権を無に帰すような場合に、国の立法の違憲性を論じ得ることを明らかにし、国の立法者に許される余地の上限を画したことも評価される[64]。しかしながら、この判決が設定した上限はあまりにも高く、実質的には無限定となっている憾みは残る[65]。このように裁判所が上限を画しきれていない点は、我が国もドイツも同じ問題として抱えているものと言わなければならない。

---

62) Thomas Ammermann, Das Konnexitätsprinzip im kommunalen Finanzverfassungsrecht. 2007, S.185.
63) 碓井光明「大牟田市電気ガス税訴訟第一審判決について」ジュリスト724号（1980年）51頁。
64) 棟居快行・租税判例研究 ジュリスト755号（1981年）139頁。
65) 碓井・前掲（注63）51頁、棟居・前掲（注64）139頁。

(2) 評価

　ドイツにおける自治体憲法異議において、地方自治体側が財政に関する立法者の判断の余地の存在を意識して争うようになるまでには、半世紀近くの時間がかかった[66]。その意味で、自らの自治権の内容をむやみに切り出すことをせず、国の介入し得る範囲とそうでない範囲を明らかにし、いわば影絵のように自治体財政権の内容を浮かび上がらせる争点提起の方法は、半世紀の知恵の結晶であると言っても良かろう。

　もっとも裁判の結果は、主張の内容だけに左右されるものではない。訴えの類型や訴訟手続の巧拙にも左右されようし、また裁判で争われるのが純粋な憲法論だけであることなどはあり得ない。その意味で、本章の憲法上の主張に関する検討は試論どころか単なる思考実験に過ぎないと言えるのかもしれない。しかしながら、制度が異なるとはいえ幾多の自治体憲法異議を争ってきたドイツの地方自治体の経験は、我が国の地方自治体にとって何らかの示唆を示し得るものと思われる。

## 5. 小括

　本章は、我が国の地方自治とドイツの地方自治との法制度上の比較可能性を前提に、自治体財政の保障と、実際の裁判において争点提起についていかなる違いが現れ得るかを検討してきた。

　これまで触れてきた通り、ドイツは我が国の地方自治法制にとっての母法国である。また現在に至るまで、ドイツは地方自治制度の先駆であり続けた「地方自治の大国」でもある。順調に見えるドイツの地方自治ではあるが、しかしそれにはそれなりの苦悩があり、その苦悩がさまざまな場面で取り上げられ、時には裁判で争われてきた。ラントも地方自治体もそれぞれの状況と利害を争点として提起し、それを闘わせる中で、単なる感情としての苦悩は解決されるべき問題点へと昇華され、その問題点に即してラント・地方自治体双方が解決を模索することを通じて、時には双方が血を流しながら少しずつ制度と現実と

---

66) Hans-Günter Henneke, Kommunale Finanzgarantien in Rechtsprechung. in: Hans-Günter Henneke/ Hermann Pünder/ Christian Waldoff (Hrsg.), Recht der Kommunalfinanzen, 2006. S.444.

を一致させることによって、概ね順調な制度の運用を維持してきたのが、ドイツの地方自治の実の姿でもある。

　翻って、我が国の国と地方自治体を取り巻く状況はどうであろうか。地方自治体の困窮を伝える報道は日々絶えることはなく、苦悩は満ち満ちている。では、我が国の地方自治体は、その苦悩を現在の制度と関連付けて具体的な問題点として提示することができるであろうか[67]。

　一方で、地方自治の制度的保障は、国・地方自治体のいずれかのために存在するのではなく、両者の垂直的な権限と財源の配分を通じて、国民・住民の福利を最大化するために存在しているもののはずである[68]。国と地方の権限を支える財政問題について、いずれかの利益のみに着目し、あるいは仁義なく財源を奪い合うような関係が存在するようでは、地方自治の制度的保障の理念も、足元から揺らぐことになりかねない。それゆえ、協調関係における財政憲法原理実現の可能性としての、協議手続を通じた牽連性原理の具体化は、これから特に重要な意味を持つようになってくるものと思われる。そして、財政憲法原理がどちらに負担を転嫁させるかの決定ルールとしてではなく、国と地方自治体が互いの利益の最適化を求め、自制点を模索していくための基本ルールとして脱皮していくことは、地方自治の制度的保障にとっても決して有害なものとはならないだろう[69]。

---

67)　連邦とラントとの関係と我が国の地方自治制度との比較に即してではあるが、問題の本質を論理的に究明する能力及び現状を打開する希薄と実行力の有無に、彼我の違いの原因を求める向きもある。片木淳『地方主権の国ドイツ』（ぎょうせい、2003年）「はじめに」参照。
68)　福家・前掲（注4）11頁。
69)　ただこのことには、地方自治・自治体財政の内容形成を協議に委ねることを帰結し、地方自治保障のプログラム規定化を招く恐れが付着している。自治体財源の補完を前提とする議論は、国の財政への自治体の包摂を帰結し、自治の危機をも招来しかねない。原島良成「地方分権改革関連法」法時80巻10号（2008年）36頁が指摘するように、元来、地方自治の制度的保障とプログラム規定説の理論的な距離は、極めて近い。そうであるとすると、基本権の内容形成について抱かれているのと同様の危惧が、形を変えてではあるが、地方自治の具体化を語る場合にも当てはまるようにも思われる。すなわち、地方自治の保障規定の具体化を語ることは、その憲法規定の自律性をその所為に当たる者に売り渡していると言うことを、あるいは意味しているのかもしれない。西原博史「憲法構造における立法の位置づけと立法学の役割」ジュリスト1369号（2008年）34頁。

日独の彼我にさまざまな違いはあり、また具体的な事情もそれぞれ異なることは確かである。地方自治の制度的保障の内容は歴史的に形成されるものであるからそれは当然のことではあるが、その違いと共通点を明らかにして先駆者たるドイツの制度から学ぶことは可能である。両国の制度に関する比較可能性が担保される限りにおいて、地方自治・自治体財政制度の類似性と運用における距離は、今後とも我が国における制度の発展状況を客観的に図るための鏡像であり続けることだろう。

　いかなる立法も制度も、神ならぬ人によって作り出されるものである以上、完璧なものではあり得ない。昨今、我が国においても「夕張破綻」の例に見られるように、財政状況に鑑みて必要であるべき法律が整備されず[70]、それゆえに時宜に適しているとは言いがたい仕組みを用いなければならないことの不都合性はとみに指摘されている通りである[71]。

　そもそも地方自治や自治体財政さえも、歴史の必要に応じてその意味を変え、またそれに応じて必要とされる自治の像や財政憲法原理が変遷してきたことも歴史的に明らかである。その意味で、憲法原理の導出や制度の構築、立法による形成に満足することなく、それを陳腐化させないための努力こそが、地方自治・自治体財政保障の法理に課せられた使命であろう。この観点から、我が国の現在の地方自治制度の方向性を示し続けている、地方自治推進委員会の最終報告を引用して、この章の結びとしたい。

> 「……地方公共団体に関する法令の規定は、国と地方公共団体との適切な役割分担を踏まえるべき旨を定めるなど、いわゆる立法原則及び解釈・運用原則が新たに織り込まれ、『地方自治の本旨』の意味内容を豊かにする方向でそれなりの努力が払われてきている。
> 　しかしながら、はたしてこれで万全なのであろうか。分権型社会の制度保障をより一層確固たるものにするには、この種の立法原則を更に一段と豊かに具体化していく必要があるのではないか。そうであれば、それはどのような立法形式に

---

[70]　夕張市が破綻した直接の原因は、産炭地からの転換を果たすことを目的とした無謀な投資と、それを隠蔽するための「ジャンプ」と呼ばれる不正な会計処理にあった。地方財政運営の透明性と追証可能性の欠如が破滅的な顛末をもたらした例として注目されよう。夕張破綻の経緯については梅原英治「北海道夕張市の財政破綻と財政再建計画の検討（Ⅴ）」大阪経大論集60巻6号（2010年）177頁以下が詳細な紹介を行っている。

[71]　兼村高文『財政健全化法と自治体運営』（税務経理協会、2008年）17頁以下。

よるべきなのであろうか。これこそ、将来の分権改革に託された究極の検討課題であろう。」[72]

---

72) 地方分権推進委員会最終報告（2001 年 6 月 14 日）。引用箇所は国立国会図書館電子アーカイブに掲載の全文（http://warp.ndl.go.jp/info:ndljp/pid/8313852/www8.cao.go.jp/bunken/bunken-iinkai/saisyu/index.html　最終閲覧 2018 年 9 月 27 日）によった。

# 終　章

# I

i. 地方自治に対する制度的保障は、各地方自治体が個別に自治行政を行い得るための権利を保障の対象とするものではなく、一定の自治権限を有する地方自治体が存在するという事実それ自体を客観的に保障することを内容とするものである。この制度的保障の規範の名宛人は立法者である。立法者は、制度的保障によって課される上限を踰越する立法については、地方自治制度の核心を侵すものとして絶対的にこれを禁止される。一方、制度的保障によって要請される下限を下回る立法を行わない限りは、地方自治制度の周辺部分の形成については一定の裁量を認められる。

ii. 地方自治の保障は、地方自治体の全権限性と自己責任を要素とする。そのため、一定の地域的基盤を有する地方自治体に対して、地域的事項に関する事務権限が配分されていることが、地方自治の保障の対象である。この垂直的権限配分及びその配分の合理性は、制度的に保障された地方自治の核心部分である。

iii. 財源なき権限は行使し得ないため、地方自治の制度的保障は、財源の手当なき権限の押しつけによっても侵害され得る。自治体財政は地方自治の一局面である以上、立法によって形成されるものであり、それゆえにいかなる財政権限と財源を地方自治体に与えるかは、立法者の裁量に服する。憲法による地方自治の制度的保障の一局面として自治体財政を保護する意味は、この立法者の裁量を画することにある。

iv. 自治体財政に対する憲法的保護は、立法者に財政上の裁量があることを前提としつつ、その裁量統制の枠組みを通じて実現される。自治体財政の憲法的保護は地方自治に対する制度的保障の局面の1つであり、かつ財源は権限の行使を裏付けるものであることから、自治体財政の保障は垂直的権限配分を基準として判断される。地方自治体が財政的理由によって全くその権限を行使し得なくすることは、自治体財政の憲法的保護の上限に触れるが、地方自治体に一定の自治体財政権があることを前提とした財源の付与の如何は、自治体財政の憲法的保護の下限の問題となる。

v. ドイツ連邦国家は、連邦制と地方自治制の二層構造によって成立する。連邦制と地方自治制は、垂直的権限配分の制度である点が共通するが、連邦

制は連邦とラントの双方が対等な国家高権を有することを前提として立法権・行政権・司法権及びそれに相当する財源を配分する制度であるのに対して、地方自治制はラントとその内部に設置される地域団体である地方自治体との非対等関係を前提とし、ラントの法に従って地方自治体が権限及び財源を配分される制度である点が異なる。近年の道州制論議を含め、我が国の地方制度との比較に親しむのは、各ラントにおいて実施されている地方自治制である。

vi. ドイツにおける地方自治は、原則として各ラントが、その内部の地方自治体との関係においてラント法によって規律する事項である。従って、地方自治を保障する憲法条項の名宛人は、ラント立法者である。地方自治及び自治体財政の制度形成の如何と侵害の有無は、ラント立法者に憲法の制限の範囲内で許されている裁量との関係で検討される。基本法の規定は、その条項の趣旨の上で地方自治体を対象とし、又は連邦領域全体に基本法による統一的な規律をなすことを目的とする規定でない限り、地方自治制には直接又は間接に適用若しくは準用されることはない。

## II

vii. 財政上の問題領域は、規範的に存在する法的な問題領域とは異なって、実際の財貨の使用可能性に制約を受ける事実上の問題であり、財政に対する法的統制に当たってはその問題領域の違いに留意する必要がある。自治体財政に関する限りでは、それが補完性原理に基づく地方自治体の資源配分調整機能を保障するという意味において、両者の問題領域は重なっており、自治体財政における財源配分は、法的問題の観点から検討することが可能である。

viii. 自治体財政を規律する憲法規定には、地方自治・自治体財政の保障が特定の制度や原理を明文上伴う形で規定される詳細型と、特定の制度や原理等の明文の要請を欠く簡素型の2種類がある。簡素型には特定の制度に依拠した立法者の形成の余地を追求しにくい弱みはあるが、垂直的権限配分とそれに伴う財源の要求は地方自治に普遍的な内容であるため、立法者による垂直的権限配分の内容形成に伴う財政責任を追求し得る根拠となる点に

違いはない。

ix. 自治体財政調整制度は、垂直的権限配分を規律する公法上の制度としての側面と、地方自治体の財政活動を保障する財政制度としての側面の両面を持つ。自治体財政調整自体はいかなる権限配分をなし、又はいかなる財源を配分するかの要請を含み持つものではなく、憲法が要請する垂直的権限配分及びそれに応じた財源の配分を実現するための手段概念であり、それ自体は制度的保障の対象となる制度そのものではなく、地方自治の制度的保障を実現するための手段である。したがって、自治体財政調整制度の形成に当たっては、憲法の垂直的権限配分の要請と、財政憲法原理が反映されているかどうかを問題とし得る。

x. 自治体財政を争点化する場合、地方自治体の立場から自治体財政権がいかなる内容を有し保護を導き得るかの観点を立てる方法と、立法者の立場から自治体財政に対する形成の余地の逸脱があるか否かの観点を立てる方法がある。自治体財政に対する憲法的保護が立法者の財政上の裁量を前提とする以上、特定の制度に関する立法者の形成の余地を問題として争点化を行う必要がある。形成の余地を問題とする以上は一定の制度を立法者の判断について争うための媒介項とする必要があるが、財政調整制度は垂直的権限配分を基礎付け、かつ地方自治体の財源を保障する制度であることから、権限配分と財源保障の両面に関する形成の余地を問題となし得る点において、自治体財政を争点化する場合の媒介項として機能する。

xi. 自治体財政調整制度は、憲法による地方自治体への権限と財源の配分を実現するための制度であるため、一般的な法治国原理の枠の中において形成される。ただし、権限と財源の配分に関わる制度の形成については、基本権と同様に比例原則や恣意の禁止が妥当するのではなく、国家内部における権限関係の均整と経済の均衡を保持するために必要な範囲での「過剰の禁止」のみが制約原理として作用する。この過剰の禁止は、過度平準化の禁止や補塡の公平として具体化され、自治体財政調整に一般的に妥当する。

xii. 国と地方自治体との財政関係は、権限配分に対応し、国からの委任による事務に関する財政保障の場面と、自治体固有の事務に関する財政自律の場面とに分類される。自治体財政調整は、この権限配分による事務の分類に

対応して、財政自律の確保のための最少供与保障と、財政保障の確保のための適正供与保障の機能を持つ。この適正供与保障と最少供与保障の機能は、自治体財政調整制度の二本柱として、権限の配分に応じた自治体財政の保障に作用する。

## III

xiii. 委任事務領域における適正供与保障を支配する財政憲法原理は、牽連性原理である。この原理は、権限と財源の乖離の匡正に作用するものであり、本来的には事務の委任とそれに必要とされる財源の随伴を要求するものである。この原理は、垂直的権限配分関係における権限配分の過剰の禁止として機能する。牽連性原理は、ラント立法者が費用補塡の定めをすることによってのみ事務の委任を可能にする防御的効力と、そこから派生して生ずる、ラント立法者の事務の委任における説明責任を要請する予防的効力を内容とする。

xiv. 牽連性原理を規定する憲法規定には、事務の委任と財源の随伴性に関する規定の形式によって、概括的牽連性原理・抽象的牽連性原理・厳格な牽連性原理のバリエーションがある。自治体財政調整における牽連性原理は、権限と財源の配分が行われる場合に普遍的に妥当する財政憲法原理であるため、規定形式によって権限と財源の随伴を要請する効力に影響はないが、具体的に捕捉できる立法者の財政責任の範囲は変化し得る。

xv. 牽連性原理に則って確保される財源の適正性は、補塡費用額算定における透明性と追証可能性を確保することによって実現される。ただし、費用の算定は立法者の広い裁量の余地に服するため、その算定の適正を実現するための手続的保障として、立法による算定基準の明確化、地方自治体代表の参加・協議の機会の確保及び自治体憲法異議の制度が、憲法及び憲法附属法律によって設定される。

## IV

xvi. 最少供与保障とは、地方自治体に固有事務の執行を可能にし、財政力を維持させるために立法者が行う財政保障である。適正供与保障とは異なる意

味での適正性は問題となるが、権限に依拠せずに一般的な財政調整として行われ、及び権限に依拠しないために地方自治体の財政状況や地方自治体間の関係における公平を考慮に入れて行われる特質を有している点が異なる。

xvii. 固有事務の権限は、地方自治体の自己責任の中核的要素であり、その財源に関する最少供与保障は、原則として地方自治体自らの財政努力によって確保されるべきものである。それゆえ、最少供与保障の実現に関しては立法者にそれを行うか否かをも含めて広い裁量の余地があり、またラントの財政供与能力の限界に服する。

xviii. 最少供与保障の要請は、国の事務と地方自治体の事務の等価性を前提とし、国の事務の過剰によって地方自治体の自己の事務のための財政基盤が掘り崩されることを禁止する。ただし、この過剰の禁止は垂直的権限配分と任意の財源保障に関する追証可能性・透明性を要請するにとどまるものであり、抽象化された形での恣意の禁止を内容とするものに過ぎない。

xix. いわゆる「自由な先端」は、国の事務の過剰を制限し、最少供与保障の下限を画する規準としては機能しない。「自由な先端」の内容である財源留保率を決定することは、最少供与保障が持つ自主財源確保の機能に矛盾し、却って立法者の恣意による目的財源化を惹起する恐れがあるからである。

## V

xx. 地方自治体の財政高権の保障について、憲法保障の形式に応じて、明文上直接かつ具体的に保障される具体的保障型と、明文上直接に具体化されてはいないものの制度的保障の対象となる一般的保障型に区分けした場合、国からの委任事務又は指図を伴う事務に関する適正供与保障と、地方自治体の固有の事務に関する最少供与保障とは、そのいずれも後者に含まれる。

xxi. 一般的保障型に属する適正供与保障について、国の財源の不交付等による介入があった場合に、その介入の審査基準として機能するのは、牽連性原理である。牽連性原理は、それ自体が防御的効力を有しており、任務に対応した適正な財源配分に関する原則交付・例外不交付関係を規範的に導出することが可能であるため、比例原則の適用とは並立することはない。

xxii. 一般的保障型に属する最少供与保障について、国の財源の不交付及び地方自治体の収入不足による介入があった場合に、比例原則はその介入の審査基準として機能する余地がある。ただし、基本法やラント憲法によって保障される自治体財政を完全に廃止し、又は実質的に機能し得ない状態に置くことは、立法者にとっては極めて困難であること、財源の確保の方途については立法裁量が作用することから、その統制密度は極端に低下する。

xxiii. 自治体財政の制度的保障の構造上、核心領域に属するとされる固有事務財源への介入の審査基準が比例原則であるのに対して、周辺領域に属するとされる委任事務財源への介入の審査基準はそれより厳格な牽連性原理であるという逆転現象が生じる原因は、立法者が地方自治体の最少供与保障について、財政調整の措置を執るか、あるいは他の財源の手当の方途を定めるかという手段裁量を含め、極めて広汎な裁量を持つことになるからである。

## VI

xxiv. 日本国憲法の自治体財政保障規定は、簡素型かつ概括的牽連性原理の規定であるが、法律による事務権限の委譲の場合に財源が随伴するという原則と、立法者がその財源に配慮しなければならない義務を負うことを明らかにすることは可能である。近年、特に三位一体の改革及び地域主権改革に伴って「国と地方の協議の場」が設定され、また直轄事業負担金改革が立法として結実したことは、その現れの1つであると評価し得る。

xxv. 日本国憲法の下において、自治体財政保障を求める訴訟は制度上の制約から低調であるが、自治体財政保障の二本柱に即した争点提起は可能である。制度的保障の枠内において、地方自治体個々の具体的な自治権の主張を立てることがほぼ不可能である以上、自らの自治権の内容をむやみに切り出すことをせず、国の介入し得る範囲とそうでない範囲を明らかにし、いわば影絵のように自治体財政権の内容を浮かび上がらせる争点提起の方法を模索する必要がある。

## あとがき

　本書の基となった研究を始めてから今まで、憲法の研究をしていると自己紹介をした後に、主たる研究領域は財政と地方自治だと続けると、怪訝な顔をされることが少なくなかった。地方公共団体を訪問して財政状況を調査すれば、財政学ではなく憲法学を専攻していることの理由を質されたこともある。ある財政学の専門家に研究の内容を話したところ、それは憲法の出る幕ではないというような反応が返ってきたことすらあった。このように、財政憲法という観念それ自体やその機能についての本格的な研究業績が殆ど存在していない中で、現代の地方自治に関する問題点に関する原理的な解明と現実的な処方の両方にこの財政憲法の考え方が機能しうると信じて、研究を行ってきた。理論的な華やかさは望むべくもなく、人の目をひく研究ではないが、国や地方の財政問題がクローズアップされるなかで、徐々に理解を得て、財政憲法の観念や国の起債制限に関する問題も含めて研究成果を公にする機会をいただくようになったことは、本当に幸運なことであったと感じている。

　この研究を進めてくるに当たっては、多くの方々のご指導とご助力をいただいてきた。
　まずお名前を挙げなければならないのは、大学院の指導教授としてご指導下さった小山剛先生である。先生は、学部4年次の授業後に突然弟子入り志願した私をこころよく受け入れて下さり、そんな「押しかけ弟子」である私に、ドイツ語のABCから始まって（よくある喩えであるが、これは喩えではなく事実である）文字通り手取り足取りお教え下さった。地方自治・財政を研究テーマに選んだのも、テーマの選択に悩んでいたときの「君は島根の出身だから地方自治をやりなさい」という先生のご教示の結果に他ならない。憲法学と財政学を並行して処理する能力の足りない私が煩悶しているときは、ときにやんわりと示唆深くご指導下さり、あるときは厳しく叱咤激励して下さった。また、本書がこのような形で公刊されることになったのも、先生の「非常手段」をも行使しての強いお勧めがあったことによる。このように、研究者の端くれとしての今の私と本書があるのは、何から何まで総て先生のお陰のたまものである。心より深く感謝申し上げるとともに、学恩に少しでも報いるために、微力ながら今後とも努力していくことをお誓い申し上げたい。

本書の構想の基本は、大学院在学中にその形をとってきたものであるが、その過程は、慶應義塾大学の諸先生方のご指導に負うところが大きい。小林節先生は、学部のゼミナールの指導教授として、憲法学の基礎を授けて下さった。大沢秀介先生は、研究の方向性や全体構想を常に気にかけて適切なアドバイスをして下さるとともに、怠惰な私に定期的に研究発表の場をお与え下さるなど全面的に研究の後押しをして下さった。駒村圭吾先生は、財政や地方自治の些末な論点に逃げ込もうとする私の姿勢を鋭く指摘なさり、原理原則から考えることの重要性をお示し下さった。

　また、大学院においては、優秀な先輩方からのご指導に触れ、視野を開いていただき、また隘路を脱する手がかりを示していただいたことは数え切れない。小谷順子先生（静岡大学）、新井誠先生（広島大学）、岡田順太先生（白鷗大学）、山本龍彦先生（慶應義塾大学）、柳瀬昇先生（日本大学）、岩切大地先生（立正大学）、大林啓吾先生（千葉大学）、横大道聡先生（慶應義塾大学）には深く感謝申し上げる。また、前任校の後任にあたる手塚崇聡先生（中京大学）、同門である石塚壮太郎先生（北九州市立大学）をはじめ、優秀な後輩にも恵まれ、切磋琢磨する環境に身を置くことができたことは、怠惰かつ非才な私にとって僥倖なことであったと思う。

　日本財政法学会では、折に触れて研究発表の場をお与えいただき、行政法や租税法の先生方からの貴重なご指摘を頂戴し、研究を進展させることができた。また、ドイツ憲法判例研究会では、ドイツ憲法研究としても極めてマイナーな分野を扱っているにもかかわらず、常に的確なご指摘と激励を頂戴することができた。さまざまにご教授をいただいた先生方に御礼を申し上げる。

　また、前任校である中京大学では、檜山幸夫先生（中京大学社会科学研究所所長）はじめ社会科学研究所のスタッフの手厚いご支援を受けて、研究者としての生活をスタートさせることができた。学部時代にお教えいただいた池田眞朗先生（武蔵野大学副学長・法学部長）のお誘いを受けて現任校である武蔵野大学に移ったが、そこでも充実した研究環境をご提供いただいている。心より感謝申し上げたい。

　この研究の遂行に当たっては、国内外の多数の地方公共団体に、訪問又は書面による調査をお受け入れいただいた。能力の問題もあり、その結果を活かしきるに至っていないが、公務ご多忙の中でご協力いただいたご恩は、今後の研究に反映させていきたいと考えている。


　本書の刊行に当たっては、慶應義塾大学出版会の岡田智武氏に多大なるお世話をいただいた。出版助成の申請から編集作業まで、岡田氏の懸命なご尽力がなければ、本書は日の目を見ることがなかったであろう。厚く御礼申し上げる。

本書は、科学研究費補助金「財政健全化の法理と制度形成―ドイツ財政憲法との比較研究」（課題番号 17K13613）及び「自治体財政に対する憲法的保障の構造と地方自治の実現」（課題番号 20830113）の研究成果の一部である。また、本書の基となる研究には、中京大学特定研究助成費及び武蔵野大学しあわせ研究費による支援を受けている。

　本書は公益財団法人末延財団の出版刊行助成を受けて刊行される。ここに記して感謝申し上げる。

　最後に、私事に渡るが、本書を公刊することができた背景には、家族による多大なる支えがあったことを記しておきたい。高校から家を出た私を時には遠くから、時には近くから見守ってくれ、心身両面に渡る支援を惜しまなかった父と母に、心から感謝したい。また、2人の子供を抱えながら夫が不在にしがちの家を守り、帰ってくれば研究が進まず苦悩していた私を理解しつつ支えてくれた妻には、衷心よりありがとうといいたい。

# 関連条文集（抄）

　基本法の他、ラント憲法（地方自治に関する条項を欠くベルリン州及びハンブルク州の憲法を除く）の関係条文を訳出した。ラント憲法の配列は、ラント名（ドイツ語）のアルファベット順となっている。
※　本書の中で改正前の憲法規定が引用されているラントの憲法については、改正前規定を付記した。
※　条文中の〔〕は著者による補記部分であることを示す。
※　基本法の条文は、下記の条文集を底本とした。また、訳語は原則として初宿正典訳『ドイツ連邦共和国基本法―全訳と第62回改正までの全経過』（信山社、2018年）の訳文に依拠し、特にBundesratの訳語については従来の「連邦参議院」ではなく「連邦参議会」としている。
・Grundgesetz GG: mit Menschenrechtskonvention, Verfahrensordnung des Europäischen Gerichtshofs für Menschenrechte, Bundesverfassungsgerichtsgesetz, Parteiengesetz, Untersuchungsausschussgesetz, Gesetz über den Petitionsausschuss, Vertrag über die Europäische Union, Vertrag über Arbeitsweise der Europäischen Union, Charta der Grundrechte der Europäischen Union. 49.Aufl., 2018.
※　各ラント憲法の条文は、下記の条文集を底本とし、脱稿時までに閲覧が可能となっていたラント法律官報に掲載された改正を反映した。
・Verfassungen der deutschen Bundesländer: Mit dem Grundgesetz und den Verfassungsgerichtsgesetzen, 8.Aufl., 2005.
・Verfassungen der deutschen Bundesländer: mit dem Grundgesetz. 9.Aufl., 2009.
・Verfassungen der deutschen Bundesländer: mit dem Grundgesetz. 10.Aufl., 2014.

## ドイツ連邦共和国基本法（1949年5月23日、最終改正2017年7月13日）
### 第20条〔連邦国家、権力分立、社会的法治国家、抵抗権〕
(1)　ドイツ連邦共和国は、民主的かつ社会的な連邦国家である。
(2)　全ての国家権力は、国民（Volk）に由来する。国家権力は、選挙及び投票において国民により、また、立法、執行権及び裁判の個別の諸機関を通じて行使される。
(3)　立法は憲法的秩序に、執行権及び裁判は法律及び法に拘束されている。

### 第28条〔ラント及びゲマインデの合憲的秩序〕
(1)　ラントにおける憲法適合的秩序は、この基本法の趣旨に即した共和制的・民主的及び社会的な法治国家の諸原則に適合していなければならない。ラント、クライス及びゲマインデにおいては、国民は普通・直接・自由・平等及び秘密の選挙に基づいて構成されている議会を有していなければならない。クライス及びゲマインデにおける選挙に際しては、欧州共同体を構成するある国家の国籍を有している者も、欧州共同体法の基準に従って、選挙権及び被選挙権を有する。ゲマインデにおいては、選挙された団体に代わるゲマインデ集会を設けることができる。
(2)　ゲマインデに対しては、法律の範囲内において、地域的共同体の全ての事項を、自己の責任において規律する権利が保障されていなければならない。ゲマインデ連合もまた、その法律上の任務領域の範囲内において、法律の基準に従って、自治権を有する。自治の保障には、財政上の自己責任の基盤も含まれ、税率決定権を有するゲマインデに帰属する経済関連の租税財源もこの基盤の一部を成している。

(3) 連邦は、ラントの憲法適合的秩序が基本権並びに1項及び2項の規定に適合することを保障する。

## 第84条〔官庁の組織及び行政手続、連邦監督〕
(1) ラントがその固有事務として連邦法律を執行する場合には、ラントは、官庁の設置及び行政手続について規律する。連邦法律に何らかの特段の定めのあるときは、ラントはこれと異なった規律をすることができる。……。連邦法律によって、ゲマインデ及びゲマインデ連合に任務を委譲することはできない。

## 第85条〔連邦の委託による行政〕
(1) ラントが連邦の委託を受けて連邦法律を執行する場合において、連邦参議会の同意を得た連邦法律が特別の定めをしている場合を除いては、官庁の組織を定めることは、ラントの事務である。連邦法律によって、ゲマインデ及びゲマインデ連合に任務を委譲することはできない。

## 第104a条〔連邦とラントとの経費負担、財政援助〕
(1) 連邦及びラントは、この基本法に特別の定めのある場合を除いて、その任務を引き受けることにより生ずる経費を別々に負担する。
(2) ラントが連邦の委託によって行動するときは、それによって生ずる経費は連邦が負担する。
(5) 連邦及びラントは、その官庁において生ずる行政経費を負担し、かつ、秩序ある行政について連邦もラントも相応にその責任を負う。詳細は、連邦参議会の同意を必要とする連邦法律によって、これを定める。

## 第104b条〔連邦による財政援助〕
(1) 連邦は、この基本法が連邦に立法権限を付与している限度において、ラント及びゲマインデ（ゲマインデ連合）の特別に重要な投資について、ラントに対し、
    1 経済全体の均衡が乱れるのを防止するため、又は
    2 連邦領域において経済力の相違を調整するため、又は
    3 経済成長を促進するために、
必要な財政援助を与えることができる。1文にかかわらず、連邦は、国の統制力を超え国の財政状態を著しく損なうような自然災害〔又はそれに準ずる〕異常な緊急状態の場合には、立法権限がなくても財政援助を与えることができる。
(2) 詳細、とくに援助の対象となる投資の種類については、連邦参議会の同意を必要とする連邦法律により、又は連邦予算法律の根拠に基づく行政協定によって規律する。その連邦法律または行政協定は、財政援助の利用についてのラントのその都度の計画の形成に関する規律を置くことができる。ラントの計画を形成するための規準の確定は、関係するラントと協力してこれを行う。目的に沿った財源の利用を担保するために、連邦政府は報告及び記録の提出を要求し、全ての官庁における調査を実施することができる。この財源は期限付きで交付するものとし、その利用はこれを周期的に審査する。財政援助は、時の経過に応じて毎年の金額を引き下げるものとする。

## 第104c条〔連邦によるゲマインデに対する財政援助〕
連邦は、ラントに対して、財政的に脆弱なゲマインデ（ゲマインデ連合）の全国家的に重要な投資のために、地方の教育インフラの領域における財政援助を与えることができる。第104b条2項及び3項は、これを準用する。（2017年改正により追加）

## 第105条〔関税、専売、租税に関する立法権限〕
(3) 税収入の全部又は一部がラント又はゲマインデ（ゲマインデ連合）に入る租税についての連邦法

律には、連邦参議会の同意を必要とする。

第106条〔税収入の配分〕
(3) 所得税、法人税及び売上税は、所得税の収入が5項によって、及び、売上税の収入が5a項によって、ゲマインデに配分されない限度において、連邦とラントに共同に帰属する（共同租税）。所得税及び法人税の収入については、連邦及びラントがこれを各々半分ずつ取得する。売上税に対する連邦とラントの取得分は、連邦参議会の同意を必要とする連邦法律でこれを確定する。その確定に際しては、次に掲げる諸原則を出発点とするものとする：
 1 経常収入の範囲内においては、連邦とラントはその必要経費の補塡を求める請求権を均しく有する。その際、経費の範囲は、複数年にまたがる財政計画を考慮しつつ、これを調査するものとする。
 2 連邦及びラントの経費補塡の要求は、衡平な調整が得られ、納税義務者の過重な負担が回避され、連邦領域における生活関係の統一性が保持されるように、相互に調整する。

売上税に対する連邦とラントの取得分の確定には、1996年1月以降において子ども〔の数〕の考慮から所得税法上ラントに生じる租税収入減が、付加的に算入される。詳細は、3文による連邦法律がこれを定める。

(4) 売上税に対する連邦とラントの取得分は、連邦とラントとの収支関係が甚だしく変動したときは、これを改めて確定するものとするが、その際には、3項5文によって売上税の取得分の確定において付加的に算入される租税収入減は、引き続き考慮に入れないままとする。連邦法律によってラントが付加的経費を課され、又は、その収入を取り上げられる場合には、超過負担は、それが短期間に限定されているときは、連邦参議会の同意を必要とする連邦法律により、連邦の財政補助割当金をもって調整することもできる。その法律には、この財政補助割当金の算定及びそのラントへの配分に関する諸原則が定められるものとする。

(5) ゲマインデは、所得税収入につき、そのゲマインデの住民の所得税給付の基礎資料に基づいて、諸ラントから、これをゲマインデにさらに再配分することとなる場合には、その取り分を取得する。詳細は、連邦参議会の同意を必要とする連邦法律でこれを定める。その連邦法律には、ゲマインデがゲマインデ取得分に対する税率を確定する旨を規定することができる。

(5a) ゲマインデは、1998年1月1日以降は、売上税の収入の取り分を取得する。この取得分は、場所及び経済に関連する基準率に基づいて、諸ラントからゲマインデにさらに送付される。詳細は、連邦参議会の同意を必要とする連邦法律でこれを定める。

(6) 土地税及び営業税の収入はゲマインデに帰属し、地域的消費税・奢侈税はゲマインデに、又はラントの立法の基準に従ってゲマインデ連合に帰属する。ゲマインデは、法律の範囲内において土地税及び営業税の税率を確定する権利を与えられるものとする。ラント内にゲマインデが存在しないときは、土地税及び営業税並びに地域的消費税・奢侈税の収入は、ラントに帰属する。連邦及びラントは、分担金により、営業税の収入にあずかることができる。分担金に関する詳細は、連邦参議会の同意を必要とする連邦法律でこれを定める。ラントの立法の基準に従って、土地税及び営業税、並びに所得税及び売上税の収入に対するゲマインデの取得分を、割当に関する算定の基礎資料とすることができる。

(7) 共同租税の全収入に対するラントの取得分のうち、ゲマインデ及びゲマインデ連合に対し、全体として、ラントの立法によって定められる百分率が〔収入として〕与えられる。その他の点については、ラントの立法により、ラントの租税の収入がゲマインデ（ゲマインデ連合）の収入となるかどうか、またどの程度その収入となるかについて定める。

(8) 連邦が、個々のラント又はゲマインデ（ゲマインデ連合）において、これらのラント又はゲマインデ（ゲマインデ連合）に経費増又は収入減（特別負担）の直接の原因となるような特別の設備を誘致するときは、連邦は、ラント又はゲマインデ（ゲマインデ連合）にその特別負担をかける

ことを要求することができないとき、及びその限度において、必要な調整〔＝補償〕を与える。その設備の結果としてこれらのラント又はゲマインデ（ゲマインデ連合）に生ずる第三者の補償給付及び財政的利益は、その調整に際して考慮する。

(9) ゲマインデ（ゲマインデ連合）の収入及び支出も、本条の意味におけるラントの収入及び支出とみなす。

## 第 107 条〔ラント間の財政調整〕

(2) 連邦参議会の同意を要する連邦法律によって、諸ラント間の異なる財政力が適当に調整されるよう確保するものとし、その際、ゲマインデ（ゲマインデ連合）の財政力及び財政的需要を考慮するものとする。この目的のために、法律により、売上税の収入に対するラントの取得分の配分に係るその都度の財政力を考慮した増額及び減額を規律するものとする。増額を与え、又は減額分を徴収するための条件並びにこの増額及び減額の率の数値基準は、この法律により規律する。鉱業法に定める採掘料は、その収入の一部についてのみ、〔増額又は減額の規準として〕考慮することができる。この法律はまた、連邦がその資金の中から、給付能力の弱いラントに対して、その一般的な財政上の需要を補塡するための交付金（補充交付金）を与える旨を定めることもできる。交付金は、1 文から 3 文までの規準にかかわらず、給付能力が弱いラントであってゲマインデ（ゲマインデ連合）の担税力が特に低いことを示したものに対しても与えることができ（ゲマインデ担税力対応交付金）、それ以外にも、給付能力が弱いラントであって第 91b 条による助成資金の分担が住民の分担を下回るものに対しても与えることができる。

## 第 108 条〔税財務行政〕

(1) 関税、財政専売、連邦法律で規律された輸入売上税を含む消費税、2009 年 7 月 1 日以降における自動車税及び機械化された交通手段に関わるその他の取引税並びに欧州共同体の域内における課税は、連邦税財務官庁がこれを管理する。これらの官庁の構成は、連邦法律でこれを規律する。中級官庁が設置されているときは、その長は、ラント政府の了解を得てこれを任命する。

(2) その他の租税は、ラント税財務官庁がこれを管理する。……

(3) ラント税財務官庁が、全部又は一部が連邦の収入となる租税を管理するときは、ラント税財務官庁は連邦の委託を受けて活動する。……

(4) ……。ゲマインデ（ゲマインデ連合）のみの収入となる租税については、ラントは、ラント税財務官庁に帰属する管理の全部又は一部をゲマインデ（ゲマインデ連合）に委譲することができる。……

(5) ……ラント税財務官庁によって、及び 4 項 2 文においてゲマインデ（ゲマインデ連合）によって適用されるべき手続は、連邦参議会の同意を得た連邦法律でこれを規律することができる。

(6) 財政裁判権は、連邦法律でこれを統一的に規律する。

(7) 連邦政府は、一般的行政規則を発布することができるが、管理がラント税財務官庁又はゲマインデ（ゲマインデ連合）の義務である限度において、連邦参議会の同意を得てこれを発布することができる。

## 第 109 条〔連邦とラントの財政運営上の原則〕

(1) 連邦及びラントは、その財政運営において独立であって、相互に依存するものではない。

## 第 109a 条〔財政安定化評議会〕

(1) 予算に関わる非常事態を回避するため、連邦参議会の同意を必要とする連邦法律により、次の各号について規律する：

  1 連邦とラントの財政についての、合同委員会（財政安定化評議会）を通じての継続的な監

視
2 予算に関わる非常事態の虞れがある場合を確定するための要件及び手続
3 予算に関わる非常事態を回避するための財政立直しプログラムを立案しこれを遂行するための諸原則。

## 第 115 条〔信用調達・担保引受〕
(1) 起債並びに人的及び物的保証その他の保証の引受けが、将来の会計年度に支出を生じるおそれがある場合には、連邦法律によって、金額を特定した委任又は特定しうる委任を必要とする。
(2) 歳入と歳出は、原則として、起債に基づく収入によることなく〔収支を〕均衡させるものとする。この原則は、起債に基づく収入が名目国内総生産の 0.35％を超えない場合に妥当する。このほか、通常の状況から逸脱した景気の推移に際しては、その予算への影響を好況及び不況のいずれの場合にも均しく考慮に入れるものとする。事実上の借入が 1 文から 3 文までによって許される起債の最高限度を逸脱する場合には、管理会計簿に記録され、名目国内総生産の 1.5％の限界価額を超える負荷は、景気の動向に合わせて還元するものとする。……

## 第 120 条〔占領費及び戦争の結果たる負担〕
(1) 連邦は、占領費の支出、及びその他戦争の結果たる内外の負担に対する費用を、詳細な連邦法律の規定に従って負担する。……。戦争の結果たる負担に対する費用が、連邦法律において〔既に〕規律されておらず、また規律されもせず、それらの費用が、1965 年 10 月 1 日までに、ラント、ゲマインデ（ゲマインデ連合）又は、ラント若しくはゲマインデの任務を担うその他の任務遂行者によって調達されたときは、その限度において、連邦は、この時点以降も、この種の費用を引き受ける義務を課されない。連邦は、失業保険を含む社会保険の負担及び失業者救済の負担に対する補助金を負担する。……

## バーデン・ヴュルテンベルク州憲法（1953 年 11 月 11 日、最終改正 2015 年 12 月 1 日）
### 第 71 条〔地方自治行政〕
(1) ラントは、ゲマインデ、ゲマインデ連合及び目的連合に対して自治の権利を保障する。それらは、法律の範囲内において、自らの事項を自己の責任において処理する。その他の公法上の団体及び施設も、法律で規定する限界の範囲内において同様である。
(2) ゲマインデは、公的な必要に基づいて法律によりその事務が他の官庁に委ねられていない限りにおいて、その領域における公的事務の担い手である。ゲマインデ連合も、その権限の範囲内において、同様である。
(3) ゲマインデ及びゲマインデ連合に対しては、特定の公的事務を処理すべきことを法律によって委任することができる。それに際しては、費用の補塡に関する規律が行われなければならない。この事務の執行がゲマインデ及びゲマインデ連合に更なる負担をもたらすときは、それに適合的な財政調整を行わなければならない。（2008 年改正前の規定）
(3) ゲマインデ及びゲマインデ連合に対しては、法律によって、既存の特定の事務あるいは新たな公的事務の処理が委任される。同時に費用の補塡に関する規律が行われなければならない。これらの事務について、事務の様式若しくは処理のための費用についてラントが原因となって生じる事後的な変更、又は義務的委任事務を指図に従って処理するための費用についてラントの原因によらずに生じる事後的な変更が、ゲマインデ及びゲマインデ連合に本質的な負担の増加をもたらすときは、適合的な財政調整を行わなければならない。2 文及び 3 文は、ラントがゲマインデ及びゲマインデ連合の随意事務を義務的事務に変更し、又は既存の、委任されていない事務の執行について特別の要求を設定するときに準用する。4 項で規定される組合の、費用負担の予測に関

する協議についての詳細は、法律又はラント政府とこれらの組合との協定によって規定され得る。（2008年改正後の規定）
(4) 法律又は規則によって、各ゲマインデ及びゲマインデ連合が関係する一般的な問題が規律される前に、これらの自治体又はその組合は、適時に意見を聴取されなければならない。

第73条〔自治体財政・財政調整〕
(1) ラントは、ゲマインデ及びゲマインデ連合がその事務を遂行することが可能となるように配慮する。
(2) ゲマインデ及びクライスは、固有税及びその他の課徴金を法律の基準に従って徴収する権利を有する。
(3) ゲマインデ及びゲマインデ連合は、ラントの事務に関する配慮に基づいて、税収を配分される。詳細は、法律でこれを規律する。

第75条〔ラントによる監督〕
(1) ラントは、ゲマインデ及びゲマインデ連合の行政の適法性を監督する。……
(2) 国の事務の委任に際して、ラントは、詳細な法律の規定により、指図権限を留保することができる。


バイエルン州憲法（1998年12月15日、最終改正2013年11月11日）
第9条〔州の領域の分轄〕
(1) 国の領域は、行政区域としてのクライスに分轄され、その境界は法律によって設定する。
(2) クライスは県に区分され、クライス直轄市は県と同様の地位を有する。その境界は政府が制定する規則によって定めるが、事前にラント議会の同意を得なければならない。

第10条〔ゲマインデ連合の自治権〕
(1) 自治団体としてのゲマインデ連合が、各クライス及び各県の領域に設置される。
(2) ゲマインデ連合の固有の任務領域は、立法により定められる。
(3) ゲマインデ連合に対しては、法律によって、国の名において遂行すべき事務が委任される。ゲマインデ連合は、この事務をラント官庁の指図に基づいて、若しくは他に定めるところに従って、独立に遂行する。

第11条〔ゲマインデの自治権〕
(1) ラントの各領域は、ゲマインデに分轄される。この例外は、特に定める無人の土地（自治体に属さない領域）である。
(2) ゲマインデは、本来的な公法上の領域的共同体である。ゲマインデは、法律の範囲内において自らの固有の事項を自ら規律し、かつ執行し、特に首長と代表機関を選出する権利を有している。
(3) ゲマインデは、国の名において執行すべき事務を、法律に基づいて委任される。
(4) ゲマインデの自治は、バイエルンにおける下から上への民主主義の構築に仕えるものである。
(5) ゲマインデの自治には、ゲマインデの領域内に居住する全ての市民の政治的権利と義務の平等の基本原則が妥当している。

第83条〔ゲマインデ及びゲマインデ連合の行政〕
(1) ゲマインデに遂行させることが適格であって、かつゲマインデに遂行可能な行政、すなわち地域における交通及び街路・道路の建設、住民への水道提供……は、ゲマインデの固有の任務領域（第11条2項）に属する。

(2) ゲマインデは、それぞれ予算を作成することを義務付けられる。また、公課の徴収によってその財政的需要を充足する権利を有している。
(3) 国が事務をゲマインデに委任するに際しては、同時に必要不可欠な財源の所在が摘示されなければならない。（2003年改正前の規定）
(3) 国が自治体に事務を委任し、国が自治体に固有事務領域としての事務の処理を義務付け、又は、国が既存の若しくは新設の事務の処理について特別の要求をするときは、国は同時に費用の補塡に関する規律をしなければならない。これらの事務の引き受けがゲマインデの財政負担の増加をもたらすときは、それに適合的な財政上の調整を行わなければならない。（2003年改正後の規定）
(4) ゲマインデは、国の監督に服する。ゲマインデの固有事務領域に属する事項については、国は法律上の義務の遂行及びゲマインデによる法律の規定の遵守のみを監視する。委任事務領域に属する事項については、ゲマインデはそれに加えて国の上級官庁の指図に拘束される。国は、ゲマインデの自己の事務の遂行を保障する。
(5) ゲマインデと国の関係における行政上の紛争は、行政裁判所によって決定される。
(6) 2項から5項までの規定は、ゲマインデ連合に準用する。
(7) 自治体の目的連合は、法律又は規則によってゲマインデ及びゲマインデ連合が関係する事項が決定される前に、適時に意見を聴取されなければならない。政府は牽連性原理（第3項）の実施のために、協議手続を自治体の目的連合と協定する。（7項2文は2003年改正によって挿入）

## ブランデンブルク州憲法（1992年8月20日、最終改正2015年5月18日）
### 第97条〔地方自治行政〕
(1) ゲマインデ及びゲマインデ連合は、自治の権利を有する。ラントには、ゲマインデ及びゲマインデ連合に対する監督の権限のみが与えられている。
(2) ゲマインデ及びゲマインデ連合は、その領域内において、この憲法又は法律に基づいて他の官庁が権限を有するものを除き、地域的共同体の全ての事務を遂行する。
(3) ラントは、法律により、ゲマインデ及びゲマインデ連合に対してラントの事務の引き受けを義務付けることができ、その際には同時に費用の負担に関する規律がなされる。事務の委任に関しては、法律の規定により、指図を行う権限がラントに留保される。（1999年改正前の規定）
(3) ラントは、ゲマインデ及びゲマインデ連合に対して、法律によって又は法律の根拠により、ラントの事務を執行することを義務付け、その際には法律の規定により指図を行う権限を留保することができる。ゲマインデ及びゲマインデ連合が法律によって又は法律の根拠により新たな公的事務の執行を義務付けられるときは、同時に費用の補塡に関する定めがなされなければならない。この事務がゲマインデ及びゲマインデ連合に負担の増加をもたらすときは、それに適合的な財政調整が行われなければならない。（1999年改正後の規定）
(4) ゲマインデ及びゲマインデ連合は、それらに直接に関係する一般的な問題が法律又は法規命令によって規定される前に、自治体の目的連合を通じて、適時に意見を聴取される。
(5) 詳細は、法律でこれを規律する。

### 第99条〔ゲマインデの税〕
ゲマインデは、法律の基準に従って自ら税源を獲得し、その事務の処理に充てる権利を有する。ラントは財政調整によって、ゲマインデ及びゲマインデ連合がその事務を処理できるように配慮する。財政調整の枠内において、ゲマインデ及びゲマインデ連合に対してラントの租税収入を適切に配分する。

## ブレーメン州憲法（1947年10月21日、最終改正2015年1月27日）

### 第143条〔ブレーメン及びブレーマーハーフェン〕
(1) ブレーメン市及びブレーマーハーフェン市は、各々がそれ自体でブレーメン州のゲマインデとして成立する。
(2) 自由ハンザ都市ブレーメンは、ブレーメン市及びブレーマーハーフェン市を包括する高次の秩序に基づいたゲマインデ連合として成立する。

### 第144条〔自治〕
ゲマインデは、公法上の地域団体である。ゲマインデは、自主的にゲマインデ構成条規（Gemeindeverfassung）を制定する権利を有し、法律の制限内において自治の権利を有する。

### 第145条〔ゲマインデ構成条規及び区代表部〕
(1) ゲマインデ構成条規は、ゲマインデによって自律的に制定される。〔ラントの〕法律によって、ゲマインデ構成条規のための原則が定められうる。
(2) ゲマインデは、その特定の区域、特にブレーメン市における飛地区域の地域的事項の運営のために、ゲマインデの条規（Gemeindegesetz）によって、地域において選出される区代表部を設置することができる。

### 第146条〔財政事項〕
(1) ゲマインデの財政については、第102条〔財政負担義務の範囲〕、第131条〔財政計画〕、第131a条〔起債〕、第131b条〔起債制限〕、第132条〔予算法律の効力〕、第132a条〔臨時的支出〕及び第133条〔決算〕を準用する。第131a条1項及び第131b条に定める義務の履行のために、ゲマインデはその自治の枠内において任務に適合的な財源の確保に努めるものとする。
(2) ラントは、ブレーメン市及びブレーマーハーフェン市に対して、それらの事務の遂行のために適切な財源を、その財政供与能力の範囲内において保障する。ラントがブレーメン市及びブレーマーハーフェン市に対して事務を委任し、又は既存若しくは新規の事務の遂行に当たって特別な要求をなしたときは、同時に費用の補填に関する定めがなされなければならない。これらの事務の引受けがゲマインデの負担の増加をもたらすときは、財政上の調整を行わなければならない。詳細は、法律でこれを規律する。

### 第147条〔監督〕
(1) 参事会〔＝ラント政府〕は、ゲマインデに対する監督を行う。
(2) 監督は、行政運営の法律適合性の確保に制限される。

### 第148条〔ゲマインデたるブレーメン市の機関〕
(1) ゲマインデたるブレーメン市が第145条により〔ブレーメン市の〕条規で別に定めない限りにおいて、市会及び参事会は、ゲマインデたるブレーメン市の条規上の機関となる。この場合におけるゲマインデたるブレーメン市の行政については、この憲法の住民投票、ラント議会及び参事会に関する規定並びに第42条4項〔自由ハンザ都市ブレーメンの共有財産の処分〕が準用され、第87条2項1文〔住民建議〕については、〔建議に必要な住民数〕5000人に代えて4000人とする基準が妥当する。市会は、議会選挙のブレーメン選挙区においてブレーメン市の選挙人から選出された議員によって構成する。
(2) ラント議会の議長は、市会が別に定めない限りにおいて、同時に市会の議長となる。市会におけるその権限は、議長がブレーメン市の選挙人によってラント議会に選出された者でないときは、議長団の指導のみに制限される。その他の〔ラント議会〕役員会の構成員についても、これと同

様である。

#### 第149条〔行政分担〕
法律によって、ゲマインデのある特定の行政項目が国〔＝ラント〕の官庁によって、また国のある特定の行政項目がゲマインデの官庁によって遂行されるべきことを規定し、またそのためにいずれが費用を支払うべきであるかを定めることができる。

## ヘッセン州憲法（1946年12月1日、最終改正2011年4月29日）
#### 第137条〔地方自治行政〕
(1) ゲマインデは、その領域内において、自己の責任に基づいて地域における全ての公行政を担う。ゲマインデは、緊急の公的な必要に基づいて、法律の明文の規定によりその事務が排他的に他の官庁に配分されない限りにおいて、全ての公的事務を引き受けることができる。
(2) ゲマインデ連合は、法律により認められた範囲内において、〔ゲマインデと〕等しい地位を有する。
(3) ゲマインデ及びゲマインデ連合の、自己の事項に関する自治の権利は、国により保障される。国の監督は、それらの行政が法律と一致して行われることを確保する限りに制限される。
(4) ゲマインデ及びゲマインデ連合又はそれらの首長に対しては、法律又は規則により、国の事務を指図に従って執行すべきことが委任される。
(5) 国はゲマインデ及びゲマインデ連合に対して、それらの自己の事項及び委任による事項の遂行に必要な財源を、負担調整又は財政調整によって確保させなければならない。また、ラントはゲマインデ及びゲマインデ連合に対して、それらの随意的公的事務を自らの責任に基づいて執行するための財政収入を確保させなければならない。
(6) ゲマインデ及びゲマインデ連合が、国の法律又は規則によって国の事務を義務付けられるときは、費用の負担に関する定めをしなければならない。新たな事務の委任又は特定の自己の事務若しくは委任事務の変更が、ゲマインデ又はゲマインデ連合に負担の増加若しくは減少をもたらすときは、それに適合的な調整を行うものとする。詳細は、法律でこれを規律する。

## メクレンブルク・フォアポンメルン州憲法（1993年4月30日、最終改正2016年7月14日）
#### 第72条〔地方自治行政〕
(1) ゲマインデは、その領域内において、地域的共同体の全ての事項を、法律の範囲内で自らの責任に基づいて規律することを認められ、かつその供与能力の範囲内において義務付けられている。クライスは、法律の規準による法律上の任務領域の範囲内において、自治の権利を有する。
(3) ゲマインデ及びクライスは、法律により又は法律の根拠に基づく法規命令により、特定の公的事務を執行することを義務付けられる。この事務の執行がゲマインデ及びゲマインデ連合に負担の増加をもたらすときは、適合的な財政調整が行われなければならない。
(4) ラントによる監督は、法律の遵守と委任された事項が指図に従って執行されていることを確保する。
(5) 詳細は、法律でこれを規律する。

#### 第73条〔財政保障〕
(1) 事務の執行に充てるために、ゲマインデに対しては、物品税収入及びラント法律の規準によるラント税からの配分を与える。ラントは、ゲマインデ及びクライスに対してその固有税源を指摘することを義務付けられる。
(2) 税収の低いゲマインデ及びクライスの供与能力を保持し、又は支出を伴う例外的な負担を調整す

るために、ラントは財政調整によって必要な財源を確保させる。

第74条〔財政の運営〕
　ゲマインデ及びクライスは、その財政を、法律の範囲内において自らの責任で運営する。

## ニーダーザクセン州憲法（1993年5月19日、最終改正2011年6月30日）
### 第57条〔自治行政〕
(1)　ゲマインデ及びラントクライス並びにその他の公法上の団体は、法律の範囲内において、自らの事項を自己の責任に基づいて処理する。
(3)　ゲマインデは、その領域内において、法律が明文で他の定めをしていない限りにおける全ての公的事務の排他的な担い手である。
(4)　ゲマインデ及びラントクライス並びにその他の公法上の団体に対しては、法律によって国の事務を指図に従って執行すべきことを委任することができる。それに際しては、同時に費用の負担に関する定めがなされなければならない。（2006年改正前の規定）
(4)　ゲマインデ及びラントクライス並びにその他の地方団体に対しては、法律又は法律の根拠に基づく規則によって、自己の責任において処理されるべき義務的事務を配分し、又は指図に従って処理されるべき国の事務を委任することができる。1文に定める規定を原因として生じる相当かつ必須の費用については、遅滞なく法律に基づいて、適合的な財政調整によってこれを規律しなければならない。1文に定める規定の変更によって、費用に相当の上昇が発生するときは、財政調整によって適切に調整されるものとし、費用の下落の場合にも適切に調整される。2006年1月1日より前に交付された、1文の規定による財政調整は従前の法によるが、事務の移転の場合には3文が無条件に妥当するものとし、その他の場合は費用の下落の場合においては適用がないという基準によるものとする。1文はその他の公法上の団体が事務を配分され、又は委任される限りにおいて、遅滞なく費用の補填に関する規定がなされているときに準用する。（2006年改正後の規定）
(5)　ラントは、法律の遵守と委託事項が指図に従って執行されていることを、その監督によって確保する。
(6)　法律又は規則によって、ゲマインデ及びゲマインデ連合に直接の関係を有する一般的な問題が規律される前に、自治体の目的連合は意見を聴取されなければならない。（1997年改正によって追加）

### 第58条〔ゲマインデ及びラントクライスの財政〕
　ラントは、ゲマインデ及びラントクライスに対して、その固有税源の摘示や、ラントの財政供与能力の範囲における自治体間財政調整を通じて、その事務遂行に必要とする財源を確保させる義務を負う。

## ノルトライン・ヴェストファーレン州憲法（1950年6月28日、最終改正2016年10月25日）
### 第78条〔地方自治行政〕
(1)　ゲマインデ及びゲマインデ連合は、その独自の機関によって自治行政を行う権利を有する地域団体である。（2016年改正前の規定）
(1)　ゲマインデ及びゲマインデ連合は、その独自の機関によって自治行政を行う権利を有する地域団体である。ゲマインデの議会、区の代表部、クライスの議会及びルール地域組合の組合集会は、普通、平等、直接、秘密並びに自由選挙を保障される。ゲマインデの議会、区の代表部、クライ

スの議会及びルール地域組合の組合集会において議席配分の決定の基準となる候補者名簿は、有効投票総数の少なくとも 2.5％の得票を得たときに限ってのみ有効となる。詳細は法律で定める。（2016 年改正後の規定）
(2) ゲマインデ及びゲマインデ連合は、法律が他に定めない限りにおいて、その領域内における公行政の排他的な担い手である。
(3) ラントは、ゲマインデ及びゲマインデ連合に対して、法律で定めるところにより特定の公的事務を委譲して、執行を義務付けることができる。それに際して、同時に費用負担の定めがなされなければならない。（2004 年改正前の規定）
(3) ラントは、ゲマインデ及びゲマインデ連合に対して、法律又は規則によって、特定の公的事務を引き受けて処理することを義務付けることができ、それに際しては同時に費用の負担に関する定めがなされる。新たな若しくは委譲された特定の事務が、それを義務付けられたゲマインデ及びゲマインデ連合に本質的な負担をもたらすときは、法律又は規則によって、費用負担結果の評価に基づき、発生した負担に必要な平均的費用のために、適合的な財政調整を行うものとする。補充費用は、総額で支給される。事後的に費用負担調査における本質的な誤差が認められたときは、財政調整を将来に向けて対応させる。2 文から 4 文までの詳細は法律で定めるが、その中で費用負担調査の基本原則を定め、また自治体目的連合の参加に関して規律しなければならない。（2004 年改正後の規定）
(4) ラントは、ゲマインデ及びゲマインデ連合の行政の法律適合性を監視する。ラントは、義務的事務に関しては、配分権及び監督権を法律の規定による限りに留保することができる。

### 第 79 条〔ゲマインデの租税・財政調整〕

ゲマインデは、その自己の事務の実施に充てるために固有税源を摘示する権利を有する。ラントは、この要請を立法に際して考慮に入れ、かつ、その財政供与能力の枠内におけるゲマインデ間の財政調整を保障することを義務付けられる。

## ラインラント・プファルツ州憲法（1947 年 5 月 18 日、最終改正 2015 年 5 月 8 日）
### 第 49 条〔地方自治行政〕
(1) ゲマインデは、その領域内において、自己の責任に基づいて、全ての地域的公行政を排他的に担う。
(2) ゲマインデ連合は、法律上のその権限の枠内において〔ゲマインデと〕同様の地位を有する。
(3) 自己の事項に関する自治行政の権利は、ゲマインデ及びゲマインデ連合に対して保障される。国の監督は、それらの行政が法律と一致して行われることを確保する限りに制限される。
(4) 指図に従って処理されるべき国家の事務が、法律又は規則によって、ゲマインデ及びゲマインデ連合又はそれらの首長に委任される。法律又は法規命令によって、義務的自治事務もまた、ゲマインデ及びゲマインデ連合に委任される。
(5) 4 項によってラントがゲマインデ及びゲマインデ連合に対して公的事務の執行を委任し、又は既存ないし新規の事務の執行を特に要求した場合には、ラントは同時に費用の負担に関する定めをしなければならない。財政支出の義務を命じる場合も同様である。これらの事務及び義務がゲマインデ及びゲマインデ連合に追加的負担をもたらすときは、適合的な財政調整を行わなければならない。詳細は法律でこれを規律する。
(6) ラントはゲマインデ及びゲマインデ連合に対して、自己の事務及び委任事務の執行に必要な財源をも、負担調整又は財政調整の方法によって、保障しなければならない。また、随意的な公的活動を自己の責任に基づいて行うための収入源を確保させなければならない。

**ザールラント州憲法（1947 年 12 月 15 日、最終改正 2016 年 7 月 13 日）**
**第 117 条〔ゲマインデの行政〕**
(1) ゲマインデは、国の内部に組織され、地域的共同体内で生活する個人から成る公共団体である。
(2) 住民の福祉を促進するために、ゲマインデは地域的共同体の全ての公的事務を、公的な必要に基づき法律によってその事務が他の官庁に委ねられていない限りにおいて、遂行する。
(3) ゲマインデは、その事項を法律の範囲内において、自らの責任に基づいて規律する。

**第 118 条〔ゲマインデ連合の行政〕**
　ゲマインデ連合は、法律によって認められたその事項領域の枠内において、法律の規準に従って、自治の権利を有する。

**第 119 条〔地方自治行政〕**
(1) ゲマインデ及びゲマインデ連合は、その財務及び財政を、法律の枠内において、自らの責任に基づいて運営する。それらは租税及びその他の課徴金を、法律の基準にしたがって徴収する権利を有する。
(2) ラントは、ゲマインデ及びゲマインデ連合に対して、それらの事務の遂行に適切な財源供与を、立法により保障する。自治体財政調整も、この目的に仕えるものである。

**第 120 条〔国の委託行政〕（2016 年改正前の規定）**
(1) 形式的意味における法律によって、ゲマインデ及びゲマインデ連合に対して、国の事務の遂行が委任される。それに際しては費用の負担に関する定めをしなければならない。ラントは、ゲマインデ及びゲマインデ連合に対して委任事務の遂行に必要な財源を補填する。
(2) 従前は〔ゲマインデ及びゲマインデ連合が〕自ら執行していた事務の遂行を、ゲマインデ及びゲマインデ連合に対して、ラントが法律によって義務とする場合にも、〔1 項と〕同様である。

**第 120 条〔国の委託行政〕（2016 年改正後の規定）**
　ラントは、ゲマインデ及びゲマインデ連合に対して、法律又は規則によって、特定の公的事務を引き受けて処理することを義務付けることができ、それに際しては同時に費用の負担に関する定めがなされる。新たな若しくは委譲された特定の事務が、それを義務付けられたゲマインデ及びゲマインデ連合に本質的な負担をもたらすときは、法律又は規則によって、費用負担結果の評価に基づき、発生した負担に必要な平均的費用のために、適合的な財政調整を行わなければならない。補填費用は、総額で支給される。事後的に費用負担調査における本質的な誤差が認められたときは、財政調整を将来に向けて対応させる。2 文から 4 文までの詳細は法律で定めるが、その中で費用負担調査の基本原則を定め、また地方自治体の目的連合の参加に関して規律しなければならない。

**第 122 条〔監督〕**
　ゲマインデ及びゲマインデ連合は、国の監督に服する。自治事務に関しては、監督は適法性の確保に関する限りに制限される。

**第 124 条〔意見聴取〕**
　法律又は規則によって、ゲマインデ及びゲマインデ連合に直接の関係を有する一般的な問題が規律される前に、自治体の目的連合は意見を聴取されなければならない。

## ザクセン州憲法（1992年3月27日・最終改正2013年7月11日）

### 第82条〔行政の主体〕

(2) 自治の担い手は、ゲマインデ、ラントクライスとその他のゲマインデ連合である。それらに対しては、それらの自らの事項を、法律の枠内でそれらの自己の責任に基づいて規律する権利が保障される。

### 第84条〔地方自治行政〕

(1) ゲマインデは、公的な必要に基づいて法律によりその事務が他の官庁に委ねられていない限りにおいて、その領域内における公的事務の担い手である。ゲマインデ連合はその権限の範囲内において、〔ゲマインデと〕同様の地位を有する。
(2) 法律又は法規命令によって、ゲマインデ及びゲマインデ連合に関係する一般的な問題が規律される前に、それら又はそれらの連合は適時に意見を聴取されなければならない。

### 第85条〔公的事務の委任〕

(1) 地方における自治の担い手に対しては、確実にかつ目的に従って遂行し得る場合に、法律によって、特定の事務の処理が委任される。
(2) 事務の委任が、地方における自治の担い手に負担の増加をもたらすときは、それに適合的な財政調整が行われなければならない。
(3) 公的事務の委任に際して、国は、詳細な法律の規定により、その指図権限を留保することができる。

### 第87条〔財政・財政調整〕

(1) 国は、地方における自治の担い手が、自らの事務を遂行することができるように配慮する。
(2) ゲマインデ及びラントクライスは、固有税及びその他の課徴金を、法律の基準に従って徴収する権利を有する。
(3) ゲマインデ及びラントクライスは、〔それらが処理する〕国の事務に対する考慮に基づいて、自治体間財政調整の枠内において、租税収入を配分される。
(4) 詳細は、法律でこれを規律する。

### 第89条〔国による監督〕

(1) 国は、ゲマインデ、ラントクライス及びその他のゲマインデ連合の行政の法律適合性を監督する。

### 第90条〔自治体憲法異議〕

地方における自治の担い手は、法律が第82条2項又は第84条から第89条までの規定に違反していることの主張を、憲法裁判所に対して提起することができる。

## ザクセン・アンハルト州憲法（1992年7月16日、最終改正2014年12月5日）

### 第87条〔地方自治行政〕

(1) 地方自治体（ゲマインデ及びラントクライス）及びゲマインデ連合は、自らの事項を、法律の範囲内で、自己の責任に基づいて執行する。
(2) 地方自治体は、公的な必要に基づいて法律によりその事務が他の官庁に委ねられていない限りにおいて、その領域内における全ての公的事務を独立して遂行する権利を与えられ、かつ、その供与能力の枠内で義務付けられている。
(3) 地方自治体に対しては、法律によって、自己の責任に基づいて処理すべき義務的事務を割り当てることができ、また、指図に従って処理すべき国の事務が委任される。それに際しては、費用の

負担に関する定めをしなければならない。事務の処理が、地方自治体に負担の増加をもたらすときは、それに適切な財政調整が行われなければならない。
(4) ラントは、法律の遵守と3項による委任された事務が指図に従って執行されていることを、その監督によって確保する。

### 第88条〔自治体財政・財政調整・財政運営と収入高権〕
(1) ラントは、地方自治体がその事務を適切に処理するために必要な財源を確保することができるように配慮する。
(2) 地方自治体間の格差を生じた財政力は、法律の根拠に基づいて適切に調整するものとする。供与能力の弱い地方自治体に対してラントが特に交付金を与え、又は特別の必要財源の調達を行う場合には、自治の権利が保護されなければならない。
(3) 地方自治体は、固有税及びその他の課徴金を、法律の基準に従って徴収する権利を有する。

## シュレスヴィヒ・ホルシュタイン州憲法(全面改正2014年12月2日・最終改正2016年12月19日)
### 第46条〔地方自治行政〕(2014年全面改正前の規定)
(1) ゲマインデは、その領域内における公的事務を、自己の責任に基づいて処理する権利を与えられ、かつ、その供与能力の枠内で義務付けられている。
(2) ゲマインデ連合は、法律上のその権限の範囲内において、〔ゲマインデと〕等しい権利と義務を有する。
(3) ラントは、法律の執行を、その監督によって確保する。詳細は、法律でこれを規律する。
(4) 法律又は法律の根拠に基づく規則によって、ゲマインデ及びゲマインデ連合は特定の公的事務の執行を義務付けられる。

### 第54条〔地方自治行政〕(2014年全面改正後の規定)
(1) ゲマインデは、法律が明文で別に定めない限りにおいて、その領域内における公的事務を自己の責任に基づいて処理する権利を与えられ、かつ、その供与能力の枠内において義務付けられている。
(2) ゲマインデ連合は、法律上のその権限の範囲内において、〔ゲマインデと〕等しい権利と義務を有する。
(3) ラントは、法律の執行を、その監督によって確保する。詳細は、法律でこれを規律する。
(4) 法律又は法律の根拠に基づく規則によって、ゲマインデ及びゲマインデ連合は特定の公的事務の執行を義務付けられる。

### 第55条〔自治体財政〕(2014年全面改正前の第47条、ただし規定に変更なし)
ゲマインデ及びゲマインデ連合は、法律の範囲内において、その財政を自己の責任に基づいて運営する。

### 第56条〔収入高権〕(2014年全面改正前の第48条、ただし規定に変更なし)
事務の遂行に充てるために、ゲマインデ及びゲマインデ連合に対しては、租税法の規準に従って、物品税及びその他の地方税による収入が与えられる。

### 第57条〔自治体財政調整〕(2014年全面改正前の第49条、ただし規定に変更なし)
(1) 租税収入の低いゲマインデ及びゲマインデ連合の供与能力を確保し、及び、財政支出を伴うその他の負担を調整するために、ラントはその財政供与能力の枠内において、ゲマインデ及びゲマインデ連合に対して、自治体間財政調整を通じて自治体に適切な財政保障を行うことによって、財

源を確保させなければならない。
(2) ゲマインデ及びゲマインデ連合が、法律又は法律の根拠に基づく規則によって、特定の公的事務の執行を義務付けられるときは、同時に費用の負担に関する定めがなされなければならない。この事務が、ゲマインデ及びゲマインデ連合に負担の増加をもたらすときは、それに適合的な財政調整が行われなければならない。

## テューリンゲン州憲法（1993年10月25日、最終改正2004年10月11日）
### 第91条〔地方自治行政〕
(1) ゲマインデは、その責任に基づいて、地域的共同体の全ての事項を、法律の範囲内において規律する権利を有する。
(2) これ以外の自治の担い手は、ゲマインデ連合である。ラントは、ゲマインデ連合に対して、自らの事項を法律の枠内において、その責任に基づいて規律する権利を保障する。
(3) ゲマインデ及びゲマインデ連合に対しては、法律の根拠に基づいて指図に従って処理すべき国の事務が委任される。
(4) 法律の根拠に基づいて、ゲマインデ及びゲマインデ連合に関連する一般的な問題が規律される前に、ゲマインデ及びゲマインデ連合又はそれらの組合は、原則として態度表明の機会を与えられるものとする。

### 第93条〔地方自治体の財政〕
(1) ラントは、地方における自治の担い手が、自らの事務を遂行し得るように配慮する。第91条3項による国の事務の委任がゲマインデ及びゲマインデ連合に負担の増加をもたらすときは、適切な財政調整が行われなければならない。
(2) ゲマインデ及びラントクライスは、固有税及びその他の課徴金を、法律の基準に従って徴収する権利を有する。
(3) ゲマインデ及びゲマインデ連合は、〔それらが処理する〕ラントの事務に対する考慮に基づいて、ゲマインデ間財政調整の枠内において、租税収入を配分される。

### 第94条〔ラントの監督〕
ゲマインデ及びゲマインデ連合は、ラントの監督に服する。自治事務に関しては、監督は適法性の確保に関する限りに制限される。

# 参照文献一覧

本書の基となった研究において参照した資料を含めて掲げた。配列は、欧文資料については著者の Nachname（姓）のアルファベット順、和文資料は著者の姓の 50 音順である。
※ 加筆・修正に当たり、重複することとなった制度説明部分の記述の削除や、記述の整理に伴う資料の差し替えを行ったため、本文中の脚注には明示的に引用されていない資料が含まれている。
※ ラント憲法の改正またはラント法律の改正に伴って改訂があった資料については、本文中で検討の対象とした当時の制度について触れたものを掲げており、必ずしも最新の改訂状況を反映しているわけではないことに注意されたい。

Ackermann, Christian: Die Bedeutung der Rechtsprechung des Preußischen Oberverwaltungsgerichts zum Kommunalrecht für unsere heutige Dogmatik, Nomos 2012.
Ammermann, Thomas: Das Konnexitätsprinzip im kommunalen Finanzverfassungsrecht, Nomos 2007.
Baus, Ralf Thomas/ Eppler, Annegret/ Wintermann, Ole: Zur Reform der föderalen Finanzverfassung in Deutschland, Nomos 2008.
Baus, Ralf Thomas/ Fischer, Thomas: Föderalismusreform II, Nomos 2007.
Baus, Ralf Thomas/ Scheller, Henrik/ Hrbek, Rudolf: Der deutsche Föderalismus 2020, Nomos 2009.
Brems, Karen: Die Aufgabenverlagerung des Landes Nordrhein-Westfalen auf die Kommunen und die Frage der Finanzierungsfolgen, Nomos 2006.
Brohm, Winfried = 山下淳（訳）「ドイツ連邦共和国における市町村の独立性」（上）自治研究 62 巻 4 号（1986 年）17 頁以下、（下）自治研究 62 巻 7 号（1986 年）42 頁以下
Broor, Michael: Der Ausgleichmecanismus im kommunalen Finanzausgleich ―Wirkungen am Beispiel der Kreisangehörigen Gemeinden in Hessen, ZKF 2000, S.247ff.
Budäus, Dietrich: Reform des Öffentlichen Haushalts- und Rechnungswesens in Deutschland, DÖV 2006, S.187ff.
Bull, Hans Peter: Kommunale Selbstverwaltung heute ―Idee, Ideologie und Wirklichkeit, DVBl. 2008, S.1ff.
Buscher, Daniel: Der Bundesstaat in Zeiten der Finanzkrise, Duncker&Humblot 2010.
Clemens, Thomas: Kommunale Selbstverwaltung und institutionelle Garantie, NVwZ 1990, S.834ff.
Dombert, Matthias: Zur finanziellen Mindestausstattung von Kommunen, DVBl. 2006, S.1136ff.
Ehlers, Dirk: Die Verfassungsrechtliche Garantie der kommunalen Selbstverwaltung, DVBl. 2000, S.1301ff.
ders: Die Verfassungsrechtliche Garantie der kommunalen Selbstverwaltung, in: Dirk Ehlers/ Walter Krebs (Hrsg.), Grundfragen des Verwaltungsrecht und des Kommunalrechts, 2000, S.59ff.
Engelbrecht, Knut: Schutzschild der Kommunen vor finanzieller Überforderung? ―Das Konnexitätsprinzip des Art.83. Abs.3 BV, BayVBl. 2007, S.164ff.
Engelken, Klaas: Das Konnexitätsprinzip im Landesverfassungsrecht, 2.erweiterte Aufl. Nomos 2012.
Engels, Andreas: Die Verfassungsgarantie kommunaler Selbstverwaltung, Mohr Siebeck 2014.
Eschenbach, Jürgen: Zwischen Rechtswissenschaft und Chaosforschung ―Der kommunale Finanzausgleich in Niedersachsen nach dem Beschluß des Nds.StGH vom 15.August 1995., ZKF 1996, S.242ff.
ders: AusWirkungen der Entscheidung des Nds.StGH zum kommunalen Finanzausgleich vom 25.11.1997. ZKF

1998, S.50ff.

ders: Die Neukonzeption des kommunalen Finanzausgleich in Niedersachsen, ZKF 1999, S.53ff.

Fiedler, Klaus = 市川須美子（訳）「ドイツ連邦共和国における地方自治」自治研究 60 巻 9 号（1984 年）81 頁以下

Geis, Max-Emanuel: „Political question doctorine" im Recht des kommunalen Finanzausgleichs? in :Max-Emanuel Geis/ Dieter Lorenz (Hrsg.), Staat, Kirche, Verwaltung. 2001, S.79ff.

Geske, Otto-Erich: Der bundesstaatliche Finanzausgleich, Verlag Vahren 2001.

Gröpl, Christoph: Finanzautonomie und Finanzverfassung in gestuften Rechtsordnungen, DVBl. 2006, S.1079ff.

Heberlein, Horst: Subsidiarität und kommunale Selbstverwaltung, NVwZ 1995, S.1052ff.

Henneke, Hans-Günter: Finanzrecht in der Reform, in: Hans-Günter Henneke/ Hermann Pünder/ Christian Waldoff (Hrsg.), Recht der Kommunalfinanzen, 2006, S.59ff.

ders: Kommunale Finanzgarantien in Rechtsprechung, in: Hans-Günter Henneke/ Hermann Pünder/ Christian Waldoff (Hrsg.), Recht der Kommunalfinanzen, 2006 S.443ff.

ders: Der kommunale Finanzausgleich, DÖV 1994, S.1ff.

ders: Begrenzt die finanzielle Leistungsfähigkeit des Landes den Anspruch der Kommunen auf eine aufgabenangemessene Finanzausstattung?, DÖV 2008, S.358ff.

ders: Die Kommunen in der Finanzverfassung des Bundes und der Länder, Kommunal- und Schul-Verlag 2008

ders: Jenseits vom Bückeburg: Gesetzgeberische Bindungen und gestaltungsspielraume für den kommunalen Finanzausgleich I., NdsVBl. 1996, S.9ff.

ders: Jenseits vom Bückeburg: Gesetzgeberische Bindungen und gestaltungsspielraume für den kommunalen Finanzausgleich II., NdsVBl. 1998, S.25ff.

ders: Föderalismusreform in Deutschland, Richard Boorberg 2005.

ders: Thür VerfGH schreibt Lehrbuch der Kommunalfinanzausgleichsgesetzgebung, ZG 2006, S.72ff.

Henneke, Hans-Günter/ Pünder, Hermann/ Waldhoff, Christian Recht der Kommunalfinanzen, C.H.Beck 2006.

Hesse, Joachim Jens = 木佐茂男（監訳）「連邦国家における地方政府：西ドイツの事例」『地方自治の世界の潮流』（信山社、1997 年）所収、346 頁

Hesse, Konrad = 阿部照哉（訳）『西ドイツ憲法綱要』（日本評論社、1984 年）

Hufen, Friedhelm: Aufgabenentzug durch Aufgabenüberlastung-Verfassungsrechtliche Grenzen der Überwälzumg kostnintensiver Staatsaufgaben auf die Kommunen, DÖV 1998, S.276ff.

Inhester, Michael: Kommunaler Finanzausgleich im Rahmen der Staatsverfassung, Duncker&Humblot 1998.

Ipsen, Jöln: Niedersächsisches Kommunalrecht, 2.Aufl., Richard Boorberg 2006.

Isensee, Josef: Der Bundesstaat −Bestand und Entwicklung, in : Peter Badura/ Hans Dreier (Hrsg.), Festschrift 50Jahre Bundesverfassungsgericht, 2.Bd., 2001, S.736ff.

Jarass, Hans/ Pieroth, Bodo: Grundgesetz für die Bundesrepublik Deutschland Kommentar, 15.Aufl., C.H.Beck 2016.

Jensen, Henning : Das „Konnexitätsprinzip" in Art. 137 Abs. 6 der Hessischen Verfassung, LKRZ 2009, S.81ff.

Junk, Oliver: Das Konnexitätsprinzip in der Bayerischen Verfassung, P.C.O.-Verlag 2006.

Kirchhof, Ferdinand: Rechtsprechung über Nds.StGH, Urteil vom 25.11.1997., DVBl. 1998, S.185ff.

ders: Gutachten D für den 61. Juristentag, in: Verhandlungen des 61. Deutschen Juristentages Band I, 1996, S.D10ff.

ders: Grundsätze der Finanzverfnssung des vereinten Deutschlands, VVDStRL Bd.52., 1993, S.71ff.

Kloepfer, Michael: Finanzverfassungsrecht: mit Haushaltsverfassungsrecht, C.H.Beck 2014.

Kluth, Winfried: Das kommunale Konnexitätsprinzip der Landesverfassungen, LKV 2009, S.337ff.

ders: Funktionale Selbstverwaltung, Mohr Siebeck 1997.

Knemeyer, Franz-Ludwig: Bayerisches Kommunalrecht, 12.Aufl., Richard Boorberg 2005.

ders = 浦田賢治/高橋洋（訳）「ゲマインデ及びラントクライスの自治権の憲法による保障」比較法雑誌22巻2号（1989年）356頁以下

Knemeyer, Franz-Ludwig/ Wehr, Matthias: Die Garantie der kommunalen Selbstverwaltung nach Art.28 Abs.2 GG in der Rechtsprechung des Bundesverfassungsgericht, Zeitschrift für Verwaltungsrecht und Verwaltungspolitik 2001, S.317ff.

Klepzig, Marion Eva: Die »Schuldenbremse« im Grundgesetz ─Ein Erfolgsmodell?, Mohr Siebeck, 2014.

Lohse, Frank: Kommunale Aufgaben, kommunaler Finanzausgleich und Konnexitätsprinzip, Nomos 2006.

Löwenstein, Karl = 阿部照哉／山川雄己(訳)『現代憲法論：政治権力と統治過程』(有心堂高文社、1986年)

Mager, Ute: Einrichtungsgarantien, Mohr Siebeck 2003.

Mann,Thomas/ Püttner,Günter (Hrsg.): Handbuch der kommunalen Wissenschaft und Praxis Bd.1.,3., völlig neu bearb. Aufl., Springer 2007.

Mainzer, Claudia: Die dogmatische Figur der Einrichtungsgaratie, Nomos 2003.

Mandelartz, Herbert: Die beabsichtgte Einführung des strikten Konnexitätsprinzips in die saarländische Verfassung oder die fehlgeschlagene Verfassungsänderung, ZKF 2000, S.170ff.

Maurer, Hartmut: Staatsrecht I. 6.Aufl., C.H.Beck 2010.

Meder, Theodor: Die Verfassung des Freistaates Bayern, 5.Aufl., Richard Boorberg 2016.

Meffert, Horst/ Müller, Walter: Konnexitätsausführungsgesetz Rheinland-Pfalz, Kommunal- und Schul-Verlag 2008.

Möller, Maik: Subsidiaritätsprinzip und kommunale Selbstverwaltung, Nomos 2009.

Mückl, Stefan: Konnexitätsprinzip der Verfassungsordnung von Bund und Ländern, in: Hans-Günter Henneke/ Hermann Pünder/ Christian Waldoff (Hrsg.), Recht der Kommunalfinanzen, 2006, S.33ff.

ders: Kommunale Selbstverwaltung und aufgabengerechte Finanzausstattung, DÖV 1999, S.850ff.

ders: Finanzverfassungsrechtlicher Schutz der kommunalen Selbstverwaltung, Richard Boorberg 1999.

Müller, Walter/ Meffert, Horst: Wer bestellt, der Bezahlt!, Gemeindehaushalt 2006, S.6ff.

ders: Der kommunale Finanzausgleich in Rheinland-Pfalz, LKRZ 2009, S.290ff.

Niehaus, Michael: Der kommunale Finanzausgleich: die Maßstäbe des Landes Brandenburg, in: Max-Emanuel Geis/ Dieter Lorenz (Hrsg.), Staat, Kirche, Verwaltung, 2001, S.247ff.

ders: Verfassungsrechtlicher Anspruch der Kommunen auf finanzielle Mindestausstattung, LKV 2005, S.1ff.

Noack, Detlev: Reform des Föderalismus in Deutschland, LIT Verlag 2010.

Pielke, Cora: Das Konnexitätsprinzip in der deutschen Finanzverfassung, Verlag Dr. Kovač 2010.

Renzsch, Wolfgang: Finanzverfassung und finanzausgleich :Die Auseinandersetzungen um ihre politische Gestaltung in der Bundesrepublik Deutschland zwischen Währungsreform und deutcher Vereinigung, Dietz Verlag 1994. = 伊藤弘文（訳）『ドイツ財政調整発展史』（九州大学出版会、1999年）

Röhl, Andre: Konnexitätsprinzip und Konsultationsverfahren als Ausdruck kommunaler Selbstverwaltung, Rang Verlag 2006.

Roßmüller, Dietrich: Schutz der kommunalen Finanzausstattung durch Verfahren, Nomos 2009.

Sachs, Michael: Grundgesetz Kommentar, 8.Aufl., C.H.Beck 2017.

Saito, Makoto: Neuere Entwicklungen der örtlichen Selbstverwaltung in Japan und ihrer verfassungsrechtlichen Veränderung, 法学研究81巻12号（2009年）679(1)頁以下

Schliesky, Utz: Gemiendefreundliches Konnexitätsprinzip, DÖV 2001, S.714ff.

Schmidt-Aßmann, Eberhard: Kommunale Selbstverwaltung „nach Rastede" ─Funktion und Dogmatik des Art.28 Abs.2 GG in der neuen Rechtsprechung, in: Everhardt Franssen/ Konrad Redeker/ Otto Schlichter/ Dieter Wilke (Hrsg.), Burger, Richter, Staat. ─Festschrift für Horst Sendler, 1991, S.121ff.

ders: Die Garantie der kommunalen Selbstverwaltung, in: Peter Badura/ Horst Dreier (Hrsg.), Festschrift 50Jahre Bundesverfassungsgericht, 2.Bd., 2001, S.804ff.

ders = 大橋洋一（訳）「ドイツ地方自治の新たな発展」自治研究 74 巻 12 号（1997 年）3 頁以下
Schmitt, Carl: Verfassungslehre, 9.Aufl. Duncker & Humblot 2003. = 尾吹善人（訳）『憲法理論』（創文社、1972 年）
Schoch, Friedrich: Verfassungswidrigkeit des bundesgesetzlichen Durchgriffs auf Kommunen, DVBl. 2007, S.261ff.
ders: Schutz der kommunalen Selbstverwaltung durch das finanzverfassungsrechtliche Konnexitätsprinzip, in: Stefan Brink/ Heinrich Amadeus (Hrsg.), Festschrift für Hans Herbert von Arnim, 2004 S.411ff.
ders: Die Dogmatik zum finanzverfassungsrechtlichen Schutz der kommunalen Selbstverwaltung, in: AKW Bd.39.Heft2, 2000 S.229ff.
ders: Die Finanzverfassungsrechtlichen Grundlagen der kommunalen Selbstverwaltung, in: Dirk Ehlers/ Walter Krebs (Hrsg.), Grundfragen des Verwaltungsrecht und des Kommunalrechts, 2000 S.93ff.
ders: Verfassungsrechtlicher Schutz der kommunalen Finanzautnomie, Richard Boorberg 1997.
ders: Zur Situation der kommunalen Selbstverwaltung nach der Rastede-Entscheidung des Bundesverfassungsgerichts, VerwArch.81, 1990 S.18ff.
Schoch, Friedrich/ Schmidt-Aßmann, Eberhard/Henneke, Hans-Günter, Kommunen in den Föderalismusreformen I und II, Richard Boorberg 2008.
Schoch, Friedrich/ Wielamd, Joachim: Finanzierungsverantwortung für gesetzgeberisch veranlaßte kommunale Aufgaben, Duncker&Humblot 1995.
Schoch, Friedrich/ Wielamd, Joachim: Aufgabenzuständigkeit und Finanzierungsverantwortung verbesserter Kinderbetreuung, Richard Boorberg 2004.
Schwarz, Kyrill-Alexander: Finazverfassung und kommunale Selbstverwaltung, Nomos 1996.
ders: Kommunale Aufgaben und Formenmißbrauch bei Aufgabenübertragung, NVwZ 1997, S.237ff.
ders: Prozedurale Absicherungen der Selbstverwaltungsgarantie, ZKF 2000, S.8ff.
ders: Die finanzielle Ausgestaltung der Selbstverwaltungsgarantie zugleich eine Anmerkung zur Entscheidung des BayVerfGH vom 18.4.1996, ZKF1997, S.26ff.
Selmer, Peter: Zur Reform der bundesstaatlichen Finanzverfassung, NVwZ 2007, S.872ff.
Stern, Klaus: Das Staatsrecht der Bundesrepublik Deutchland.Bd.1.2.Aufl. C.H.Beck 1984. = 赤坂正浩・片山智彦・川又伸彦・小山剛・高田篤（編訳）『シュテルンドイツ憲法 I 総論・統治編』（信山社、2009 年）
ders: Das Staatsrecht der Bundesrepublik Deutschland Bd.III/ 2. 1994, S.774f. = 井上典之・鈴木秀美・宮地基・棟居快行（編訳）『シュテルンドイツ憲法 II 基本権編』（信山社、2009 年）
ders = 成田頼明（訳）「西ドイツにおける地方自治の精況」自治研究 63 巻 7 号（1987 年）3 頁以下
Trapp, Georg: Das Veranlassungsprinzip in der Finanzverfassung der Bundesrepublik Deutschland, Duncker &Humblot 1996.
Ulsenheimer, Klaus: Untersuchungen zum Begriff „Finanzverfassung", G. Fischer 1969
Vogel, Klaus: Die bundesstaatliche Finanzverfassung des GG (Artikel 104a bis 108 GG), JA1980, S.577ff.
Vogel, Klaus/ Waldhoff, Christian: Grundlagen des Finanzverfassungsrechts, C.F.Müller 1999.
Vogelgesang, Klaus/ Lübking, Uwe/ Ulbrich, Ina-Maria: Kommunale Selbstverwaltung, 3.,berarbeitete Aufl., ESV Schmitt 2005.
Volkmann, Uwe: Der Anspruch der Kommunen auf finanzielle Mindestausstattung, DÖV 2001, S.497ff.
Wendt, Rudolf: Für die volle Einbeziehung der kommunalen Finanzkraft in den Länderfinanzausgleich, DÖV 2001, S.762ff.
Wielamd, Joachim: Strukturvorgaben im Finanzverfassungsrecht der Länder zur Steuerung kommnaler Aufgabenerfüllung, in: Hans-Günter Henneke (Hrsg.), Steuerung der kommunalen Aufgabenerfüllung durch Finanz- und Haushaltsrecht, 1996, S.17ff.
ders: Die Gemeindefinanzierung in der rechtsprechung des Verfassungsgerichts. in: Präsident des

Verfassungsgerichtshofs für das Land Nordrhein-Westfalen (Hrsg.), Verfassungsgerichtsbarkeit in Nordrhein-Westfalen, 2002, S.415ff.

ders: Arbeitsunterlage zur Kommission von Bundestag und Bundesrat zur Modernisierung der bundesstaatlichen Ordnung (Nr.0035), 2004.

Wolff, Heinrich Amadeus/ Möstl, Friedrich/ Lindner, Franz Josef: Verfassung des Freistaates Bayern, 2.Aufl., C.H.Beck 2016.

Worms, Christoph: Die landesverfassungsrechtlichen Konnexitätsregelungen am Beispiel des Art.49Abs.5 der Verfassung für Rheinland-Pfalz, DÖV 2008, S.353ff.

Zieglmeier, Christian: Das strikte Konnexitätsprinzip am Beispiel der Bayerischen Verfassung, NVwZ 2008, S.174ff.

Zimmermann, Horst: Kommunalfinanzen, 2.berarbeitete Aufl., Berliner-Wissenschaft Verlag 2009.

Zimmermann, Horst/ Henke, Klaus-Dirk ＝ 里中恆志／半谷俊彦／八巻節夫／篠原章／平井源治（訳）『現代財政学〔第 7 版〕』（文眞堂、2000 年）


青山浩之「三位一体改革に見る地方交付税改革のあり方」日本財政法学会編『財政法講座 3　地方財政の変貌と法』（勁草書房、2005 年）

赤井伸郎／佐藤主光／山下耕治『地方交付税の経済学』（有斐閣、2003 年）

石川健治『自由と特権の距離〔増補版〕』（日本評論社、2007 年）

石原信雄『新地方財政調整制度論〔改訂版〕』（ぎょうせい、2016 年）

石原信雄／二橋正弘『新版地方財政法逐条解説』（ぎょうせい、2000 年）

市川須美子「西ドイツ地方自治論の新構想―機能的自治論をめぐる動向」（一）自治研究 63 巻 10 号（1987 年）101 頁以下、（二・完）11 号（1987 年）76 頁以下

伊藤弘文『現代ドイツ地方財政論〔増補版〕』（文眞堂、1995 年）

井上亜紀「ドイツ型連邦国家の財政の分配と調整」（一）九大法学 71 号 191 頁以下（1996 年）、（二・完）九大法学 72 号 117 頁以下（1996 年）

同「財政調整の司法審査性―ドイツ連邦憲法裁判所の判例を素材に」佐賀大学経済論集 30 巻 3/4 合併号（1997 年）239 頁以下

薄井一成『分権時代の地方自治』（有斐閣、2006 年）

碓井光明『要説自治体財政・財務法〔改訂版〕』（学陽書房、1999 年）

同「地方税法上の非課税措置と自主財政権」別冊ジュリスト地方自治判例百選〔第 3 版〕（2003 年）所収、8 頁以下

同「憲法と財政」法学教室 233 号（2000 年）81 頁以下

同「大牟田市電気ガス税訴訟第一審判決について」ジュリスト 724 号（1980 年）49 頁以下

梅原英治「北海道夕張市の財政破綻と財政再建計画の検討（Ｖ）」大阪経大論集 60 巻 6 号（2010 年）177 頁以下

大津　浩『地方自治の憲法理論の新展開』（敬文堂、2011 年）

大橋洋一『現代行政の行為形式論』（弘文堂、1994 年）

同『対話型行政法学の創造』（弘文堂、1999 年）

甲斐素直『予算・財政監督の法構造』（信山社、2001 年）

片木　淳『地方主権の国ドイツ』（ぎょうせい、2003 年）

片木　淳『ブレーメン州による財政調整違憲訴訟とドイツの第 2 期連邦制度改革―平成 19 年度比較地方自治研究会調査研究報告書』（自治体国際化協会、2007 年）

金井利之『財政調整の一般理論』（東京大学出版会、1999 年）

同「『国と地方の協議の場』の成立と蹉跌」森田朗／田口一博／金井利之編『分権改革の動態』（東京

大学出版会、2008 年）所収、99 頁以下

兼村高文『財政健全化法と自治体運営』（税務経理協会、2008 年）

木佐茂男『豊かさを生む地方自治―ドイツを歩いて考える』（日本評論社、1996 年）

同「国庫負担金の争訟方法―摂津訴訟」別冊ジュリスト地方自治判例百選〔第 3 版〕（2003 年）所収、198 頁以下

工藤達朗／畑尻　剛編『ドイツの憲法裁判―連邦憲法裁判所の組織・手続・権限〔第 2 版〕』（中央大学出版部、2013 年）

小早川光郎／小幡純子『あたらしい地方自治・地方分権』ジュリスト増刊 2000 年

小山　剛『基本権の内容形成―立法による憲法価値の実現』（尚学社、2004 年）

同「地方自治の本旨」小山剛＝駒村圭吾編『論点探究憲法〔第 2 版〕』（弘文堂、2013 年）所収、376 頁以下

同『「憲法上の権利」の作法〔第 3 版〕』（尚学社、2016 年）

斎藤　誠『現代地方自治の法的基層』（有斐閣、2012 年）

柴田憲司「憲法上の比例原則について」（一）法学新報 116 巻 9/10 合併号（2010 年）183 頁以下、（二・完）116 巻 11/12 合併号（2010 年）185 頁以下

嶋田佳広「ドイツ連邦社会扶助法上の住居費実費支給原則」（一）大阪市立大学法学雑誌 50 巻 2 号（2003 年）304 頁以下、（二）50 巻 3 号（2004 年）674 頁以下、（三・完）50 巻 4 号（2004 年）1013 頁以下

白藤博行「地方自治保障法論の現代的展開」名古屋大学法政論集 111 号（1986 年）139 頁以下

同「行政の現代化と新しい自治体運営モデル―最近のドイツ自治体改革の議論動向に着目して」都市問題 88 巻 5 号（1997 年）67 頁以下

同「西ドイツの地方自治における補完性原理と比例性原理」（一）名古屋大学法政論集 116 号（1987 年）135 頁以下、（二）128 巻（1989 年）241 頁以下

神野直彦「地方分権と自治体財政」ジュリスト 1047 号（1995 年）42 頁以下

同『財政学〔改訂版〕』（有斐閣、2007 年）

杉村章三郎『財政法〔新版〕』（有斐閣、1982 年）

須藤陽子『比例原則の現代的意義と機能』（法律文化社、2010 年）

武田公子『ドイツ自治体の行財政改革』（法律文化社、2003 年）

同「ハルツⅣ改革とドイツ型財政連邦主義の行方」金沢大学経済学部論集 27 巻 2 号（2007 年）149 頁以下

同「ドイツにおける自治体間財政調整の動向―牽連性原則と州・自治体間協議」京都府立大学学術報告（人文・社会）56 号（2004 年）105 頁以下

中東雅樹「地方財政と地域経済」フィナンシャル・レビュー 71 号（2004 年）105 頁以下

ドイツ憲法判例研究会編『ドイツの憲法判例〔第 2 版〕』（信山社、2003 年）

ドイツ憲法判例研究会編『ドイツの憲法判例Ⅱ〔第 2 版〕』（信山社、2006 年）

ドイツ憲法判例研究会編『ドイツの憲法判例Ⅲ』（信山社、2008 年）

ドイツ憲法判例研究会編『講座　憲法の規範力第 5 巻　憲法の規範力と行政』（信山社、2017 年）

ドイツ憲法判例研究会編『ドイツの憲法判例Ⅳ』（信山社、2018 年）

東京都企画審議室調査部『報告書：ヨーロッパ地方自治憲章と EC 統合』（東京都企画審議室、1993 年）

豊島明子「ドイツ連邦社会扶助法における行政の責任」（一）名古屋大学法政論集 166 号（1996 年）159 頁以下、（二・完）167 号（1997 年）405 頁以下

成田頼明『地方自治の保障《著作集》』（第一法規、2011 年）

同『分権時代の法システム』（第一法規、2001 年）

同『西ドイツの地方制度改革』（良書普及会、1974 年）

同「地方自治の保障」宮沢俊義還暦記念『日本国憲法体系第五巻　統治の機構（Ⅱ）』（有斐閣、1964 年）

所収、135 頁以下
新村とわ「自治権に関する一考察（二・完）」法学 68 巻 4 号（2004 年）61 頁以下
西原博史「憲法構造における立法の位置づけと立法学の役割」ジュリスト 1369 号（2008 年）32 頁以下
日本財政法学会編＝小林直樹 / 北野弘久『現代財政法の基本問題』（岩波書店、1987 年）
日本都市研究センター『国と地方の協議の場 ( 協議機関 ) の国際動向』（日本都市研究センター、2008 年）
同『自治体における財政格差の諸相』（日本都市研究センター、2008 年）
同『地方自治の将来展望に関する調査研究報告書』（日本都市研究センター、2008 年）
林　宏昭『分権時代の地方財政』（中央経済社、2007 年）
原島良成「地方分権改革関連法」法律時報 80 巻 10 号（2008 年）36 頁以下
同「地方政府の自律—法学的地方自治論の復権に向けて」（一）自治研究 81 巻 8 号（2005 年）101 頁以下、（二）82 巻 1 号（2006 年）114 頁以下、（三）82 巻 3 号（2006 年）116 頁以下
樋口陽一／佐藤幸治／浦部法穂／中村睦男『註解法律学全集　憲法 IV』（青林書院、2004 年）
廣田全男「事務配分論の再検討—憲法の視点から」公法研究 62 号（2000 年）179 頁以下
福家俊朗『現代財政の公共性と法』（信山社、2001 年）
同「保育所建設に関する国庫負担金の法的性格と具体的請求権—摂津訴訟控訴審判決」ジュリスト増刊昭和 55 年度重要判例解説（1981 年）59 頁以下
法学協会編『註解日本国憲法 下巻』（有斐閣、1954 年）
棟居快行「租税法判例研究（大牟田電気税訴訟第一審判決）」ジュリスト 755 号（1981 年）139 頁以下
森　稔樹「財政調整法理論の成立と発展」（1) 大分大学教育福祉科学部研究紀要 23 巻 1 号（2001 年）47 頁以下、(2) 23 巻 2 号（2001 年）239 頁以下
同「ドイツの地方税財源確保法制度」日本財政法学会編『地方税財源確保の法制度』（龍星出版、2004 年）所収、86 頁以下
山崎　治「直轄事業負担金制度の見直し」レファレンス 705 号（2009 年）79 頁以下
山﨑榮一『フランスの憲法改正と地方分権』（日本評論社、2006 年）

# 判例索引

## 連邦憲法裁判所

BVerfGE 1, 167
 Urteil des Ersten Senats des Bundesverfassungsgerichts vom 20.5.1952. (1 BvR 267/51) ⋯ 23, 30, 217

BVerfGE 17,172
 Beschluss des Zweiten Senats des Bundsverfassungsgerichts vom 26.11.1963. (2 BvL 12/62) ⋯⋯26

BVerfGE 22, 180
 Urteil des Zweiten Senats des Bundesverfassungsgerichts vom 18.7.1967. (2 BvF 3, 4, 5, 6, 7, 8/62; 2 BvR 139, 140, 334, 335/62) ⋯ 130

BVerfGE 23,127
 Beschluss des Ersten Senats des Bundesverfassungsfgerichts vom 5.5.1968. (1 BvR 579/67) ⋯ 216

BVerfGE 26, 228
 Beschluss des Zweiten Senats des Bundesverfassungsgerichts vom 24.6.1969. (2 BvR 446/64) ⋯ 218, 219

BVerfGE 26,172
 Beschluss des Zweiten Senats des Bundesverfassungsgerichts vom 10.7.1969. (2 BvR 480/61) ⋯ 185, 203

BVerfGE 50, 50
 Beschluss des Zweiten Senats des Bundesverfassungsgerichts vom 27.11.1978. (2 BvR 165/75) ⋯ 30, 34, 219, 220

BVerfGE 56, 298
 Beschluss des Zweiten Senats des Bundesverfassungsgerichts vom 7.10.1980. (2 BvR 584, 598, 599, 604/76) ⋯ 31, 207, 221, 222

BVerfGE 61, 82
 Beschluss des Zweiten Senats des Bundesverfassungsgerichts vom 8.7.1982. (2 BvR 1187/80) ⋯ 24, 30, 33

BVerfGE 71, 25
 Beschluss des Zweiten Senats des Bundesverfassungsgerichts vom 15.10.1985. (2 BvR 1808, 1809, 1810/82) ⋯ 185

BVerfGE 72, 330
 Urteil des Zweiten Senats des Bundesverfassungsgerichts vom 24.6.1986. (2 BvF 1, 5, 6/83, 1/84, 1, 2/85) ⋯ 43, 112

BVerfGE 79, 127
 Beschluss des Zweiten Senats des Bundesverfassungsgerichts vom 23.11.1988. (2 BvR 1619, 1628/83) ⋯ 20, 21, 31, 34, 42, 137, 185, 224-226, 229, 245

BVerfGE 81, 310
 Urteil des Zweiten Senats des Bundesverfassungsgerichts vom 22.5.1990. (2 BvG 1/88) ⋯ 231

BVerfGE 83, 363
  Beschluss des Zweiten Senats des Bundesverfassungsgerichts vom 7.2.1991. (2 BvL 24/84) ……32, 186
BVerfGE 86, 90
  Beschluss des Zweiten Senats des Bundesverfassungsgerchts vom 12.5.1992. (2 BvR 470, 650, 707/90)
  …………………………………………………………………………………… 228, 229
BVerfGE 86,148
  Urteil des Zweiten Senats des Bundesverfassungsgerichts vom 27.5.1992. (2 BvF 1, 2/88, 1/89 und 1/90)
  …………………………………………………………………………………… 122
BVerfGE 90, 60
  Urteil des Ersten Senats des Bundesverfassungsgerichts vom 22.2.1994. (1 BvL 30/88) …………… 252
BVerfGE 91, 228
  Beschluss des Zweiten Senats des Bundesverfassungsgerichts vom 26.10.1994. (2 BvR 445/91)
  …………………………………………………………………………………… 228, 229
BVerfGE 101,158 (Maßstab-Entscheidung)
  Urteil des Zweiten Senats des Bundesverfassungsgerichts vom 11.11.1999. (2 BvF 2, 3/98, 1, 2/99)
  …………………………………………………………………………………… 113
BVerfGE 107, 1
  Beschluss des Zweiten Senats des Bundesverfassungsgerichts vom 19.11.2002. (2 BvR 329/97)
  …………………………………………………………………………………… 228, 229
BVerfGE 125, 141
  Beschluss des Zweiten Senats des Bundesverfassungsgerichts vom 27.1.2010. (2 BvR 2185, 2189/04)
  …………………………………………………………………………………… 234, 235

## 連邦行政裁判所
BVerwGE 67, 321
  Urteil des 7. Senats des Bundesverwaltungsgerichts vom 4.8.1983. (BVerwG 7 C 2.81) …………… 224

## バーデン・ヴュルテンベルク州国事裁判所
BadWürttStGH Urteil vom 14.2.1975. = NJW 1975, S.1205ff. …………………………………………… 220
BadWürttStGH Urteil vom 10.5.1999. = DVBl.1999, S.1351ff.
  …………………………………………………………… 249-253, 256-258, 290, 291

## バイエルン州憲法裁判所
BayVerfGH Entscheidung vom 15.12.1988. = DVBl.1989, S.308ff. ……………………………………… 19
BayVerfGH Entscheidung vom 12.1.1998. = BayVBl.1998, S.207ff., S.237ff.………………… 67, 68, 70-72
BayVerfGH Entscheidung vom 27.3.1992. = BayVBl.1992, S.365ff. ……………………………63, 159, 191
BayVerfGH Entscheidung vom 16.12.1992. = NVwZ-RR 1993, S.422ff.……………………………………61
BayVerfGH Entscheidung vom 18.4.1996. = NVwZ-RR 1997, S.301ff.
  ……………………………………………… 39, 40, 61, 62, 159, 189-191, 196, 198, 201
BayVerfGH Entscheidung vom 27.2.1997. = NVwZ-RR 1998, S.601ff. ……………………………… 62, 63, 202
BayVerfGH Entscheidung vom 6.2.2007. = BayVBl.2007, S.364ff. ……………………………………… 238, 240

## ブランデンブルク州憲法裁判所

BbgVerfGH Urteil vom 16.9.1999. = NVwZ-RR 2000, S.129ff. ･････････････････････････ 206-209
BbgVerfGH Urteil vom 14.2.2002. = DÖV 2002, S.522ff. ･･･････････････････････････ 168, 172
BbgVerfGH Urteil vom 6.8.2013. = DVBl.2013. S.1180ff. ･････････････････････････ 240, 241

## ニーダーザクセン州国事裁判所

NdsStGH Urteil vom 15.2.1973. = NdsStGHE 1,163 ･･････････････････････････････････ 129
NdsStGH Urteil vom 14.2.1979. = NdsStGHE 2,1 ･････････････････････････････････････ 130
NdsStGH Beschluss vom 15.8.1995. = DVBl.1995, S.1175ff. (Bückeburg I)
･･････････････････････････ 77, 89, 91, 130, 133-138, 150, 155, 187, 188, 196-198, 200
NdsStGH Urteil vom 25.11.1997. = DVBl.1998 S.185ff. (Bückeburg II)
･････････････････････････････ 82, 141-146, 151, 153, 155, 166, 169, 171, 192-197, 200, 251
NdsStGH Urteil vom 16.5.2001. = NVwZ-RR 2001, S.553ff. (Bückeburg III)
･････････････････････････････････････ 81, 148, 149, 151, 152, 155, 168, 204, 205, 206, 295
NdsStGH Urteil vom 6.12.2007. = NordÖR 2008, S.162ff. ････････････････････････ 228, 230

## ノルトライン・ヴェストファーレン州憲法裁判所

NRWVerfGH Urteil vom 24.4.1970. = OVGE 26, 286., 28, 291. ･･･････････････････････ 220
NRWVerfGH Urteil vom 19.7.1985. = DVBl.1985, S.2321ff. ･･････････････････････ 131, 186
NRWVerfGH Urteil vom 16.12.1988. = DVBl.1989, S.151ff. ･･･････････････････････････ 65
NRWVerfGH Urteil vom 9.12.1996. = DVBl.1997, S.483ff.･･････････ 41, 91, 139, 174, 179, 247
NRWVerfGH Urteil vom 9.6.1997. = NVwZ-RR 1998, S.473ff. ･･･････････････････ 228, 230
NRWVerfGH Urteil vom 1.12.1998. = DÖV 1999, S.301ff. ･････････････････････････････ 251
NRWVerfGH Urteil vom 9.7.1998. = NVwZ-RR 1999, S.81ff. ･････････････ 145, 175, 180, 251
NRWVerfGH Urteil vom 13.6.2000. = DVBl.2000, S.1283ff. ･･････････････････････････ 176
NRWVerfGH Urteil vom 26.6.2001. = DVBl.2001, S.1595ff. ･････････････････････ 146, 176

## ラインラント・プファルツ州憲法裁判所

RhPfVerfGH Urteil vom 17.4.1969. = DVBl.1969.S.799ff. ･････････････････････････････ 220
RhPfVerfGH Urteil vom 18.3.1992. = DVBl.1992, S.981ff. ･･････････････････････ 130, 131, 186

## ザクセン州憲法裁判所

SächsVerfGH, Urteil vom 27.1.2009. = LVerfGE 21, 318 ･･･････････････････････････ 239

## ザクセン・アンハルト州憲法裁判所

LSAVerfG Urteil vom 17.9.1998. = DVBl.1998, S.1288ff. ････････････････････････ 163, 165
LSAVerfG Urteil vom 8.7.2003. = DVBl.2004, S.434ff. ･･････････････ 163-165, 167, 168, 170

## テューリンゲン州憲法裁判所

ThürVerfGH Urteil vom 21.6.2005. = Der Landkreis 2005, S.228ff.･･････････････････ 163

**最高裁判所**
最大判昭和38年3月27日刑集17巻2号121頁（特別区長公選制廃止事件）……………………20
最判昭和60年11月21日民集39巻7号1512頁（在宅投票制度廃止違憲訴訟）………………273

**高等裁判所**
東京高判昭和55年7月28日行集31巻7号1558頁（摂津訴訟控訴審）……………………27, 274
東京高判平成4年2月26日判時1415号100頁（逗子市池子訴訟）……………………………27

**地方裁判所**
東京地判昭和51年12月13日行集27巻11・12号1790頁（摂津訴訟第一審）………………274
福岡地判昭和55年6月5日判時966号3頁（大牟田電気税訴訟）………………23, 27, 39, 273, 293
那覇地判平成2年5月29日行集41巻5号947頁（沖縄県軍用地訴訟）………………………27
大分地判平成15年1月28日判タ1139号83頁（日田市場外車券売場訴訟）…………………27
東京地判平成18年3月24日判時1938号37頁（杉並区住基ネット訴訟）……………………27

# 事項索引

## あ行

一元論　46, 48, 49, 93
委任事務　45, 48, 236
黄金の手綱（Goldenzügel）　86
欧州地方自治憲章　87
大牟田電気税訴訟　23, 293
オッフェンバッハ判決　30

## か行

核心領域　29, 34, 191, 217, 223
ガルツヴァイラー判決　228
簡素型　57
起債制限　118
機能改革　31
義務的事務　47
協定　261
国と地方の協議の場　278
ゲマインデ　18, 21
　——連合　18, 21
原因者負担原理（Verursacher- oder Veranlassungsprinzip）　101, 110, 163, 172
牽連性原理（Konnexitätsprinzip）　82, 109, 110, 143, 156, 160, 174, 237, 247, 248, 271, 280, 292, 298
　概括的——　156, 158, 272
　厳格な——　156, 167, 177, 187, 266, 271
　相対的——　156, 168, 172
牽連性実施法（Konnexitätsausführungsgesetz）　173, 176, 258
公共財の提供　53
固有事務　93

## さ行

最少供与保障　194
財政危機期　31
財政権限の衝突の類型　38
財政高権　22, 36, 61, 159, 185, 207
財政自律主義　36
財政侵害顕在化の三段階　42
財政分離（Trennsystem）　103
財政民主主義　5, 37
指図事務　47
恣意禁止　201
自己責任　33, 34, 49, 91, 185, 194, 208, 239
自己責任性（Eigenverantwortlichkeit）　18, 43, 58
自治事務　45, 48, 90, 93, 162, 175, 195, 203, 208, 251
自治体憲法異議　27
自治体高権　22
自治体財政調整　55, 79, 86, 97, 125, 131, 161, 183
自治体財政調整制度　6
自治体財政の二本柱　79, 91, 242
執行因果性　103
自由な先端（freie Spitze）　81, 202, 295
周辺領域　34, 191, 223
詳細型　57
随意事務　47
垂直的財政調整　51
水平的財政調整　51
制度的保障　4, 22, 23, 29, 32, 35, 217, 223, 252, 268, 270
摂津訴訟　27, 274
全権限性（Allzuständigkeit）　18, 31, 33, 43, 45, 49, 58, 81, 91, 96, 122, 185, 194, 197, 208,

225, 239, 269
騒音防止決定　221
ゾーズム・ヒルデスハイム決定　218

## た行

直轄事業負担金　284
追証可能性（Nachvollziehbarkeit）　145
適正供与保障　81, 82, 127, 193, 237, 271, 277
等価性　81, 204
透明性（Transparenz）　145

## な行

二元論　47, 92, 94, 195
ノルトライン・ヴェストファーレン州憲法裁判所1998年判決　251

## は行

バーデン・ヴュルテンベルク州国事裁判所1999年判決　249
バイエルン州学校財政法判決　239
配分対称性　81, 204
ビュッケブルクⅠ決定　77, 131
ビュッケブルクⅡ判決　140
ビュッケブルクⅢ判決　147
比例原則　215
賦課率決定　234
ブランデンブルク州憲法裁判所第3次財政調整法判決　240
防御的効力　82, 143, 163, 169, 237, 277
法治国原理　201
法律因果性　103
補完性原理（Subsidiaritätsprinzip）　43

## や・ら行

予防的効力　82, 144, 169, 237, 278
ラーツェン決定　219
ラシュテーデ決定　224

リューヒョウ・ダネンベルク判決　228
領域改革　30
連邦国家原理　16, 100

上代 庸平（じょうだい ようへい）
武蔵野大学法学部准教授。
1981年生まれ。2003年慶應義塾大学法学部卒業、2008年同大学大学院法学研究科後期博士課程単位取得退学。2012年博士（法学、慶應義塾大学）。中京大学国際教養学部専任講師、同准教授を経て現職。
主要著作として、『アーカイブズ学要論』（編著、尚学社、2014年）、「安全確保権限の相互協力的行使と情報共有の憲法的課題」大沢秀介ほか編『変容するテロリズムと法』（弘文堂、2017年）所収、「経済財政政策と憲法」別冊法学セミナー『憲法のこれから』（2017年）所収ほか。

## 自治体財政の憲法的保障

2019年3月30日　初版第1刷発行

著　者────上代庸平
発行者────依田俊之
発行所────慶應義塾大学出版会株式会社
　　　　　〒108-8346　東京都港区三田2-19-30
　　　　　ＴＥＬ〔編集部〕03-3451-0931
　　　　　　　　〔営業部〕03-3451-3584〈ご注文〉
　　　　　　　　〔　〃　〕03-3451-6926
　　　　　ＦＡＸ〔営業部〕03-3451-3122
　　　　　振替　00190-8-155497
　　　　　http://www.keio-up.co.jp/
装　丁────鈴木　衛
印刷・製本──萩原印刷株式会社
カバー印刷──株式会社太平印刷社

©2019　Youhei Jodai
Printed in Japan　ISBN978-4-7664-2593-2